Alexander Häusler (Hrsg.)

Rechtspopulismus als „Bürgerbewegung"

Alexander Häusler (Hrsg.)

Rechtspopulismus als „Bürgerbewegung"

Kampagnen gegen Islam
und Moscheebau und
kommunale Gegenstrategien

VS VERLAG FÜR SOZIALWISSENSCHAFTEN

Bibliografische Information der Deutschen Nationalbibliothek
Die Deutsche Nationalbibliothek verzeichnet diese Publikation in der
Deutschen Nationalbibliografie; detaillierte bibliografische Daten sind im Internet über
<http://dnb.d-nb.de> abrufbar.

1. Auflage 2008

Alle Rechte vorbehalten
© VS Verlag für Sozialwissenschaften | GWV Fachverlage GmbH, Wiesbaden 2008

Lektorat: Frank Schindler

VS Verlag für Sozialwissenschaften ist Teil der Fachverlagsgruppe
Springer Science+Business Media.
www.vs-verlag.de

Umschlaggestaltung: KünkelLopka Medienentwicklung, Heidelberg
Druck und buchbinderische Verarbeitung: Krips b.v., Meppel
Gedruckt auf säurefreiem und chlorfrei gebleichtem Papier
Printed in the Netherlands

ISBN 978-3-531-15919-5

Inhaltsverzeichnis

Populismus und die extreme Rechte

Genese, Struktur und Methodik einer neuen rechtspopulistischen Partei

Islam und Moscheebau im Kontext politischer Auseinandersetzungen

Umgang mit Rechtspopulismus und Anti-Islam-Kampagnen in den Kommunen

Vorwort

In diesem Buch zu neuen Erscheinungsformen extrem rechter Propaganda mit antimuslimischer Ausrichtung werden unterschiedliche Herangehensweisen und Zugänge an das Thema vorgestellt.

Zu den politik- und sozialwissenschaftlichen Fachbeiträgen sowie grundsätzlichen Einführungen in religions- und integrationsspezifische Fragestellungen in den Beiträgen von Experten der Islamwissenschaft und der Integrationspolitik gesellen sich Darstellungen fachlich versierter Journalisten, von Fachleuten aus der kommunalpolitischen Praxis und von beruflich wie ehrenamtlich engagierten Menschen, die durch ihre langjährige praktische Erfahrung im Umgang mit integrationspolitischen Fragen wie auch im Umgang mit den Aktivitäten des extrem rechten Spektrums Erfahrung gesammelt haben.

Allen Autorinnen und Autoren, die durch die Erstellung von Originalbeiträgen zum Zustandekommen dieser ersten Buchpublikation über die so genannte „PRO-Bewegung", über wichtige Darlegungen zum politischen Kontext deren Wirkens und zur Erarbeitung von Handlungsmöglichkeiten gegen rechte Infiltration und für ein respektvolles multiethnisches Miteinander beigetragen haben, möchte ich hiermit für ihr Engagement ausdrücklich danken!

Die heterogene Zusammensetzung der Autorenschaft in dieser Neuerscheinung ist bewusst gewählt, da sie der Leserschaft einen interdisziplinären und zugleich fachlich versierten wie alltagsnahen Zugang zum Thema ermöglicht. Wissenschaftliche Untersuchungen können – und sollten – Anregungen und Hilfestellungen zum Verständnis und zum Umgang mit spezifischen Phänomenen und Problemlagen geben. Im gesellschaftlichen Alltag sind es bei der konkreten Auseinandersetzung mit demokratiefeindlichen und diskriminierenden Erscheinungsformen jedoch in erster Linie die zivilgesellschaftlichen Potenziale vor Ort, aus denen heraus sich ein praktischer und nachhaltig wirksamer Schutz gegen solche Angriffe auf das respektvolle und gleichberechtigte Miteinander entwickeln lässt.

Bei der Entfaltung einer solchen Form von direkt gelebter Demokratie und konkreter antifaschistisch motivierter Präventionsarbeit spielen die meist ehrenamtlich geführten Projekte und Initiativen eine erhebliche Rolle. Solch ein Engagement erfährt leider viel zu wenig an öffentlicher Anerkennung und Unterstützung bei der notwendigen Auseinandersetzung mit Rassismus und Neofaschismus. Oftmals sind es gerade beim Thema Rechtsextremismus diese nichtkommerziellen, ehrenamtlich und kollektiv organisierten antifaschistischen Netzwerke und Projekte, die erste und entscheidende Hinweise auf neue Entwicklungen und Bedrohungspotenziale geben, lange bevor die Fachwissenschaft oder eine etablierte, kommerziell orientierte Medienöffentlichkeit sich des Themas annehmen oder es gar scheinbar neu „aufdecken".

Im konkreten Kontext der vorliegenden Untersuchung möchte ich daher ausdrücklich den Mitarbeiterinnen und Mitarbeitern des „Antirassistischen Bildungsforum Rheinland" (ABR) und der „Lotta – antifaschistische Zeitung aus NRW" für die Hilfe und Bereitstellung von Materialien und Informationen danken.

Alexander Häusler

Einleitung

Im Kontext internationaler Auseinandersetzungen um den terroristischen Islamismus hat auch in Deutschland ein sich kulturkämpferisch inszenierender, antiislamisch ausgerichteter Rechtspopulismus Eingang in den politischen Diskurs
gefunden. Seit „Nine/Eleven", den islamistischen Terroranschlägen im Jahr 2001
in den USA, vollzieht sich in der öffentlichen Debatte eine Kulturalisierung
gesellschaftlicher Fragen, die sich um Zuwanderung, Integration sowie allgemein um alltägliches multiethnisches Miteinander drehen. Hierbei wird nicht
mehr differenziert zwischen einer Glaubensrichtung und einem religiös ummantelten politischen Terrorismus. Vielmehr hat in diesem Kontext das Schreckgespenst der „schleichenden Islamisierung" frühere rechtspopulistische Angstsze-
narien vor „Ausländerüberflutung" ersetzt bzw. deren rassistische Stoßrichtung
kulturalistisch überformt. Gerade die hiesige türkischstämmige Community als
ethnisch größte wie zugleich heterogene Gruppe der Bürger/innen mit Migrationshintergrund erfährt hierbei pauschalisierende Zuschreibungen als „integrati-
onsfeindliche Muslime" mit „verfassungsfeindlicher islamistischer Gesinnung".
Jeder Türke ein Muslim und Verfassungsfeind – so die oftmals bediente Analogie vorurteilsbeladener Zuschreibungen. Der Islam als „Feindreligion", gleichgesetzt mit einem religiös überformten politischen Extremismus ist ein wirkungsvolles Angstthema, das sich für politische Instrumentalisierungen von Rechtsaußen geradezu anbietet.

Nahezu die gesamte extreme Rechte spielt auf dieser rechtspopulistischen
Klaviatur:

Genährt von den Wahlerfolgen rechtspopulistischer und extrem rechter Parteien in der Schweiz, den Niederlanden, in Belgien und Italien wie auch in Skandinavien, die allesamt mit Anti-Islam-Kampagnen in den Wahlkampf gezogen
sind, vollzieht sich auch in der deutschen extremen Rechten eine solche themati-
sche Fokussierung unter rechtspopulistischen Inszenierungsformen.

Dabei versucht die extreme Rechte auf unterschiedlichen Wegen, sich kommunal zu verankern. Seit einiger Zeit tritt unter dem Label „PRO" in Nordrhein-
Westfalen wie auch bundesweit eine neue Rechtsaußen-Gruppierung unter dem
Deckmantel einer angeblich lokalen Bürgerinitiative in Erscheinung. Dabei handelt es sich um eine neue Form von rechter öffentlicher Selbstinszenierung: einem als „Bürgerbewegung" inszenierten Rechtspopulismus, der in Gestalt einer
Partei unter der Bezeichnung „Bürgerbewegung pro NRW" zu den Kommunalwahlen im Jahr 2009 antreten will.

Proklamiertes Ziel dieser „PRO-Bewegung", die sich selbst offen als rechts-populistisch bezeichnet, ist es, im öffentlichen Bild als „die Anti-Islam-Partei" von Rechts identifiziert zu werden. Erste propagandistische Erfolge mit einem solchen antiislamisch ausgerichteten Rechtspopulismus erzielte die „Bürgerbe-wegung pro Köln" als Keimzelle dieser PRO-Bewegung mit örtlichen Kampag-nen gegen einen geplanten Moscheebau im Stadtteil Ehrenfeld – ein Modell, das nun landes- und bundesweit „exportiert" werden soll.

Dieser organisierte und kampagnenorientierte Rechtspopulismus versucht – besonders im kommunalen Rahmen – dort anzusetzen, wo vorhandene Ängste und Vorurteile sowie zugleich real existente Problemlagen politisch instrumenta-lisiert und rassistisch kanalisiert werden können.

Erste Schritte zur wissenschaftlichen Einordnung dieser Propaganda und Selbststilisierung von Rechtsaußen durch diese neu gegründete Partei der extre-men Rechten sind durch die Veröffentlichung einer Expertise in Form einer Broschüre vollzogen worden.[1]

Zum inhaltlichen Aufbau dieses Buches

Mit dem vorliegenden Sammelband wird nun versucht, dieses Partei- und Kam-pagnenmodell im Kontext der Debatten um Rechtspopulismus, Rechtsextremis-mus und Islamfeindlichkeit detailliert zu beschreiben und systematisch wie phä-nomenologisch einzuordnen. Zur Systematisierung sind *vier analytische Schwer-punkte* gesetzt worden.

Im *ersten Teil* wird zunächst der in der Politikwissenschaft wie in den Me-dien in Mode gekommene Begriff des (Rechts-)Populismus kritisch beleuchtet. Die Literatur der jüngeren Rechtspopulismusforschung hat mittlerweile einen beachtlichen Umfang eingenommen, ohne dass dies – ähnlich der Rechtsextre-mismusforschung – bislang zu einheitlichen Deutungen und Definitionen geführt hat. Oftmals werden hierbei stilistische Mittel politischer Propaganda undiffe-renziert vermischt mit kategorialen politischen Ortungsversuchen, ohne den gesamtgesellschaftlichen Kontext populistischer Erscheinungsformen entspre-chend zu berücksichtigen.

---

[1] In gedruckter Form veröffentlicht als:
Häusler, Alexander; Peters, Jürgen: Rechtspopulismus in Gestalt einer „Bürgerbewegung". Struktur und politische Methodik von PRO NRW und PRO DEUTSCHLAND. Expertise der Arbeitsstelle Neonazismus/Forschungsschwerpunkt Rechtsextremismus und Neonazismus der Fachhochschule Düsseldorf. Landesarbeitsgemeinschaft der Migrantenvertretungen NRW (LAGA NRW) (Hrsg.) (2007). Köln. Eine Langfassung der Expertise mit Dokumentenanhang ist im Internet veröffentlicht unter: http://www.laga-nrw.de/data/expertise_rechtspopulismus_mit_anhang_ver2.pdf

Karin Priester hat daher in diesem Band eine gesellschaftstrukturelle Verortung des Populismus als Politikstil für die Werte der Kleinproduzenten und des Bürgertums vorgenommen und dem Begriff dadurch die Beliebigkeit genommen. In ihrem Beitrag vollzieht sie eine historische Einordnung des Phänomens und stellt aktuelle Erscheinungsformen des Populismus in Europa in ihren gesamtgesellschaftlichen Zusammenhang.

Alexander Häusler widerspricht in seinem Beitrag der landläufigen Ansicht, bei dem hier zu untersuchenden Rechtspopulismus handele es sich um eine Abkehr vom klassischen Rechtsextremismus und ordnet den Rechtspopulismus der PRO-Bewegung als öffentlichkeitswirksame Modernisierungsstrategie der extremen Rechten ein.

Im *zweiten Teil* wird versucht, anhand der Darlegung der Struktur, Methodik und Programmatik dieser neuen Rechtsaußen-Partei einen dezidierten Einblick in deren organisatorisches Innenleben und agitatorische Taktik zu geben sowie deren Verhältnis zu den anderen Parteien der extremen Rechten umfassend zu beleuchten und einzuordnen.

Hans Peter Killguss, Jürgen Peters und *Alexander Häusler* unternehmen dabei eine systematische Betrachtung der Keimzelle der PRO-Bewegung, der „Bürgerinitiative pro Köln" und schildern deren Genese und Aktivitäten.

Eine systematische Darstellung des Aufbaus und der Entwicklung der „Exportmodelle" von PRO KÖLN, der „Bürgerbewegung pro NRW" (PRO NRW) sowie der „Bürgerbewegung pro Deutschland" (PRO D) wird von *Jürgen Peters, Tomas Sager* und *Alexander Häusler* geboten.

Eine daran anschließende Analyse der politischen Programmatik von PRO NRW ist zu großen Teilen eine Wiedergabe der oben zitierten Expertise der Arbeitsstelle Neonazismus der Fachhochschule Düsseldorf.

In Berlin versucht PRO D, die Anbindung an lokalpolitische Auseinandersetzungen um Moscheebau zu erwirken. *Uli Jentsch* beleuchtet in seinem Beitrag die propagandistischen Tätigkeiten der PRO-Bewegung in Berlin und Brandenburg.

Anhand der „Bürgerbewegung pro München" beschreibt *Robert Andreasch* den vorerst gescheiterten Versuch zum Einzug der PRO-Bewegung in den Stadtrat von München sowie deren Entstehungskontext.

Tomas Sager und *Jürgen Peters* stellen in einem weiteren Beitrag das Verhältnis der PRO-Bewegung zu den anderen Teilen der extremen Rechten dar und beschreiben deren Gemeinsamkeiten und parteipolitisch motivierten Differenzen und Konkurrenzverhältnisse.

Auch der Infiltration von Jugendlichen und jungen Erwachsenen seitens der extremen Rechten ist in diesem Kontext bislang noch nicht ausreichend Beachtung geschenkt worden. *Hans Peter Killguss* und *Jan Schedler* kommt der Verdienst zu, diese Lücke anhand aktueller Beispiele der „Jugendpolitik" der PRO-Bewegung im Kontext weiterer jugendpolitisch ausgerichteter Infiltrierungsversuche von Rechtsaußen zu schließen.

Im *dritten Teil* des Bandes werden die rechtspopulistischen Kampagnen in den Kontext von Auseinandersetzungen um Islam und Moscheebau in Deutschland gestellt.

Zunächst beleuchtet *Alexander Häusler* die unterschiedlichen Facetten eines rechtspopulistischen „Islam-Bashing" in Deutschland und Europa und stellt diese Entwicklung in den Zusammenhang mit allgemeinen Auseinandersetzungen um Islam und Integration.

Michael Kiefer gibt aus fachwissenschaftlicher Sicht einen komprimierten und pointierten Einblick in die Hintergründe und den historischen Entstehungskontext aktueller Probleme mit der Integration von Muslimen in Deutschland. Er zeigt zudem anhand von Beispielen die unterschiedlichen Fehlentwicklungen und langjährigen Versäumnisse in der bisherigen Gestaltung der Integrationspolitik auf, die aktuelle Schwierigkeiten bei der Gestaltung eines interkulturellen Miteinanders verursacht haben.

Rauf Ceylan vollzieht in seinem Beitrag zunächst einen historischen Rückblick auf die Errichtung von Moscheen in Deutschland und deren Funktion im Alltag Zugewanderter muslimischen Glaubens. In diesem Kontext beschreibt er auf der Basis eigens qualitativ und quantitativ erhobener Untersuchungsergebnisse im Raum Duisburg die unterschiedlichen Funktionen von Moscheeaktivitäten im Kontext gesellschaftlichen Zusammenlebens.

Kemal Bozay beschäftigt sich in seinem Beitrag mit der Entwicklung der überregional bekannt gewordenen Auseinandersetzung um den geplanten Moscheebau in Köln-Ehrenfeld. Er beschreibt hierbei dezidiert die Kampagne von PRO KÖLN gegen den Moscheebau sowie die zivilgesellschaftlichen und kommunalpolitischen Reaktionen auf diese Form von rechtspopulistischer Inszenierung.

Die Rolle des „Kölner Stadtanzeigers" in dieser Auseinandersetzung ist wiederum Gegenstand der Untersuchung von *Andreas Linder* in Form einer Medienanalyse. In seinem Beitrag wertet er die Artikel dieser auflagenstärksten kommunalpolitischen Tageszeitung zum Thema aus und unterzieht sie einer kritischen Inhaltsprüfung.

Aus Sicht einer Beteiligten beschreibt hingegen *Leyla Özmal* den kommunikativen Prozess in der Stadtgesellschaft um den geplanten Moscheebau in Duisburg-Marxloh. Sie zeigt anhand praktischer Beispiele auf, wie und unter welchen Bedingungen durch zivilgesellschaftliches Engagement mit kommunalpolitischer Unterstützung auch unter schwierigen sozioökonomischen Vorzei-

Populismus und die extreme Rechte

Karin Priester

Populismus als Protestbewegung

I.

Der Begriff des Populismus, der lange Zeit als ein Phänomen außereuropäischer Länder galt, verzeichnet gegenwärtig eine rasante Karriere als politisches Kampfwort, was darauf schließen lässt, dass es sich eher um einen ideologischen als wissenschaftlich-analytischen Begriff handelt. In dieser Version als medial verstärkte negative Zuschreibung bedeutet Populismus nichts anderes als Demagogie. Unter Demagogen versteht man seit der Antike Volksverführer, die mit Hetze und Agitation an Emotionen, Ängste und Vorurteile appellieren und eher Gefühle und Instinkte ansprechen als Verstand und politische Urteilsfähigkeit.

Zu dem ausufernden Gebrauch des Populismusbegriffs in Politik und Medien (Vgl. Priester 2007b) kommt hinzu, dass er auch wissenschaftlich umstritten ist. Die derzeit vorherrschenden diskursanalytischen Ansätze beleuchten nur die Ebene der politischen Kommunikation und definieren Populismus als einen Stil, der mit unterschiedlichen politischen Strömungen, Programmatiken und Ideologien einhergehen könne. (Vgl. u.a. Jagers/Walgrave 2007) Daher ist sowohl vom ‚Wahlkampfpopulismus' des hessischen CDU-Politikers Roland Koch die Rede wie vom ‚Linkspopulismus' Oskar Lafontaines oder vom ‚Medienpopulismus' Silvio Berlusconis. Dagegen halten andere den Populismus bereits für *mainstream* und machen dies an der zunehmenden Personalisierung der Politik fest. (Vgl. Arditi 2003:11, Mudde 2004:542)

II.

Das Erklärungspotenzial dieser begrifflichen Engführung von Populismus auf mediale Dauerpräsenz und simplifizierende Wahlkampfparolen ist indessen gering, denn die direkte, über das Fernsehen vermittelte Ansprache an das Volk unter Umgehung von Parteien und Parlament sowie eine personenzentrierte Wahlkampfführung sind heute ein allgemeines Kennzeichen der Mediendemokratie und haben nichts spezifisch Populistisches, wie auch die Reduktion komplexer politischer Sachverhalte immer schon zur Politik gehört hat.

Vor diesem Hintergrund von einer generellen populistischen Überformung der Politik zu sprechen und den Populismus für ein durchgängiges Zeitgeistphänomen (Cas Mudde) zu halten, ist nicht fruchtbar, weil man damit nicht zum Kern populistischer Strömungen vordringt. (Zur Kritik vgl. Di Tella 1997:188, Priester 2007a) Dieser Kern ist ursächlich in einer gestörten Beziehung zwischen Wählern und Gewählten oder, im populistischen Sprachgebrauch, zwischen ‚Volk' und ‚Eliten' zu suchen und liegt in einem Bündnis von oberen und unteren Mittelschichten, die sich von den kriselnden Volksparteien abwenden. Populistische Strömungen sind als Reaktion auf Defizite im Modus der Repräsentation des politischen Willens zu verstehen und berühren das in den westlichen Verfassungsstaaten vorherrschende Verständnis von Demokratie als repräsentativer Demokratie.

Im Gegensatz zu der von Populisten favorisierten direktdemokratischen Willensabfrage beruht der Gedanke des von Parteien und ihren Repräsentanten gefilterten politischen Willens auf einem strukturellen Misstrauen gegenüber dem Wahlvolk. Werde nämlich, so lauten die Vorbehalte, die Funktion der Parteien, die nach GG, Art. 21,1 und dem Parteiengesetz von 1967 an der politischen Willensbildung des Volkes beteiligt sind, durch Plebiszite unterlaufen, so bestehe die Gefahr, dass diese ungefilterte *vox populi* von manipulierten Stimmungen abhängig und, angeheizt von Demagogen, zum Spielball irrationaler Ängste und Vorurteile werde. Kurz: Die repräsentative Demokratie traut dem Volk wenig zu und neigt, auch aufgrund historischer Erfahrungen, dazu, das politische Geschäft Pragmatikern und Experten zu überlassen. (Zur Kritik vgl. Canovan 1999) Überdies ist zu beobachten, dass sich die Parteien von ihrer ursprünglichen Rolle als Mittler zwischen Zivilgesellschaft und Staat fortbewegen und zunehmend zu Quasi-Staatsorganen mutieren, damit aber die Distanz zwischen Wählern und Gewählten vergrößern.

III.

Demgegenüber machen Populisten geltend, dass die repräsentative, von den ‚etablierten' Parteien okkupierte Demokratie zu einer wachsenden Entfremdung des politischen Systems vom Wahlvolk geführt habe, ja dass dieses von Experten und Technokraten entmündigt und bevormundet werde.[1] (Vgl. z.B. Pim Fortuyn, in: Priester 2007a:190ff) Die Vorherrschaft von programmatisch untereinander

---

[1] Ich beziehe mich hier vor allem auf den Rechtspopulismus seit den 1990er Jahren. Auf historische Vorläufer und auf Formen des Linkspopulismus in den 1970er Jahren (der amerikanische *New Populism,* neue soziale Bewegungen und Antiglobalisierungsnetzwerke wie Attac) gehe ich nur am Rande ein.

kaum noch unterscheidbaren Volksparteien führe zu einer Absprachenpolitik unter Ausschluss der Öffentlichkeit und zur Verfilzung einer fest im Sattel sitzenden ‚politischen Klasse' mit kartellähnlichen Zügen. Diese Befunde werden keineswegs nur von Populisten vorgetragen. Die kaum noch überschaubaren Veröffentlichungen zur Politik- oder Parteienverdrossenheit, zur Krise der Volksparteien oder zur Krise der Repräsentation, zur Notwendigkeit eines verstärkten bürgerschaftlichen Engagements, zur Belebung der Zivilgesellschaft oder zur Ergänzung der repräsentativen Demokratie durch direktdemokratische Elemente zeigen, das hier ernst zu nehmende Anzeichen einer wachsenden Distanz von Wahlvolk und Repräsentanten sowie von Verkrustungen des politischen Systems vorliegen. Die Politik der Volksparteien gehe inzwischen „am Volk vorbei". (Wiesendahl 2007)

Seit den 1970er Jahren hat es immer wieder Versuche gegeben, ‚mehr Demokratie zu wagen' (Willy Brandt) und politische Partizipation zu stärken. Ist also der populistische Protest gegen Bevormundung und Entmündigung durch ein Kartell der Eliten diesem Ruf nach mehr Demokratie an die Seite zu stellen? Sind populistische Strömungen daher als ‚nützliches Korrektiv' (Frank Decker) zu begrüßen oder stellen sie eher eine Gefahr für die Demokratie dar? Mény und Surel sehen in populistischen Manifestationen eine ‚Abmahnung' an die Eliten, ein Signal, dass bestimmte Probleme nicht effektiv aufgegriffen und behandelt würden. „[.] Populismus ist ein Warnsignal für die Defekte, Grenzen und Schwächen des repräsentativen Systems. Trotz seiner oft unerfreulichen Töne kann er wirkungsvoll daran erinnern, dass die Demokratie nichts Gegebenes ist, sondern eine ständige Anpassungsleistung an sich verändernde gesellschaftliche Bedürfnisse und Werte." (Mény/Surel 2002: 17)

IV.

Populisten prangern, nicht ohne Grund, die Abschottung der politischen Eliten an, aber sie tun dies auf der Basis zweier fragwürdiger Prämissen. Die erste ist die Annahme einer weniger sozialen als vielmehr moralischen Homogenität des ‚Volkes', dem lediglich eine kleine Gruppe von Herrschenden (die Elite, die politische Klasse, das Parteienkartell etc.) gegenübersteht. Faktisch handelt es sich aber immer nur um Teile dieser sich zum ganzen ‚Volk' stilisierenden sozialen Kräfte, die sich sowohl nach oben (von den Eliten) als auch nach unten (von den ‚Sozialschmarotzern' und Sozialstaatsprofiteuren) abgrenzen.

Auf die soziologische Eingrenzung dieser sich zur Gesamtheit des Volkes stilisierenden sozialen Kräfte komme ich später zurück. Hier ist zunächst noch auf die zweite der beiden Prämissen einzugehen. Sie beruht auf der ambivalenten

Interpretation des Gedankens der Volkssouveränität. Einerseits liegt das Prinzip der Volkssouveränität als positive und unhintergehbare historische Errungenschaft allen modernen Verfassungsstaaten zugrunde. Andererseits birgt es paradoxerweise auch Gefahren für die Demokratie, wenn es, essentialistisch gedacht, als unwandelbare, durch rationale Diskussion, politische Bildung und Aufklärung unbeeinflussbare Gegebenheit angenommen wird. Das in einer Demokratie notwendige rationale Element der Deliberation wird auf diese Weise von einer Akklamationsdemokratie verdrängt.

Gegenüber dem Postulat, dass sich der politische Wille erst durch Diskussion, Konfliktaustragung und Kompromissfindung konstituiere, berufen sich Populisten auf eine Art höhere Weisheit des Volkes, das durch Experten der Wissensvermittlung, also Intellektuelle im weitesten Sinne, von seinen Wurzeln entfremdet und in seiner Identität in Frage gestellt werde. Als höchste Wahrheitsinstanz erkennen Populisten nur den ‚gesunden Menschenverstand' (*common sense*) an, der auf Alltagserfahrung, Tradition und lebensweltlichem Konservatismus beruht. Es gilt, einen bestimmten ‚way of life', ein Konglomerat von eingefleischten, vorreflexiven Wertvorstellungen und lebenspraktischen Gewohnheiten gegenüber Veränderungen zu verteidigen, die diesen Kosmos der ‚kleinen Leute' bedrohen.

Diese Bedrohungen können unterschiedliche Formen annehmen und müssen von Fall zu Fall untersucht werden. Im Zentrum fast aller populistischen Bewegungen des ausgehenden 19. und des 20. Jahrhunderts standen zunächst Fragen einer angemessenen, transparenten Besteuerung. Viele dieser Bewegungen wie die von Mogens Glistrup in Dänemark oder von Anders Lange in Norwegen, der Poujadismus in Frankreich oder jüngst noch die Lega Nord in Italien sind aus Steuerrebellionen hervorgegangen oder haben die Fiskalfrage im Zuge einer föderalistischen Neuorganisation des Landes aufgeworfen. Dabei zeigen die rechtspopulistischen Strömungen der 1990er Jahre ausgeprägte Tendenzen zur Besitzstandswahrung mit dem Ziel, die Solidarität zwischen unterschiedlich prosperierenden Regionen innerhalb einer Nation (Italien, Belgien) aufzukündigen und zugleich den wohlfahrtsstaatlichen Konsens zwischen den sozialen Schichten in Frage zu stellen (Niederlande, Österreich, Schweiz, skandinavische Länder).

Populistische Bewegungen unterscheiden sich von anderen politischen Strömungen, insbesondere der Linken und der (faschistischen) Rechten in einem zentralen ‚Aspekt': Sie sind nicht antikapitalistisch; sie streben nicht das Ideal eines ‚neuen Menschen' an und orientieren sich auch nicht an einer zukunftsgerichteten Utopie. Die Aktionen von Populisten sind, aller Provokation und Starkwortrhetorik zum Trotz, in der Regel defensiv und reaktiv. (Vgl. Mudde 2004: 548, Priester 2007a) Sie finden immer dann einen günstigen Nährboden, wenn bestimmte Teile der Bevölkerung dauerhaft das Gefühl haben, die Pragmatiker der Macht (Eliten, Technokraten, Experten) handelten über ihre Köpfe hinweg nach eigenen Interessen. Daher sind solche Strömungen als politische ‚Frühwarnsysteme' (Claus Offe) ernst zu nehmen und in diesem Sinne fungieren sie durchaus als nützliches Korrektiv. Sie legen den Finger auf Versäumnisse, auf Abschottungs- und Verkrustungstendenzen des politischen Systems und fordern seine Lernfähigkeit heraus. (Vgl. Puhle, 1986: 32, Mény/Surel 2002: 21)

V.

Im Zentrum der jüngeren Populismusforschung, bezogen auf Europa, stehen entweder diskursanalytische Untersuchungen zum populistischen Kommunikationsstil oder Fragen zur Vereinbarkeit von Populismus und Demokratie. (Vgl. Abts/Rummens 2007; Jagers/Walgrave 2007) Dagegen mangelt es noch an Analysen der spezifisch populistischen Bündnisstruktur, obgleich doch die Frage nahe liegt, wer denn eigentlich dieses ‚Volk' ist, auf das sich Populisten berufen.

Der Populismus sei, wie Arditi bemerkt, ziemlich verschwommen, wenn es gilt, das von ihm beschworene ‚Volk' näher zu bestimmen. Es werde wahlweise mit den Besitzlosen, den hart arbeitenden Mittelschichten, den belasteten Steuerzahlern, dem ‚gemeinen Mann' und der schweigenden oder moralischen Mehrheit (*silent* oder *moral majority*) gleichgesetzt. (Arditi 2003: 8) Aber so verschwommen sind diese Kennzeichnungen keineswegs, beleuchten sie doch von verschiedenen Blickwinkeln und mit unterschiedlichen Akzenten stets das gleiche soziale Spektrum, das sich von der oberen bis zur unteren Mitte der Gesellschaft erstreckt.

Im US-amerikanischen Agrarpopulismus des ausgehenden 19. Jahrhunderts verstanden sich die von Modernisierung, Kapitalkonzentration, Urbanisierung und Internationalisierung der Märkte bedrohten selbstständigen Farmer als diesen Urgrund des ‚Volkes' und als Garant seiner Identität. Auch in Europa sah einer der frühesten populistischen Politiker, der Franzose Pierre Poujade, im selbstständigen Mittelstand das ‚Rückgrat der Nation', das sowohl durch Kapitalkonzentration als auch durch Gewerkschaftsmacht in die Zange genommen werde.

In den 1990er Jahren artikulierten sich als Motor populistischer Strömungen zunächst aufwärts mobile mittlere Schichten (Kleinunternehmer, Kaufleute, Handwerker, Freiberufler, Immobilienmakler, Medienschaffende etc.), die von der politischen Klasse oder dem Establishment nicht anerkannt und als zugehörig betrachtet werden. Cas Mudde spricht hier von einer Outsider-Elite, die zwar mit den Eliten verbunden ist, ihnen aber nicht angehört, Paul Lucardie von *homines novi*, die zwar viel Geld verdienen, aber (noch) nicht zum Establishment gehören. (Vgl. Mudde 2004: 560, Lucardie 2002: 8)

Der Werdegang populistischer oder populistisch genannter Politiker wie Berlusconi, Haider, Fortuyn, Tapie, Karlsson und Wachtmeister in Schweden, Ross Perot in den USA und des selbst in diesem Spektrum rechts außen stehenden Le Pen in Frankreich zeigt: Es handelt sich ausnahmslos um akademisch gebildete[2] Aufsteiger aus meist sehr ‚kleinen' Verhältnissen, die es, nicht selten mit fragwürdigen Mitteln, zu großem und größtem Reichtum gebracht haben und, mit Ausnahme von Bossi, durchweg Millionäre sind. Aber von den etablierten Wirtschafts- und politischen Eliten werden sie nicht voll akzeptiert, sei es wegen ihres unseriösen Auftretens, ihres neureichen, vulgären Habitus oder der skandalumwitterten Quellen ihres Reichtums.

Die noch über der populistischen Außenseiter-Elite stehende Elite ist die der globalisierten Hochfinanz, die Haider z.B. als Freimaurer und Bilderberger (einer internationalen Lobby von Spitzenpolitikern und Wirtschafts- bzw. Finanzvertretern) identifiziert. Die politische Elite Österreichs handele, so Haider, im Auftrag dieser Kräfte und trage auf diese Weise zur ‚Fremdbestimmung' des Landes bei. Verschwörungstheorien, in deren Zentrum das internationale Finanzkapital, häufig in Verbindung mit angeblicher jüdischer Dominanz und den konspirativen Aktivitäten von Freimaurern und elitären Expertenzirkeln stehen, bilden eine Brücke sowohl zum historischen Faschismus als auch zum heutigen Rechtsextremismus. Sie gehören aber konstitutiv und von Beginn an auch ins Umfeld des Populismus.

VI.

Ein Blick auf die Karrierewege dieser *homines novi* zeigt: Sie treten als Anti-Elite und Anti-Establishment auf, solange ihnen die Schaltstellen der Macht verschlossen sind. Dabei kommt ihnen ihre gesellschaftliche Herkunft zugute. Sie sind das Kind ‚kleiner' Leute, stammen aber, mit Ausnahme von Bossi, nicht aus der Arbeiterschicht. Als Polsterermeister (Jürgen Möllemann) oder Schuhmacher (Jörg Haider), als Heizungsmonteure (Bernard Tapie/Jesse Ventura), als

---

[2] Berlusconi, Haider, Schill, der Schweizer Blocher und Le Pen sind ausgebildete Juristen, Fortuyn war Soziologie- und Managementdozent, Tapie ist, neben zahlreichen anderen Tätigkeiten, von Hause aus Elektronikingenieur, Ross Perot war Marineoffizier, bevor er in die Elektronikbranche wechselte, Carl Ivar Hagen, bis 2006 Vorsitzender der norwegischen Fortschrittspartei, ist diplomierter Business- und Marketingfachmann, der schwedische Rechtspopulist Ian Wachtmeister hat einen Universitätsabschluss in Naturwissenschaften (Metallurgie), der Führer der Lega Nord, Umberto Bossi, hat Medizin und Jura (ohne Abschluss) studiert.

Näherin (Jean-Marie Le Pen) oder als Farbenhändler (Pia Kjaersgaard) waren ihre Eltern Handwerker oder kleine Gewerbetreibende. Als Bankangestellte (Berlusconi), Handelsvertreter (Pim Fortuyn) oder Krankenschwestern (Tapie) waren sie Angestellte, als Fischer (Le Pen) oder Pferdehändler (Ross Perot) gehörten sie zur ländlich-bäuerlichen Bevölkerung. Diese spezifisch kleinbürgerliche Herkunft prädestiniert die neureichen Aufsteiger in besonderer Weise, die Ziele und Hoffnungen zweier auf den ersten Blick ganz unterschiedlicher Gruppen miteinander zu verbinden: die der ‚kleinen Leute' und die der neureichen Aufsteiger.

Jean-Marie Le Pen, Sohn eines bretonischen Fischers und einer Näherin, beerbte den Millionär Hubert Lambert aus der Zementbranche und hat es nicht nur zu einem schlossähnlichen Anwesen in der Nähe von Paris gebracht. Im Jahre 2004 stieg der millionenschwere Unternehmer auch ins Champagnergeschäft ein. Jörg Haider ist dank eines Erbes Großgrundbesitzer und Millionär und gehört zu den reichsten Politikern Österreichs. Ross Perot ist als Gründer des *Electronic Data Systems* sogar Milliardär und konnte es sich leisten, seine Wahlkampagnen aus eigener Tasche zu finanzieren. In Deutschland umgab sich der ehemalige Hamburger Innensenator Ronald Schill mit millionenschweren Sponsoren, darunter mit Bolko Hoffmann, dem inzwischen verstorbenen Herausgeber der Börsenzeitung *Effecten Spiegel*, und Ulrich Marseille, der 2002 als Spitzenkandidat der Schill-Partei in Sachsen-Anhalt antrat. Im Zuge des ‚Aufbaus Ost' war Marseille durch die Gründung diverser Kurkliniken rasch zu Millionen gekommen, aber 2005 wurden auch Ermittlungen wegen Bilanz- und Urkundenfälschung gegen ihn eingeleitet.[3]

An der Seite des Niederländers Pim Fortuyn, der durch Publikationen, Medienauftritte und lukrative Beratertätigkeiten selbst zu den neureichen Aufsteigern gehörte, trat auch Herman Heinsbroek auf, der als Vertreter der Liste Pim Fortuyn kurzfristig zwischen 2002 und 2003 auch Wirtschaftsminister im Kabinett Balkenende war. Heinsbroek gilt als einer der typischen Aufsteiger der 1990er Jahre, der es mit der Platten- und CD-Firma *Arcade* zu einem geschätzten Privatvermögen von 150 Millionen gebracht hat. Ähnliche Werdegänge zeigt ein Blick nach Skandinavien. In Schweden gründete 1991 Bert Karlsson gemeinsam mit Ian Wachtmeister die rechtspopulistische Partei *Neue Demokratie*. Auch Karlsson vermehrte seinen Reichtum im Umfeld von Platten, Pleiten und TV. Bis vor kurzem war er als Produzent der *Mariann Records* in der Unterhaltungsindustrie tätig. Daneben gründete er 1993 einen Vergnügungspark, der schon bald Konkurs anmelden musste. Auch ein 2005 eröffneter Freizeitpark musste schon nach neun Monaten wieder schließen. Zwischendurch produzierte Karls-

---

[3] Dass dies kein Einzelfall ist, zeigen die einschlägigen Ermittlungen und Prozesse gegen Berlusconi, Tapie, Möllemann u.a., vgl. Priester 2007a, 201 ff.

son eine Reality-Show für das Fernsehen, trat als Organisator von Musikfestivals hervor und hat seit 2006 eine eigene Talkshow. Der Schweizer Rechtspopulist Christoph Blocher ist mit der Chemieindustrie verbunden und übernahm 1983 die Aktienmehrheit der Ems-Chemie-Gruppe, mit der er Milliarden verdiente.

Diese neuen Emporkömmlinge steigen indessen, von Blocher abgesehen, nicht in die geschlossene Welt der Spitzenmanager oder der Hochfinanz auf, sondern in die leichter zugängliche Sphäre von Showbusiness, Wirtschafts-, Anlage- oder Managementberatung, Unterhaltungs- oder Vergnügungsindustrie und Werbung. Sie sind keine Kapitalisten im eigentlichen Sinne. Vielmehr machen sie, oft mit beachtlicher Umtriebigkeit, Eigenschaften zu Geld, die typisch für kapitalnahe Zwischenträger, Makler und neue Dienstleister sind: makeln, vermitteln, werben, präsentieren, verkaufen, manipulieren, spekulieren, moderieren, schauspielern. Nicht nur diese Eigenschaften kommen ihnen als politische Akteure zugute, sondern auch ihre Herkunft. Wenn ein Millionär wie Le Pen seinen Zuhörern versichert, er kenne die Kälte, den Hunger und die Armut oder ein bekennender Homosexueller wie Pim Fortuyn den Islam als intolerant anprangert, so können sie auf ihre eigene Biographie verweisen und einen Authentizitätsbonus verbuchen.

VII.

Die älteste dieser Bewegungen, der französische *Front National,* begann Anfang der 1970er Jahre als kleinbürgerliche Protestpartei, ist aber inzwischen, nach dem Niedergang der Kommunistischen Partei, zur ersten Arbeiterpartei des Landes geworden. (Vgl. Camus 1998: 210) Die ‚tribunizische Funktion‘ (Georges Lavau) der Kommunisten ist auf die extreme Rechte übergegangen, deren Führer Le Pen die Rolle des Volkstribuns übernommen hat, und zwar als Person, nicht qua Organisation.

Zwar waren die Kandidaten des *Front National* zu den Parlamentswahlen von 2002 meist Freiberufler oder mittelständische Unternehmer, aber ab den 1990er Jahren hat doch eine starke Unterschichtung der Partei stattgefunden. Bei den Präsidentschaftswahlen 2002 hatten 30 Prozent der Arbeiter, 20 Prozent der Landwirte und nur noch 19 Prozent der Handwerker und Kleinhändler – in den 1980er Jahren noch die Stammklientel der Partei – für Le Pen gestimmt. (Vgl. Kempf 2007: 228) Organisatorisch trägt der *Front National* diesem Wandel Rechnung durch den Aufbau eigener Gewerkschaften, die Einrichtung von Suppenküchen oder die Gründung der Hilfsorganisation *Fraternité Française.*

Am Beispiel des *Front National,* der eine vergleichsweise lange und wechselvolle Geschichte hat, zeigt sich besonders augenfällig, dass es diesen rechten

Bewegungen gelingt, Modernisierungsverlierer zu mobilisieren, Rentner, Arbeiter, kleine Angestellte, Arbeitslose in städtisch verdichteten Industrieregionen, die sich von der Verschlechterung der Lebensbedingungen, der Immigration und hohen Arbeitslosenquoten bedroht fühlen. Dieses Beispiel zeigt aber zugleich auch die immer wieder verschwimmende und ausfransende Schnittmenge mit dem Rechtsextremismus.

Während die skandinavischen rechtspopulistischen Bewegungen wirtschafts-liberal auftreten, zeigen sich in einer Partei wie dem *Front National* ältere ideologische Komponenten, die auch im belgischen *Vlaams Belang* nachwirken: Das Selbstverständnis als ‚dritter Weg' zwischen Arbeit und Kapital auf der Basis des so genannten Solidarismus. Vor dem Niedergang des Kommunismus verstand sich dieses Konzept auch als ‚dritter Weg' zwischen Kapitalismus und Kommunismus. Solidarismus heißt nichts anderes als Volksgemeinschaftsideologie oder Solidarität zwischen ‚Volksgenossen'. Die sozialen Konflikte zwischen Kapital und Arbeit gelten als nachrangig gegenüber den neuen Konflikten um Multiethnizität und nationale Identität. Solche Ideologien sind keineswegs neu, sondern haben eine ebenso lange Tradition wie die damit verbundenen korporatistischen oder ‚bündischen' Gesellschaftskonzepte. (Für die Lega Nord vgl. z.B. Priester 2007a: 166-171)

VIII.

Da also Fragen der nationalen und ethnischen Identität Vorrang haben und die Grundlage für das populistische Bündnis zwischen Außenseiter-Elite und Teilen der unteren Schichten bilden, sind wirtschafts- und sozialpolitische Forderungen nur eine flexibel handhabbare Verfügungsmasse und schwanken zwischen liberalen, protektionistischen und sozialstaatlichen Zielen. Der freie Markt wird für die Kleinunternehmer beschworen, sozialstaatliche Absicherung wird für die wachsende Arbeiterklientel gefordert und zugleich werden die Widersprüche nach außen auf die Globalisierung gelenkt, vertreten durch ein anonymes Kapital der multinationalen Konzerne, die in verschwörungstheoretischer Optik nach der Weltherrschaft strebten.

Je nachdem, wie stark Antisemitismus, Verschwörungstheorien oder die Fixierung auf die Freimaurer in populistischen Bewegungen ausgeprägt sind, vergrößert sich die Schnittmenge mit dem Rechtsextremismus. Auch die Vernetzungen zwischen Haiders vormaliger FPÖ, der Lega Nord, dem *Vlaams Belang*, dem *Front National* und neurechten Denkfabriken zeigen Gemeinsamkeiten, von denen sich Carl Ivar Hagen, der langjährige Vorsitzende der norwegischen Fortschrittspartei, ebenso distanziert hat wie der Niederländer Pim Fortuyn. Aber die älteren, immer noch mobilisierbaren Feindbilder des ‚jüdischen',‚freimaureri-schen Finanzkapitals' können auch durch neuere wie den Islam ersetzt werden. Entscheidend für das populistische Bündnis ist der Aufbau einer Bedrohungsku-lisse, die von außen wirkt und eine bestimmte Vorstellung von Homogenität in Frage stellt. In den meisten populistischen Bewegungen ist diese Homogenität ethnisch konnotiert, weil dies dem *common sense* der ‚kleinen Leute' am nächs-ten kommt und ihr ‚Wir'-Gefühl stärkt. Sie kann aber auch, wie bei Fortuyn, kulturell verstanden werden als Verteidigung der niederländischen politischen Kultur gegenüber dem Ansturm zurückgebliebener, mittelalterlich-integralisti-scher ‚Barbaren'. Soziale Konflikte werden übertüncht durch kulturelle Fragen nach (nationaler, regionaler, ethnischer, kultureller) Identität, dies um so eher, je stärker das Gefühl vorherrscht, die politischen Eliten kümmerten sich nicht um die Sorgen und Ängste des ‚kleinen Mannes'.

IX.

Diese oben näher beleuchtete Außenseiter-Elite verbreitert nun ihren Aktionsra-dius nach unten und tritt, wie es bei den russischen Populisten (*Narodniki*) des 19. Jahrhunderts hieß, ‚den Gang ins Volk' an, indem sie die ‚schweigende Mehrheit', den ‚kleinen Mann', die ‚kleinen Leute', den Jedermann mobilisiert, im 19. Jahrhundert meist ländliche Bevölkerungsgruppen, heute eher städtische Schichten in unterer sozialer Lage. Deren Unmut kann viele Gründe haben (Angst vor Verlust des Arbeitsplatzes, Überfremdungsangst, Angst vor Krimina-lität, vor Drogen, Ausländern, kulturellen Veränderungen, Wertewandel), lässt sich aber zusammenfassen in der Angst vor Statusverlust und sozialem Abstieg. Da diese ‚kleinen Leute' aber selbst kein Organisationspotenzial besitzen und als Rentner, kleine Dienstleistende, Gewerbetreibende oder Angestellte zu heterogen und meist auch zu unpolitisch sind, um sich autonom zu organisieren, suchen sie nach einem Sprachrohr. Dies wird von rede- und mediengewandten Wortführern verkörpert, die in der Lage sind, ein Bündnis der Außenseiter-Elite mit Teilen der unteren sozialen Schichten zu schmieden. Da aber dieses Bündnis nur durch die personalisierte Beziehung zwischen Führer und Geführten zusammengehal-ten wird, ist es instabil und zerbrechlich. Verliert eine solche populistische Be-wegung, wie im Falle Pim Fortuyns, das charismatische Sprachrohr, zerfällt sie rasch und endet in Bedeutungslosigkeit. Nachfolgeorganisationen der Fortuyn-Partei wie die ‚Partei für die Freiheit' von Geert Wilders sind vorerst ein Rand-phänomen geblieben.

Auf der Grundlage zahlreicher, auch außereuropäischer, Fallanalysen ge-langt Di Tella zu folgender Definition: „[.] Populismus kann definiert werden als politische Bewegung, die auf einem mobilisierten, aber noch nicht autonom organisierten Volkssektor beruht, von einer in den mittleren und oberen Gesellschaftsschichten verwurzelten Elite geführt und durch die charismatische, personalisierte Beziehung zwischen Führer und Geführten zusammengehalten wird [.]." (Di Tella 1997: 196)

Beide im populistischen Bündnis zusammenkommenden Kräfte fühlen sich vom politischen System ausgeschlossen und formieren sich als Anti-Bewegung. Die Sprecher der aufwärts mobilen Außenseiter-Elite drängen in die Chefetagen und Chefsessel, die ihnen das Establishment verwehrt und treten daher als Provokateure auf, die ‚von außen' dieses ‚Kartell der Macht' bestürmen. Die von ihnen mobilisierte ‚schweigende Mehrheit' hat aus anderen Gründen Aversionen gegen ‚die da oben'. Sie fühlt sich von den Volksparteien, in denen sie sich lange Zeit aufgehoben fühlte, im Stich gelassen. Der Umbau des Sozialstaats, die Immigrationspolitik, die Arbeitsmarktlage, die technokratische Politik der EU sind nur einige der Felder, die ‚im Volk' den Eindruck mangelnder Kompetenz der Berufspolitiker hinterlassen, verbunden mit dem Gefühl der Alternativlosigkeit angesichts von Konsens- und Absprachenpolitik zwischen ‚den Großen'. Beide, die populistische Außenseiter-Elite und die ‚schweigende Mehrheit', eint ein gemeinsamer Groll, nicht anerkannt und zu kurz gekommen zu sein.

X.

Schon in den 1950er Jahren prägte der amerikanische Soziologe Seymour M. Lipset den Begriff des ‚Extremismus der Mitte' und bezog ihn damals auf die soziale Basis des amerikanischen Populismus und des europäischen Faschismus. (Vgl. Lipset 1967: 449ff) Andere Forscher wie David J. Saposs waren ihm in der soziologischen Verortung des populistischen Potenzials vorausgegangen und haben es als Mittelklassen-Radikalismus bestimmt. Der Begriff ‚Extremismus der Mitte' stand lange von links und rechts unter Kritik[4], ist aber, so der Historiker Heinrich August Winkler, heute nicht mehr ernsthaft umstritten. Mehr noch: Er bietet auch für die Populismusforschung einen fruchtbaren Ansatz, um nach

---

[4] Vgl. z.B. für die linke, seinerzeit vorwiegend von DDR-Historikern vertretene Kritik Gossweiler 1976. Gossweiler geht von der irrigen Annahme aus, Mittelstandstheorien unterstellten, das Kleinbürgertum hätte die Fähigkeit, sich politisch als Klasse zu organisieren und eine hegemoniale Rolle zu spielen. Da für ihn als politische Akteure nur das Monopolkapital einerseits und die marxistische Arbeiterklasse andererseits in Frage kommen, verkennt er die Dynamik spezifischer Bündnisstrukturen, die auch bei der Analyse des Populismus bedeutsam sind. Die rechte Kritik verdrängt dagegen gern die Tatsache, dass das faschistische und heute das populistische Potenzial vor allem in der Mitte der Gesellschaft angesiedelt ist und nicht an den linken oder rechten Rändern.

den Bedingungen für die Radikalisierung von Teilen der mittleren und unteren Soziallagen zu fragen.

Der Populismus hat nur eine schwach ausgebildete Ideologie und keine eigentlichen Theoretiker. Dennoch führt es zu einer diskursanalytisch verkürzten Optik, Populismus nur als stilistischen Verstoß gegen die guten politischen Sitten und die ausgewogene, häufig aber auch nichtssagende Sprache der professionellen Politiker begreifen zu wollen. Der populistische ‚Appell an das Volk‘ ist weit mehr als ein formales Stilelement, nämlich eine inhaltliche Botschaft und suggeriert, es gäbe einen genuinen Volkswillen, der in seinem latenten Wahrheitsgehalt nur offen gelegt werden müsse. „Alle populistischen Bewegungen sprechen und verhalten sich so, als ob Demokratie Volksmacht und *nur* Volksmacht bedeute. In der Tat ist dieser Zug wahrscheinlich das einzige Element, das von [allen, K.P] populistischen Bewegungen und Parteien geteilt wird." (Mény/Surel 2002: 9)

Aus guten Gründen beruhen aber die westlichen demokratischen Systeme auf Mischformen zwischen dem repräsentativen und dem direktdemokratischen Modell. Mit konstitutionell eingebauten Kontrollmechanismen (den *checks and balances*) sorgen sie einerseits dafür, dass die *vox populi* sich nicht in einer reinen Akklamationsdemokratie äußert, setzen andererseits aber der politischen Partizipation auch enge Grenzen.

XI.

Cas Mudde hat zu recht darauf hingewiesen, dass es den Anhängern populistischer Strömungen und Bewegungen aber gar nicht um eigene politische Teilhabe geht (vgl. Mudde 2004: 558), sondern um wirkungsvolle Führung durch einen Repräsentanten, der, gemessen an Bildung und finanziellem Status, zwar über ihnen steht, seine Herkunft aus dem Volke aber als politisches Kapital einsetzen kann. Diese Paradoxie einer Repräsentation des ‚Volkes‘ als Nicht-Repräsentation wird scheindemokratisch aufgelöst durch die volksnahe Redeweise populistischer Führer. Dabei darf man das typisch Populistische aber nicht auf die Simplifizierung komplexer Sachverhalte reduzieren. Sie sind ein allgemeiner Zug politischer Diskursführung. Das Populistische artikuliert sich vielmehr in dem, was man ‚dem Volk aufs Maul schauen‘ nennt. Es handelt sich um eine direkte, ungeschminkte, häufig deftige, aber auch witzige, schlagfertige, von sexuellen Anspielungen und persönlicher Häme durchsetzte Redeweise. Der Wille des Volkes soll gar nicht gebildet und damit möglicherweise relativiert oder in Frage gestellt werden. Er soll vielmehr bestätigt werden als a priori ‚gesundes Volksempfinden‘.

Damit wird die Rolle des populistischen Führers scheindemokratisch auf die eines bloßen Katalysators (Ross Perot) oder Sprachrohrs des a priori mündigen Volkes reduziert und dieses zugleich psychologisch aufgewertet. Populistische Führer – und darin liegt das eigentlich Populistische – geben vor, dass es einer Bildung, Schulung oder Vermittlung des politischen Willens gar nicht bedürfe und dass derartige Versuche (von Aufklärungseliten oder Parteien) nur Ausdruck von Entmündigung und elitärer Arroganz seien. Diesen anti-aufklärerischen, auch anti-autoritären, Impetus von Populisten zeigte beispielsweise Pim Fortuyn, als er geltend machte, nach der Bildungsexpansion der 1970er Jahre seien die Bürger und Bürgerinnen inzwischen voll emanzipiert und bräuchten daher keine weitere Bevormundung durch Eliten.

Diese Ablehnung politischer Vermittlung, verbunden mit der moralischen Aufwertung des *common sense* oder des Alltagsverstandes, bewirkt eine weitere scheindemokratische Komponente von Populismus: die Legitimation von Ressentiments, Vorurteilen und bloßem Meinen, die mit dem Gütesiegel des Unverfälschten und Genuinen ausgestattet werden. Populistische Führer treten weder nach Art sozialistisch-kommunistischer Volkserzieher noch nach Art von faschistischen Heilsbringern oder Übermenschen auf, sondern betonen ihre rein instrumentelle Funktion als Lautsprecher von Gedanken, die bereits ‚im Volke‘ schlummern. Als Katalysatoren politisieren sie nicht; ihre Waffe ist vielmehr die Moralisierung von Protest.[5]

Das Schlagwort von der *moral majority* ist aufschlussreich und zeigt, dass sich ein bestimmter gesellschaftlicher Sektor unter Berufung auf seine vermeintlich moralische Überlegenheit erst zum ‚Volk‘ im populistischen Sinne konstituiert. Dieser Konstitutionsprozess verläuft in der binären Gegenüberstellung von ‚gut‘ und ‚böse‘: Heuchelei/Korruption (Eliten) vs. Ehrlichkeit (Volk), Bequemlichkeit im Staatssektor (Beamte) vs. harte Arbeit/Fleiß (selbstständige Mittelständler, ‚kleine Leute‘), moralische Rückständigkeit (Islam, Moslems) vs. moralische Überlegenheit (Inländer, eigene Kultur/Identität), Bevormundung/Arroganz (Intellektuelle) vs. primordiale Weisheit der Massen (Volk), Globalisierung/Supranationalität (Hochfinanz und ihre nationalen ‚Handlanger‘) vs. ethni-

---

[5] z.B. Türken schlagen ihre Frauen – wir nicht; Moslems verachten Homosexuelle – wir (inzwischen) nicht; Manager bereichern sich schamlos ohne etwas zu leisten – wir leben ehrlich und anständig; Beamte sind notorische Nichtstuer – wir dagegen leben von unserer Hände Arbeit; die Anhänger des Multikulturalismus verteidigen das koschere Schlachten von Tieren – wir dagegen lieben und schützen Tiere; die Eliten verbergen hinter ihrer unverständlichen Redeweise nur Heuchelei – wir reden ‚Klartext‘ und sagen, ‚was ist‘. Die Alternative zur Moralisierung der Politik ist nicht die Befürwortung von Zynismus, amoralischer Skrupellosigkeit oder die Beschönigung von Korruption, sondern Rationalität und Vernunft im Erkennen und Austragen politischer Interessenkonflikte. Moralisierung von Politik, so berechtigt sie mitunter sein mag, ist nie gefeit gegen Rigorismus und Schwarz-Weiß-Denken.

sche Identität und nationale Interessen (populistische Außenseiter-Elite). Der britische Populismusforscher Paul Taggart nennt dies die im Populismus angelegte Tendenz zum politischen Dualismus und zur Exklusion. (Taggart 2002: 77f)

XII.

Diese Moralisierung kann auch eine gewisse, nicht-marxistische Linksfärbung annehmen in der Opposition von: Herrschaft des Geldes/unethische Gesinnung (Finanzkapital, Managereliten) vs. Ethik der Produzenten (selbstständiger Mittelstand), Naturzerstörung (kapitalistische Verwertungsinteressen) vs. Gesinnungsethik (Naturschützer, Ökologen), Konsumismus (falsche, vom Kapital aufgezwungene Bedürfnisse) vs. Konsumverweigerung (Opposition gegen den ‚Terror der Ökonomie‘). Von hier ist es allerdings oft nur ein kleiner Schritt oder ein Zungenschlag zu einer erneuten Rechtswendung, wenn beispielsweise die ‚Herrschaft des Geldes‘ mit Juden in Verbindung gebracht wird, wenn Naturschutz mit dem Schutz des ‚natürlichen Lebensraumes‘ konnotiert, wenn Kritik an der Konsumgesellschaft mit Antiamerikanismus gekoppelt wird oder die einseitige Ausrichtung auf das Finanzkapital (Geldwirtschaft, Zinsschulden, Steuerfragen) zur Unterscheidung von ‚raffendem‘ und ‚schaffendem‘ Kapital führt.[6]

Populismus, so wurde gesagt, ist weder antikapitalistisch noch an einer Mission ausgerichtet, sondern eine reaktive, defensive Strömung, der es um die Wiederherstellung eines *status quo ante* geht. Dies gilt auch für solche Tendenzen, die in der öffentlichen Wahrnehmung als links gelten und sich selbst auch so verstehen. Unter dem Sammelnamen ‚Globalisierungsgegner‘ treten seit den 1980er Jahren sehr heterogene Kräfte auf, die von linken Splittergruppen, christlichen Kritikern der Geldwirtschaft, Bauerngewerkschaften, Dritte-Welt-Gruppen und anderen reichen.

Der ‚linke‘ französische Bauernführer José Bové kann in mancher Hinsicht als Nachfahre des französischen Poujadismus der 1950er Jahre gelten. Bové, aus dem gehobenen Bildungsbürgertum stammend und selbst ehemaliger Philosophiestudent, ist keineswegs von Hause aus Bauer, wie der Titel einer Biographie

---

[6] Die Gemeinsamkeit zwischen linken und rechten Populisten liegt in der Trennung von (produktivem/nationalem, ergo gutem) Industriekapital und (parasitärem/internationalem, ergo schlechtem) Finanzkapital. Auch linkspopulistische Globalisierungsgegner (z.B. Attac) stellen nicht den Kapitalismus grundsätzlich in Frage, sondern nur seine ‚Auswüchse‘, vertreten durch das globalisierte, internationale Finanzkapital. Es ist daher kein Widerspruch, sondern liegt in dieser populistischen Logik, dass sowohl Attac-Anhänger als auch Jörg Haiders BZÖ sich für die Einführung der Tobin-Steuer stark machen. Vgl. „Österreich-Agenda für Europa" der BZÖ von 2005, Punkt 5.

unterstellt[7], sondern kam in den 1970er Jahren als ,Aussteiger' in das Gebiet des Larzac, wo er seither als Käsehersteller und Führer der Bauerngewerkschaft *Confédération Paysanne* tätig ist. Als entschiedener Gegner von genmanipuliertem Getreide machte er ebenso von sich reden wie durch seine direkten Aktionen gegen McDonald-Filialen. Wie schon Poujade, so geht es auch Bové darum, gegen die multinationalen Konzerne eine auf der französischen Kultur beruhende Lebensweise zu verteidigen. Der Rocquefort-Käse wird zum Symbol für die französische Identität, die durch das Vordringen amerikanischer Fast-Food-Ketten mit ihrem weltweiten ,Einheitsfraß' (frz. *malbouffe*) bedroht werde. Auf einem Festival der Antiglobalisierungskritiker von 2003 auf dem Larzac lautete der Kampfruf: „Leisten wir Widerstand! Andere Welten sind möglich". Doch hinter der verbal artikulierten Utopie verbirgt sich perspektivisch das alte, schon von den US-amerikanischen Populisten und von Poujade hochgehaltene Ideal der Selbstorganisation und des direkten Verkaufs von Agrarprodukten unter Ausschaltung des Zwischenhandels sowie die Strategie der ,direkten Aktion'.[8]

Auch im Umfeld des Antiglobalisierungsnetzwerks Attac sind ähnliche, auf den ,kleinen Mittelstand' ausgerichtete Stimmen zu vernehmen. Mit der Integration der ehemals basisdemokratischen Anti-Parteien-Partei der Grünen in das politische ,Establishment' ist ein Vakuum entstanden, in das Netzwerke wie Attac eindringen. Auch hier geht die Stoßrichtung nicht gegen das kapitalistische System, sondern gegen die (unmoralische) ,Verantwortungslosigkeit' des globalisierten Finanzkapitals. Ausgangspunkt für Attac war der Kampf für eine auf Devisenspekulationen erhobene Steuer (Tobin-Steuer), mit die die ,entfesselten' Finanzmärkte wieder in staatlich regulierte Bahnen rückgeführt werden sollen.

Das Attac-Mitglied Jürgen Bochert machte in einem Interview die Mittelschichtperspektive deutlich: „Ja, eines der ersten Opfer der jetzigen Politik ist der kleine Mittelstand. Ein gutes Beispiel sind die Erfahrungen mit Pensionsfonds. Insgesamt bergen sämtliche Fonds gigantische Summen und sie waren letztlich eine Quelle der Investitionen, von denen hauptsächlich Großkonzerne profitiert haben. Aber der Mittelstand wird draußen gelassen und muss gleichzeitig wachsende Steuern bezahlen, weil die Großkonzerne teilweise den großen Steuern entgehen können. (…) Ich habe den Punkt gemacht, dass sozialer Unfrieden vor allem den Geldwert trifft." (Bochert 2001). Wo aber, wie schon bei den US-amerikanischen Populisten, die Frage des Geldwertes im Mittelpunkt

---

[7] Vgl. Ariès/Terras, 2001. Der Vater Bovés war Leiter eines agronomischen Forschungsinstituts, die Mutter Professorin für Naturwissenschaften. Die Eltern waren mehrere Jahre an der kalifornischen Universität Berkeley als Forscher tätig.

[8] Bové stellt sich selbst in die Tradition des Anarcho-Syndikalismus. Vgl. Ariès/Terras 2001: 53.

steht[9] und die ‚Macht des Geldes' angeprangert wird, ist es wieder nur ein kleiner Schritt zur Kritik am ‚Zinswucher' oder am ‚internationalen Wucher', für
den seit alters her die Juden als Sündenböcke herhalten mussten.

Alle, auch linke, populistischen Strömungen kreisen um die Kritik des Geldes, um Steuern, Zinsen, Finanztransaktionen, weil die Quelle von Ungerechtigkeit nicht im Bereich der Produktion, sondern in der Zirkulationssphäre gesehen
wird. Ähnlich sagt auch der deutsche Berater des venezolanischen Populisten
Hugo Chávez, Heinz Dieterich, der Chrematistik – dem Erwerb und der Vermeh-
rung von Geld – den Kampf an im Namen einer Äquivalenzökonomie, d.h. des
äquivalenten Produktentausches auf der Basis von Solidargemeinschaften, die
auf die Interessen von Kleinproduzenten zugeschnitten sind.

Das populistische Syndrom ist fluide, wetterwendisch, stimmungsabhängig,
deswegen aber nicht inhaltsleer, sondern ein Abwehrmechanismus der abstiegs-
bedrohten sozialen Mitte gegen Raffgier, Heuchelei, Verschwörungen (oben),
Bequemlichkeit, Verantwortungslosigkeit (unten) und kulturelle Andersartigkeit/
Kriminalität (‚Fremde'). Das Kleinbürgertum kann aus sich heraus keine eigenständige Politik betreiben und lehnt sich an größere, lange von den Volksparteien
geschmiedete Bündnisse an. Je nach Kräfte- und Machtkonstellation reagiert es
wie ein Chamäleon und nimmt mal eine eher linke, mal eine eher rechte Färbung
an.

Entweder bleiben populistische Bewegungen ein kurzes Intermezzo und machen inzwischen kaum noch von sich reden (z.B. die Schill-Partei, die Lega Nord,
Pim Fortuyns LPF, die schwedische *Neue Demokratie*) oder es gelingt ihnen (z.B.
dem *Vlaams Belang* in Belgien oder der norwegischen Fortschrittspartei), ihre
mittelständische Ausgangsbasis mit Xenophobie und dem Schüren von Über-
fremdungsängsten bis weit in die unteren Schichten auszuweiten. Dem *Vlaams
Belang* kommt dabei zugute, dass er auch als Ethnopopulismus mobilisieren kann
und gegen die in Belgien lange vorherrschende sprachliche und kulturelle Dominanz der Wallonen Front macht. Die norwegische Fortschrittspartei, seit 2005 mit
22,1 Prozent der Stimmen die zweitstärkste Partei im Parlament, mobilisiert gegen den sozialdemokratischen Wohlfahrtsstaat und die keynesianische Wirt-
schaftspolitik, schürt aber zugleich xenophobe Stimmungen und das Gefühl einer
subjektiven Deklassierung im Arbeitermilieu. Wegen fehlender Alternativen im
bürgerlichen Lager ist sie inzwischen in die Rolle einer liberalkonservativen
Volkspartei hineingewachsen und damit selbst Teil des ‚Establishments'.[10]

---

[9] Eines der auslösenden Momente für den amerikanischen Populismus war der Konflikt um billiges/
weiches oder hartes Geld, um Inflation oder Deflation. Die kleinen, von Hypotheken und Zinsschulden belasteten Farmer hatten ein Interesse an ‚billigem' Geld, also an einem geringen Geldwert.
[10] Die Ergebnisse der norwegischen Parlamentswahlen von 2005 zeigen, dass es dem bürgerlichen
Lager, gespalten in die christliche Volkspartei und die Konservativen (Høyre), nicht gelungen ist,

XIII.

Populistische Strömungen werden die Politik in der einen oder anderen Form begleiten, solange die Krise der Repräsentation nicht überwunden ist. Derzeit spricht wenig dafür. Im Gegenteil: Es findet eher eine Verengung von Regierungshandeln auf eine bürokratische Praxis des Aushandelns zwischen privaten und staatlichen Akteuren (*governance* an Stelle von *government*) statt, was der populistischen Kritik an Elitenabsprachen Wasser auf die Mühlen gießt. Überdies zeichnet sich in Deutschland eine Pluralisierung hin zu einem Fünf-Parteien-System ab. Die Integrationsfähigkeit der Volksparteien, die in ihrer Hochphase die Interessen mittlerer und unterer sozialer Schichten absorbieren und bündeln konnten, lässt nach. Koalitionsbündnisse könnten künftig zunehmen, damit aber auch die Absprachenpolitik und der ‚Postenschacher' der politischen Eliten. Populistischer Protest kann sich aber auch in zivilgesellschaftlichen Initiativen oder Kampagnen artikulieren, die singuläre, lokal begrenzte Konflikte zum Anlass nehmen, um dem Unmut ‚im Volke' ein Ventil zu bieten. Wie schon seit längerem beim Rechtsextremismus zu beobachten ist, zeichnet sich hier eine internationale Vernetzung solcher Bewegungen, wie etwa PRO Köln, unterhalb der Parteienebene ab, die nicht nur nationale Grenzen, sondern auch die Grenzen zum Rechtsextremismus aufweicht.

Literatur

Abts, Koen/Rummens, Stefan (2007), Populism versus Democracy, in: Political Studies 55 (2): S. 405-424

Arditi, Benjamin (2003), Populism, or, politics at the edges of democracy, in: Contemporary Politics 9 (1), 17-31, zit. nach: http://www.psa.ac.uk/journals/pdf/5/2003/Benjamin%20Arditi.pdf., abgerufen am 27.01.2008

Ariès, Paul/Terras, Christian (2001), José Bové. Revolte eines Bauern, Hamburg

Bochert, Jürgen, „Wenn es Attac nicht gäbe, wäre es auch von Seiten des Kapitals nötig, es zu erfinden", Interview vom 25. 10. 2001 online: http://www.wsws.org/de/2001/okt2001/att2-o25.shtml, abgerufen am 14.02.2008

Camus, Jean-Yves (1998), Front National – Eine Gefahr für die französische Demokratie. Bonn

---

eine konservative Volkspartei hervorzubringen. Beide Parteien haben schwere Verluste erlitten (2001: 12,4 Prozent; 2005: 6,8 Prozent für die Christliche Volkspartei; 2001: 21,2 Prozent; 2005: 14,1 Prozent für die Konservativen). Ähnlich wie der Forza Italia in Italien ist es der Fortschrittspartei damit gelungen, sich als bürgerliche Alternative zu den Sozialdemokraten (Arbeiterpartei) fest im norwegischen Parteiensystem zu verankern.

Canovan, Margaret (1999), Trust the People! Populism and the Two Faces of Democracy, in: Political Studies XLVII (1). S. 2-16

Decker, Frank (Hrsg.) (2006), Populismus. Gefahr für die Demokratie oder nützliches Korrektiv? Wiesbaden

Di Tella, Torcuato S. (1997), Populism into the Twenty-first Century, in: Government and Opposition 32 (2): S. 187-200

Gossweiler, Kurt (1976), Faschismus, Imperialismus und Kleinbürgertum, in: Jenaer Beiträge zur Parteiengeschichte, 37/38: S. 95-124

Jagers, Jan/Walgrave, Stefaan (2007), Populism as political communication style: An empirical study of political parties' discourse in Belgium, in: European Journal of Political Research 46 (3): S. 319-345

Kempf, Udo (2007), Das politische System Frankreichs, Wiesbaden, 4. Auflage

Lipset, Seymour Martin (1959), Der »Faschismus«, die Linke, die Rechte und die Mitte, in: Nolte, Ernst (Hrsg.) (1967), Theorien über den Faschismus. Köln

Lucardie, Paul (2002), Die Entwicklung des niederländischen Parteiensystems: von einer kleinen Krise zur anderen, Arbeitstagung Parteienforschung des DVPW, Herbsttagung 2002 Tutzing

Mény, Yves/Surel, Yves, The Constitutive Ambiguity of Populism, in: Dies. (Hrsg.) (2002), Democracies and the Populist Challenge. Houndsmill-Basingstoke: S. 1-21

Mudde, Cas (2004), The Populist Zeitgeist, in: Government and Opposition 39 (4): S. 541-563

Priester, Karin (2007a), Populismus. Historische und aktuelle Erscheinungsformen. Frankfurt/M./New York

Priester, Karin (2007b), Linker Populismus – ein Fremdkörper im deutschen Parteiensystem, in: Vorgänge 46 (4): S. 43-52

Puhle, Hans-Jürgen (1986), Was ist Populismus?, in: Dubiel, Helmut (Hrsg.), Populismus und Aufklärung. Frankfurt/M.: S. 12-3

Taggart, Paul, Populism and the Pathology of Representative Politics, in: Mény, Yves/ Surel, Yves (Hrsg.) (2002), Democracies and the Populist Challenge. Houndsmill-Basingstoke: S. 62-80

Wiesendahl, Elmar (2007), Am Volk vorbei. Die Volksparteien nach dem Wegfall ihrer Voraussetzungen, in: Vorgänge 46 (4): S. 4-14

36

Alexander Häusler

Rechtspopulismus als Stilmittel zur Modernisierung der extremen Rechten

Seit dem Aufkommen der SCHILL-PARTEI erhielt der Begriff des Rechtspopulismus, der auf der europäischen Ebene durch die Inszenierungen des österreichischen Rechtsaußenpolitikers Jörg Haider Konjunktur erfuhr, auch für die Kennzeichnung spezifischer bundesdeutscher Rechtsaußen-Parteien Bedeutung.
Rechtspopulismus gerierte zum medialen Modewort, war zugleich Schimpfwort
wie auch in undifferenzierter Form eine Art von verharmlosender Kennzeichnung autoritaristischer und nationalistischer Hau-Ruck-Rhetorik gegenüber der
sonst gängigen Rechtsextremismus-Kennzeichnung. Da es sich bei diesen Kennzeichnungen jedoch zumeist lediglich um den Versuch einer Beschreibung bestimmter rhetorischer und propagandistischer Inszenierungsformen handelt, ist
die inhaltliche Ausrichtung der so beschriebenen Protagonisten damit noch gar
nicht erfasst.

Deshalb soll folgend anhand der Rechtsaußenformation PRO KÖLN/NRW
das Verhältnis von Rechtspopulismus und Rechtsextremismus näher bestimmt
und begrifflich eingeordnet werden.

Die „Bürgerbewegung pro Köln" (PRO KÖLN) entstammt dem Lager der
extremen Rechten. Die Vereinsgründung dieser „Bürgerbewegung" erfolgte quasi als „Parallelstruktur" der REPUBLIKANER-Abspaltung DEUTSCHE LIGA
FÜR VOLK UND HEIMAT (DLVH). Mit den zusätzlichen Gründungen der
„Bürgerinitiative pro Deutschland" (PRO D) wie der „Bürgerinitiative pro
NRW" (PRO NRW) sind zwei Versuche mit der offenkundigen Intention gestartet worden, dieses Modell einer Wahlpartei der extremen Rechten im Gewand
einer Bürgerbewegung landes- und bundesweit zu exportieren.[1] Maßgeblich für
diese Mischung aus politischem „Versteckspiel" und affirmativer Bezugnahme
auf rechtspopulistische Stilmittel sind sowohl die Namensgebung und deren
Übertragung auf andere Kommunen wie des weiteren die strategische Konzeption der Ausbreitung nach dem Rhizom-Modell.[2]

---

[1] S. zur Entstehung und Entwicklung dieser Organisationen die jeweiligen Kapitel in diesem Band
[2] Zur politischen Methodik s. näher das Kapitel von Peters, Sager u. Häusler in diesem Band

Versteckspiel (I): „PRO" als Markenlabel

Bei dem Versuch, sich populistisch als scheinbar kommunale Interessensvertretung bürgerschaftlicher Anliegen zu verkaufen, spielt die durchaus geschickt gewählte Namensgebung eine nicht unerhebliche Rolle: Denn im Gegensatz zu bekannten extrem rechten Parteien wie etwa der NPD ist bei dieser noch weitgehend unbekannten Gruppierung hinsichtlich ihres Namens nicht auf den ersten Blick erkennbar, dass es sich hierbei um eine Wahlpartei der extremen Rechten handelt. Dies ist für die Strategie dieser Gruppierung von immenser Bedeutung, da das Sammeln von Unterschriften einen wichtigen Stellenwert in deren politischer Methodik einnimmt. Die Aneignung des Labels „PRO" weckt im öffentlichen Bild vielmehr Assoziationen an Vereinigungen mit ehrenamtlicher oder gemeinnütziger Ausrichtung wie etwa die Organisation zur Schwangerschaftsberatung PRO FAMILIA. Die Eigenbezeichnung als „PRO" in Verbindung mit einem Stadt- oder Landesnamen suggeriert zudem, dass diese Rechtsaußen-Partei für kommunale Belange eintritt.

Mit einem solchen Markenzeichen haben auch andere Parteien mit rechtspopulistischer Ausrichtung temporär Wahlerfolge erzielen können. So trat unter dem Label „PRO" die PARTEI RECHTSSTAATLICHE OFFENSIVE in Hamburg auf Landesebene in Erscheinung, die sich am 13.03.2000 auf Initiative des Amtsrichters Ronald Schill gegründet hatte. Nachdem im folgenden Jahr die Partei PRO DEUTSCHE MITTE – INITIATIVE PRO-DM (PRO DM) gegen die Verwendung des Kürzels PRO geklagt hatte, trat die rechtspopulistische Partei des Amtsrichters fortan als SCHILL-PARTEI auf. PRO DM hingegen war eine ebenfalls rechtspopulistische Partei, die 1998 auf Initiative des Millionärs Bolko Hoffmann gegründet und nach dessen Tod im Jahr 2007 aufgelöst wurde. Hoffmann war Hauptaktionär der Nachrichtenagentur ddp und Herausgeber der Finanz-Zeitschrift „Effekten-Spiegel" und soll laut Bericht der Zeitschrift „Tempo" die REP finanziell bei deren Wahlkampf in Bayern unterstützt haben (vgl. Rechtsschutzinstitut 1997: 84). Im Jahr 2004 kam es zu einer kurzfristigen Zusammenarbeit zwischen Hoffmann und Schill, als der bei seiner eigenen Partei in Ungnade gefallene rechtspopulistische Amtsrichter bei der Hamburger Bürgerschaftswahl als Spitzenkandidat der Listenverbindung PRO DM/SCHILL antrat, ohne damit jedoch an frühere Erfolge anknüpfen zu können.

Ähnlich verhielt es sich bei weiteren rechtspopulistischen Nachfolgegruppierungen der SCHILL-PARTEI, wie der zwischen den Jahren 2003 bis 2005 existenten „Pro-Bürger-Partei" (PBP), der bei den Kommunalwahlen in Nordrhein-Westfalen im Jahr 2004 der Einzug in fünf Rathäuser gelang.

Versteckspiel (II): Selbstinszenierung als „Bürgerbewegung"

Auch die Eigenbezeichnung von PRO KÖLN/NRW als „Bürgerbewegung" hat Tradition in der Namensgebung extrem rechter Gruppierungen. So erprobten schon in den Neunzehnhundertsiebziger Jahren Stragen der so genannten Neuen Rechten mit Vereinsgründungen wie etwa der „Bürgerinitiative Demokratie und Identität" die Unterwanderung der aufkommenden neuen sozialen Bewegungen (vgl. Mecklenburg 1996: 460). Dabei wurde versucht, mittels der Strategie der politischen Mimikry an die Ökologie- und Friedensbewegung anzuknüpfen und diese von Rechts her zu unterwandern. Zudem wurde von Rechtsaußen versucht, Bürgerinitiativen mit rassistischer Ausrichtung zu entfalten und diese in Wählerinitiativen zu überführen. So entstand beispielsweise im Jahr 1980 aus dem Umfeld der NPD in Nordrhein-Westfalen eine Wählerliste mit der Bezeichnung „Bürgerinitiative Ausländerstopp" (BIA). In rassistischer Stoßrichtung versuchte diese Liste, ein Volksbegehren zur Einführung getrennter Schulklassen von Deutschen und Ausländern einzuleiten, was von der damaligen Landesregierung als unzulässig abgelehnt wurde (vgl. Mecklenburg 1996:285). Unter gleicher und auch ähnlicher Namensbezeichnung traten in den folgenden Jahren auch in weiteren Bundesländern extrem rechte Vereinigungen zur Wahl an. Jüngste Wahlerfolge erzielte eine Initiative gleichen Namens bei der Stadtratswahl im März des Jahres 2008 in München, die sich als Abspaltung der mit PRO NRW temporär verknüpften „Bürgerbewegung pro München" formiert hatte.[3]

Während bei der BIA in der Namensgebung für den Betrachter noch ein Bezug zu rassistischen Positionen erkennbar sein kann, ist das bei Eigenbezeichnungen anderer sich bürgerschaftlich gebender Rechtsaußen-Parteien nicht mehr ersichtlich. Dabei haben solche wiederkehrend in Konkurrenz zu einander tretende „Bürgerbewegungen" und „Bürgerparteien" rechtspopulistischer Machart oftmals den gleichen politischen Ursprung. So entstanden beispielsweise im Rat der Stadt Köln nach dem Einzug der REP im Jahr 1989 als deren Abspaltungen die Fraktion „Die Bürger" und die DLVH, aus der PRO KÖLN wiederum ihren organisatorischen Ursprung hat (vgl. Brück 2005: 32).

Die Wählervereinigung „Bürger in Wut" wiederum hat ihren Entstehungskontext aus den Resten der SCHILL-PARTEI. Diese im Jahr 2004 gegründete Wählervereinigung trat ebenfalls mit rassistischen Forderungen in Erscheinung – so etwa mit der Forderung nach „*Rückkehr zum Abstammungsprinzip, wonach nur Deutscher sein kann, wer abkömmlich deutscher Staatsangehöriger ist*".[4] Im

---

[3] S. näher hierzu den Beitrag von Robert Andreasch in diesem Band
[4] Programm der Wählervereinigung Bremer in Wut. Unter: http://buerger-in-wut.de/pdf/programm. pdf. Stand: 20.05.2008

Jahr 2007 verpasste diese Gruppierung mit einer fehlenden Stimme den Einzug in die Bremische Bürgerschaft.

Rechtspopulismus als Schlagwort und (Eigen-)Kennzeichnung

In der Eigendarstellung bezeichnet PRO NRW sich selbst offen als „rechtspopulistisch".[5]
Diese Selbstcharakterisierung ist insofern ungewöhnlich, da eine solche Bezeichnung bislang zumeist zur Kennzeichnung negativ besetzter politischer Inszenierungsformen benutzt wurde. Daher deutet die affirmative Nutzung des Begriffs in Form eines „Corporate Branding" auf die gezielte Strategie der öffentlichkeitswirksamen Selbstinszenierung als „neue starke Kraft" von rechts. Auf der Gründungsversammlung des Bezirkverbandes Rheinland von PRO NRW am 28.04.2008 versuchte sich dessen frisch gewählter Vorsitzender Jörg Uckermann an einer solchen Begriffsbesetzung:

„Als stellvertretender Bezirksbürgermeister von Köln-Ehrenfeld habe ich die kommunalpolitischen Probleme und die Verweigerungshaltung der Altparteien, insbesondere auch der CDU, im Detail kennen gelernt. Bei pro Köln bzw. pro NRW sind dagegen Menschen mit Gespür für den Bürgerwillen und der Entschlossenheit zu einer bürgerfreundlichen Politik am Werke. Das verstehe ich als politischen Populismus im besten Sinne."

Zugleich versucht Pro NRW, sich propagandistisch auf eine Linie mit international bekannten Rechtpopulisten zu stellen wie etwa an einen – so der O-Ton – *„der mutigsten Männer Europas, der niederländische Rechtspopulist Geert Wilders, der genauso wie wir in einer nonkonformen rechtspopulistischen Bürgerbewegung aktiv ist"*[6].

Zudem wird offen Bezug auf die rechtspopulistischen Vorbilder in Belgien und Frankreich genommen. Diese intensiven Auslandskontakte von PRO NRW weisen zugleich auf die inhaltlichen Schnittstellen zwischen rechtspopulistischer und extrem rechter Ausrichtung hin. In der österreichischen Zeitschrift AULA, die der Journalist Hans-Henning Scharsach als publizistische Kontaktbörse zwischen den Anhängern der FPÖ und dem etablierten Rechtsextremismus definiert (Scharsach 1995: 171f.), erschien beispielsweise ein Bericht über einen Vortragsabend zum Thema „Der ‚rechte' Weg für Europa – Kommunale Entwicklungen zwischen Bürgerfreiheit und Ghettoentwicklung", an dem die führenden Köpfe von FPÖ, VLAAMS BELANG und PRO NRW teilnahmen. Laut Bericht

---

[5] Vgl. http://www.pro-nrw.org/content/view/284/42/ v. 20.02.2008
[6] Vgl. http://www.pro-nrw-online.de/content/view/339/43/ v. 31.03.2008

wurden dort Thesen aus dem klassischen Repertoire eines extrem rechten Populismus vertreten: So etwa Hasstiraden des PRO-NRW-Vorsitzenden Markus Beisicht gegen „Illegale" und „Zigeuner" in Köln, welche der Stadt „auf der Tasche liegen" oder völkische Parolen des FPÖ-EU-Abgeordneten Andreas Mölzer, der laut Bericht dazu aufrief, sich dem „Ethnosuizid, der Umvolkung entgegenzustellen." Der Artikel veranschaulicht inhaltlich die Schnittmengen zwischen populistischen und völkisch-rassistischen Positionen (vgl. Pfeiffer 2007).

In der öffentlichen Wahrnehmung überschneiden sich Rechtspopulismus und extrem rechte Propaganda. Der Unterschied besteht hierbei in dem Tatbestand, dass sich rechtspopulistische Strömungen selbst als dem rechtskonservativen Spektrum zugehörig und sich mit propagandistischem Bezug auf Ängste und Vorurteile aktionsorientiert als „Anwälte des Volkes" inszenieren.

Seit dem Aufstieg Jörg Haiders in Österreich gehört der Begriff des Rechtspopulismus zum Repertoire der Kennzeichnung eines spezifischen extrem rechten Politikstils. Der Begriff erhielt zunächst Auftrieb durch die Wahlerfolge neuer Rechtsaußen-Parteien in den skandinavischen Ländern, in Belgien durch den VLAAMS BLOK (heute VLAAMS BELANG), durch den kometenhaften Aufstieg und die Ermordung des Niederländers Pym Fortuyn sowie durch die Wahlerfolge der rechtspopulistischen SVP in der Schweiz. In Deutschland wurden zunächst der „Bund freier Bürger" (BfB), dann die SCHILL-PARTEI und temporär auch die FDP aufgrund der Wahlkampfinszenierungen von Jürgen Möllemann als rechtspopulistisch bezeichnet.

Bei all diesen Parteien sind in unterschiedlicher Ausprägung inhaltliche Überschneidungen von extrem rechten, rassistischen und autoritären Gesellschaftsvorstellungen mit populistischen Inszenierungsformen festzustellen. Diese Überschneidung führt zu der Frage nach der politischen Zuordnung des Rechtspopulismus in der politischen Agenda der extremen Rechten.

Exkurs: Streit um das Rechtsextremismus-Theorem

Während sich also die PRO-Bewegung selbst als „rechtspopulistisch" bezeichnet, wird PRO KÖLN als Ursprungsorganisation hingegen im Verfassungsschutzbericht des Landes Nordrhein-Westfalen unter der Rubrik „Rechtsextremismus" aufgeführt. Dagegen versucht PRO KÖLN wiederum – bislang erfolglos – auf dem Klageweg ihre verfassungsrechtliche Einstufung als rechtsextremistisch zu unterbinden. Dies führt in der Alltagsbetrachtung zu einem höchst widersinnigen Tatbestand: Während aktuell PRO KÖLN weiterhin in den Verfassungsschutzberichten unter der Rubrik Rechtsextremismus aufgeführt wird, ist diese Bezeichnung für die Gruppierungen PRO DEUTSCHLAND und PRO

NRW noch nicht juristisch eindeutig belegt.[7] Dieser Widerspruch rührt daher, dass PRO D und PRO NRW nach formalen Kriterien bislang als eigenständige Gruppierungen definiert werden, obwohl in der Praxis eine organisatorische Steuerung durch die Strategen von PRO KÖLN offensichtlich ist.

An dieser offenkundigen Widersinnigkeit zeigt sich zugleich praktisch ein prinzipieller Missstand der extremismustheoretischen Kategorisierungsinstrumentarien des Verfassungsschutzes: Dort wird mit Hinblick auf das Verfassungsrecht rein formalistisch zwischen einer „demokratischen Mitte" und „extremistischen Rändern" unterschieden, ohne die innere Verfasstheit dieser „Mitte" wie dieser „Ränder" inhaltlich zu durchdringen oder gar infrage zu stellen.

Dieser staatszentrierte extremismustheoretische Ansatz der „streitbaren Demokratie" ist analytisch unbrauchbar, um eine zentrale Problematik rechtspopulistischer und extrem rechter Einflussnahme zu erfassen: Die Interdependenz von strukturellen gesellschaftlichen Widersprüchen in der sozialen und ökonomischen Sphäre, deren politischen Regulationsformen und extrem rechten Radikalisierungsbestrebungen.

Das staatszentrierte Konzept der „streitbaren Demokratie" ist blind für politische Transformationsprozesse nach Rechts innerhalb des politischen Ordnungsgefüges und unterschlägt damit den Zusammenhang zwischen rechtem „Extremismus" und staatstragender Politik. Dies ist exemplarisch an dem Verhältnis von rassistischer Gewalt und staatlicher Asylpolitik zu verdeutlichen: Die Extremismustheoretiker versuchen das Problem ansteigender „fremdenfeindlich motivierter Gewalttaten" lediglich mit Verweisen auf rechtsextreme Erscheinungsformen und deren „extremistischer Ausrichtung" zu erklären. Tatsächlich besteht das größte Problem mit rassistischen Gewalttaten darin, dass sich deren Akteure durch populistische Kampagnen der gesellschaftlichen Mitte gegen „Asylnotstand" oder „Wirtschaftsasylanten" zu gewalttätigem Rassismus geradezu angestachelt fühlen, wie der Anstieg „fremdenfeindlicher Straftaten" im Zuge eben jener öffentlichen Kampagnen vielfach belegte. So weist etwa der Historiker Ulrich Herbert in seiner Untersuchung zur Geschichte der deutschen Ausländerpolitik darauf hin, dass die *„fremdenfeindliche Bewegung der frühen neunziger Jahre (...) keine selbstgesteuerte Bewegung"* war: *„Sie hatte eines Anstoßes von außen bedurft. Hier liegt die Bedeutung der Asylkampagne der frühen 90er Jahre, die in einer denkbar zugespitzten Umbruchsituation ein klares Feindbild bot und durch die sich ständig überbietende Tonlage einen Enthemmungsprozeß in Gang setzte, der sich dann rasch dynamisierte"* (Herbert 2001: 308).

---

[7] Laut einem Urteil des Verwaltungsgerichts Hamburg ist die Einstufung von PRO D als „rechtsextremistisch" gar rechtswidrig (vgl. den Beitrag von Peters/Sager/Häusler zu PRO NRW/PRO D in diesem Band).

Eine inhaltlich orientierte und zugleich gesellschafts- und staatskritisch ausgerichtete politikwissenschaftliche Analyse extrem rechter Bewegungen und
deren Methodik bedarf daher anders gefasster Kategorisierungsmöglichkeiten:
*„Eine Reduktion auf den Verfassungsbogen und die Problematik der streit-
baren Demokratie allein kann aus politikwissenschaftlicher Sicht der Sache nicht
gerecht werden, denn damit wird der politische Extremismus per definitionem
verkürzt auf die Messlatte des Grundgesetzes"* (Jaschke 2007: 26).

Deshalb wird hier in Anlehnung an Benno Hafeneger und Sven Schönfelder
der Begriff „extreme Rechte" zur Kennzeichnung des äußeren rechten Randes
des politischen Spektrums verwendet (vgl. Hafeneger, Schönfelder 2007: 9).
Dieser Sammelbegriff umfasst das gesamte politische Rechtsaußen-Spektrum
von der Braunzone zwischen rechtskonservativen und rechtsextremen Zirkeln bis
hin zu offen neonazistischen Szenen und misst sich nach folgenden inhaltlichen
Zuordnungskriterien:

- völkisch-nationalistische Ausprägungen
- rassistische und antisemitische Ausprägungen
- autoritäre Politikvorstellungen
- Ablehnung des gesellschaftlichen Gleichheitsprinzips
- Diskriminierung von Minderheiten
- Ethnisierung/Nationalisierung sozialer und ökonomischer Problemlagen

Begriffliche Deutungen des Rechtspopulismus

Rechtspopulistische Strömungen ordnen sich im Unterschied zu offen national-
revolutionär auftretenden Parteien der extremen Rechten wie etwa der NPD
selbst dem rechtskonservativen Spektrum zu und inszenieren sich mit propagandistischem Bezug auf Ängste und Vorurteile aktionsorientiert als „Anwälte des
Volkes".

Dabei wird Bezug genommen auf propagandistische Simplifizierungen in
Anlehnung an „des Volkes Stimme": Rechtspopulismus bedeutet demnach allgemein die volkstümlich und rebellisch-autoritär inszenierte Verkündung extrem
rechter Theoreme auf der Basis emotionalisierter Agitation. Erste populäre Darstellungen der Rechtspopulismusforschung in Deutschland seit der Jahrtausend-
wende verweisen auf eine solche politische Stilisierung: *„Charakteristisch für
die politischen Inhalte des Populismus ist die prekäre Synthese von Personalis-
mus und Gemeinschaftsdenken und seine ambivalente Haltung zum gesellschaftlichen Fortschritt. Historisch und auch gegenwärtig besteht ein starker Hang
nach rechts, der auf eine gegebene ideologische Affinität hindeutet"* (Decker

43

2001: 10). Hans-Henning Scharsach hingegen sieht in den Aktivitäten des VLAAMS BLOK (heute VLAAMS BELANG), der FPÖ, dem Front National, Berlusconis Regierungsbündnis, der FDP unter dem Duo Möllemann/Westerwelle und weiteren neu- wie altrechten Parteien das Aufkommen eines „rechten Populismus in Europa" (Vgl. Scharsach 2002).

In der wissenschaftlichen Diskussion wurde der Begriff des Rechtspopulismus zunächst oftmals zur Kennzeichnung derjenigen Parteien und Bewegungen verwendet, die trotz der Verwendung extrem rechter Propagandaelemente kein geschlossen rechtsextremes Weltbild aufwiesen und zudem ihre autoritären Forderungen nach einem „starken Staat" mit neoliberalen Politikansätzen verbanden. In der Tat zeigt sich hier eine Tradition spezifisch rechter Agitation gegen den „schmarotzenden Abzockerstaat", der im skandinavischen Raum schon in den sechziger Jahren zu Wahlerfolgen von extrem rechten Parteien geführt hat, die in der europäischen Populismusforschung als „Vorreiter des europäischen Populismus" bezeichnet werden (Scharsach 2002: 152). Nach ersten Erfolgen der finnischen „Landpartei" etabliert der „Steuerrebell" Mogens Glistrup in Dänemark das Modell der „Fortschrittspartei", das dann in Norwegen und in vergleichbarer Form auch in weiteren Ländern Europas als Vorbild für Parteien mit rechtspopulistischer Ausprägung diente. Bis in die achtziger Jahre hinein war der proklamierte Aufstand der Kleinbürger gegen Steuer, Bürokratie und „Wohlfahrtsstaat" noch schwerpunktmäßig geprägt von wirtschaftsliberalistischer Kritik am Sozialstaat. Im Zuge des politischen Wandels von keynesianistisch-wohlfahrtsstaatlichen Regulationsformen hin zu neoliberalen Politikansätzen traten in den rechtspopulistischen Strömungen mehr und mehr nationalistische und rassistische Tendenzen in Verbindung mit Forderungen nach einer national orientierten Beschäftigungspolitik in das Zentrum ihrer Agitation (vgl. Rydgren 2006). Als Beispiel eines solchen Wandels kann die Abspaltung der dänischen Fortschrittspartei, die Dänische Volkspartei unter Pia Kjärsgaard angesehen werden (vgl. Hasselberg 2002). Die Mischung aus populistischem „Sicherheitsdiskurs" gegen „Kriminelle", „Fremde" und „Schmarotzer" im Kontext von medial inszenierten Aufständen des Kleinbürgers gegen Steuer, Bürokratie, EU und Zuwanderung machte Schule für vergleichbare Strömungen in Europa.

Geradezu prototypisch für den Rechtspopulismus in Westeuropa stehen Jörg Haider und seine (frühere) FPÖ[8], deren Wahlerfolge primär darauf beruhten, dass sie über einen längeren Zeitraum hinweg neben sozialen Aufsteigern und Befürwortern eines Modernisierungskurses auch sozial Benachteiligte und zutiefst verunsicherte Mittelständler gewinnen konnten (vgl. Pelinka 2005).

---

[8] Haider verließ die FPÖ im Streit und gründete im Jahr 2005 die Partei „Bündnis Zukunft Österreich" (BZÖ), für die er in seine Funktion als Landeshauptmann aus Kärnten zu gleich Obmann für Kärnten ist.

In der jüngeren Populismusforschung existieren – ähnlich der Rechtsextre-
mismusforschung – recht unterschiedliche Deutungen dieses Phänomens.
So führt Oliver Geden vier „konstitutive Elemente" zur Identifikation des
Rechtspopulismus auf:

- der anti-elitäre Rekurs auf ‚das Volk' als politische Kategorie;
- die legitimierende Bezugnahme auf den ‚gesunden Menschenverstand';
- spezifische Prinzipien der politischen Kommunikation;
- eine bestimmte Form organisatorischer Strukturen (Geden 2007: 9).

Rainer Benthin interpretiert aus Sicht der Bewegungsforschung die „politische
und kulturelle Exklusionspraxis" als einen „Modernisierungsprozess" einer erfolgreichen „populistischen radikalen Rechten". (Benthin 2004: 51). Eine solche
populistische Ausgrenzungspolitik unter völkisch-nationalistischen Prämissen
inszeniert sich hiernach gleichsam als Identitätspolitik wie als ‚Protestbewegung'
von Rechts gegen Desintegrationsprozesse im Kontext eines globalisierten Kapitalismus: *„Es geht also nicht zuletzt um die etwas aus der Mode gekommene,
aber dennoch bedeutsame Betonung des Zusammenhangs von modernen Gesellschaften kapitalistischen Zuschnitts mit ihren vielfältigen Exklusionsprozessen
und Ausgrenzungspraktiken einerseits und denen ihnen inhärenten, autoritären,
repressiven Potenzialen und Optionen andererseits"* (Ebd.: 104). Laut Benthin
vollzieht sich der rechte Modernisierungsprozess entlang der Entfaltung spezifischer Öffentlichkeitsstrategien (Ebd.: S.223):

- Legitimations- und Öffentlichkeitsstrategien
- Ethnisierungs- und Kulturalisierungsstrategien
- Dramatisierungs- und Skandalisierungsstrategien

Auch der Bewegungsforscher Dieter Rucht deutet die Mobilisierungserfolge
einer modernisierten extremen Rechten als „Resultat eines Desintegrationspro-
zesses" (Rucht 2002: 82).
Der Politikwissenschaftler Christoph Butterwegge weist darauf hin, dass
sich rechtspopulistische Politikstile auf unterschiedlichen politischen Feldern
entfalten und unterscheidet hierbei vier Grundvarianten des Rechtspopulismus:

- einen aus der Kritik an sozialstaatlichen Transferleistungen erwachsenen
  „Sozialpopulismus",
- einen von Stigmatisierung geprägten „Kriminalpopulismus",
- einen gegen Zugewanderte gerichteten „Nationalpopulismus"

- sowie einen durch grundsätzliche Kritik am politischen System geprägten „Radikalpopulismus" (Butterwegge 2008:43ff.).

Kontroversen um rechte und linke Ausprägungen des Populismus

In der neuen Rechtspopulismusforschung besteht hingegen Uneinigkeit über die Legitimität der Übertragbarkeit rechtspopulistischer Kategorisierungsmerkmale auf die Deutung eines als „Linkspopulismus" definierten Politiktypus. Lars Rensmann etwa verweist auf einen angeblich *„immer bedeutsamer gewordenen Typus linkspopulistischer Parteien"* hin, wobei er jedoch *„signifikante Differenzen"* zum Rechtspopulismus feststellt, die sich *„im Verhältnis zur Wirtschaft, in der Sicherheits- und Sozialpolitik und in der von der ideologischen Grundorientierung her universalistisch-egalitären, nicht-nationalistisch-fremdenfeindlichen Positionierung"* zeigen (Rensmann 2006: 71). Frank Decker und Florian Hartleb hingegen sehen pauschal in der Politik der PDS (heute DIE LINKE) einen populistischen Politikstil (vgl. Decker/Hartleb 2006). Obgleich derartigen Deutungen in dieser Pauschalität nicht zuzustimmen ist, verweisen Äußerungen im politischen Führungspersonal der Linkspartei in der Tat auf populistische Elemente. So weist etwa Oskar Lafontaine in einer Veröffentlichung mit dem pauschalen Verweis auf ‚des Volkes Stimme' eine durchaus als populistisch zu bezeichnende Rhetorik auf: *„Die Mehrheit des Volkes lehnt die von den Eliten in Parteien und Medien vertretene neoliberale Politik ab"* (Lafontaine 2005: 164f.). Andere, in Boulevardblättern platzierte Begrifflichkeiten deuteten gar auf eine bewusste Übernahme eines Vokabulars hin, das bislang lediglich Rechtsaußen zu verorten war. Die Soziologin Karin Priester deutet die Verwendung derartiger Begrifflichkeiten des heutigen Vorsitzenden der Partei DIE LINKE als einen populistischen Politikstil: *„Das unselige Wort von den ‚Fremdarbeitern', leider mehr als nur ein Lapsus, spielte ganz bewusst mit der Wut auf ‚die da oben' und der Verlagerung von der Ursache von Missständen nach ‚außen', auf ‚Fremde', Ausländer, Immigranten etc. mit dem Ziel, einer frustrierten Klientel Identitätsangebote zu machen, wie man sie bisher nur von der Rechten kannte"* (Priester 2007).[9]

Karin Priester verweist darauf, dass der Populismus *„ein konservatives Phänomen ist, das jedoch meist in Verschmelzung mit anderen politischen Richtungen auftritt."* (Priester 2007:14). Hiernach beruht der zeitgenössische Popu-

---

[9] Gespräch mit Karin Priester, „Eine Revolte gegen die Auswüchse der Moderne", in: Neue Gesellschaft/Frankfurter Hefte 5/2007, http://www.ng-fh.de/gespraech/gespraech_07_5a.html

lismus auf der *„Gleichsetzung von ‚Volk' mit dem selbstständigen Mittelstand oder den ‚kleinen Leuten'„*, (Ebd.: 216). Mit dieser Verknüpfung– losgelöst von der Frage, welche Partei sich dieser Verknüpfung bedient – weist der Populismus eine inhaltliche Verortung in der rechten Denktradition auf.

Rechtspopulismus als „Verstärker" des politischen Zeitgeistes

Der Rechtspopulismusforscher Oliver Geden warnt vor einer Banalisierung des Rechtspopulismus: *„Die antagonistische Gegenüberstellung einer (aus Volk und Rechtspopulisten bestehenden) ‚Wir-Gruppe' und ‚den Anderen' (bestehend aus den Eliten und ihren ‚Günstlingen') kann umso überzeugender vermittelt werden, je stärker die etablierten Parteien und Medien dazu neigen, rechtspopulistische Herausforderer als wenig ernst zu nehmende Außenseiter zu behandeln"* (Geden 2007: 6).

In der aktuellen Diskussion um den Rechtspopulismus wird oftmals ausgeklammert, dass dessen zentrale propagandistische Bausteine – Nationalismus, Rassismus, Sozialneid und Autoritarismus gepaart mit einer sich volkstümlich inszenierenden Protestbewegung gegen das „Etablissement" – zugleich Eingang gefunden haben in den Diskurs der sog. politischen Mitte (vgl. Butterwegge/Häusler 2002).

Unter einem solchen Blickwinkel verstehen Dagmar Schaefer, Jürgen Mansel, und Wilhelm Heitmeyer Rechtspopulismus als „Modernisierungsstrategie (…), in deren Zentrum es steht, Stimmungen gegenüber Schwächeren zu erzeugen, um über erzielte Wahlerfolge dann mittels demokratisch erworbener Macht die Gesellschaft autoritär umzubauen" (Schäfer/Mansel, Heitmeyer 2002: 124). Das Team des Bielefelder Instituts für Konflikt- und Gewaltforschung hat bei den Untersuchungen zur „Gruppenbezogenen Menschenfeindlichkeit ein „erhebliches rechtspopulistisches Potential in Deutschland", das sich selbst in der politischen Mitte einordnet", ausgemacht (Ebd.: 132f.).

Es besteht ein quantitativer Unterschied zwischen extrem rechter Einstellung und Wahlverhalten, denn nicht jeder Mensch mit einer solchen Einstellung wählt automatisch auch eine Partei der extremen Rechten. Schon in den 1990er Jahren wies Jürgen W. Falter darauf hin, dass ein großes Potenzial von Menschen mit extrem rechtem Weltbild zum Wählerpotenzial etablierter Parteien des demokratischen Spektrums gehören. Laut Studie weisen ca. 14 Prozent der SPD-Wähler, ca. 17 Prozent der Nichtwähler und ca. 20 Prozent der CDU-Wähler ein „geschlossen rechtsextremes Weltbild" auf (Falter 1994: 158).

Ein populistischer Politikstil wiederum ist in allen politischen Lagern zu finden und prägt auch wiederkehrend in Wahlkämpfen das politische Geschehen.

Simplifizierende Zuschreibungen und verkürzte Personalisierungen komplexer Phänomene wie etwa Migration oder Globalkapitalismus in plakative Feindbilder wie etwa die Parole „Kinder statt Inder" zum Thema Zuwanderung von Hochqualifizierten oder die simplifizierte und verkürzte Kapitalismuskritik in Form einer Verknüpfung der Auswirkungen so genannter Hedge-Fonds mit Heuschreckenplagen sowie die Anprangerung von „unpatriotischen" Kapitalisten bedienen zugleich rassistische, antisemitische und nationalistische Stereotype.

Die populistische Verknüpfung der sozialen mit der nationalen Frage durch die Anrufung von „nationaler Identität" und „deutscher Leitkultur" erweist sich als Einfallstor für die extreme Rechte. In diesem Kontext wies der Historiker Lutz Niethammer darauf hin , dass es neurechte und nationalkonservative Intellektuelle wie Armin Mohler, Caspar Freiherr von Schrenck-Notzing, Henning Eichberg oder Bernhard Willms waren, *die um 1980 in der Bundesrepublik den Begriff der nationalen Identität in den Mittelpunkt zu rücken versuchten und damit seiner Etablierung in der rechten Mitte zuvorkamen oder sie mit vorbereiteten"* (Niethammer 2000: 487).

Die Politikwissenschaftlerin Chantal Mouffe sieht daher das Aufkommen des Rechtspopulismus in einem Dependenzverhältnis zu der fehlenden Konfrontation verschiedener Blöcke im politischen Mainstream: *„Wenn demokratische Politik ihre Fähigkeit verloren hat, die Menschen ganz für politische Projekte zu mobilisieren, und wenn sie sich darauf beschränkt, die notwendigen Voraussetzungen für das reibungslose Funktionieren des Marktes sicherzustellen, dann haben politische Demagogen die besten Voraussetzungen, der weit verbreiteten Frustration eine Stimme zu verleihen. "* (Mouffe 2007: 93)

Nach ihrer Ansicht trägt die etablierte Politik durch fehlende inhaltliche Auseinandersetzung erheblich selbst zum Aufstieg des Rechtspopulismus bei: *„Statt die politischen, sozialen und ökonomischen Ursachen dieses neuen Phänomens zu analysieren, haben sie das Neue daran eilfertig abgetan, indem sie es als ,rechtsextrem' etikettierten"* (Mouffe 2007: 95).

Im realpolitischen Geschäft sind es zudem oftmals schlichte machtpolitische Erwägungen, die zu einem rapiden Wandel von einstmals moralisierender Etikettierung vormaliger politischer Gegner als „Steigbügelhalter der Rechtsextremen" hin zu einer nun aus angeblich realpolitischer Verantwortung gegenüber der Wählerschaft zu vollziehenden Koalition mit ebendiesem ehemaligen Widersacher führen können, wie es das Beispiel der ersten schwarz-grünen Koalition auf Landesebene im Jahr 2008 zeigt.

Es war der CDU-Politiker Carl-Friedrich Arp Ole Freiherr von Beust, der bei den Wahlen im Jahr 2001 einen Pakt mit der rechtspopulistischen SCHILL-PARTEI einging, um das Amt des Ersten Bürgermeisters der Freien und Hansestadt Hamburg übernehmen zu können.

Nicht zuletzt anhand solcher aus machtpolitischen Erwägungen sich vollziehenden zunehmenden Überschneidung politischer Entwürfe und deren Konturverfall im hegemonialen Block des politischen Gefüges erwächst die propagandistische Basis für rechtspopulistische Kampagnen gegen das „politische Establishment".

Zur Unterbindung rechtspopulistischer Einflussnahme bedarf es nach Chantal Mouffe einer *„Stärkung des antagonistischen Charakters von Politik durch die Wiederbelebung der Links-Rechts-Unterscheidung."* (Mouffe 2007: 156)

In der öffentlichen Auseinandersetzung mit dem Rechtspopulismus sollte es deshalb weniger um extremismustheoretische Zuordnungsfragen gehen. Die zentrale Problematik misst sich nicht an der Frage, ob eine Partei mit rechtspopulistischer Agitationsmethodik formaljuristisch als „rechtsextrem" einzustufen ist. In der politischen Praxis stellen die als ‚Rechtspopulisten' bezeichneten Parteien und Bewegungen in Europa trotz unterschiedlicher Ansätze mehrheitlich keine Abkehr sondern vielmehr eine dem politischen Zeitgeist konforme Ausprägung der extremen Rechten dar. Mit der Ethnisierung sozialer Problemlagen korrespondiert eine „Kulturalisierung" der Politik, die nicht mehr auf materielle Interessen zurückgeführt, sondern auf die Wahrung kollektiver Identitäten reduziert wird, was zu einer Entpolitisierung gesellschaftlicher Konflikte beiträgt. Das demagogische Schüren von Feindbildern ist kein originäres Kennzeichen der extremen Rechten mehr. Der Rechtsextremismusforscher Wilhelm Heitmeyer weist vielmehr darauf hin, *„daß sich durch die bereits erkennbaren ökonomischen, sozialen und politischen Folgen eines autoritären Kapitalismus günstige Bedingungen für die Ausbreitung des Rechtspopulismus ergeben."* (Heitmeyer 2001: 528)

Daher ist die offensive Auseinandersetzung mit rechtspopulistischen Erscheinungsformen im Lager der extremen Rechten nur die eine Seite der Medaille. Zugleich müssen auch (rechts-)populistische Entwicklungen im Zentrum politischer Macht in den kritischen Blick genommen werden. Politische Verschiebungen nach Rechts im europäischen Rahmen mit Hilfe rechtspopulistischer Kampagnen wie etwa das in Italien im April 2008 gewählte Rechts-Bündnis „Volk der Freiheit" unter dem Medienunternehmer Silvio Berlusconi zeugen von politischer Anschlussfähigkeit des Rechtspopulismus.

Daher bedarf es einer offensiven und konzertierten Anstrengung für die Entwicklung lebenstauglicher und alltagsorientierter Politikkonzepte, die auf ein respektvolles Miteinander, gesellschaftliche Gleichstellung und soziale Sicherheit für alle hier lebenden Menschen ausgerichtet sind.

Literatur

Benthin, Rainer (2004): Auf dem Weg in die Mitte. Öffentlichkeitsstrategien der Neuen Rechten. Frankfurt am Main

Brück, Brigitte (2005): Frauen und Rechtsradikalismus in Europa. Wiesbaden

Butterwegge, Christoph; Häusler, Alexander (2002): Rechtsextremismus, Rassismus und Nationalismus: Randphänomene oder Phänomene der Mitte? In: Butterwegge, Christoph u.a. (Hrsg.) (2002): Themen der Rechten – Themen der Mitte. Zuwanderung, demografischer Wandel und Nationalbewusstsein. Opladen

Butterwegge, Christoph/Hentges, Gudrun (Hrsg.) (2008): Rechtspopulismus, Arbeitswelt und Armut. Befunde aus Deutschland, Österreich und der Schweiz. Opladen

Butterwegge, Christoph (2008): Definitionen, Einfallstore und Handlungsfelder des Rechtspopulismus. In: Christoph Butterwegge/Gudrun Hentges (2008) (Hrsg.): Rechtspopulismus, Arbeitswelt und Armut. Befunde aus Deutschland, Österreich und der Schweiz Opladen: S. 11-78

Decker, Frank (2001): Der neue Rechtspopulismus in den westlichen Demokratien. In: „Rechtspopulismus auf dem Vormarsch?" Eine Tagung der SPD Hamburg am 1. Dezember 2001. Broschüre

Decker, Frank (Hrsg.) (2006.): Populismus. Gefahr für die Demokratie oder nützliches Korrektiv? Wiesbaden

Decker, Frank/Hartleb, Florian (2006): Populismus auf schwierigem Terrain. Die rechten und linken Herausforderungen in der Bundesrepublik. In: Frank Decker (Hrsg.) (2006): Populismus. Gefahr für die Demokratie oder nützliches Korrektiv? Wiesbaden: S. 191-215

Decker, Frank (2006): Die populistische Herausforderung. Theoretische und ländervergleichende Perspektiven. In: Frank Decker (Hrsg.) (2006): Populismus. Gefahr für die Demokratie oder nützliches Korrektiv? Wiesbaden. S. 9-32

Falter, Jürgen W. (1994): Wer wählt rechts? Die Wähler und Anhänger rechtsextremistischer Parteien im vereinigten Deutschland. München

Geden, Oliver (2005): Identitätsdiskurs und politische Macht: Die rechtspopulistische Mobilisierung von Ethnozentrismus im Spannungsfeld von Oppositionspolitik und Regierung am Beispiel FPÖ und SVP. In: Frölich-Steffen Susanne, Rensmann, Lars (Hrsg.) (2005): Populisten an der Macht. Populistische Regierungsparteien in West- und Osteuropa. Wien: S.69-84

Geden, Oliver (2007): Rechtspopulismus. Funktionslogiken – Gelegenheitsstrukturen – Gegenstrategien. SWP-Studie. Berlin

Hafeneger, Benno; Schönfelder, Sven (2007): Politische Strategien gegen die extreme Rechte in Parlamenten. Folgen für kommunale und lokale Demokratie. Berlin

Hasselberg, Sven (2002): Pia Kærsgaard: Es gibt nur eine Zivilisation. In: Jungwirth, Michael (Hrsg.) (2002): Haider, Le Pen & Co. Europas Rechtspopulisten Graz: S. 152-163

Heitmeyer, Wilhelm (Hrsg.) (2007): Deutsche Zustände. Folge 5. Frankfurt am Main

Heitmeyer, Wilhelm (2001). Autoritärer Kapitalismus, Demokratieentleerung und Rechtspopulismus. Eine Analyse von Entwicklungstendenzen. In: Loch, Dietmar; Heitmeyer, Wilhelm (Hrsg.) (2001): Schattenseiten der Globalisierung. Rechtsradikalismus, Rechtspopulismus und separatistischer Regionalismus in westlichen Demokratien. Frankfurt am Main: S. 497-536

Herbert, Ulrich (2001):Geschichte der Ausländerpolitik in Deutschland. Saisonarbeiter, Zwangsarbeiter, Gastarbeiter, Flüchtlinge. München

Jaschke, Hans-Gerd (2007): Politischer Extremismus. Bonn (Lizenzausgabe für die Bundeszentrale für politische Bildung)

Lafontaine, Oskar (2005): Politik für alle. Streitschrift für eine gerechte Gesellschaft. Berlin

Loch, Dietmar; Heitmeyer, Wilhelm (Hrsg.) (2001): Schattenseiten der Globalisierung. Rechtsradikalismus, Rechtspopulismus und separatistischer Regionalismus in westlichen Demokratien. Frankfurt am Main

Mecklenburg, Jens (Hrsg.) (1996): Handbuch Deutscher Rechtsextremismus. Berlin

Mouffe, Chantal (2007): Über das Politische. Wider die kosmopolitische Illusion. Frankfurt am Main

Niethammer, Lutz (2000): Kollektive Identität. Heimliche Quellen einer unheimlichen Kultur, Hamburg

Pelinka, Anton (2005): Die FPÖ: Eine rechtspopulistische Regierungspartei zwischen Adaption und Opposition In: Frölich-Steffen, Susanne; Rensmann, Lars (Hrsg.) (2005): Populisten an der Macht. Populistische Regierungsparteien in West- und Osteuropa. Wien: S.87-105

Pfeiffer, Martin (2007): Hunderte wider dem Pöbel In: DIE AULA 12/2007. Graz

Priester, Karin (2007): Populismus. Historische und aktuelle Erscheinungsformen. Frankfurt am Main

Rechtsschutzinstitut (Hrsg.) (1997): Lokalpolitik und die extreme Rechte in Düsseldorf. Düsseldorf

Rensmann, Lars (2006): Populismus und Ideologie In: Frank Decker (Hrsg.) (2006): Populismus. Gefahr für die Demokratie oder nützliches Korrektiv? Wiesbaden: S. 59-80

Rucht, Dieter (2002): Rechtsradikalismus aus der Perspektive der Bewegungsforschung. In: Grumke, Thomas; Wagner, Bernd (Hrsg.) (2002): Handbuch Rechtsradikalismus. Personen – Organisationen – Netzwerke vom Neonazismus bis in die Mitte der Gesellschaft. Opladen: S. 75-86

Rydgren, Jens (2006): Vom Wohlfahrtschauvinismus zur ideologisch begründeten Fremdenfeindlichkeit. Rechtspopulismus in Schweden und Dänemark. In: Decker, Frank (Hrsg.) (2006): Populismus. Gefahr für die Demokratie oder nützliches Korrektiv? Wiesbaden: S. 165-190

Schaefer, Dagmar; Mansel, Jürgen; Heitmeyer, Wilhelm (2002): Rechtspopulistisches Potential. Die „saubere Mitte" als Problem In: Heitmeyer, Wilhelm (2002) (Hrsg.): Deutsche Zustände. Folge 1. Frankfurt am Main: S. 123-135

Scharsach, Hans-Henning (1995): Haiders Clan. Wie Gewalt entsteht. Wien, München, Zürich

Scharsach, Hans-Henning(2002): Rückkehr nach rechts: Europas Populisten. Wien

51

Genese, Struktur und Methodik einer neuen rechtspopulistischen Partei

Hans-Peter Killguss, Jürgen Peters und Alexander Häusler

PRO KÖLN – Entstehung und Aktivitäten

Seitdem die BÜRGERBEWEGUNG PRO KÖLN politisch aktiv ist, versucht sie sich als eine Organisation zu inszenieren, die sich „undogmatisch, überparteilich und ohne Tabus", so heißt es in ihrem Programm, für kommunale Belange engagiert und damit der behaupteten korrumpierten Politik der „Altparteien" eine als „freiheitlich" bezeichnete Alternative entgegensetzt. Da die rechtspopulistische Vereinigung weiß, dass sie sich nicht dauerhaft als politische Kraft mit Einfluss auf das parlamentarischen Geschehen Kölns etablieren kann, ohne sich vom Stigma des Rechtsextremismus zu befreien, bemüht sie sich vehement um verbale Distanz zur extremen Rechten. „Wir sind und bleiben eine völlig grundgesetzkonforme Bürgerbewegung, die sich eindeutig zu den Werten der demokratischen Grundordnung bekennt und jeder Art des Radikalismus eine entschiedene Absage erteilt"[1], so PRO KÖLN anlässlich der bevorstehenden Veröffentlichung des nordrhein-westfälischen Verfassungsschutzberichtes Ende März 2008. Die Proteste der „Bürgerbewegung" und die von ihr angestrengten verwaltungsgerichtlichen Verfahren gegen das Land NRW waren jedoch bislang erfolglos.[2]

Trotz wiederkehrender verbaler Abgrenzung von der extremen Rechten waren und sind die maßgeblichen Personen bei PRO KÖLN dem extrem rechten Lager zuzuordnen, die Inhalte sind geprägt von teils verklausuliertem, teils offenem Rassismus. Um den politischen Gesamtkontext dieser Gruppierung einschätzen zu können, ist eine Kenntnis der Entstehungsgeschichte, Entwicklung und politischen Praxis der Rechtsaußen-Gruppierung notwendig.

Der Ursprung: Die extrem rechte DLVH

Etliche der PRO-KÖLN-Funktionäre entstammen der 1991 ins Leben gerufenen Partei DEUTSCHE LIGA FÜR VOLK UND HEIMAT (DLVH). Unter deren Gründungsmitgliedern befanden sich eine Reihe von ehemaligen Aktivisten und Funktionsträgern der NPD und der REPUBLIKANER (REP), beispielsweise

---

[1] www.pro-koeln-online.de/artikel08/260308_wolf.htm. Stand: 28.03.2008
[2] Vgl. Verfassungsschutzbericht des Landes Nordrhein-Westfalen für 2007 unter: http://www.im.nrw.de/imshop/shopdocs/aktuell.pdf. Stand: 28.3.2008

Harald Neubauer, der zuvor mit seinem Versuch, den damaligen REPUBLIKA-NER-Bundesvorsitzenden Franz Schönhuber zu stürzen, gescheitert war. Trotz ihres Anspruches einer Sammlungsbewegung stellte die DLVH lediglich eine weitere und zudem relativ bedeutungslose Partei der extremen Rechten dar. „Obwohl die DLVH versucht, in ihrem Parteiprogramm grundgesetztreu zu erscheinen, versteckt sie in ihrer Propaganda kaum ihren rassistischen und antisemitischen Charakter. Im Mittelpunkt ihrer Programmatik steht die ‚Ausländerrückführung' und die Wiederherstellung Deutschlands in den Grenzen von 1937", befand das „Handbuch Deutscher Rechtsextremismus" (Mecklenburg 1996: 242).

Schwerpunkt in NRW war die Stadt Köln, wo 1991 mit Manfred Rouhs und Markus Beisicht zwei der 1989 über die REPUBLIKANER-Liste in den Stadtrat gewählten Personen zur DLVH übertraten und dort bis zu den Kommunalwahlen 1994 eine DLVH-Fraktion bildeten. In Köln machte die DLVH mit aggressiv rassistischer Hetze gegen die „multikriminelle Gesellschaft" und insbesondere gegen Roma und Sinti auf sich aufmerksam. Bundesweit in die Schlagzeilen schaffte es die Kölner DLVH Anfang 1993 mit der Auslobung einer Belohnung in Höhe von 1.000 DM in Form eines Steckbriefes für Hinweise, die zur Ergreifung einer versteckt lebenden abgelehnten Asylbewerberin führen würden.

Mit den noch heute von PRO KÖLN verwendeten kölsch-tümmelnden Slogans wie „Domit uns Kölle kölsch blievʻ[3] versuchte schon die DLVH, sich einen bürgernahen Anstrich zu geben. Auch die enge Verbundenheit der „Bürgerbewegung" mit dem extrem rechten belgischen VLAAMS BELANG (früher VLAAMS BLOK) geht auf diese Zeit zurück: An einer 1992 von der DLVH organisierten Tagung in der Kölner Innenstadt zur „Ausländer- und Asylproblematik" beispielsweise nahmen extrem rechte Gruppen aus Frankreich, Belgien und den Niederlanden teil. Der Saalschutz für diese Veranstaltung rekrutierte sich aus dem „Deutschen Hochleistungskampfkunstverband" (DHKKV), einer der Solinger Kampfsportschule HAK-PAO zugehörigen Gruppe. Bei HAK-PAO trainierten auch zwei der Attentäter des Brandanschlages von Solingen, bei dem 1993 fünf Menschen starben (vgl. Nink, Schmalenberg 2003).[4] 1994 scheiterte die DLVH in Köln bei der Kommunalwahl mit 1,3 Prozent an der Fünfprozenthürde. Angetreten war sie mit einer offenen Liste, auf der auch Mitglieder der später verbotenen FREIHEITLICH DEUTSCHEN ARBEITERPARTEI (FAP) und der NPD kandidierten. Einige davon sollten später nochmals von sich hören lassen: Thomas Adolf, Ratskandidat und zeitweiliger Chauffeur von Manfred

---

[3] Vgl. bspw. www.pro-koeln-online.de/artikel/fragen-antworten.htm. Stand: 27.03.2008
[4] Die Attentäter waren über den Kreisbeauftragten Solingen der DLVH, Bernd Koch mit Propagandamaterial versorgt worden. Der Leiter der Kampfsportschule, Bernd Schmitt, sollte sich später als ein V-Mann des Verfassungsschutzes NRW entpuppen.

Rouhs, ermordete 2003 in Overath ein Anwaltsehepaar und dessen Tochter (vgl. Damm, Schmalenberg 2005); Ulrich Klörries, ebenfalls Kandidat der DLVH, ermordete 2006 seine Mitbewohnerin in Köln-Kalk (vgl. Drack, Schmalenberg 2007).

PRO KÖLN: Ein Produkt der extremen Rechten

Im Oktober 1996 löste sich die DLVH als Partei auf und wandelte sich in einen Verein um. Einige Zeit versuchte man sich in Köln mit so genannten Runden Tischen über Wasser zu halten. Doch auch dieses Projekt scheiterte schnell. Vorsorglich war jedoch im Sommer 1996 die BÜRGERBEWEGUNG PRO KÖLN als Verein gegründet worden. Als erster Vorsitzender fungierte zunächst Sven Möller, ehemaliges Mitglied der NPD und der DLVH. Den stellvertretenden Vorsitz übernahm der 2002 verstorbene Dietmar Dander, ehemaliger Vorsitzender des extrem rechten BÜNDNIS FÜR DEUTSCHLAND (vgl. Antifaschistischer AutorInnenkreis 2004: 8). Zwischen 1996 und 1999 spielte PRO KÖLN politisch jedoch noch keine Rolle. Dieses änderte sich erst nach den nordrhein-westfälischen Kommunalwahlen 1999, bei denen die Kölner DLVH trotz des Wegfalls der Fünfprozenthürde mit 0,1 Prozent gescheitert war. Diverse lokale DLVH-Funktionsträger, allen voran der Kölner Verleger Manfred Rouhs und der Leverkusener Rechtsanwalt Markus Beisicht, sattelten nun auf PRO KÖLN um. Der Vorsitz des Vereins wechselte von Sven Möller auf Judith Wolter, die zuvor als Kommunalwahlkandidatin der REPUBLIKANER in Erscheinung getreten war. Den stellvertretenden Vorsitz übernahmen Bernd Michael Schöppe und Volker Jung. Allesamt waren sie zuvor in der extremen Rechten aktiv gewesen: Der 1965 geborene Manfred Rouhs engagierte sich als Jugendlicher in der JUNGEN UNION, entschied sich dann aber für den NPD-Jugendverband JUNGE NATIONALDEMOKRATEN (JN). Von 1985 bis 1987 amtierte er als deren Landesvorsitzender NRW. 1987 trat er den sich damals im Aufschwung befindlichen REPUBLIKANERN bei und wechselte schließlich zur DLVH, für die er bis 1994 im Kölner Rat saß. 2004 zog Rouhs erneut in den Stadtrat ein, dieses Mal über die PRO-KÖLN-Liste. Der als Verleger, Autor und aktuell als PRO-KÖLN-Fraktionsgeschäftsführer tätige gebürtige Krefelder fungiert seit den achtziger Jahren als Herausgeber diverser Zeitschriften. 1987 erschien die erste Ausgabe seiner extrem rechten Zeitschrift „Europa Vorn", die etwa zehn Jahre später in „Signal" umbenannt wurde. Seit 2003 gibt er ein rechtes Blatt mit dem Titel „nation.24" heraus (vgl. Lohmann: 2007). Über Rouhs' Versand sind zudem Bücher, Filme und Musik erhältlich.

Einen ähnlichen politischen Werdegang weist der 1963 geborene Markus Beisicht hin: Er war bis 1987 Bundesvorsitzender des RING FREIHEITLICHER STUDENTEN (RFS), der 1977 von Mitgliedern der Kölner Burschenschaft GERMANIA gegründet worden war (vgl. Antifaschistischer AutorInnenkreis 2004: 10). 1988 ging das vorherige CDU-Mitglied zu den REPUBLIKANERN und wurde deren Kölner Kreisvorsitzender, später auch Mitglied des REP-Bundesvorstandes. 1989 wurde er über die REPUBLIKANER-Liste in den Kölner Stadtrat gewählt und trat ebenso wie Rouhs der DLVH bei. Beisicht stieg zum DLVH-Landesvorsitzenden und -Bundesvorstandsmitglied auf. Aktuell ist er Vorsitzender von PRO KÖLN und PRO NRW. Als Strafverteidiger von Akteuren der extremen Rechten, darunter militante Neonazis wie der überregional bekannte Kölner Aktivist Axel Reitz, hat er sich auch über NRW hinaus einen Namen gemacht.

Das spätere PRO-KÖLN-Stadtratsmitglied Bernd Michael Schöppe hatte sich ebenfalls in der DLVH engagiert und war zudem auf neonazistischen Aufmärschen anzutreffen. So zum Beispiel am 22. Mai 1999 bei einer Neonazidemonstration in Köln gegen die Präsentation der Ausstellung über die Verbrechen der Wehrmacht (vgl. Orfanidis 2008: 28). Der Rechtsanwalt Volker Jung, der inzwischen für PRO KÖLN in der Bezirksvertretung Mülheim sitzt, war wie Beisicht und Rouhs beim RFS und später im Landesvorstand NRW der REPUBLIKANER und der DLVH tätig.

Aktionsfelder von PRO KÖLN

Mit der offensiv vertretenen Eigenbezeichnung „rechtspopulistisch" versuchte PRO KÖLN fortan, sich als „nonkonforme, politisch unkorrekte" Kraft von Rechts darzustellen und ins etablierte Parteiengefüge vorzudringen. Dabei orientiert man sich an Vorbildern wie der FREIHEITLICHEN PARTEI ÖSTERREICHS (FPÖ), der mit einer rassistischen Zuspitzung gesellschaftlicher Konflikte zumindest partiell die diskursive Vorherrschaft in der österreichischen Einwanderungsdebatte gelang (vgl. Geden 2007: 21). PRO KÖLN bedient sich inhaltlich wie in der Wortwahl dieses plakativen rechtspopulistischen Stils. So erklären deren Aktivisten, sich vor allem auf „drängende kölsche Themen" konzentrieren zu wollen, um durch eine „konsequente Basisarbeit" eine Verankerung vor Ort zu erreichen.

Folgerichtig bewarb man den eigenen Kandidaten bei der Oberbürgermeisterwahl 1999, den Ex-REPUBLIKANER Stephan Flug als „kölschen Haider". Nach einem mageren Ergebnis von 0,3% der Wählerstimmen verschwand Flug wieder in der Versenkung und schloss sich dann der NPD an, für die er heute als

Beisitzer im nordrhein-westfälischen Landesvorstand Regionalbeauftragter im Kreis Siegen fungiert. Inhalte und Strategie von PRO KÖLN wurden jedoch beibehalten: Bestehende Ressentiments gegen Minderheiten werden aufgegriffen, geschürt und zum Aufbau von Feindbildern genutzt, gegenüber denen man sich schließlich selbst als moralische und politische Ordnungskraft inszeniert, welche die Sorgen der Bevölkerung aufzunehmen bereit sei.

Veranschaulichen lässt sich dieses bereits am ersten Kampagnenversuch von PRO KÖLN. Im Januar 2001 wollte sich die Organisation an den Protesten der Bürgerinitiative „Kölner gegen die forensische Klinik" (Kfor) gegen den Bau einer forensichen Klinik in Köln-Porz beteiligen. „Nicht nur geisteskranke Kriminelle haben Rechte. Auch der steuerzahlende Normalbürger darf seine Interessen wahrnehmen. Eine forensische Klinik in Köln liegt nicht im Interesse der Bürgerinnen und Bürger unserer Stadt"[5], so PRO KÖLN. Als die Initiative von der Beteiligung der Rechtsaußen-Truppe erfuhr, wurde die geplante Demonstration abgesagt. Erfolgreicher erwiesen sich die Aktivitäten gegen die Einrichtung eines legalen Straßenstriches auf einem kontrollierten Gelände in Köln-Longerich. Mittels massenhaft verteilter Flugblätter und Aufkleber agitierten die extremen Rechten populistisch gegen den „Drogenstrich". Auch hier wurden Ängste und Vorurteile kanalisiert, mit dem Ziel, sich selbst als handlungsorientierte Interessensvertretung und „Anwalt der kleinen Leute" gegen das politische Establishment darstellen zu können. „Drogenhandel, Beschaffungskriminalität und Belästigungen von Anwohnern" – damit würden „die Bürger im Kölner Norden belastet werden", so die Argumentation von PRO KÖLN. „Der Drogenstrich läßt sich nicht mit, sondern nur gegen die Altparteien verhindern."[6]

An dem von der Stadt letztlich festgelegten Standort für die Straßenprostitution führte die extrem rechte Vereinigung ab Juli insgesamt drei Demonstrationen und mehrere so genannte Mahnwachen durch. Die Teilnehmenden bestanden jedoch nicht – wie von PRO KÖLN erhofft und in der Berichterstattung auf der Internetseite suggeriert – aus Anwohnern und Anwohnerinnen, sondern größtenteils aus PRO-KÖLN-Funktionären sowie Angehörigen der neonazistischen ‚Kameradschaften'. An einem martialisch anmutenden Fackelmarsch am 12. Januar 2002 – von PRO KÖLN als Lichterkette euphemisiert – nahmen beispielsweise überregional bekannte Neonazi-Kader wie Siegfried Borchardt („SS-Siggi") aus Dortmund und Christian Malcoci aus Grevenbroich teil. Dieses Spektrum war ebenso bei der Demonstration gegen das Bundesamt für Verfassungsschutz[7] im März gleichen Jahres präsent und durfte mit Daniela Wegener

---

[5] www.pro-koeln-online.de/artikel/kommt_dr.htm. Stand: 28.03.2008
[6] www.pro-koeln-online.de/archiv2001.htm. Stand: 28.03.2008
[7] Anlass besagter Demonstration gegen den Verfassungsschutz war das Verbotsverfahren gegen die NPD, bei dem bekannt wurde, dass etliche Mitglieder der NPD, auch solche in verantwortlichen

sogar eine Rednerin stellen[8]. PRO KÖLN stelle sich selbst als konservativ dar, heißt es dazu im Jahresbericht 2003 des Landesamtes für Verfassungsschutz, „arbeitet allerdings eng mit Neonazis und anderen Rechtsextremisten zusammen" (Innenministerium 2004: 56).

Rechtspopulistische Agenda

Proteste gegen eine staatliche Institution wie den Verfassungsschutz sind zwar für die Selbstvermarktung als „nicht rechtsextrem" wichtig, lassen sich in der Öffentlichkeit jedoch nur schwer vermitteln.[9] Die politische Agenda von PRO KÖLN konzentriert sich daher auf Themen, mit den man glaubt, an die diskriminierenden Einstellungsmuster, die bis weit in die Mitte der Gesellschaft hinein geteilt werden (vgl. Heitmeyer 2002 ff; Decker, Brähler 2006), anknüpfen zu können. Zu den besonderen Merkmalen rechtspopulistischer Propaganda gehört es, vorurteilsbewehrte Inhalte aus eben jener „Mitte"[10] herauszugreifen, um sich als „Vollstrecker" von gesellschaftlich angeblich berechtigten Interessen darzustellen. „Mit unseren Schwerpunkten – Kampf gegen Multikulti-Auswüchse, Kriminalität und Korruption – haben wir eine ernstzunehmende, seriöse Opposition von rechts aufbauen können"[11], wirbt Markus Beisicht in einem Anschreiben an Sympathisanten für den Export des PRO-KÖLN-Modells auf andere Städte und Regionen in NRW. Das Konzept sieht vor, „sensible" (im Sinne von konfliktträchtige) lokale Themen in ausgrenzender Stoßrichtung aufzugreifen. Eine Reaktion von kommunaler Seite auf die vermeintlichen oder tatsächlichen „Missstände" wird anschließend als Erfolg für die eigene Sache verbucht und werbewirksam als „PRO KÖLN-Effekt" klassifiziert.[12]

Besonders entgegen kommen PRO KÖLN hierbei Aktivitäten von Anwohnern gegen marginalisierte Gruppen im unmittelbaren Umfeld – in der englischsprachigen Diskussion auch unter dem Begriff NIMBY („Not In My Backyard")

Positionen, als V-Männer der Verfassungsschutzämter tätig waren. „Damit werde die parlamentarische Demokratie ausgehebelt", so PRO KÖLN. Hintergründe waren jedoch auch persönliche Rechtsstreitigkeiten von Manfred Rouhs mit dem Verfassungsschutz.

[8] Vgl. Verfassungsschutz Zwischenbericht 2002, S. 19, unter: http://www.im.nrw.de/inn/doks/vs/zb02.pdf. Stand: 28.03.2008

[9] Dies zeigte sich erneut bei der Kundgebung gegen den nordrhein-westfälischen Verfassungsschutz am 28.03.2008, bei dem ausschließlich Aktivisten von PRO KÖLN und PRO NRW, jedoch kein sympathisierendes Umfeld, teilnahm.

[10] Mit der ominösen Mitte gemeint ist, dass sich rassistische, antisemitische, islamfeindliche, autoritäre und antidemokratische Einstellungen „in nahezu allen gesellschaftlichen Milieus finden lassen". (Klein 2007: 16)

[11] www.pro-nrw.org/pdf/anschreiben.pdf. v. 29.06.2007. Stand: 28.03.2008

[12] http://www.pro-koeln-online.de/artikel08/braunsfeld.htm. Stand: 27.03.2008

bekannt (vgl. Thomsett 2004). Solche Initiativen unterliegen „stets dem Bemühen von PRO KÖLN, in einem Wechselspiel aus Annäherung und (verbaler) Distanz eingenommen zu werden" (Weinreich 2006: 18). Beispielhaft zeigte sich das nicht nur im Fall des „Drogenstriches" in Longerich oder der Proteste gegen ein Ladenlokal des Junkiebundes in Humboldt-Gremberg im Oktober 2006, sondern vor allem an den Konflikten um ein Flüchtlingsheim im rechtsrheinischen Poll im Jahr 2002. Dort lebten in einer heruntergekommenen, containerartigen Behausung etwa 160 Flüchtlinge, überwiegend Roma aus Bosnien und dem Kosovo. Eine Anwohnerinitiative warf ihnen Handel mit Drogen und Diebesgut, Erpressung, Prügel gegen Kinder, Sachbeschädigungen, Einbrüche etc vor und beschloss schließlich, ihren Ärger öffentlich kund zu tun. Nicht benannt wurde hingegen, dass die Probleme auch in der Art der Unterbringung in überfüllten Heimen und einer vernachlässigten Betreuung (vgl. dazu Eckert 2004) begründet waren. Vermittlungsversuche der Evangelischen Kirche und des Rom e.V. halfen nicht. PRO KÖLN hingegen versuchte die Auseinandersetzungen in rechtspopulistischer Manier aufzuladen und berichtete auf der parteieigenen Website: „Eine Sprecherin der Poller Bürger [...] stellte die jährlichen Millionen-Aufwendungen der öffentlichen Hand für die Unterbringung und Verpflegung von Asylbewerbern, die zu mehr als 90 Prozent Scheinasylanten – also keine politisch Verfolgten, sondern reine Wirtschaftsflüchtlinge – sind, den umfangreichen Sparplänen der Stadt Köln gegenüber. Schulen und Kindergärten sind von der Schließung bedroht, für öffentliche Bäder, Bibliotheken und andere Einrichtungen ist kein Geld mehr vorhanden – aber für die Multi-Kulti-Pläne der Klüngelpolitiker werden viele Millionen EURO ausgegeben. Eine solche Politik stößt mittlerweile bei der Mehrheit der Deutschen auf Widerspruch."[13] Auch hier bedient sich PRO KÖLN der „populistischen Basiserzählung des ‚Wir' gegen die ‚Anderen', die im politischen Tagegeschäft stets darauf ausgerichtet ist, die immergleiche Konfliktlinie zu aktualisieren. Das Volk und sein (populistisches) Sprachrohr gegen die Eliten und deren ‚Günstlinge'‚" (Geden 2007: 8). Das „Wir" der Bürger oder der Deutschen repräsentiert dabei gleichsam das Gute und „erscheint zumeist als Negation der politischen und kulturellen Eliten, der Hauptgegner rechtspopulistischer Parteien, sowie von Migranten und anderen gesellschaftlichen Minderheiten" (ebd.: 9).

In Köln-Poll distanzierten sich die Anwohner zwar offiziell vom Neonazismus, tolerierten jedoch die Teilnahme von PRO-KÖLN- Mitgliedern bei Veranstaltungen und machten sich letztlich auch eine antiziganistische und diskriminierende Argumentation gegen Roma und Sinti zu Eigen. „LUSTIG IST DAS ‚MIT ZIGEUNERLEBEN'!ABSOLUT NICHT! FÜR UNS POLLER BÜR-

---

[13] www.pro-koeln-online.de/stamm/porz.htm. Stand: 29.03.2008

GER" (Schreibweise im Original) war auf einem der Schilder zu lesen, das bei der von einer Bürgerinitiative organisierten Demonstration „Kein Bleiberecht für kriminelle Flüchtlinge am 29. Juni 2003 (vgl. antifaschistische nachrichten: 2003) mitgeführt wurde. Andere trugen antisemitisch konnotierte Plakate wie „Polizeischutz für Poller Bürger – nicht nur für Friedman & Co"[14], was PRO KÖLN wie folgt kommentierte: „Die Bevölkerung hat das Problem erkannt." Schließlich veranlasste die Stadt Köln die ohnehin anvisierte Schließung des Heimes. PRO KÖLN verbuchte dieses als Erfolg der eigenen Politik.

Ähnlich ging man im Stadtteil Weidenpesch vor. Dort wurde von PRO KÖLN selbst eine Anwohnerinitiative ins Leben gerufen und anschließend suggeriert, diese vertrete einen Mehrheitswillen. „Die meisten Weidenpescher stehen der geplanten Einquartierung von Problempersonen aus dem ehemaligen Jugoslawien [...] ablehnend gegenüber"[15]. Der Jargon ist exemplarisch, nutzt er doch einen vermeintlich „politisch korrekten" Begriff in persiflierender Art und erfüllt damit eine Doppelfunktion. Zum einen wird ein offen diskriminierender Ausdruck vermieden, obwohl deutlich wird, dass „Zigeuner" gemeint sind, zum anderen wird subtil auf die vermeintliche Unterdrückung durch die Meinungsherrschaft der political correctness aufmerksam gemacht. Damit das auch jeder versteht, wird immer wieder darauf aufmerksam gemacht: „In Poll haben Roma und Sinti, früher landläufig ‚Zigeuner‘ genannt, über lange Zeit eine derart große Zahl von Diebstählen begangen, daß die Poller Bürger gemeinsam mit der Bürgerbewegung PRO KÖLN e.V. eine große Demonstration durchgeführt und mit einer Petition bei der Stadt Köln Beschwerde geführt haben", so PRO KÖLN in einer Erklärung.[16] Ein solches Szenario wird versucht auf andere Stadtteile zu übertragen. „Keine Klaukids nach Weidenpesch" forderte PRO KÖLN und bezog sich dabei auf die Diskussion um „kriminelle Kinder-Banden", die von Kölner Medien anderthalb Jahre zuvor plakativ aufgegriffen wurde. Im August 2002 erschien im „Express" die Schlagzeile „Die Klau-Kids von Köln". Auf dem Titelblatt hieß es: „Sie haben Hunderte von Menschen überfallen und beklaut. Und sie laufen frei herum". Illustriert war der Artikel mit über fünfzig Polizeifotos, auf denen die Jugendliche und Kinder, größtenteils Roma, gut zu erkennen

---

[14] Der Publizist, TV-Moderator und ehemalige stellvertretende Vorsitzende des Zentralrats der Juden in Deutschland muss wie alle jüdischen Personen öffentlichen Lebens in Deutschland von (polizeilichen) Personenschützern vor drohenden antisemitischen Übergriffen geschützt werden. Im Juni 2003 wurde ein Ermittlungsverfahren wegen Drogenkonsum gegen Friedmann eingeleitet. Die öffentliche Debatte darum war teilweise von antisemitischen Untertönen geprägt. Brym, Max: Der Stern, die Berliner Staatsanwaltschaft, und der Antisemitismus: „Taktvolle Ermittlungen" vom 06.07.2003, http://www.hagalil.com/antisemitismus/deutschland/antisemitismus/stern.htm. Stand: 11.04.2008
[15] http://www.pro-koeln-online.de/stamm/nippes.htm. Stand: 29.03.2008
[16] http://www.pro-koeln-online.de/stamm/nippes.htm. Stand: 26.03.2008

waren. Dafür wurde das Boulevardblatt vom Presserat gerügt (vgl. Gottschalk 2002).

In Köln-Merkenich bediente sich PRO KÖLN mit der Sammlung von Unterschriften zur Schließung eines Unterbringungsheimes für Asylsuchende, begleitet von Aufrufen zum Besuch der öffentlichen Sitzung des Petitionsausschusses sowie Bürgerversammlungen und Kundgebungen ebenfalls des rechtspopulistischen Aktionsrepertoires. Das Heim wurde im Zuge dieser Kampagne geschlossen. „Ein Erfolg für die ‚kleinen Leute', eine Niederlage für die etablierte Politik und verblendete Multikulti-Ideologen!", jubelte PRO KÖLN in einer Pressemitteilung.[17]

Dieses Vorgehen charakterisierte Manfred Rouhs später als beispielhaft für andere Kommunen: „Und sobald im Segment Multi-Kulturalismus irgend etwas geschieht, was unseren Widerspruch herausfordert, werden wir dazu eine Petition aufsetzen, die im Regelfall an den Beschwerdeausschuß des Stadtrates gerichtet ist", so Rouhs auf einem Strategieseminar in Köln am 28.02.2006[18]

Wahlkampfaktivitäten von PRO KÖLN

Ab 2003 begann die Bürgerbewegung PRO KÖLN, ihre Aktivitäten auf die bevorstehenden Kommunalwahlen in NRW 2004 auszurichten. In einer Mitgliederversammlung wurden Kandidaten für alle 45 Kölner Wahlbezirke aufgestellt. Dabei handelte es sich um eine Mischung aus „neuen Gesichtern" (wie Regina Wilden) und ehemaligen Funktionären der DLVH sowie anderer extrem rechter Parteien – darunter etwa Manfred Rouhs, Bernd-Michael Schöppe und dessen Brüder Daniel und Michael sowie Heinz Kurt Täubner, der im Laufe seiner extrem rechten Karriere bereits Aktivist der extrem rechten Partei DIE BÜRGER gewesen war.[19] Mittels Infoständen, Aufklebern, Postwurfsendungen und öffentlichen Auftritten wie Mahnwachen oder Informationsveranstaltungen zeigte PRO KÖLN massive Präsenz. Zudem wurde mit der Produktion einer Zeitung begonnen, die von der Aufmachung und den Inhalten her in der Tradition der ehemals von der DLVH herausgegebenen Zeitung „Domspitzen" steht und die laut Eigenangaben in einer Auflage von bis zu 15.000 Exemplaren verteilt wurde. „Köln bekommt eine demokratische, seriöse und zeitgemäße Alternative und

---

[17] Pressemitteilung der Fraktion PRO KÖLN vom 19.01.2006
[18] www.pro-deutschland-ob.de/modules.php?op=modload&name=UpDownload&file=index&req= viewsdownload&sid=3. Stand: 16.02.2006
[19] Diese Partei entstand als Abspaltung der DEUTSCHEN AUTOFAHRERINTERESSSENSGEMEINSCHAFT (DAFIG), welche in Köln 1989 mit den REPs ein Wahlkampfbündnis einging. Vgl. Jens Mecklenburg (Hrsg.), Handbuch Deutscher Rechtsextremismus, Berlin 1996, S.222f.

eine unverbrauchte Kraft, die primär Politik für die einheimische Bevölkerung anstatt für Fremde und Randgruppen betreiben wird", hieß es in der Ausgabe Nr. 4[20]. Inhaltlich bedeutete diese Ankündigung eine mal mehr, mal weniger offen verklausulierte Hetze gegen Zugewanderte und gesellschaftliche Minderheiten. „Multikulti in ganz Europa gescheitert: Wer muß wen integrieren?", hieß es etwa in der Ausgabe 5[21]. Bebildert ist der Artikel mit einem überfüllten Flüchtlingsschiff, versehen mit der Bildunterschrift: „Migrationsströme können nur dort eingedämmt werden, wo sie entstehen". Damit sollen bewusst Assoziationen zu einer über Deutschland hinwegschwemmenden Flut hergestellt werden, eine Metapher, „die in der Berichterstattung über Einwanderer und Flüchtlinge eine große Rolle spielt" (Jäger 1993: 76).

Zentrales Wahlkampagnenthema war die von PRO KÖLN geschickt emotionalisierte und politisierte „Moschee-Debatte" in Köln. Begonnen hatte die rechtspopulistische Agitation bereits im Sommer 2002, als Pläne für den Bau von Moscheen in Chorweiler und Mülheim bekannt wurden. Neben Propagandamaterialien berief PRO KÖLN Bürgerversammlungen ein und begann, Unterschriften für eine Petition zu sammeln. Auch hier wurde versucht, den Eindruck einer Bürgerinitiative ohne parteiliche Anbindung an das Lager der extremen Rechten zu erwecken. Dennoch griff PRO KÖLN bei den beiden Demonstration am 15. März 2003 in Chorweiler und Mülheim auf die Unterstützung des nordrhein-westfälischen NPD-Landesverbandes zurück.

Trotz ihrer politisch eindeutigen Verortung im extrem rechten Spektrum gelang PRO KÖLN bei den nordrhein-westfälischen Kommunalwahlen 2004 ein Wahlerfolg: 16.531 Wählerinnen und Wähler bescherten der Gruppierung 4,7 Prozent bei der Wahl zum Kölner Stadtrat. Seitdem ist PRO KÖLN mit vier Mandaten (Manfred Rouhs, Bernd-Michael Schöppe, Regina Wilden und Judith Wolter) im Stadtrat vertreten, ein fünftes folgte später durch den Übertritt eines Ratsherrn der REPs, Hans-Martin Breninek. Auch in allen neun Kölner Bezirksvertretungen ist die Gruppierung seit 2004 vertreten, aktuell mit 12 Mandaten.

Nach Eigenangaben hat sich „seit dem Ratseinzug 2004 die Mitgliederzahl auf annähernd 300 Personen mehr als verdoppelt."[22] PRO KÖLN bemüht sich darum, weitere Anhänger zu gewinnen, die nicht mit dem Makel einer extrem rechten Vergangenheit behaftet sind. So vermeldete die Vereinigung im Januar 2008 auf ihrer Homepage stolz, dass seit Anfang des Jahres der „renommierte Kölner Rechtsanwalt Jürgen Clouth den Mittelstands-Arbeitskreis der pro-Bewegung" betreuen würde. Dies sei ein weiterer „‚Einbruch' der Bürgerbewegung

---

[20] PRO KÖLN. Informationen von der Bürgerbewegung PRO KÖLN e.V., Nr.4/4. Quartal 2003, S. 1
[21] PRO KÖLN. Informationen von der Bürgerbewegung PRO KÖLN e.V., Nr.5/1. Quartal 2004, S.2
[22] www.pro-koeln-online.de/stamm/mitgliedschaft.htm. Stand: 30.01.2008. Die Kölnische Rundschau spricht in der Ausgabe vom 27. Juni 2007 von 259 Personen.

PRO KÖLN mitten ins Herz der alteingesessenen Bürgerschaft der Domstadt"[23]
Ein spektakulärer Einbruch in das rechtskonservative Lager der CDU gelang
PRO KÖLN mit dem Wechsel des stellvertretenden Bezirksvorstehers von Eh-
renfeld, Jörg Uckermann, von der CDU zu PRO KÖLN.

Ratsarbeit von PRO KÖLN

PRO KÖLN stellt im hauseigenen Informationsblatt die Aktivitäten ihrer Mitglieder im Rat, in den Ausschüssen und den Bezirksvertretungen als „beständig
konsequente Oppositionsarbeit in den städtischen Gremien dar."[24] Den Erfolg
ihrer angeblich „sachbezogenen Politik" macht die Fraktion dabei an quantifi-
zierbaren Angaben fest. „Im Stadtrat und in den Fachausschüssen gab es bisher
über 80 Anträge und Anfragen der Fraktion PRO KÖLN! Und in den Bezirksvertretungen waren es sogar über 90 Anträge und Anfragen! In vielen Ratssitzungen stellt PRO KÖLN die meisten Anträge und Anfragen!", bilanziert man
ein Jahr Ratsarbeit.[25]
    Die Flut von Anträgen an die Stadtverwaltung hat dabei auch bizarre For-
men angenommen. Unter dem Titel „Der Querulant von Chorweiler" veröffentlichte der „Kölner Stadtanzeiger" einen Bericht über die Antragsflut des PRO-
KÖLN-Bezirksvertreters Dieter Hillgruber (Görtz/Schmalenberg 2006). In dem
Artikel wird beschrieben, wie und in welcher Form sich dabei allgemeine inhaltliche Anliegen mit persönlichen Anliegen des Verfassers sowie mit dessen persönlichen Ressentiments gegenüber seiner Nachbarschaft vermischen.[26]
    Die Themenpalette der Anträge orientiert sich größtenteils an den Inhalten,
die PRO KÖLN bereits vor den Kommunalwahlen propagandistisch aufzubereiten versuchte: „Moscheebau", „Bleiberechtsregelung für geduldete Ausländer"
oder „Gewalt von jungen Männern mit Zuwanderungshintergrund" oder „Islamistische Aktivitäten im Schulbereich". Zwar ist man notwendigerweise um
sprachliche Mäßigung bemüht, doch werden, wie im Antrag auf einen „Situati-
onsbericht zur Islamisierung der Stadt Köln", bewusst pauschalisierende Ressentiments benutzt, indem nicht zwischen dem Islam als Religion mit vielen Aus-

---

[23] www.pro-koeln-online.de/artikel08/290108_clouth.htm. Stand: 30.01.2007
[24] PRO KÖLN. Informationen der Fraktion PRO KÖLN im Rat der Stadt Köln Nr.12/4. Quartal
2005, S.3
[25] Ebd.
[26] Im Artikel wird zudem darauf hingewiesen, dass sich unter den Anfragen und Beschwerden an die
Stadtverwaltung auch Kommentierungen mit antisemitischer Stoßrichtung befunden hätten. So erklärte Hillgruber laut Artikel auf eine Anfrage der Stadtverwaltung bzgl. eines „von ihm verfassten
Beschwerdeschreibens über seine Nachbarin, dass er mit ihr nicht rede, weil „sie Jüdin ist." Zitiert
nach: https://www.ksta.de/html/artikel/1144673461049.shtml. Stand: 28.03.2008

richtungen und dem Islamismus als politischer Strömung differenziert wird. Zugleich werden kommunalpolitische Themen wie Lärmschutz, Hundesteuer oder zur städtischen Beleuchtung behandelt.

Die anderen im Rat der Stadt Köln vertretenen Politiker und Politikerinnen lehnen die unzähligen Anträge von PRO KÖLN prinzipiell ab und äußern sich nur selten inhaltlich dazu, um PRO KÖLN keine weitere Plattform zu verschaffen. Darüber hinaus wurde in der Geschäftsordnung die Begrenzung auf zwei Anfragen pro Fraktion und Sitzung beschlossen. Die regelmäßigen Beschwerden seitens PRO KÖLN über diese „Diskriminierung" werden lediglich von den Klagen über die „Ausgrenzung durch die Neven-Dumont-Zeitungen" übertroffen. Die Fraktion nutzt das Parlament als Bühne und zur Selbstinszenierung als selbst definierte „Alternative zu rotem Filz und schwarzem Klüngel". Neben den Themen Zuwanderung und Islam bestimmt – wie schon bei der DLVH – das Thema Klüngel die Arbeit von PRO KÖLN im Rat. Die meisten Anfragen und Anträge betreffen neben Zuwanderung das Thema Klüngel und Korruption. Die umstrittenen Geschäfte der Stadt beim Neubau der Kölner Messe, in deren Zusammenhang ein Ermittlungsverfahren gegen Oberbürgermeister Fritz Schramma eingeleitet worden war, nutzte PRO KÖLN nicht nur, um den „Messe-Skandal" in einer Sondersitzung des Rates anzuprangern, sondern auch für öffentliche Aktionen. So posierten PRO-KÖLN-Mitglieder vor dem Rathaus mit Plakaten, mit denen Schramma zum Rücktritt aufgefordert wurde. Ähnliches geschah beim Thema „Lustreisen", bei denen es um geldwerte Vorteile bei Reisen von Aufsichtsratsmitgliedern ging. PRO KÖLN forderte bei einer Mahnwache erneut den Rücktritt des Oberbürgermeisters.

Zur Strategie der Ummantelung der eigenen rechtspopulistischen Aufwiegelei gehört auch das Zitieren bekannter Persönlichkeiten – so etwa in dem Antrag von PRO KÖLN am 15.12.2005, Harald Schmidt die Ehrenbürgerwürde der Stadt Köln zu verleihen. Jener wurde begründet mit entkontextualisierten Zitaten des Fernsehmoderators wie „Weltjugendtag – hier in Köln: Religiosität, Freude, ausgerichtet sein auf die Zukunft, wohin man schaut. Köln ist so fröhlich, man spricht bereits vom Istanbul des Nordens" oder „Der Beitritt, das dauert, ich glaube 10 oder 15 Jahre. Aber dann wäre es möglich: Unsere türkischen Freunde in einem vereinten Europa, ein phantastisches Zusammenleben zwischen z.B. 100 Millionen Türken und 6 Millionen Deutschen." PRO KÖLN nutzt derartige Zitate, um damit einer Agitation gegen den EU-Beitritt der Türkei Nachdruck und Seriosität zu verleihen. In der als „Informationen der Fraktion PRO KÖLN im Rat der Stadt Köln" benannten Zeitung wiederum werden Wissenschaftler oder Akteure demokratischer Institutionen zitiert, um das eigene Anliegen aufzuwerten und zu ‚belegen', dass PRO KÖLN letztlich nur das kundtue, was die Mehrheit der Kölner Bevölkerung, respektive der Deutschen denke. Die gleiche

Strategie verfolgt Manfred Rouhs, der als Geschäftsführer der Fraktion für die Anträge verantwortlich zeichnet, in seinem Magazin „nation24.de" (vgl. Lohmann 2007: 27).

Bei diesem populistischen Vorgehen werden Zitate nicht bloß aus dem Zusammenhang gerissen. Die PRO-KÖLN-Funktionärin Regina Wilden führte beispielsweise für einen Antrag zum Christopher Street Day (CSD), mit dem die Stadt aufgefordert wurde, sich nicht an „solchen Spektakel zur einseitigen finanziellen Förderung sexueller Minderheiten zu beteiligen" Bischof Dyba mit den Worten an: „Vor 20 Jahren waren wirklich nur Geistesgestörte der Ansicht, Gleichgeschlechtliche könnten eine Familie bilden".[27]

Hierbei zeigt sich exemplarisch, dass seitens der Rechtspopulisten auch mit vorhandenen Ressentiments operiert wird, die in der gesellschaftlichen Mitte verankert sind. Diese Ressentiments werden in autoritärer und rassistischer Manier zugespitzt, um den gesellschaftlichen Diskurs nach rechts zu rücken.

Fazit

Nicht nur aufgrund ihres Entstehungskontextes im Lager der extremen Rechten wird die Partei PRO KÖLN auch künftig darin verortet werden. Es sind zugleich die Inhalte der Partei, die deren Verortung Rechtsaußen nach sich ziehen. Es ist jedoch zu konstatieren, dass die Aktivisten der Rechtsaußen-Fraktion im Stadtrat von Köln nicht nur zu erheblichem Unfrieden im kommunalpolitischen Alltag sorgen, sondern zudem auch das politische Klima in der Stadt mit ihren rechtspopulistischen Kampagnen nachhaltig beeinflussen und atmosphärisch vergiften. Mit rechtspopulistischen Kampagnen inszeniert sich die PRO-Bewegung als „Alternative zu rotem Filz und schwarzem Klüngel", wie es in einem Werbeflugblatt von heißt.[28] Die populistische Forderung nach einer „Politik für Normalbürger" zielt zugleich auch auf eine Wählerklientel diesseits des rechten Randes. Dabei wird versucht, den Begriff des Rechtspopulismus affirmativ zu besetzen: Eine „rechtspopulistische Bewegung" zu entfalten, die den „Protest aus der Mitte der Gesellschaft" organisiert, ist laut PRO-KÖLN-Chef Markus Beisicht Ziel dieses rechten Netzwerkes.[29] Dieses Unterfangen hat in Köln durchaus Wirkung entfaltet. Hierbei konnte die Rechtsaußen-Partei von vorherrschenden Vorurteilen und auch von kulturalisierenden Zuschreibungen aus etablierten

---

[27] Vgl. Wortprotokoll der 17. Sitzung des Rates der Stadt Köln vom 22. Juni 2006, S. 33
[28] „Bürgerbewegung PRO NRW: Nordrhein-Westfalen ist unsere Heimat!" pdf-Flugblatt unter: http://buergerbewegung-pro-nrw.de/pdf/nrwflugblatt.pdf
[29] Zit. aus: Helmut Frangenberg, Raus aus den Hinterzimmern. Moschee-Protest soll „Pro Köln" helfen, neue Wähler zu gewinnen, in: Kölner Stadtanzeiger v. 27.09.2006

Medien- und Politikkreisen profitieren. So nutzte PRO KÖLN beispielsweise einen reißerischen Aufmacher der BILD-Zeitung[30], um ihrer rechtspopulistischen Kampagne durch Abdruck des Artikels in einem selbst erstellten „Sonderblatt für den Stadtbezirk 4" Gewicht zu verleihen. Unter der Überschrift „Kölner Terror-Bomber aus dem Umfeld der DITIB-Moschee?" hieß es dort: „Unsere Unterstützung des Bürgerbegehrens gegen die DITIB-Großmoschee erweist sich vor diesem Hintergrund als notwendiger denn je. Von den benötigten 20.000 Unterschriften für einen Bürgerbescheid über das Islamisierungsprojekt wurden bereits knapp 7.000 eingebracht – den Rest wollen wir bis Ende des Jahres schaffen!"[31]

Mit derartigen Bezugnahmen auf kulturalisierende Zuschreibungen in etablierten Medien versucht PRO KÖLN, sich im öffentlichen Bild als scheinbarer „Vollstrecker" sachlicher wie mehrheitlicher Anliegen zu inszenieren. Besonders in Bezug auf die Auseinandersetzungen um den geplanten Moscheebau im Stadtteil Ehrenfeld zeigte diese Strategie der Diskusverschiebung nach Rechtsaußen Wirkung. Trotz rechtlicher Unklarheiten bezüglich der Fälschung von Unterschriften muss konstatiert werden, dass es PRO KÖLN mit ihren rechtspopulistischen Kampagnen gelungen ist, über 20.000 Unterschriften gegen den geplanten Moscheebau in Köln-Ehrenfeld zu präsentieren. Dies weist auf eine erfolgreiche Kanalisierung der öffentlichen Auseinandersetzung um den Moscheebau nach Rechts hin. Dieser propagandistische Erfolg lässt sich nicht allein durch das perfide Auftreten der extremen Rechten als „Bürgerbewegung" erklären. Denn PRO KÖLN hat hierbei zugleich eine politische Leerstelle besetzt und auf vorhandene Ressentiments im Alltag aufgebaut. Zudem zielte die rechtspopulistische Propaganda auf existente Widersprüche in der etablierten Politik in Bezug auf die Moscheebaufrage. Hierbei gelang es der Rechtsaußen-Formation, mit inhaltlicher Besetzung antiislamischer Positionierungen einen Keil in die CDU-Basis zu treiben, der begleitet war von propagandistischen Inszenierungen. So rief PRO KÖLN zur „Wahl von Helmut Nowak auf, dem CDU-Kandidaten zur Bundestagswahl 2002 für den Bezirk Mühlheim-Leverkusen. Nowak hatte mit der Losung ‚Weniger Zuwanderung, mehr Arbeitsplätze' geworben."[32] Ein solches Vorgehen zeigte Resonanz: Laut dem „Kölner Stadt-Anzeiger" unterstützte der CDU-Ortsverband Ehrenfeld die Kampagne gegen den Moscheebau in Köln-Ehrenfeld und ergriff dabei Partei für die „Anwohnerinitiative" gegen den Moscheebau und PRO KÖLN: „Die Partei, so die CDU Ehrenfeld, sollte die Fraktion zurückpfeifen, die sich klar für die Baupläne an der Inneren Kanalstraße ausgesprochen hatte. ‚Wir sind gegen eine Zentralmoschee in dieser Größe und mit überregionaler Bedeutung', sagt Jörg Uckermann, Chef des Ortsverbandes. Nun

---

[30] „In diese Moschee ging er zum Beten", in: BILD Köln v. 23.08.2006
[31] http://pro-koeln-online.de/images7/bomber-ehrenfeld.pdf
[32] Vgl. Antifaschistischer AutorInnenkreis Köln (Hrsg.), Köln ganz rechts, Köln 2004, S. 7

geht er noch einen Schritt weiter: Das Bürgerbegehren einer Anwohnerinitiative und der rechtsextremen Gruppierung ‚Pro Köln‘ gegen den Moscheebau werde ‚von der Ehrenfelder CDU als Volkspartei unterstützt‘."[33] Diese Unterstützung weitete sich zu einem handfesten innerparteilichen Streit aus, der bis hinein in den CDU-Parteitag getragen wurde und seinen bisherigen Höhepunkt in dem spektakulären Parteiaustritt des CDU-Ortsvorstehers Uckermann und dessen nachfolgenden Eintritt in die Rechtsaußen-Partei fand.

Derartige Entwicklungen verdeutlichen die Gefahr einer Erosion der Abgrenzung nach Rechtsaußen, wenn rechtspopulistische Propaganda an vorhandene Ressentiments anknüpft und diese kampagnenförmig zuspitzt.

Die Strategie der Nichtbeachtung seitens der etablierten Parteien im Rat der Stadt ist nicht aufgegangen – falls hierbei überhaupt von einem durchdachten Umgang mit dieser neuen Kraft von Rechtsaußen gesprochen werden kann.[34] Geradezu fatale Auswirkungen hatte die fehlende Debattenkultur auf die Entwicklungen innerhalb des Kreisverbandes der CDU, wo der von PRO KÖLN wirkungsvoll ausgeschlachtete Übertritt des ehemaligen CDU-Ortsvorstehers nur die bisherige Spitze des Eisberges darstellt. Insgesamt muss konstatiert werden, dass es in der Kommune bisher nicht gelungen ist, mit der politischen Aufwiegelei von Rechtsaußen einen adäquaten Umgang zu finden. Darüber hinaus muss festgestellt werden, dass die Kommunikation über das Moscheebauvorhaben im Stadtteil Ehrenfeld mangelhaft gewesen ist. Mangelnde Kommunikation ist dabei nicht nur der etablierten Parteien anzulasten, sondern auch der DITIB als Bauherr wie den integrationspolitischen Gremien und zivilgesellschaftlichen Zusammenschlüssen in der Stadt. An diesen Fehlentwicklungen wird deutlich, was Voraussetzung ist für eine wirkungsvolle Eindämmung dieser Form von Rechtspopulismus: Eine präventive, öffentlichkeitsorientierte und professionell begleitete Debatte über Moscheebauvorhaben, bei der Ängste in der Bürgerschaft ernst genommen und Vorurteile durch offene Auseinandersetzung sowie der Initiierung von interkulturellem und interreligiöse Austausch abgebaut werden. Zugleich bedarf es einer eindeutigen Abgrenzung gegen Rechts und eines demokratischen Engagements für ein gleichberechtigtes und respektvolles Miteinander im kommunalen Lebensalltag. Dies beinhaltet eine offensive Auseinandersetzung mit der Propaganda von PRO KÖLN.

---

[33] Helmut Frangenberg, CDU-Ehrenfeld stützt „Pro Köln", in: Kölner Stadtanzeiger v. 23.03.2007
[34] Vgl. hierzu den Beitrag von Susana dos Santos Herrman

Literatur

„In diese Moschee ging er zum Beten", in: BILD Köln v. 23.08.2006

Antifaschistischer AutorInnenkreis Köln (2004): Köln ganz rechts, Köln: Eigenverlag

Brähler, Elmar; Decker, Oliver (2006): Vom Rand zur Mitte. Berlin: Friedrich-Ebert-Stiftung

Damm, Andreas; Schmalenberg, Detlef: PRO KÖLN, „Indizien" für Neonazi-Kontakte, in: Kölner Stadt-Anzeiger vom 23.04.2005

Dirk Eckert: „Flüchtlinge in jeden Stadtteil". Interview mit Klaus Jünschke, in: taz Köln vom 4.2.2004

Drack, Harriet; Schmalenberg, Detlef, Ultra-Rechte holt die Vergangenheit ein, in: Kölner Stadt-Anzeiger vom 20.03.2007

Frangenberg, Helmut: CDU-Ehrenfeld stützt Bürgerbegehren, in: Kölner Stadtanzeiger v. 24.03.2007

Geden, Oliver (2007): Rechtspopulismus. Funktionslogiken, Gelegenheitsstrukturen, Gegenstrategien. Berlin: Studie der Stiftung Wissenschaft und Politik

Görtz, Oliver/Schmalenberg, Detlef: Der Querulant von Chorweiler, in: Kölner Stadtanzeiger online v. 14.05.2006; https://www.ksta.de/html/artikel/1144673461049.shtml. Stand: 28.03.2008

Gottschalk, Christian: Schlimmer Express, trauriger Herausgeber. Express-Kampagne „Klau-Kids", in Stadt-Revue Köln 10/2002, http://www.stadtrevue.de/index_archiv. php3?tid=302&bid=3. Stand: 11.04.2008

Häusler, Alexander (unter Mitarbeit von Jürgen Peters) (2007): Rechtspopulismus in Gestalt einer Bürgerbewegung. Struktur und politische Methodik von PRO NRW und PRO DEUTSCHLAND, herausgegeben von der LAGA NRW, Düsseldorf.

Heitmeyer, Wilhelm (Hrsg.) (2002 ff.): Deutsche Zustände, Folge 1-5. Frankfurt a.M.: Suhrkamp

Innenministerium des Landes Nordrhein-Westfalen (Hrsg.) (2004): Verfassungsschutzbericht des Landes Nordrhein-Westfalen über das Jahr 2003

Jäger, Margarete (1993): BrandSätze und SchlagZeilen. Rassismus in den Medien, in: Forschungsinstitut der FES (Hrsg.): Entstehung von Fremdenfeindlichkeit. Die Verantwortung von Politik und Medien. Bonn: Friedrich-Ebert-Stiftung, 73-92

Klein, Ludger (2007): Die Demokratie braucht Zivilgesellschaft. Plädoyer für eine integrierte Strategie gegen Rechtsradikalismus und Fremdenfeindlichkeit. Bonn: Friedrich-Ebert-Stiftung

Lohmann, Johannes: Pro Rechts. Die Zeitschrift nation24.de. In Lotta: 26/2007, S.26-27

Mecklenburg, Jens (Hrsg.)(1996): Handbuch Deutscher Rechtsextremismus, Deutsche Liga für Volk und Heimat (DLVH). Berlin: Elefanten Press: S. 241-243

Neonazis wollen gegen Antirassistisches Grenzcamp Stimmung machen, in: antifaschistische nachrichten Nr. 16/2003, 19. Jahrgang, vom 31.7.2003, S. 2

Nink, Karin; Schmalenberg, Detlef, Nun wird im braunen Sumpf nach den Hintermännern der Attentäter gefahndet, in: Kölner Stadt-Anzeiger vom 12./13. Juni 2003

Orfanidis, Ioannis (2007): Rechtsextremismus in Köln?!: Didaktische Materialien zur Demokratieförderung und gegen Rechtsextremismus, Arbeitsheft 2 des NS-Dokumentationszentrums. Köln: Selbstverlag
Thomsett, Michael C. (2004). NIMBYism: Navigating the politics of local opposition. CenterLine: Arlington.
Weinreich, Sina: Alte Kader – neuer Mix, in: Lotta 25/2006, S. 17-19

Jürgen Peters, Tomas Sager und Alexander Häusler

PRO NRW und PRO D – Entwicklung, Struktur und Methodik

Seit 2005 sind Bestrebungen festzustellen, das in Köln erfolgreiche Modell der extrem rechten „Bürgerbewegung pro Köln" (PRO KÖLN) auf andere Städte und Gemeinden zu übertragen, um damit mittel- und langfristig die Grundlage zu schaffen, auch auf Landes- und Bundesebene politikfähig zu werden und erfolgreich bei Wahlen anzutreten. Hierzu wurden zwei Parteien aufgebaut, die allerdings in einem angespannten (Konkurrenz-)Verhältnis zueinander stehen: die „Bürgerbewegung pro Deutschland" (PRO D) und die „Bürgerbewegung pro NRW" (PRO NRW).

Die „Bürgerbewegung pro Deutschland" (PRO D)

PRO D gründete sich Eigenangaben zufolge am 20. Januar 2005. „Pro Deutschland ist eine unabhängige politische Organisation, die in rechtlicher Hinsicht Parteistatus hat", heißt es auf ihrer Homepage. Man verstehe sich als „eine politische Vereinigung", die „den abendländischen Charakter Deutschlands bewahren" wolle. Initiator und bis heute Bundesvorsitzender von PRO D ist Manfred Rouhs, Stadtratsmitglied von PRO KÖLN. Rouhs war bereits zuvor Funktionsträger diverser extrem rechter Parteien und Organisationen. Sein Weg führte von der NPD-Jugendorganisation JUNGE NATIONALDEMOKRATEN (JN) und der NPD, für die er 1987 als Bundestagdirektkandidat antrat, über die REPUBLIKANER (REP) bis zu der REP-Abspaltung DEUTSCHE LIGA FÜR VOLK UND HEIMAT (DLVH), bevor er auf das Modell PRO setzte.

Am 18. November 2006 fand in Bonn mit „mehr als 200 Versammlungsteilnehmer(n) aus Nordrhein-Westfalen, Niedersachsen, Bayern, Berlin und Brandenburg" die „erste ordentliche Bundesversammlung der Bürgerbewegung pro Deutschland" statt. Hauptthema sei die Frage gewesen, „wie über ein kommunalpolitisches Engagement Einfluß auf die politische Entwicklung in Deutschland genommen werden kann".

PRO D ist bemüht, „Verfassungstreue" zu geloben, „jeder Form von politischem Extremismus" erteile man „eine scharfe Absage" und positioniere sich

„eindeutig innerhalb des demokratischen Spektrums", was aber „die Aufnahme von ehemaligen Mitgliedern der klassischen politischen Parteien" nicht ausschließe, „soweit sie sich in glaubwürdiger Form zum Programm der Bürgerbewegung bekennen". Nicht aufgenommen würden neben „Spinnern" auch „radikale, verfassungsfeindliche Phrasendrescher".

Eine Einschränkung folgt jedoch sofort: „Viele Wege führen nach Rom. Das patriotische Spektrum ist in Bewegung, und wir maßen uns nicht an, zu entscheiden, ob womöglich andere Ansätze zur politischen Erneuerung Deutschlands klüger und in höherem Maße erfolgversprechend sind als derjenige, für den wir uns entschieden haben. Wir lehnen es deshalb auch ab, Bewertungen der Aktivitäten anderer Vereinigungen, Parteien sowie publizistischer oder sonstwie gearteter Unternehmungen abzugeben, deren Akteure sich dafür entschieden haben, ihr Glück auf anderen Wegen zu suchen. Möge ein jeder tun, was er selbst für richtig hält!"[1]

Aktivitäten entfalteten PRO D und sich auf PRO D beziehende Gruppierungen bislang in Niedersachsen (z.b. im Landkreis Celle und in Hannover), in Hessen (z.b. im Hochtaunuskreis), in Brandenburg (z.b. in Frankfurt/Oder), in Bayern (z.b. im Landkreis Weißenburg-Gunzenhausen), in NRW (z.b. in Oberhausen), in Baden-Württemberg (z.b. in Heilbronn) und in Berlin.

Eine Reihe von PRO-D-Funktionsträgern und -Mitgliedern entstammen der bundesweit immer bedeutungsloser werdenden extrem rechten Partei DIE REPUBLIKANER (REP). So heißt es denn auch offenherzig auf der Startseite von PRO WEISSENBURG-GUNZENHAUSEN: „Es ist richtig, dass sich diese BBW [Anm. der Autoren: Bürgerbewegung] aus ehemaligen Republikanern zusammensetzt." Zeitgleich zur Gründung des PRO-Kreisverbandes wurde der REP-Kreisverband aufgelöst.

Als offizielle PRO-D-Kreisverbände fungier(t)en bislang lediglich PRO WEISSENBURG-GUNZENHAUSEN (gegründet im Frühsommer 2007) und PRO OBERHAUSEN (gegründet im Sommer 2005), wobei letzterer seit Sommer 2007 inaktiv ist, nachdem er zuvor eine Reihe von Aktivitäten entfaltet hatte. Zu nennen wären u.a. Flugblattverteilungen unter dem Motto „Oberhausen sagt NEIN zum Islamismus". In einer Reihe weiterer Städte wurden zwar Kreisverbandsgründungen angekündigt, die aber bislang nicht vollzogen wurden.

PRO-D-Vorsitzender Rouhs sah sich am 8. März 2007 zu folgender Stellungnahme veranlasst: „Eine große Zahl von Gründungen regionaler Vereinigungen mit einem ‚pro' im Namen macht mittlerweile einige Anmerkungen zum Selbstverständnis der Bürgerbewegung pro Deutschland nötig. [...] Pro Deutschland hat nichts zu tun mit Splitterkandidaturen von Vereinigungen – wie auch

---

[1] http://www.pro-deutschland.net/index.php?option=com_content&task=view&id=104&Itemid=2 vom 8.3.2007

immer sie sich nennen mögen -, die bei Wahlen antreten, ohne wahlkampffähig zu sein. Pro Deutschland distanziert sich vielmehr ausdrücklich von solchen Splitter-Kandidaturen."

Offensichtlich nicht als „Splitter-Kandidatur" eingeschätzt und von daher unterstützt hatte Rouhs die Kandidatur von PRO MÜNCHEN zum Münchener Stadtrat am 2. März 2008. Das Wahlergebnis von 0,9 Prozent sorgte für Ernüchterung. Das ehemalige bayrische NPD-Landesvorstandsmitglied Rüdiger Schrembs habe zwar „sehr gute Arbeit geleistet", aber das reiche nicht, so Rouhs: „Das Wahlergebnis zeigt, daß Wahlerfolge für die Bürgerbewegung nur dort erzielt werden können, wo es gelingt, einen prozentual meßbaren Bevölkerungsanteil, der unsere Petitionen unterschreibt und weitere Informationen anfordert, an uns zu binden [...]. Die Nicht-Präsenz in den Massenmedien muß durch eigene Medien ausgeglichen werden, die nicht erst kurz vor der Wahl an jedermann, sondern über lange Zeit an den eigenen Unterstützerkreis gerichtet werden. Wahlteilnahmen sind mit Aussicht auf Erfolg nur dort möglich, wo der im Laufe der Zeit erarbeitete Unterstützerkreis mehrere Prozent der Wahlbevölkerung umfaßt. Pro Deutschland wird künftig Kandidaturen nur noch dort unterstützen, wo diese Voraussetzung erfüllt ist."[2] Als „für uns interessante" Themen hatte er bereits am 1. Februar 2006 in einem Konzeptpapier die „Bereiche Multi-Kulturalismus, Kriminalitätsentwicklung, Korruption und soziale Gerechtigkeit" benannt. Schwerpunkte sind die Kampagnen „Islamisierung? Nein danke!" und „NEIN zur Aufnahme der Türkei in die EU!". Denn: „Vor allem die multikulturelle Politik der Altparteien fordert unseren Widerspruch heraus."

Bereits sieben Monate vor den bayrischen Kommunalwahlen, am 31. Juli 2007, hatte Rouhs erklärt, PRO D werde bis zu den nordrhein-westfälischen Kommunalwahlen im Herbst 2009 „keinen aktiven Verbandsaufbau betreiben, sondern lediglich Arbeitshilfen für selbständige politische Aktivitäten der pro-Deutschland-Mitglieder zur Verfügung stellen." Auch eine „Entscheidung über eine Teilnahme an der Berliner Landtagswahl 2011" werde erst nach der nordrhein-westfälischen Kommunalwahl im Herbst 2009 getroffen. Damit trug Rouhs den Spannungen zwischen PRO D und der PRO-NRW–Führung um Markus Beisicht Rechnung. Nicht immer nämlich bestand und besteht Einigkeit zwischen Rouhs und dem PRO-NRW- und PRO-KÖLN-Chef Markus Beisicht über die richtige Strategie bei der Ausdehnung ihrer „Bürgerbewegung" über Köln hinaus. Noch im Juni 2007 betonte der ehemalige REP- und DLVH-Funktionär Beisicht in einem Interview mit der bundesweiten NPD-Zeitung „Deutsche Stimme" (DS), „dass die Partei ,pro Deutschland' in keiner organisatorischen Verbindung zum Verein pro Köln" stünde. „Im Gegenteil: Es gibt eine klare Be-

---

[2] http://www.pro-deutschland.net/index.php?option=com_content&task=view&id=135&Itemid=2 vom 2.3.2008

schlußlage im pro-Köln-Vorstand, dass die Aktivitäten dieser Partei von pro Köln nicht unterstützt werden."

Die Gründe für diese Abgrenzung wurden bisher nicht offengelegt. Es kann aber angenommen werden, dass die von Rouhs vollzogene und recht willkürlich erscheinende bundesweite Ausdehnung der Mehrheit der PRO-KÖLN-Funktionäre als zu früh, überhastet und personalintensiv erschien und zudem Rouhs nicht als geeigneter Repräsentant angesehen wurde. Weiterhin dürfte es – zumindest anfangs – Differenzen bei der Frage gegeben haben, wie offensiv eine Abgrenzung von der extremen Rechten, insbesondere der NPD, auszusehen habe. Nachdem zwischenzeitlich ein offener Konkurrenzkampf zwischen PRO und der NPD herrscht, dürfte auch dieser Streitpunkt an Bedeutung verloren haben. Rouhs erklärte am 31. Juli 2007 seinen Beitritt zu PRO NRW. Er werde sogar beim Aufbau von Strukturen im Rheinland mithelfen. PRO NRW dankte es ihm und wählte ihn auf dem Gründungsparteitag der „Bürgerbewegung pro NRW" am 9. September 2007 zu einem ihrer vier stellvertretenden Vorsitzenden. Doch wenige Monate später verschwand sein Name kommentarlos aus der Auflistung der PRO-NRW-Vorstandsmitglieder auf der PRO-NRW-Homepage. Ebenso nur vorübergehend fungierte Rouhs auch als PRO-NRW-„Beauftragter für den Großraum Aachen". Der ‚Burgfrieden‘ zwischen PRO D und PRO NRW scheint demnach nicht lange gehalten zu haben.

Langfristig, so machte Rouhs in einer Rede zur Zukunft von PRO D auf der „zweiten ordentlichen Bundesversammlung der Bürgerbewegung pro Deutschland" am 3. November 2007 in Remagen deutlich, gehe es nach wie vor um einen bundesweiten Wahlantritt „unter einem Namen (...), der unser Programm zusammenfasst: Bürgerbewegung pro Deutschland".

Auf der genannten „Bundesversammlung" – auch an dieser sollen „mehr als 200 Mitglieder und Unterstützer der Bürgerbewegung aus dem gesamten Bundesgebiet" (Mitgliederzahlen wurden bisher nicht offengelegt) teilgenommen haben – wurde Rouhs in seinem Amt als Bundesvorsitzender bestätigt. Zum stellvertretenden Bundesvorsitzenden wählte die Versammlung den ehemaligen REP- und heutigen PRO-HEILBRONN-Funktionär Alfred Dagenbach, Mitglied des Heilbronner Stadtrats. Als Bundesschatzmeister wurde Prof. Dr. Tilmann Reichelt aus Bonn wiedergewählt, als Schriftführerin darf nun die PRO-KÖLN-Ratsfrau Regina Wilden wirken. Beisitzer wurden der Ex-REP Lars Seidensticker (PRO HAMBÜHREN), Peter Werner (PRO MÜNCHEN), Ex-REP-Funktionär Christian Perbandt (PRO HANNOVER), Fred Steininger (PRO HEILBRONN), Ex-„Schill-Partei"-Mitglied Dr. Friedrich Löffler (Wesseling) und der Kölner Michael Kucherov.

In ihrer Antwort auf eine Bundestagsanfrage der Abgeordneten Ulla Jelpke, Petra Pau und der Fraktion „Die Linke" zu „Antimuslimischem Rassismus und

Rechtsextremismus" antwortete die Bundesregierung am 26. Februar 2008 auf Fragen nach Erkenntnissen über das „Verhältnis von Pro Deutschland zur Bürgerbewegung Pro NRW", über „Äußerungen rassistischen oder volksverhetzenden Charakters durch Funktionäre oder in Veröffentlichungen der Bürgerbewegung Pro Deutschland" sowie „Kontakte der Bürgerbewegung Pro Deutschland zu rechtsextremen Einzelpersonen" wie folgt: „Hierzu liegen der Bundesregierung keine Erkenntnisse vor."[3]

Dabei hatte erst am 4. Dezember 2007 die 22. Kammer des Verwaltungsgerichts Düsseldorf die Klage der „Bürgerbewegung Pro Köln" gegen Aufnahme in die Verfassungsschutzberichte 2005 und 2006 des Landes Nordrhein-Westfalen abgewiesen: „In der mündlichen Urteilsbegründung führte das Gericht aus, dass bei der Klägerin Anhaltspunkte für den Verdacht von Bestrebungen gegen die freiheitliche demokratische Grundordnung vorlägen." Mit Manfred Rouhs und Regina Wilden gehören immerhin zwei PRO-KÖLN-Funktionäre dem Bundesvorstand von PRO D an, weitere Vorstandsmitglieder haben erst kürzlich die extrem rechte Partei DIE REPUBLIKANER verlassen.

Das Verwaltungsgericht Hamburg hingegen verurteilte am 5. Februar 2008 die Hamburger Behörde für Inneres, „die Verbreitung des Hamburgischen Verfassungsschutzberichtes für das Jahr 2005 zu unterlassen, wenn nicht zuvor die Passagen über die Bürgerbewegung pro Deutschland entfernt oder unleserlich gemacht worden sind." Die „Einstufung der Bürgerbewegung pro Deutschland im Verfassungsschutzbericht 2005 als ‚rechtsextremistisch',, sei „rechtswidrig" gewesen.

Die „Bürgerbewegung pro NRW" (PRO NRW)

Am 6. Februar 2007 wurde auf Initiative der „Bürgerbewegung pro Köln" der Verein „Bürgerbewegung pro Nordrhein-Westfalen e.V." (PRO NRW e.V.) gegründet. Die Versammlungsleitung auf der Gründungsversammlung in Leverkusen oblag dem kurz zuvor aus der Partei DIE REPUBLIKANER ausgetretenen ehemaligen stellvertretenden REP-Bundesvorsitzenden Dr. Björn Clemens, der als Rechtsanwalt unter anderem auch für die NPD und für militante Neonazis aktiv ist. Auf NPD- und DVU-Veranstaltungen tritt er zudem als Redner in Erscheinung.

Ziel von PRO NRW sei die „Koordinierung und Bündelung nonkonformer NRW-Wählervereinigungen". Zum „Gründungsvorsitzenden" wurde Markus

---

[3] Deutscher Bundestag Drucksache 16/8282, http://dip21.bundestag.de/dip21/btd/16/082/1608282. pdf v. 26.02.2008

Beisicht gewählt, zu seinen Stellvertretern Judith Wolter und Kevin Gareth Hauer, der 2004 über die REP-Liste in den Gelsenkirchener Stadtrat gewählt worden war und die REP im Streit verlassen hatte bzw. aus der Partei herausgedrängt wurde. In der Ausgabe Februar 2007 der NPD-Zeitung „Deutsche Stimme" gab Hauer ein ganzseitiges Interview und kritisierte hierin vehement die Abgrenzungspolitik und den parteiinternen Umgang mit Kritikern dieses Kurses seitens der Bundes- und Landesführung der REP. Zum „Organisationsleiter" des PRO NRW e.V. wurde der Dormagener Daniel Schöppe, einst DLVH-Landesjugendbeauftragter, später Landesvorstandsmitglied der nordrhein-westfälischen REP, ernannt.

Die Gründung des PRO NRW e.V. stellte aber nicht nur eine Ausdehnung des Modells PRO KÖLN auf andere NRW-Städte dar, sondern auch den Startschuss für einen Wahlantritt bei den nordrhein-westfälischen Landtagswahlen 2010. Voraussetzung für einen Landtagswahlantritt sei ein erfolgreiches Abschneiden in mehreren Städten bei den nordrhein-westfälischen Kommunalwahlen im Jahre 2009. Beisicht: „Wir sind (...) von unserem Modell überzeugt, das im Prinzip auf jede andere größere Stadt übertragen werden kann. (...) Konsequente Basisarbeit ist der Schlüssel zum Erfolg. Wir sprechen die Menschen direkt vor Ort auf Probleme an, die sie bedrücken und die von den etablierten Parteien ignoriert werden: Islamisierung, Überfremdung, Kriminalität und politischer Filz samt ausufernder Korruption in der öffentlichen Verwaltung. Je unmittelbarer die Bürger dabei von Missständen betroffen sind, um so eher kann man sie auch mit nonkonformen, patriotischen Politikansätzen erreichen."

Am 25. März 2007 führte der PRO NRW e.V. in einer Gaststätte in Dormagen-Nievenheim (Rheinkreis Neuss) eine „Großveranstaltung" durch, an der laut Eigenangaben „über 150" Personen teilnahmen. Der Titel der Einladung lautete „Von pro Köln über pro NRW in den Landtag 2010?" Als Hauptredner traten Beisicht und der ehemalige DLVH-Bundesvorsitzende Harald Neubauer auf. Neubauer, Mitherausgeber der extrem rechten Monatszeitschrift „Nation & Europa" und Eigentümer des „Nation Europa Verlages" sowie 2005 Bundestagskandidat auf der Liste der NPD, plädiert seit vielen Jahren für einen Schulterschluss der extremen Rechten und unterstützt entsprechende Projekte. Das Spektrum der Teilnehmer umfasste nahezu die gesamte populistische und extreme Rechte bis hin zu NPD- und DVU-Funktionsträgern. Lediglich die neonazistischen „Freien Kameradschaften" zeigten sich nicht interessiert. Sie waren qua Einladung an alle „politikfähigen Patrioten" auch nicht erwünscht. Eben diese Politikfähigkeit spricht PRO NRW nämlich dem militanten Arm des deutschen Neonazismus ab. Man möchte in NRW den nicht zuletzt durch den Bedeutungsverlust der „Republikaner" frei werdenden politischen Raum zwischen der CDU und der recht schwachen NPD füllen.

Auf einem „Gründungsparteitag" am 9. September 2007 in Bonn beschloss PRO NRW „einstimmig die Umwandlung zu einer landesweiten Regionalpartei". Man werde sich „sowohl an den Kommunalwahlen 2009 als auch an der Landtagswahl 2010 beteiligen". „Unter den gut 200 Parteitagsteilnehmern" hätten sich „über 30 kommunale Mandatsträger aus ganz Nordrhein-Westfalen" befunden, heißt es in einem Bericht vom 10. September 2007 auf der Homepage von PRO NRW – ohne allerdings zu verraten, wer diese angeblich 30 Mandatsträger sind[4]. Die selbst ernannte „Anti-Islam-Partei" kündigte zudem eine „landesweite Kampagne gegen die Islamisierung" an.

Vorsitzender der Partei PRO NRW ist Markus Beisicht, als „Generalsekretär" darf der aus Regensburg stammende „Alte Herr" der „Prager Burschenschaft Teutonia zu Regensburg", Markus Wiener, walten, als Landesgeschäftsführer Bernd Michael Schöppe, einst mehrmals Teilnehmer an neonazistischen Aufmärschen. Zu stellvertretenden Vorsitzenden wurden Kevin Gareth Hauer, Daniel Schöppe, Manfred Rouhs und der ehemalige Generalsekretär der extrem rechten Kleinstpartei „Ab jetzt … Bündnis für Deutschland", Dieter Danielzick aus Troisdorf, gewählt. Ebenso in den Vorstand gewählt wurden die Rechtsanwält/inn/en Judith Wolter, Jörg Frischauf (Leverkusen) und André Picker (Dortmund) sowie Stefanie Wohlfarth (Gelsenkirchen), Andreas Akwara (Duisburg), Armin Weyrich und Udo Schäfer aus Radevormwald, Jennifer Pasenow (Gummersbach), Thomas Bendt (Viersen), die Kölner Martin Schöppe und Torsten Uhlenbrock sowie der Essener Henryk Dykier. Andreas Akwara ███████████ ████████████████████████████████, nachdem er kurz zuvor einen Journalisten öffentlich beleidigt und gedroht hatte: „Ich traue ihm jedoch auch zu, dass er der typische Kinderpornokonsument ist. […] Wer weiss, vielleicht bringt das Schicksal uns auf diesem Wege einmal zueinander. Dann aber, baumeln Sie am Strick!"[5] Um diesen aus Sicherheitsgründen unter einem Pseudonym veröffentlichenden Kritiker der PRO-Aktivitäten zu identifizieren, setzte Akwara „für sachdienliche Hinweise" ein Kopfgeld von 1.000 Euro aus. PRO NRW reagierte, besorgt um das angestrebte Sauber- und Biedermann-Image, mit dem Rauswurf von Akwara. „Zu Polithooligans jeglicher Schattierung halten wir den nötigen Abstand", so PRO-NRW-Generalsekretär Markus Wiener, nicht ohne verschwörungstheoretische Mutmaßungen über „geheimdienstliche Zersetzungsmaßnahmen und sogenannte ‚agent provocateurs'", anzustellen. Es sei „ein großes Problem nonkonformer Oppositionsgruppierungen, dass von staatlichen Stellen versucht wird, solche Gruppen von innen heraus zu schwächen".

---

[4] Zu PRO NRW bekannten sich zu diesem Zeitpunkt fünf Stadtrats- und 11 Bezirksvertretungsmitglieder aus Köln sowie ein Stadtratsmitglied aus Gelsenkirchen und ein Bezirksvertretungsmitglied aus Bottrop, zusammen also 18 kommunale Mandatsträger.
[5] http://buergerbewegung-duisburg.de/web/cms/front_content.php?idcat=4. Stand: 13.12.2008

Das eigentliche Problem von PRO NRW dürfte indes in der noch qualitativ und quantitativ dünnen Personaldecke bestehen, so dass man gezwungen ist, bei der NRW-weiten Ausdehnung personelle Risiken einzugehen. Die Zusammensetzung des Vorstandes zeigt zum einen deutlich die Dominanz der erfahrenen PRO-KÖLN-Mannschaft auf, zum anderen den Versuch, Aktivposten möglichst vieler lokaler Aufbauversuche von PRO-NRW-Gliederungen einzubinden, um die Anbindung an und Identifizierung mit dem Projekt zu stärken. Angestrebt wird der möglichst flächendeckende Aufbau von Verbandsstrukturen in NRW. Im Sommer 2007 wurde die Gründung neuer Kreisverbände in NRW in die Wege geleitet. In Gelsenkirchen ist die Gruppierung nach dem Beitritt des ehemaligen REP Kevin Gareth Hauer bereits im Rat vertreten. Im Februar 2007 wurde die Gründung von PRO BOTTROP gemeldet, geleitet durch den Ex-REP Josef Scholand, Mitglied der Bottroper Bezirksvertretung Süd. Bis 2008 hatten sich im Ruhrgebiet, im Rheinland und in Ostwestfalen Bezirksverbände konstituiert, weitere Bezirksverbände im Münsterland und im Sauerland befinden sich noch im Aufbau und verfügen bislang nur über „Beauftragte" bzw. Ansprechpartner. Auf Kreis- und Ortsebene wird Eigenangaben zufolge am Auf- und Ausbau von Strukturen im Rhein/Sieg-Kreis, im Oberbergischen Kreis (insbesondere Radevormwald und Gummersbach), im Ennepe-Ruhr-Kreis, im Rheinisch-Bergischen Kreis, im Rhein-Erft-Kreis, im Märkischen Kreis, im Rheinkreis Neuss (insbesondere Dormagen), in den Kreisen Mettmann, Lippe (insbesondere Lemgo), Viersen, Warendorf und Wesel (insbesondere Dinslaken und Voerde), in Aachen (Stadt und Kreis), Bonn, Remscheid, Solingen, Leverkusen, Düsseldorf, Duisburg, Essen, Herne, Castrop-Rauxel, Münster, Bielefeld und Mönchengladbach gearbeitet[6]. Der Oberhausener PRO-D-Kreisverband findet in den Veröffentlichungen von PRO NRW keine Erwähnung. Aus der PRO-NRW-Struktur wieder zurückgezogen hat sich PRO NETTETAL aus dem Kreis Viersen. „Da der überwiegende Teil des Vorstandes entgegengesetzte Ziele meiner Bürgerbewegung pro Nettetal verfolgt, bleibt pro Nettetal weiterhin eigenständig und ist KEINE Untergliederung von pro NRW!", verkündete der bisherige „Kreisbeauftragter Viersen", Walter Rütten, am 3.4.2008. Zwischenzeitlich hat PRO NRW im Kreis Viersen einen zweiten Anlauf genommen.

Auf Landesebene angegliedert sind der PRO-NRW-Arbeitskreis „Pro Mittelstand NRW" (Beauftragter: Jürgen Clouth), der „frauen- und familienpolitische Arbeitskreis", der von Stefanie Uhlenbrock geleitet wird, sowie die „Jugend pro NRW" (Jugendbeauftragte: Marylin Anderegg). Clouth, Uhlenbrock und Anderegg – alle aus Köln – gehören zwischenzeitlich auch dem PRO-NRW-Vor-

---

[6] Stand 10.4.2008

stand an, ebenso wie der „Netzwerk-Administrator Uwe Berger aus Heiligenhaus (Kreis Mettmann).

„In NRW-Kommunen sind bereits fast ein Dutzend Pro-Köln-Ableger gegründet worden, die 2009 bei den Kommunalwahlen antreten wollen – unter anderem in Gelsenkirchen, Duisburg, Düsseldorf, Essen und Bottrop. Wo keine neuen Moscheen geplant seien, werde halt gegen die bestehenden gekämpft", zitiert das Nachrichtenmagazin „Der Spiegel" Beisicht am 3. Januar 2008.

Aktivitätsgrad, Präsenz und Wirkungsmächtigkeit sind bislang umso höher, je intensiver die jeweilige lokale bzw. regionale Struktur von PRO KÖLN betreut und unterstützt wird. Schon allein aus Praktikabilitätsgründen sinkt der Betreuungsgrad, je größer die Entfernung zum Standort Köln ist. Darüber hinaus wird ein besonderer Schwerpunkt auf das Ruhrgebiet gelegt.

PRO-NRW-Generalsekretär Markus Wiener benannte am 18. März 2008 die Mitgliederzahl von PRO NRW mit „über 600 Mitgliedern in 27 Kreis- und Bezirksverbänden". Darin enthalten sein dürften – laut einer Mitteilung von PRO KÖLN vom 20. März 2008 – „364 Mitglieder" von PRO KÖLN. Der am 29. März 2008 vom nordrhein-westfälischen Innenminister Ingo Wolf vorgestellte Verfassungsschutzbericht des Landes Nordrhein-Westfalen über das Jahr 2007 hingegen spricht von 120 PRO-KÖLN-Mitgliedern.

Auch wenn sich einzelne PRO-Gruppen bemühen, ihr lokales Themenspektrum zu verbreitern, Schwerpunktthema von PRO NRW wird das Thema Islam bleiben. Am 23. Oktober 2007 kündigte die Partei an, im Rahmen ihrer „Antiislamisierungskampagne (...) Duisburg zum zweiten Schwerpunkt neben Gelsenkirchen im Ruhrgebiet" zu machen. Hier geht es unter anderem um den nahezu abgeschlossenen Bau der Merkez-Moschee in Duisburg-Marxloh. Beteiligt am Bau dieser Moschee war das Solinger Bauunternehmen „Kissel-Rapid". Mitglied der Geschäftsleitung der „Kissel-Gruppe" ist der seit vielen Jahren eng mit der extremen Rechten und dem Spektrum der Auschwitzleugner verbandelte Günther Kissel, der im Sommer 2007 PRO NRW beitrat, sehr zur Freude von Markus Beisicht, dem die „prominente" und insbesondere finanzkräftige Verstärkung trotz der Widersprüchlichkeit sogar eine Pressemitteilung wert war. Und auch in Essen zieht PRO NRW gegen „den Bau einer weiteren Großmoschee orientalischen Stils, diesmal in Essen-Altendorf" zu Felde. Am 26. Oktober 2007 kündigte man „Protest gegen den geplanten Moscheebau" an. Kurz zuvor hatte der nordrhein-westfälische Landesverband der NPD bekannt gegeben, am 8. Dezember 2007 in Essen gegen den Moscheenbau aufmarschieren zu wollen. Der Aufmarsch fand mit zirka 250 Teilnehmern aus dem Spektrum der NPD und „Freien Kameradschaften" statt. Bereits im Sommer 2007 hatten die Essener REP das Thema Moscheebau auf die öffentliche Tagesordnung gesetzt. Der offene Konkurrenzkampf zwischen den Rechtsaußenparteien, insbesondere um die Vorherrschaft bei Anti-Islam-Kampagnen, wird mit zunehmender Nähe zur Kommunalwahl immer sichtbarer. Mit einem für den 19. bis 21. September 2008 in Köln anberaumten Anti-Islamisierungskongress unter Beteiligung des belgischen VLAAMS BELANG, der österreichischen FPÖ und des französischen FRONT NATIONAL möchte sich PRO NRW an die Spitze der Islamgegner setzen. Und gleichzeitig den „landesweiten Auftakt zum Vorwahlkampf für die Kommunalwahlen 2009 in Nordrhein-Westfalen" einläuten. Schließlich hatte man auf dem Gründungsparteitag beschlossen, „sich sowohl an den Kommunalwahlen 2009 als auch an der Landtagswahl 2010 beteiligen" zu wollen. Beisicht: „Eine Kandidatur bei der Landtagswahl 2010 steht bereits jetzt fest, wenn wir bei den Kommunalwahlen 2009 in unserer Hochburg Köln und in weiteren ausgewählten Schwerpunktgebieten deutliche Erfolge erzielen können!" Antreten möchte man 2009 nur dort, wo man sich große Chancen ausrechnet, in die Kommunalparlamente einziehen zu können. Schließlich hat die Wahlniederlage von PRO MÜNCHEN (0,9 Prozent) bei den bayrischen Kommunalwahlen bzw. den Stadtratswahlen in München gezeigt, dass das Modell PRO KÖLN nicht ohne weiteres auf andere Städte übertragbar ist. Im Nachhinein hatte Beisicht nach Angaben der rechten Wochenzeitung „Junge Freiheit" den Münchener Wahlantritt als „schweren strategischen Fehler" bezeichnet. Es habe, so die JF, „in der Vergangenheit nicht ohne Grund mehrfach Beschlüsse gegeben, die deutschlandweiten Aktivitäten von Pro Deutschland bis nach den Kommunalwahlen in NRW [...] auf Eis zu legen. Daher lasse er es jetzt auch nicht zu , dass das Wahlergebnis von München nun Pro Köln und Pro NRW angelastet werde, sagte Beisicht." Dabei hatten zuvor auch PRO-NRW- und PRO-KÖLN-Vorstandsmitglieder PRO MÜNCHEN im Wahlkampf unterstützt.

Alle Hoffnungen von PRO NRW liegen also in einer erfolgreichen Teilnahme an den nächsten nordrhein-westfälischen Kommunalwahlen im Jahre 2009, in Konkurrenz zur NPD, DVU und den „Republikanern". Ein Scheitern bei diesen Wahlen dürfte zwangsläufig das Aus einer landes- oder gar bundesweiten Ausdehnung des Modells PRO KÖLN bedeuten.

Strategie

Durch die Selbstinszenierung als neue „rechtspopulistische Kraft" strebt PRO NRW die Etablierung einer neuen Rechts-Partei auf Landesebene an.

In einem der ersten Werbeblätter von PRO NRW nach deren Konstituierung als Partei heißt das Motto: „Vom Erfolgsmodell pro Köln ... zu einem erfolgreichen Neuanfang in ganz NRW!" Das Kölner „Erfolgsmodell" wird als exportfähig eingeschätzt: „Mit der Bürgerbewegung pro NRW wird dieses Erfolgsmodell jetzt auf andere Städte Nordrhein-Westfalens übertragen. Ziel ist es, bei der Kommunalwahl 2009 und danach bei der Landtagswahl 2010 für ein politisches Erdbeben an Rhein und Ruhr zu sorgen."[7]

Voraussetzung hierzu ist die Rekrutierung zusätzlichen Personals zur Gründung weiterer Kreisverbände. Der Aufbau solcher Kreisverbände, die als scheinbar lokale „Bürgerbewegungen" in Erscheinung treten, orientiert sich an der Strategie der rechtspopulistischen Zuspitzung sensibler Themen, wie es in einem Anschreiben des PRO-KÖLN-Vorsitzenden Beisicht deutlich wird:

„Mit unseren Schwerpunkten – Kampf gegen Multikulti-Auswüchse, Kriminalität und Korruption – haben wir eine ernstzunehmende, seriöse Opposition von rechts aufbauen können. Dieser erfolgreiche politische Neuanfang hat inzwischen in mehreren Städten und Landkreisen in ganz Nordrhein-Westfalen Nachahmer gefunden. Zur Förderung und Koordinierung dieser Neugründungen wurde von pro Köln eigens die ‚Bürgerbewegung pro NRW' ins Leben gerufen. Mit ihr soll in ganz NRW ein wirkungsvolles Gegengewicht gegen die verbrauchte politische Klasse aufgebaut werden, sowohl auf kommunaler Ebene als auch hinsichtlich eines möglichen Antritts zur Landtagswahl 2010."[8]

Die stellvertretende PRO-KÖLN-Vorsitzende Judith Wolter hingegen stellt das Modell PRO NRW propagandistisch als einen „basisdemokratischen Neuanfang der patriotischen Kräfte" dar und erklärt hierzu: „In Gelsenkirchen und Bottrop wurden bereits Bürgerbewegungen nach dem Vorbild von pro Köln ins Leben gerufen. Weitere Gründungen in Bonn, Düsseldorf und vielen anderen Städten stehen unmittelbar bevor. Zudem gibt es auch gute Kontakte zu gleichgesinnten kommunalen Formationen, etwa zur Duisburger ‚Bürger-Union'. Alle diese Gruppierungen sind rechtlich unabhängig voneinander und werden jeweils von örtlichen Aktivisten und Mandatsträgern getragen. Die Bürgerbewegung pro NRW koordiniert und bündelt all diese Kräfte, um Synergieeffekte zu erzielen."[9]

Um vor Ort Wirkung entfalten zu können, fordert der Parteichef Beisicht von seiner Gefolgschaft ein „absolutes seriöses Auftreten" und die Hinwendung zu kommunalen Themen: „Wir müssen uns aktiv in die jeweilige kommunalpolitische Diskussion einbringen. Pro NRW muss in den Kommunen vor Ort die Meinungsführerschaft gewinnen."[10]

Die Methodik zum Aufbau und zur Steuerung eines rechtspopulistischen Netzwerkes ist in einem Strategiepapier dargelegt, das als „Aufbaukonzept" die Grundlagen zum Aufbau der PRO- Bewegung aufzeigt.

---

[7] S. „Bürgerbewegung PRO NRW: Nordrhein-Westfalen ist unsere Heimat!" pdf-Flugblatt unter: http://buergerbewegung-pro-nrw.de/pdf/nrwflugblatt.pdf
[8] http://www.pro-nrw.org/pdf/anschreiben.pdf v.29.06.2007
[9] http://www.pro-nrw.org/content/view/12/42/ v. 06.01.2008
[10] http://www.pro-nrw.org/content/view/284/42/ v. 20.02.2008

Aufbaukonzept

Am 28. Januar 2006 wurde von Manfred Rouhs in Köln im Rahmen eines „Strategieseminars" ein Aufbaukonzept für PRO D vorgestellt.[11] Da dieses Aufbaukonzept augenscheinlich zugleich für den Ausbau der Parteistruktur von PRO NRW Gültigkeit hat, kann es als Grundlage zur Analyse der Arbeitsweise des PRO-Netzwerks herangezogen werden. In diesem Konzept werden dezidiert die einzelnen Handlungsschritte zur Entfaltung von organisatorischen und propagandistischen Aktivitäten im kommunalen Rahmen dargestellt.

Das Aufbaukonzept ist zugleich ein Beleg für das instrumentelle Verhältnis dieser rechtspopulistischen Gruppierung zu demokratischen Mitbestimmungsmöglichkeiten im kommunalen Geschehen durch Bürgeranfragen und Bürgerbegehren.

In dem Aufbaukonzept werden folgende Schritte zur Entfaltung kommunaler Aktivitäten benannt:

- „Handlungsfähigkeit herstellen",
- „Menschen binden"
- „Wahlantritt"

„Mindestens sieben Mitglieder der Bürgerbewegung pro Deutschland müssen vor Ort ansässig sein und in Absprache mit dem Bundesvorstand einen Kreisverband gründen", lautet es unter dem Punkt „Handlungsfähigkeit herstellen". Und weiter: „Vorhanden sein muss allerdings ein geeigneter Kandidat für den Kreisvorsitz und ein zuverlässiger Bewerber für das Amt des Schatzmeisters." Das Anforderungsprofil beinhaltet die Fähigkeit zur Vereinsgründung durch den Kreisverband. Zugleich wird zur Einrichtung eines Kontos angeraten: „Der Kreisverband muß eine Postanschrift einrichten, beispielsweise ein Postfach, und bei der örtlichen Sparkasse ein Girokonto eröffnen." Aussagekräftig ist hierbei die Begründung für die Wahl des Kreditinstituts: „Die Sparkassen sind verpflichtet, auch für oppositionelle Gruppen Girokonten auf Guthabenbasis zu führen." Inhaltlich nahezu deckungsgleich finden sich solche Anregungen bei Schulungstexten der NPD.

Auch die Anregung zur konspirativen Zusammenkunft des Kreisverbandes deutet darauf hin, dass sich die PRO-Gruppierung selbst nicht als offen auftretende politische Kraft versteht: „Ort und Zeit werden nicht öffentlich bekannt

---

[11] http://www.pro-deutschland-ob.de/modules.php?op=modload&name=UpDownload&file=index& req=viewsdownload&sid=3 v. 16.02.2006. S- D7-1

gegeben. Eingeladen werden nur Mitglieder sowie Personen, die als zuverlässig bekannt sind."

Eine weitere Anforderung besteht in den Aufbau einer Internetseite: „Und eine eigene Internetseite gehört zum Pflichtprogramm! Sie muß freigeschaltet werden, bevor die ersten Kampagnen-Flugblätter in Druck gehen, damit von Anfang an jedes verteilte Flugblatt gleichzeitig für die lokale Internetseite wirbt. Bei der Einrichtung der Internetseite kann der Bundesverband, falls nötig, Hilfe leisten."

Als „Kernarbeit der Bürgerbewegung" wird der Punkt „Menschen binden" beschrieben: „Wir müssen unsere Mitbürger ansprechen und sie mit unseren politischen Vorstellungen vertraut machen." Zur Entfaltung lokaler Propagandaaktivitäten werden Themenfelder aus dem klassischen Repertoire eines rechten Populismus vorgegeben: „Zu den für uns interessanten Bereichen Multi-Kulturalismus, Kriminalitätsentwicklung, Korruption und soziale Gerechtigkeit sollten jeweils aktuelle Meldungen auf der Internetseite erscheinen."

Hierbei wird dazu angeregt, auf kommunale Ereignisse und vermeintliche Missstände im Kontext der oben benannten Themen Bezug zu nehmen: „Und sobald im Segment Multi-Kulturalismus irgend etwas geschieht, was unseren Widerspruch herausfordert, werden wir dazu eine Petition aufsetzen, die im Regelfall an den Beschwerdeausschuß des Stadtrates gerichtet ist."

Die PRO-KÖLN- Strategen wissen aus jahrelanger Erfahrung im Verfassen rassistischer und rechtsextremer Pamphlete, dass allzu offener Rassismus und Rechtsextremismus nicht so wirkungsvoll ist wie ein verklausulierter Rassismus, der sich den Anschein eines „Bürgerbegehrens" gibt: „Der Text der Petition darf nicht ausländerfeindlich sein", heißt es daher vorbeugend.

Die PRO-KÖLN-Funktionäre wissen, dass ein Einhalten formaler Kriterien im Umgang mit Petitionen und „Bürgerbegehren" Spielräume zur Entfaltung öffentlichkeitswirksamer Inszenierungen eröffnet. Deshalb heißt es im Aufbaukonzept: „Der Inhalt der Petition muß so gehalten sein, dass der Stadtrat für die Angelegenheit sachlich auch tatsächlich zuständig ist; dabei kann der Bundesvorstand helfen." Daraus wird der nächste Schritt abgeleitet: „Aus der Petition machen wir nun mit einem erklärenden Text ein Flugblatt, das wir in hoher Auflage an die Haushalte verteilen."

Die Erfahrung von PRO KÖLN im Umgang mit Petitionen wird zur Nachahmung empfohlen: „Je nach der Größe des Einzugsgebietes werden wir eine Auflage von 5.000, 10.000, 20.000 oder 50.000 Stück drucken. (Die allgemeine Petition der Bürgerbewegung pro Köln gegen den geplanten Bau einer Großmoschee in der Domstadt wurde mit sieben Mal 50.000 Exemplaren aufgelegt, also insgesamt 350.000 Stück). Dafür kann der Bundesverband einen Zuschuß leisten."

Die Erfassung von Adressen der unterschriebenen Petitionen dient dabei als „wichtigstes politisches Kapital" der Gruppierung zur Entfaltung weiterer Propagandastrategien.

Ziel der Petitionen ist die Behandlung des eingereichten „Bürgerantrages" im zuständigen Beschwerdeausschuss der Kommune, der dann wiederum genutzt werden soll für weitere Selbstinszenierungen: „Zu dieser Sitzung des Beschwerdeausschusses muß unbedingt eine Einladung an alle in der Region vorhandenen Adressen verschickt werden; der Termin kann genutzt werden, um unsere dort erscheinenden Unterstützer, von denen wir manche wahrscheinlich noch gar nicht persönlich kennen, anzusprechen. Den Verlauf der Ausschußsitzung werden wir selbstverständlich – am besten mit Fotos – im Internet dokumentieren und auch zum Gegenstand der Berichterstattung in der nächsten Aussendung machen."

Als „Kerngeschäft" wird das Ausnutzen der Möglichkeit zur Erstellung von Petitionen für ein Bürgerbegehren offen bezeichnet: „Die auf die Anbindung von Menschen abzielenden Petitionen aber sind unser Kerngeschäft, mit dem der Erfolg unserer politischen Arbeit steht und fällt."

Die strategische Leitlinie ist demnach die Instrumentalisierung kommunalpolitischer Mitbestimmungs- und Beschwerdemöglichkeiten für eigene Wahlkampfzwecke. Dieser Mechanismus soll ständig wiederholt werden: „Das hier beschriebene Procedere zur Ansprache von Menschen – Thema suchen, Petition erstellen, Adressen einpflegen, Info-Blatt aussenden usw. – wird ständig wiederholt. Sobald ein Handlungszyklus abgeschlossen ist, folgt der nächste: wir suchen ein neues Thema, erstellen eine neue Petition, und so weiter."

Die Erfassung und Strukturierung der Unterschriftslisten für die eigenen Propaganda- und Wahlkampfzwecke gehört laut dem Aufbaukonzept zur zentralen Aufgabe der Kreisverbände. Das instrumentelle Verhältnis zu den Inhalten der Petitionen und „Bürgerbegehren" als Mittel zur Ausweitung des Adressenbestandes wird wie folgt zum Ausdruck gebracht: „Die eingehenden Petenten-Adressen müssen sorgfältig erfasst werden. Den Adressen-Bestand werden wir strukturieren, z.B. nach Mitgliedern, Spendern, Unterstützern und Interessenten, wobei jeder, der lediglich eine Unterschrift geleistet hat, zunächst die Kennung ‚Interessant' bekommt und später gegebenenfalls ‚hochgestuft' wird. Jede Aussendung werden wir mit dem Vermerk ‚Falls verzogen, bitte mit neuer Anschrift zurück!' oberhalb des Adressenrandes versehen. Und die Rückläufer werden wir selbstverständlich zeitnah bearbeiten, um unseren Adressenbestand, der unser wichtigstes politisches Kapital darstellt, auf dem neusten Stand zu halten."

Dieses Vorgehen bedeutet in der Praxis, dass Bürgerinnen und Bürger, die ohne Kenntnis des Wirkens dieser Gruppierung ihre Unterschrift unter eine ihrer Petitionen setzen – beispielsweise gegen die geplante Einrichtung einer Moschee

– damit offensichtlich zugleich von der „Bewegung" erfasst, katalogisiert und mit Propagandamaterial umworben werden – „Bindung von Menschen" lautet hierzu die Devise. So heißt es in dem Aufbaukonzept: „Für die regelmäßige Kommunikation mit den Menschen, die wir überzeugen und an uns binden wollen, werden wir eine eigene Informationsschrift herausgeben, für die der Bundesvorstand eine Hilfestellung leisten kann. Diese Publikation verschicken wir bis zu vier Mal im Jahr an den gesamten Adressenbestand – versehen jeweils mit einem Spendenaufruf, durch den die Aussendungen finanziert werden."

In dem Aufbaukonzept wird zugleich gefordert, die Adressen für die Wahlkampfabsichten des Bundesverbandes der „Bürgerbewegung pro Deutschland" weiterzuleiten: „Zudem müssen die Adressen an den Bundesvorstand weitergegeben werden, damit die interessierten Bürger zusätzlich gelegentliche Aussendungen des Bundesvorstandes erhalten, so dass eine möglichst häufige, umfassende Ansprache erfolgt. Das schafft Bindungen."

Offen wird das eigentliche Ziel dieser Strategie benannt: „Wer zwei, drei Jahre lang ständig von pro Deutschland hört, wird nachhaltig geneigt sein, der Bürgerbewegung bei der nächsten Kommunalwahl seine Stimme zu geben."

Neben inhaltlichen Bedenken gegenüber solchen Methoden sind auch rechtliche Bedenken aufzuführen. Denn eine Weitergabe von zweckbedingten Unterschriften für eine Petition oder ein Bürgerbegehren zu Wahlkampfzwecken kann als Verstoß gegen den Datenschutz angesehen werden. So meldete der „Kölner Stadt-Anzeiger", dass der Landesbeauftragte für Datenschutz „Beschwerden über die mögliche Nutzung aus der Unterschriftenliste gegen den Bau der Moschee in Ehrenfeld durch die rechtsextreme Organisation ,Pro Köln' nachgehen" werde.[12]

Daraufhin reagierten die Macher von „Pro Deutschland", indem sie auf der Internetseite ihrer Homepage in das Aufbaukonzept folgenden Zusatz einfügten: „Die eingehenden Rückläufer müssen – eine Einverständniserklärung der betreffenden Personen vorausgesetzt – unter Beachtung der weiteren Bestimmungen des Bundesdatenschutzgesetzes sorgfältig erfasst werden."[13]

Offensichtlich dient diese nachträgliche Umformulierung des Aufbaukonzeptes der Vorbeugung weiterer Klagen. Dies ändert jedoch nichts daran, dass bis zu diesem Zeitpunkt augenscheinlich in dieser Form durch das PRO-Netzwerk mit den Adressen verfahren wurde. Auch von „Pro Oberhausen" sind Unterschriften zu verschiedenen Petitionen gesammelt worden und zeitgleich präsentierte der Kreisverband auf seiner Internetseite das Aufbaukonzept der Bewegung in seiner ursprünglichen Form.[14]

---

[12] Peter Berger, Datenschutz will „Pro Köln" prüfen, in: Kölner Stadt-Anzeiger v. 02.04.2007
[13] Ebd.
[14] Vgl. http://www.pro-deutschland-ob.de/modules.php?op=modload&name=UpDownload&file=index&req=viewsdownload&sid=3 v. 16.02.2006

Auch wenn auf der Internetseite des Bundesverbandes daraufhin eine Um-formulierung im Aufbaukonzept vorgenommen wurde, ändert dies nichts an dem instrumentellen Charakter der Unterschriftensammlungen zur Gewinnung von Adressen für eigene Propaganda- und Wahlkampfzwecke. Die Petitionen und „Bürgerbegehren" dienen demnach augenscheinlich lediglich der Selbstinszenie-rung als „Bürgerbewegung" sowie der Ansammlung von Adressen potenzieller Wahlunterstützer, um das in dem Aufbaukonzept als dritten Schritt aufgeführte Ziel zu erreichen: Den „Wahlantritt".

Alexander Häusler

Politische Programmatik von PRO NRW

PRO NRW bedient sich inhaltlich wie in der Wortwahl des plakativen Stils rechtspopulistischer Propaganda. Probleme, Ängste und Vorurteile werden schlagwortartig zugespitzt, undifferenziert miteinander vermischt und Feindbilder aufgebaut, um sich selbst als moralische Instanz und politische Ordnungskraft inszenieren zu können, welche die Sorgen der Bevölkerung aufzunehmen bereit ist. So heißt es beispielhaft unter der Überschrift „Die große Koalition der Abzocker" in populistischer Manier:

„Nachdem sich die Bundestagsabgeordneten ihre Luxus-Pensionen erhöht haben, holen nun die Parteien zum nächsten Griff in die Tasche des Steuerzahlers aus: CDU und SPD fordern mehr Geld vom Staat. (...) Die große Koalition der Abzocker kennt keine Scham!"

Der Stil ist typisch für rechtspopulistische Kampagnen: Zunächst werden vorhandene Missstände und Ressentiments verallgemeinert und zugespitzt. Dann wird auf Tugenden wie Anstand, Idealismus, Ordnung und Sauberkeit verwiesen. Darauf Bezug nehmend inszenieren sich Rechtspopulisten als Sprachrohr für des „Volkes Stimme". So heißt es bei PRO NRW weiter:

„Unser Land braucht endlich wieder Idealisten, die zum Wohle der einheimischen Bevölkerung Verantwortung übernehmen. Menschen, die nicht von der Politik, sondern für die Politik leben. Die große Koalition der Abzocker dagegen gehört abgewählt, besser heute als morgen!"[1]

Hierbei wird bewusst mit Simplifizierungen und Feindbildern operiert. So heißt es in einer Selbstdarstellung von PRO NRW:

„Massenzuwanderung trotz millionenfacher Arbeitslosigkeit, immense Staatsverschuldung, hohe Kriminalität und arrogante Entscheidungen wider den Volkswillen – das hat Unmut hervorgerufen. Die Bürgerbewegung pro NRW tritt an, um der ‚schweigenden Mehrheit' wieder eine Stimme zu geben."[2]

Mit derartigen Plattitüden wird versucht, komplexe Probleme in nationalistischer Manier zu vereinfachen.

---

[1] http://www.pro-nrw.org/ v. 18.08.2007
[2] „Bürgerbewegung PRO NRW: Nordrhein-Westfalen ist unsere Heimat!" pdf-Flugblatt unter: http://buergerbewegung-pro-nrw.de/pdf/nrwflugblatt.pdf Stand: 08.01.2008

Ein Blick in das „Parteiprogramm" von PRO NRW offenbart diese Methodik rechtspopulistischer Simplifizierung. Dieses Programm, das am 7. September 2007 auf dem Landesparteitag von PRO NRW beschlossen wurde, erschöpft sich in ganzen sieben Programmpunkten, die in inhaltlich simpelster Form das rechtspopulistische Themenrepertoire abzudecken versuchen:

1. Innere Sicherheit gewährleisten!
2. Ausbildung statt Zuwanderung!
3. Stoppt Korruption und Parteibuchwirtschaft!
4. Besinnung auf Werte in der Kulturpolitik!
5. Bürgerfunk statt Parteibuchsender!
6. Das Ruhrgebiet stärken!
7. Wer heilt unser Gesundheitssystem?[3]

Ein Blick in den Inhalt dieser Programmpunkte offenbart, dass es dabei nicht um realpolitische Zielsetzungen geht, sondern lediglich um die Verkündung pauschalisierender Vorurteile und Ressentiments in rechtspopulistischer Manier.

So heißt es etwa unter dem **ersten Programmpunkt** in apokalyptischer Wortwahl:

„In den Städten unseres Landes gibt es immer mehr rechtsfreie Räume, in denen sich selbst die Polizei nur noch in großer Zahl traut. ‚No-Go-Areas' also – aber nicht für Ausländer oder Asylbewerber, sondern für die einheimischen Bürger!"

Die populistische Forderung nach ‚law and order' wird verknüpft mit Vorurteilen gegenüber Zugewanderten und liberaler Rechtsprechung. So heißt es dort weiter:

„Daneben muß der Schutz der normalen Bevölkerung Vorrang vor den Interessen der Täter haben. Windelweiche Alt-68er- ‚Resozialisierungs'-Phrasen haben angesichts brutaler Jugendgewalt, rücksichtsloser Straßenkriminalität, organisiertem Verbrechen und hoher Ausländerkriminalität wahrlich keinen Platz mehr!"

Im **zweiten Programmpunkt** werden Bildungsanforderungen unsachlich mit der Zuwanderungspolitik verknüpft:

„So wie wir benachteiligte Kinder fördern müssen, so sollten wir auch begabten Schülern die Ausschöpfung ihres ganzen Potentials ermöglichen. Dann wird auch die Anwerbung ausländischer Spezialisten und Experten auf bestimmten Fachgebieten bald überflüssig werden, so wie Masseneinwanderung bildungsferner Schichten bereits jetzt völlig überflüssig ist."

---

[3] Parteiprogramm, unter: http://www.pro-nrw.org/ Stand: 15.10.2007

Weiter heißt es dann propagandistisch:

„Pro NRW sagt nicht umsonst NEIN zur Einwanderung in unsere Sozialsysteme, zu Asylmißbrauch, Überfremdung und Islamisierung!"

Hierbei werden in agitatorischer Absicht Prozesse und soziale Strukturen („Einwanderung", „Sozialsysteme") miteinander in Beziehung gesetzt und mit zentralen Begrifflichkeiten extrem rechter Propaganda wie „Überfremdung" sowie mit Schlagwörtern aus dem rechtspopulistischen Themenrepertoire („Asylmissbrauch", „Islamisierung") verknüpft. Demnach geht es also nicht um differenzierte Betrachtung oder die Entwicklung von Lösungsansätzen für soziale Aufgaben und Probleme, sondern schlicht um die Bündelung von Ressentiments.

Mit dem **dritten Programmpunkt** wird das klassische rechtspopulistische Thema „Korruption" in simpelster Form präsentiert:

„Die politische Klasse in Düsseldorf hat abgewirtschaftet und ist aufgrund der unzähligen Skandale moralisch diskreditiert. Diese Klasse steht für Bestechung, Vorteilsnahme, Ämterpatronage, Spendenskandale und Betrügereien zu Lasten der Bürger. Eine Erneuerung ist von ihr nicht zu erwarten."

Hier wird das Bild vom ‚raffenden Staat' kolportiert, um sich als ‚unverbrauchte', am Gemeinwohl orientierte Alternative inszenieren zu können.

Ein ähnliches Niveau weist inhaltlich der **vierte Programmpunkt** „Kulturpolitik" auf, der in einigen Passagen wie unfreiwillige Realsatire klingt:

„Die Bürgerbewegung pro NRW fordert eine nachhaltige, auf Dauer angelegte Förderung der Hochkultur in Nordrhein-Westfalen und eine klare Absage an die Unterstützung avantgardistischer Projekte, die für den Normalbürger nicht von Interesse sind."

Die Ablehnung künstlerischer Avantgarde und experimenteller Kunstformen ist ein propagandistisches Merkmal rechter Kulturpolitik und fand historisch ihre Zuspitzung in der Nazipropaganda gegen eine angeblich „entartete Kunst".

Auch der **fünfte Programmpunkt** „Bürgerfunk" erschöpft sich in rechtspopulistischen Plattitüden gegen den als politisch links eingestuften WDR:

„Versatzstücke linker Ideologie prägen nicht nur die politischen Magazine und die Nachrichten-Sendungen, sondern insbesondere auch das Unterhaltungsprogramm, das oft ein unrealistisches, von multi-kulturellen Trugbildern geprägtes Weltbild transportiert. Wir brauchen kein Fernsehen und kein Radio, das uns Bürger mit erhobenem Zeigefinger zu belehren versucht!" Anstelle von Inhalten werden auch hier lediglich Anschuldigungen vorgetragen.

Mit dem **sechsten Programmpunkt** wird versucht, die Strukturkrise im Bergbau mit standortnationalistischen Parolen zu instrumentalisieren:

„Wir in Nordrhein-Westfalen dürfen uns nicht vollständig von importierter Energie abhängig machen", heißt es da inhaltsleer, ohne realistische Alternati-

ven anbieten zu können: „*Unsere heimische Kohleförderung muß überall dort und so lange erhalten bleiben, wo und wie dies wirtschaftlich vertretbar ist.*" Fassbare Konzepte für den Bergbau hingegen werden nicht benannt. Stattdessen werden lediglich Ressentiments gegen den Solidaritätszuschlag geschürt: „*Gleichzeitig muß in den Bergbau-Regionen in die Zukunft investiert werden. In diesem Zusammenhang ist 20 Jahre nach der Wiedervereinigung der Solidaritätszuschlag auf den Prüfstand zu stellen.*"

Anstelle von tragbaren Vorschlägen zur Beschäftigungspolitik werden inhaltsleere Worthülsen präsentiert:

„*Die Sicherung von Arbeitsplätzen hat vorrang (Rechtschreibung i. O.) vor gut gemeinten umweltschützerischen Experimenten, deren Erfolg oft zweifelhaft ist.*"

Inhaltlich widersprüchlich ist auch der **siebte Programmpunkt** zum Thema „Gesundheitssystem". Zunächst wird dort „Gerechtigkeit" eingefordert:

„*Die Bürgerbewegung pro NRW fordert ein gerechteres Krankenversicherungskonzept.*" Wie dies konkret aussehen soll, bleibt nebulös. So wird eine „*Kombination aus bewährten Bismarckschen Traditionen und dem Beveridge-System*"[4] gefordert, ohne näher erläutern zu können, wie dies gestaltet werden soll. Weitere Ausführungen hierzu werfen die Frage auf, ob die grundsätzlichen Unterschiede zwischen beitragsfinanzierten und steuerfinanzierten Gesundheitsversorgungsmodellen von den Verfassern dieses „Programms" überhaupt analytisch erfasst worden sind. So wird sowohl „die Pflicht, sich zu versichern" und der „Erhalt privater Krankenversicherungen" gefordert wie zugleich zusammenhanglos gefordert:

„*Das Allgemeinwohl hat prinzipiell über den Interessen von Gesundheits-Managern und wirtschaftlicher Lobbygruppen zu stehen!*"

Das eigentliche Ziel dieser Ausführungen besteht offenkundig wieder einmal darin, in plumper Manier Ressentiments gegen Zugewanderte zu schüren. So heißt es dort weiter:

„*Im Hinblick auf Immigranten muß zudem darauf geachtet werden, keine zusätzlichen Anreize für eine 'Einwanderung ins soziale Netz der Bundesrepublik' zu schaffen.*"

Ein besonderes Merkmal rechtspopulistischer Propaganda ist, dass Themen und Vorurteile aus der gesellschaftlichen Mitte herausgegriffen werden, um sich

---

[4] Benannt nach dem britischen Ökonom und Politiker William Henry Beveridge (1879-1963) wurde der so genannte Beveridge-Report bekannt, der als Grundlage für den Aufbau der englischen sozialen Sicherungssysteme genutzt wurde. Dieses Gesundheitsmodell beinhaltet im Wesentlichen eine aus Steuermitteln finanzierte, staatlich organisierte, relativ egalitäre Einheitsversicherung mit niedriger Leistung, die alle Bürger erfasst. Zum Thema s. Karl-Heinz Wehkamp, Balanceakt zwischen Beveridge und Bismarck. Soziale Sicherungssysteme in Europa, in: Das Parlament Nr. 50 v. 11.12.2006

als ‚Vollstrecker' von gesellschaftlich angeblich berechtigten Interessen darzustellen.

Zusammengefasst sind es folgende Themen, mit denen kampagnenartig operiert wird:

- Zuwanderung/Islam/Nationale Identität
- Filz/Klüngel/Korruption
- Sicherheit/Kriminalität
- Verfolgung/Meinungsfreiheit

Wie das funktioniert, hat PRO KÖLN demonstriert: Rechtspopulistische Kampagnen gegen den „Drogenstrich" in Köln-Longerich oder gegen ein Flüchtlingswohnheim im Stadtteil Weidenpesch werden unter dem Mantel von „Bürgerbegehren" inszeniert. Hierbei werden gesellschaftliche Vorurteile populistisch aufgeladen und zugespitzt. Ziel ist dabei augenscheinlich die Kanalisierung von Ängsten und Vorurteilen, um sich selbst als handlungsorientierte Interessenvertretung inszenieren zu können. Aufrufe gegen den „Kölner Klüngel" oder den „Tango Korrupti" sollen suggerieren, dass PRO KÖLN als „Anwalt der kleinen Leute" gegen die „korrupten Altparteien" auftritt.

Auf Stammtisch-Niveau werden Vorurteile gebündelt und in autoritärer Manier das Bild von gesellschaftlicher „Ordnung und Sauberkeit" beschworen. So heißt es etwa bei „Pro Gelsenkirchen":

„Uns sind 270.000 Gelsenkirchener wichtiger als eine Handvoll alternativer Spinner!

Die Bürgerbewegung Pro Gelsenkirchen e.V. (Pro Gelsenkirchen) setzt sich ein für eine Kulturförderung, die den Interessen der Mehrzahl der Gelsenkirchener Bürger Rechnung trägt. Zu fördern sind ferner die vielen kleinen Vereine in den einzelnen Stadtvierteln. Nicht länger unterstützt werden sollten verfassungsfeindliche Extremisten, Selbsterfahrungstrips auf Steuerzahlerkosten, homosexuelle Spaßgruppen sowie obskure Multi-Kuli-Projekte (Rechtschreibung i.O.) von Alt-68ern."[5]

Der Rechtspopulismus von PRO NRW lebt von der Skandalisierung sowie der dumpfen Provokation. Dabei kommt den Rechtspopulisten zugute, dass sie durch den Übertritt einiger ehemaligen REP-Mitglieder deren Funktion als Stadtratsmitglieder propagandistisch nutzen können. So etwa in Gelsenkirchen durch das Ratsmitglied Hauer, zugleich stellvertretender Vorsitzender von PRO NRW, der öffentlichkeitswirksam eine „islamkritische Anhörung im Ratsaal der Stadt Gelsenkirchen zur ‚Kommunalen Integrationspolitik' „ ankündigte. Eingeladen

---

[5] http://progelsenkirchen.de/1957108.htm v. 23.10.2007

zu dieser „Anhörung" wurden PRO-NRW-Chef Beisicht, die PRO-KÖLN-Fraktionsvorsitzende Wolter und der PRO-MÜNCHEN- Sprecher Rüdiger Schrembs, was auf den inhaltlichen Gehalt dieser Veranstaltung schließen lassen kann. Dabei wurde offenkundig versucht, das Rathaus als propagandistische Bühne für einen parteipolitisch motivierten Populismus gegen kommunale Integrationsbelange zu nutzen.

Zugleich stellen sich die Macher derartiger Propaganda als Opfer und Verfolgte durch ein angebliches Kartell aus etablierter Politik sowie einer angeblich verordneten „political correctness" dar:

„Die Presse bzw. unser OB mögen sich ereifern wie sie wollen. Auch die Stadt Gelsenkirchen wird sich an pro NRW als Vertreter der Interessen eines Großteils der einheimischen steuerzahlenden Bevölkerung gewöhnen müssen. Die kritische Anhörung zum Scheitern des multikulturellen Experiments im Ruhrgebiet sowie die Folgen einer unkontrollierten Zuwanderungspolitik für unsere Großstädte am Beispiel Gelsenkirchen wird auf jeden Fall stattfinden. Wir verteidigen vehement das Recht auf freie Meinungsäußerung, das auch in Gelsenkirchen durch die grassierende Political Correctness bedroht ist."[6]

Der öffentlichen Kritik an dieser Instrumentalisierung politischer Funktionen im Stadtrat wird damit der Augenschein von „Einschränkung der Meinungsfreiheit" zu geben versucht und die Kritiker solcher Machenschaften werden wahlweise als „Linksextremisten", „Gutmenschen", Vertreter der „abgehalfterten Altparteien" oder gar als vom „NRW-Geheimdienst" infiltriert tituliert, um sich damit den Anschein der kollektiv verfolgten Unschuld zu geben.

Hieraus ergibt sich für die abschließende Bewertung der politischen Programmatik anhand des Parteiprogramms von PRO NRW, dass hiernach nur rudimentär auf die realpolitische Ausrichtung dieser Partei Rückschlüsse gezogen werden können. Denn dieses Programm beinhaltet keine dezidierte Darlegung politischer Konzeptionen, sondern erschöpft sich lediglich in einer zusammenhanglosen Ansammlung von Vorurteilen und Stammtischparolen. Eine fundierte Bewertung der politischen Ausrichtung von PRO NRW bedarf daher der Einbeziehung der politischen Methodik[7] wie des politischen Kontextes der Protagonisten und deren Aktionsformen.[8]

---

[6] http://www.pro-nrw.org/artikel/221007_gelsenkirchen.htm v. 22.10.2007
[7] Vgl. den Beitrag von Peters, Sager und Häusler in diesem Band
[8] Vgl. den Beitrag von Sager und Peters wie zum Thema Ratsarbeit die Beiträge von Killguss, Peters und Häusler wie von dos Santos Herrmann in diesem Band

Ulli Jentsch

PRO-Aktivitäten in Berlin und Brandenburg

Die Aktivitäten der „Bürgerbewegung pro Deutschland" in Berlin und Brandenburg weisen trotz einiger Unterschiede ihrer regionalen Strukturen auch unüber-
sehbare gemeinsame Perspektiven auf: Sie wollen sich von der Welle anti-
islamischer Stimmungen in die lokalen Parlamente tragen lassen. Durch einen
anti-islamischen Generalverdacht soll der „Bürgerprotest" gegen die etablierte
Politik befeuert werden. Den momentanen Stand der „Bürgerbewegung pro
Deutschland" in den beiden Bundesländern und die Aussichten dieses Projektes
soll dieser Artikel beschreiben.

Berlin brummt

Der Rentner Arnold Bellack aus Berlin-Karlshorst hat ein Problem: die Überfremdung Deutschlands. „Wenn man hier in Deutschland eine Überfremdung
hat, ich hab die Zahl mal genommen, zehn, zwölf Prozent bin ich der Meinung,
es reicht."[1] Arnold Bellack hat sich daher der „Bürgerbewegung pro Deutschland" in Berlin (im weiteren PRO BERLIN) angeschlossen. Zusammen mit einer
Handvoll weiterer AktivistInnen soll spätestens 2011 ‚frischer Wind' in das rote
Rathaus und die Bezirksverordnetenversammlungen gebracht werden. Dann
wolle man in der Lage sein, einen „prozentual meßbaren Bevölkerungsanteil an
eine seriöse, demokratische multi-kulti-kritische Kraft" zu binden, so Manfred
Rouhs, „die bei Wahlen als Alternative zu den etablierten Parteien in den Ring
steigt. Denn nirgendwo in Deutschland ist der Multi-Kulturalismus so offensichtlich gescheitert wie in Berlin!"[2] Allerdings: In vier der Berliner Bezirksparla-
mente sitzt seit den Kommunalwahlen 2006 bereits Konkurrenz vom äußersten
rechten Flügel: VertreterInnen der Nationaldemokratischen Partei Deutschlands
(NPD) sowie ein Vertreter der Republikaner (REP) (Vgl. apabiz 2007: 34ff).

---

[1] Vgl. RBB (2007): PRO BERLIN – Rechtspopulisten auf dem Vormarsch. Klartext-Beitrag von Andrea Everwien v. 24.10.2007. http://www.rbb-online.de/_/fernsehen/magazine/beitrag_jsp/key=rbb_
beitrag_6595285.html. Zuletzt am 12.03.2008. Hier fälschlich Anton B.
[2] PRO BERLIN (30.04.2007): Strategieseminar PRO BERLIN. Veröffentlicht am 30.04.2007 von
Berlin pro Deutschland. http://berlin-brummt.de/index.php?section=news&cmd=details&newsid=21,
zuletzt 12.03.2008.

Die Entwicklung der Berliner Strukturen der „Bürgerbewegung pro Deutschland" ist schnell referiert und in ihren Eckdaten geradezu prototypisch. Unter tatkräftiger Hilfe des Kopfes der Bürgerbewegung, Manfred Rouhs, fand im April 2007 ein erstes Treffen interessierter BerlinerInnen statt, an dem rund zwei Dutzend Menschen teilnahmen. Hier stellte Rouhs das strikte Aufbaukonzept seiner Organisation vor, mit dessen Umsetzung in Berlin bereits begonnen wurde. Arnold Bellack[3] und Martin Loesch[4] wurden die vorläufigen Ansprechpartner für die zu entwickelnde Regionalstruktur. Beide waren wie viele ihrer bundesweiten MitstreiterInnen der „Bürgerbewegung" schon an anderen extrem rechten Kleinparteien beteiligt, was PRO BERLIN bereits als „umfassende politische Erfahrung" bezeichnet. Gary Beuth zeichnet presserechtlich für die Website www.berlin-brummt.de (sic!) verantwortlich, die auf den Chef der Bürgerbewegung Manfred Rouhs angemeldet ist und von dessen Firma auf-ins-inter.net betreut wird. Diese Webpräsenz ist – abgesehen von Flugblättern, die im Rahmen politischer Kampagnen verschickt werden – die einzige publizistische Aktivität von pro Deutschland in Berlin.

Anti-islamische Kampagnenpolitik

Im Jahr 2007 führt die „Bürgerbewegung pro Deutschland" mehrere ihrer vom Bundesvorstand zentral gesteuerten Polit-Kampagnen auch in Berlin durch. In ausgewählten Stadtbezirken wurde die Petition „NEIN zum geplanten Beitritt der Türkei zur EU!" als Postwurfsendung verteilt. Die Adressdaten der Rückläufer dienen nach Angaben der „Bürgerbewegung" den Regionalstrukturen für die weitere Mitgliederwerbung: „Insgesamt sind mittlerweile annähernd 10 Prozent der Berliner Haushalte mit der Postwurfsendung erreicht worden. Tausende Berliner haben mit ihrer Unterschrift deutlich gemacht, daß sie den multi-kulturellen Tagträumen der etablierten politischen Kräfte skeptisch gegenüberstehen. Sie bilden den Grundstock eines Unterstützer-Potentials, mit dem pro Deutschland in Berlin bis 2010 wahlkampffähig werden will, um dann bei den Wahlen zum

---

[3] Arnold Bellack, geb. 1934, pensionierter Schlossermeister aus Berlin-Karlshorst. Zur Bundestagswahl 2002 Platz 10 der Berliner Landesliste für die Partei Rechtsstaatliche Offensive (PRO). Zur Bezirksverordnetenwahl am 17. September 2006 PRO-Kandidat in Lichtenberg. Zur angeblichen jahrelangen kommunalpolitischen Erfahrung als Bezirksverordneter konnten keine Belege gefunden werden
[4] Martin Loesch, Selbständiger aus Berlin-Mitte. Zur Bezirksverordnetenwahl am 17. September 2006 REP-Kandidat in Mitte. Vgl. Kandidatenliste der Republikaner auf www.republikaner-berlin. de, Auszug v. 28.09.2006. Kommentiert gerne auf Medienseiten im Internet, so u.a. auf dem rechtsextremen Info-Portal altermedia.de. Als sein Interesse gibt das Pro-Mitglied an: „Flyer stecken".

Abgeordnetenhaus im Jahr 2011 die Parteienlandschaft in Deutschland zu verändern."[5].

Zu wahrnehmbaren Reaktionen aus der Berliner Öffentlichkeit kam es erst, als PRO BERLIN im Oktober 2007 eine Unterschriftenkampagne gegen den geplanten Neubau eines islamischen Gemeindehauses sowie einer Moschee im Stadtteil Charlottenburg durchführte. Erstmals berichteten die Berliner Medien über die als Bürgerinitiative auftretende Gruppierung, wozu sicher auch die nahezu parallel laufende Auseinandersetzung um das Kölner Moscheeprojekt beitrug. In der Petition zur Unterschriftensammlung hieß es unter anderem:

„Was der Bau einer Groß-Moschee für unseren Stadtteil bedeutet, liegt auf der Hand: Massenaufmärsche, lautstarke orientalische Lautsprecher- Durchsagen und immense Parkplatzprobleme bilden nur die Spitze des Eisberges jener Schwierigkeiten, die auf uns zukommen werden, falls wir den Bau der Groß-Moschee nicht verhindern können. Wo ein solcher orientlaischer (sic!) Prunkbau mit Kuppel und Minarett erst einmal steht, wird als nächstes bei den Behörden der Muezzin-Ruf beantragt. Und der muß dann nach einschlägigen Urteilen deutscher Verwaltungsgerichte auch genehmigt werden!" Dem Trägerverein Inssan wurde eine Nähe zur radikalen Muslimbruderschaft unterstellt: „Moscheen der Inssan sollen zudem ein Treffpunkt der Muslimbruderschaft sein." Das Ganze wurde mit einem Foto der Kul-Scharif-Moschee im russischen Kasan bebildert, der größten Moschee Rußlands. Bildunterschrift: „In der Keplerstraße unweit des Mierendorffplatzes soll eine riesige Moschee gebaut werden."[6]

Die Reaktionen fielen zunächst einhellig aus: ‚Rechte Hetze gegen Moscheebau', ‚Rechtsradikale trommeln gegen Moschee', ‚Rechte hetzen gegen Muslime' titelte die Berliner Tagespresse.[7] Politikerinnen und Politiker von CDU, SPD und Grünen wiesen die Darstellungen der „Bürgerbewegung" zurück: Sie „verdrehe bewusst die Fakten", betreibe „Stimmungsmache", mit „Angst und Unwissenheit" werde um die WählerInnen gebuhlt. Sowohl der Berliner Integrationsbeauftragte Günther Piening als auch seine langjährige Vorgängerin Barbara John (CDU) äußerten sich befürwortend zu den Vorhaben des Vereins Inssan. Die Migrationsbeauftragte des Bezirks Charlottenburg, Azize Tank, sah sich nach ihren Kommentaren mit einem offenen Brief des PRO BERLIN-Sprechers Martin Loesch konfrontiert. Der polemisierende Brief solle

---

[5] PRO BERLIN (10.06.2007): Kampagne in Pankow. Veröffentlicht am 10.06.2007 von Berlin pro Deutschland.   http://berlin-brummt.de/index.php?section=news&cmd=details&newsid=26,   zuletzt 12.03.2008. Schreibweise im Original.
[6] PRO BERLIN (08/2007): Nein zur Inssan-Moschee in Charlottenburg. http://berlin-brummt.de/ images/content/petition-charlottenburg-rgb.pdf, zuletzt 12.03.2008.
[7] Vgl. Berliner Zeitung, Berliner Morgenpost v. 17.10.2007, taz v. 14.10.2007.

„Frau Tank helfen, ein fremdes Land besser zu begreifen". Zu einer weiterge-
henden öffentlichen Auseinandersetzung kam es jedoch nicht.
Seitdem ist es um PRO BERLIN ruhig geworden. Der weitere Strukturauf-
bau in Berlin muss warten, weil sich die Bundesführung auf den Kommunalwahlkampf in Nordrhein-Westfalen konzentriert. Im Juli 2007 hatte der Bundesvorstand verlautbart, dass „eine Entscheidung über eine Teilnahme an der Berliner Landtagswahl 2011 (...) erst nach der nordrhein-westfälischen Kommunalwahl im Herbst 2009 getroffen" werde. (zitiert nach LAGA NRW 2008: 15)

Brandenburg: Im Wechsel von PRO zu PRO

Im Land Brandenburg wird die Aufbauarbeit für regionale Pro-Strukturen durch
zwei Vertreter mit tatsächlicher kommunaler Erfahrung geleistet. Die beiden
Stadtverordneten Meinhard Gutowski und Werner Voigt sind die zumindest in
Frankfurt/Oder stadtbekannten Repräsentanten der „Bürgerbewegung pro
Deutschland". Gutowski[8] und Voigt waren 2003 als Vertreter der damaligen
Partei rechtsstaatlicher Offensive – Offensive D, abgekürzt PRO, in das Stadtparlament gewählt worden. Sie haben die Partei nach internen Querelen jedoch
verlassen und bilden seitdem die sogenannte Freie Fraktion. Ihre neue politische
Heimat sehen sie inzwischen bei der Rouhs-Truppe.
Bereits im Juni 2006 fand, wie ein Jahr später in Berlin, auch hier ein „Strategieseminar" unter Beteiligung von Manfred Rouhs statt, mit dem die „Aufbruchstimmung in Frankfurt an der Oder" für die Bildung eines Kreisverbandes
genutzt werden sollte. Und auch hier möchte man wie in Berlin bis zur Kommunalwahl, die allerdings schon 2008 stattfindet, „wahlkampffähig" sein: „Manfred
Rouhs, Bundesvorsitzender der Bürgerbewegung, hat dafür nachhaltige Unterstützung zugesagt. So sollen nach der Kreisverbands-Gründung Flugblatt-Offen-
siven gestartet und eine Internetseite eingerichtet werden. Für die „heiße Phase"
des Kommunalwahlkampfes 2008 sagte Rouhs eine vom Bundesverband finanzierte Postwurfsendung an alle Haushalte mit Tagespost in Frankfurt (Oder)
zu."[9] Eine tatsächliche Aufbauarbeit können BeobachterInnen der politischen
Szene in Frankfurt/Oder jedoch nicht erkennen, einzig eine Flugblattaktion wurde bekannt.
Die Rahmenbedingungen für ein Projekt „Bürgerbewegung pro Brandenburg" erscheinen ungünstig, da sich das extrem rechte Spektrum sehr zersplittert
präsentiert. Noch 2003 gab es im Osten Brandenburgs – dem Kreis Märkisch-

---

[8] Meinhard Gutowski, geb. 1955, Fahrlehrer in Frankfurt/Oder.
9 Vgl. http://www.forum-dp.de/viewtopic.php?f=15&t=259&p=2520&sid=32397d446843a5698833
b63ef72dadba#p2520, zuletzt am 12.03.2008.

Oderland – tatsächliche eine ‚Aufbruchstimmung'. Hier arbeitete ein aktiver Regionalverband der Pro – Offensive D, der auch den Landesverband Brandenburg dominierte. Doch schon bis Ende des Jahres 2005 waren diese Strukturen völlig zerrüttet. Während sich die beiden Stadtratsmitglieder in Frankfurt/Oder von der alten Pro-Partei abwandten, arbeitete der Kreisverband unter Josef Lenden[10] zunächst weiter. Ein anderer Repräsentant war der Brandenburger Landesvorsitzende und Seelower Stadtverordnete Falk Janke[11]. Er verließ mitsamt seinem Mandat ebenfalls die zerfallende Pro – Offensive D und gründete im November 2005 mit ehemaligen „Kollegen aus der CDU" die „freiheitlich-bürgerliche Partei" Die Rechte.

Die parlamentarische Option in Berlin und Brandenburg

Die Bürgerbewegung pro Deutschland orientiert sich in Berlin und Brandenburg wie andernorts ausschließlich auf parlamentarischen Einfluss. Sie prophezeit sich selbst hervorragende Aussichten, sofern man wahlkampffähig sei. Ihr Potenzial schätzt die Partei in Berlin auf immerhin rund 15 Prozent.[12]

Wie realistisch ist das? Eine Besonderheit in Berlin ist die vergleichsweise offene Dominanz der neonazistischen Kräfte innerhalb des organisierten Rechtsextremismus. Der Berliner Landesverband der NPD spielt seit mehreren Jahren als einzige Kraft des Rechtsextremismus eine aktive Rolle und ist auch schon seit Jahren mehrheitlich durch neonazistisch orientierte Personen geführt. Andere rechtsextreme oder national- oder rechtskonservative, in Berlin in der Vergangenheit vor allem auch nationalliberale Personenkreise haben aktuell keine Ausstrahlungskraft oder gar ein organisatorisches Zentrum. (vgl. apabiz 2007: 35) Zu Recht sprechen auch die Berliner Innenbehörden von einem „Gravitationszentrum", das die NPD bildet. (vgl. Demuth/Ganter 2007: 161ff)

Die führenden ExponentInnen der Deutschen Volksunion (DVU) in Berlin hatten sich im Rahmen des Deutschland-Paktes zunächst der NPD angenähert und den dauerhaft maroden Berliner Landesverband inzwischen verlassen. Die Republikaner (REP) haben sich ebenfalls intern so weit zerstört, dass eine Parteiarbeit der einstmals erfolgreichsten Berliner Rechtsaußenpartei gar nicht mehr

---

[10] Josef Lenden, geb. 1951, Bürokaufmann in Frankfurt/Oder. Landtagswahl am 19. September 2004 in Cottbus Kandidat für Offensive D. Inzwischen ist Lenden bei der Deutschen Partei (DP).

[11] Falk Janke, geb. 1963, selbständiger Unternehmer. 1990 Eintritt in die CDU, Kreisgeschäftsführer. 2002 Eintritt in Pro – Offensive D, hier Landesvorsitzender. Einzug in das Seelower Stadtparlament. November 2005 Austritt aus der Pro, Gründung der Partei Die Rechte.

[12] PRO BERLIN (30.12.2006): 15 Prozent Potential pro Deutschland. Veröffentlicht am 30.12.2006 von Berlin pro Deutschland . www.berlin-brummt.de/index3d03.html?section=news&cmd=details& newsid=3, gesehen am 19.11.2007.

wahrnehmbar ist. Die einzige Ausnahme ist ein Vertreter in der Bezirksverordne-
tenversammlung von Pankow, der seinen Wahlkampf solitär auf den Protest
gegen den Moscheebau im Pankower Stadtteil Heinersdorf[13] ausgerichtet hatte.
Der Niedergang von DVU und der REP hat in Berlin ein parteipolitisches
Vakuum hinterlassen. Beide konnten in der Vergangenheit, wenn auch mit
schwankendem und meist mäßigem Erfolg, eine eher bürgerliche Variante des
Rechtsextremismus etablieren und ein entsprechendes WählerInnenpotenzial an
sich binden. Diese Klientel fühlt sich überwiegend nicht von der NPD und ihrem
aggressiven Aktionismus angesprochen. Das Spektrum der extrem rechten Kleinparteien ist in Berlin äußerst wandelbar und unbeständig. Die Mehrzahl der hier
versammelten Aktiven als auch der angesprochenen WählerInnen verstehen sich
durchaus als demokratisch legitimierte KritikerInnen der parlamentarischen
Demokratie insgesamt oder einzelner Auswüchse. Sie sind nicht selten ehemalige Mitglieder oder auch Funktionäre von etablierten Parteien und sehen bei diesen fundamentale Prinzipien der Demokratie, von ihnen meist diffus als eine Art
„Volksherrschaft" definiert, verraten. Daher verstehen sich diese Gruppierungen
durchaus als Dissidenten-Bewegung und Korrektiv im Parteiensystem, auch
wenn sie selber demokratischen Grundsätzen teilweise widersprechen. Genau
hier ist die „Bürgerbewegung" mit ihrer gutbürgerlichen Art angesiedelt.

Doch schon die nicht sehr viel aktivere Konkurrenz durch die Deutsche Par-
tei (DP), die ihrerseits regelmäßig in Berlin agitiert und mit gleichlautenden
Parolen Unterschriften gegen den Moscheebau in Charlottenburg sammelt, könn-
te die zarten Hoffnungen der „Bürgerbewegung" empfindlich stören. Oder die
Unfähigkeit des eigenen politischen Personals führt zu internen Querelen und
Spaltungen, wie dies in der Vergangenheit in Brandenburg zu sehen war.

In Brandenburg eint die ProtagonistInnen des äußersten rechten Flügels die
rechtskonservative bis deutschnationale Kritik an der CDU. Sie sind stark regio-
nalistisch geprägt und orientieren sich oft an lokalen Problemen. In ihren
Grundsätzen drücken sie soziale Werte aus, die deutlich konservativ und biswei-
len ‚anti-modern' sind. So wird gerne plakativ die Trias „Arbeit, Familie, Vater-
land" bemüht[14]. Sie artikulieren ein diffuses ‚Unwohlsein' mit den Veränderungen in der Gesellschaft und machen Migration, Globalisierung und abgehobene
Politiker dafür verantwortlich. Sie lehnen die Politik der NPD zum Teil vehement ab, die in Brandenburg ein sichtbarer Konkurrent ist.

Für die parlamentarische Demokratie übernehmen Vereinigungen wie solche rechtskonservativen Regionalparteien die Funktion eines Korrektivs im rechten bis extrem rechten Lager. Der ehemalige Landeschef der Brandenburger
CDU Jörg Schönbohm hat genau dieses Spektrum im Blick, wenn er seine Partei

---

[13] Siehe unten.
[14] Vgl. www.die-rechte.com, zuletzt 12.03.2008

wiederholt davor warnt, ‚konservativ-traditionelle, rechtsstaatliche Werte' auf-zugeben. Der Stratege Schönbohm weiß, dass sich sonst der Raum für eine Partei rechts der CDU öffnet – gerade für „ältere Bürger" und „traditionell konservative Menschen in ländlichen Gebieten".[15] Vielleicht hat er auch Manfred Rouhs im Ohr, der noch Anfang 2007 die Hoffnung äußerte: „Erfreulicherweise schläft der politische Gegner bislang tief und fest. Das Zeitfenster bis zur ersten öffentlichen Hetzkampagne gegen pro Deutschland müssen wir nutzen."[16]

‚Moscheebau-Konflikte'

Bereits im Jahr 2006 sah Berlin einen offenen Konflikt um einen Moscheebau im Stadtteil Pankow-Heinersdorf mit zum Teil drastischen Verläufen.[17] In einer zum ‚Kulturkampf' zugespitzten Auseinandersetzung wurde der gesellschaftliche Graben zwischen ‚islamischer Parallelwelt' und ‚christlicher Leitkultur' weiter vertieft. ProtagonistInnen des Kampfes gegen den Moscheebau in Heinersdorf waren mitnichten ausgewiesene Rechtsextreme. Die NPD stellte ihre Einfluss-versuche schnell wieder ein, da kein Erfolg zu erwarten war. Die maßgeblichen AkteurInnen rekrutierten sich aus der Mitte der Bürgergesellschaft und der kom-munalen Parteienlandschaft, wie dem Stadtteilverband der CDU. Die christlich-demokratische Partei ist an der Frage des Umgangs mit repräsentativen Mo-scheebauten gespalten. Sie besitzt in Berlin sowohl einen großstädtischen, inte-grationsbefürwortenden Flügel als auch ExponentInnen einer ressentimentgela-denen Politik auf Bezirksebene. CDU-Landeschef Friedbert Pflüger eilte im Wahlkampf 2006 zunächst den Heinersdorfer GegnerInnen des Moscheebaus zur Seite, um anschließend zurück zu rudern.

Bekanntester Exponent der Moschee-Gegner wurde René Stadtkewitz (CDU), der bei einer der Versammlungen sagte:
„Solche demonstrativen Machtzentren (repräsentative Moscheebauten, U.J.) sind kein Zeichen gelungener Integration, sondern sie sind genau das Gegenteil (...). Jeder einzelne könnte sich integrieren, nicht aber der Islam. Der Islam ist in Europa nicht integrierbar. Und viele, die sich im Zusammenhang mit dem Islam immer wieder auf die Religionsfreiheit berufen, verkennen, die politischen Ziele des Islams.(...) In Verantwortung gewählte Politiker sind es, die die Augen vor der Wirklichkeit verschließen und sich die Welt schön reden. Mit ihrem Tole-ranzgeschwafel machen sie sich zum Handlanger derer, die es richtig finden,

---

[15] BZ am Sonntag v. 17.07.2007.
[16] PRO BERLIN (30.04.2007): ebd.
[17] Zu den Auseinandersetzungen siehe vor allem Eckel, Annika (2007): S. 16-20.

Frauen dafür zu ermorden, weil sie sich entscheiden haben, das Kopftuch abzu-
legen, weil sie sich entschieden haben, ‚westlich' zu leben."[18]

„Bürgerbewegungs"-Chef Manfred Rouhs drückt den anti-islamischen Rassismus, der seine Politik beherrscht, ganz ähnlich wie CDU-Mitglied Stadtkewitz
aus:

„Ich persönlich habe die Befürchtung, dass das (der Moscheebau in Charlottenburg, U.J.) in Berlin zur Verfestigung der türkisch-islamischen Parallelgesellschaft – oder überhaupt der islamischen Parallelgesellschaft insofern beiträgt, *als
dass dann in dieser Moschee Menschen verkehren, die sich sowieso im islamischen Kulturkreis zugehörig fühlen.* Auf die wenig Druck in Richtung Integration in die deutsche – noch – Mehrheitsgesellschaft ausgeübt wird."[19] Hier verkürzt Rouhs den Konflikt endgültig auf eine Gleichung ‚Islamische Religionsausübung ist undeutsch'.

Bei Rouhs wie bei dem Konflikt in Heinersdorf wird deutlich, dass nicht ir-
gendeine spezifische Praxis oder Einstellung der islamischen Gemeinden oder
ihrer AnhängerInnen konkret notwendig ist, um schon einen anti-islamischen
Reflex auszulösen. Annika Eckel schreibt dazu: „Die Betonung der Christlich-
keit als wichtiges Versatzstück einer abendländischen, deutschen Identität wird
als unvereinbares Gegenstück zum Islam dargestellt. Aus der Gegenüberstellung
religiöser Identitäten wird eine Ablehnung hergeleitet, die auf der einen Seite
diskriminierende Positionen als islam-kritisch zu verschleiern hilft und auf der
anderen Seite so weit geht, dass religiöse Einwände in eine kulturell-soziale
Abgrenzung transformiert werden. Islam wird zu einer ethnischen Kategorie."
(Eckel 2007: 18) Die „Bürgerbewegung pro Deutschland" möchte diese weit
verbreitete Ablehnung in eine selbständige politische Kraft entwickeln, die
Druck auf die etablierte Politik ausüben kann.

Widerstand gegen die ‚Glossokraten'

Die PolitikerInnen erscheinen den anti-islamischen AktivistInnen, ob „Bürgerbewegung" oder anderen, als „zu faul oder zu beschäftigt", die Deutschen seien
es leid, „an der Nase herumgeführt zu werden" und „arrogante Entscheidungen
wider den Volkswillen haben Unmut im Volke hervorgerufen".[20] KritikerInnen
der „Bürgerbewegung pro Deutschland" geraten zudem in Gefahr, als ‚Glos-

---

[18] Stadtkewitz, René (11.07.2007): Rede anlässlich der Demonstration der Berliner Bürgerinitiative
ipahb, gegen den Bau der Ahmadiyya-Moschee. Http://www.ipahb.de/index-Dateien/Page2112.htm,
zuletzt 12.03.2008.
[19] RBB (2007): ebd.
[20] Vgl. diverse Texte auf www.berlin-brummt.de. Zuletzt 12.03.2008.

sokraten' entlarvt zu werden, die in den Parlamenten sitzen und der sich auch die Presse mehrheitlich unterworfen habe. Das Kunstwort ‚Glossokratie' kursiert seit einiger Zeit in anti-islamischen Weblogs. Es soll eine neue Herrschaftsform westlicher Staaten bezeichnen, in denen eine Kaste von Politikern und Politikerinnen angeblich die Demokratie – als Herrschaft durch das Volk – ersetzt habe durch eine Herrschaft des Wortes. Vermittelt durch die Medien würden bestimmte Wörter zu „Waffen der Massenkontrolle", um diejenigen zu dämonisieren, die sich nicht an die Definitionen halten. ‚Glossokratie' wird begriffen als die machtpolitische Entsprechung der ‚political correctness'. Sie werde vor allem durch den Feminismus und den Marxismus forciert und gehe auf die Prinzipien der französischen Revolution zurück.[21] In den Argumentationen der anti-islamischen AktivistInnen werden so die BefürworterInnen von Moscheebau-Projekten entweder zu verblendeten oder absichtsvollen ZuarbeiterInnen einer islamistischen Bedrohung erklärt, denn wenn Muslime in Deutschland Moscheen bauen, dann geschehe dies zu dem Zweck, ihre Parallelgesellschaft zu verfestigen, sich der Kontrolle durch die christlich-abendländische Mehrheitsgesellschaft zu entziehen und diese zu unterwandern.

Hierin lassen sich unschwer die beiden Topoi der rechtspopulistischen Rhetorik erkennen, die einen „Bürgerprotest" befeuern sollen: ein anti-islamischer Generalverdacht und das Schreckgespenst einer gegen das Volk verschworenen Politikerkaste. Diese Verbindung – anti-islamischem Rassismus und eine populistische Verschwörungsthese – macht vielleicht verständlich, warum sich die „Bürgerbewegung" in ihrem 5-Punkte-Programm zur Wahl 2011 „als einzige grundgesetztreue Kraft in der Berliner Landespolitik" bezeichnet.[22] Es scheint möglich, dass in diesem Politiksegment – trotz der haarsträubenden Inkompetenz ihrer Mitglieder – allemal genug Platz geschaffen ist, dass aus der „Bürgerbewegung" ein relevanter Faktor werden kann. Denn im Zweifel spielt die Erfahrung der RepräsentantInnen bei einer Wahlentscheidung für eine rechtspopulistische Partei eher eine untergeordnete Rolle.

---

[21] Vgl. Baron Bodissey: The Rise of Glossocracy. Http://gatesofvienna.blogspot.com/2007/01/rise-of-glossocracy.html, zuletzt am 12.03.2008.
[22] PRO BERLIN (04.03.2007): Fünf Punkte PRO BERLIN. Wahl 2011. Erstellt am 04.03.2007. http://berlin-brummt.de/index.php?page=2, zuletzt 12.03.2008

Literatur

Antifaschistisches Pressearchiv und Bildungszentrum (apabiz) et.al. (2007): Berliner Zustände. Ein Schattenbericht zu Diskriminierung, Rassismus und Rechtsextremismus. Berlin

Apabiz (2007): Wahlerfolg trotz Schwächen. Organisierter Rechtsextremismus in Berlin 2006. In: apabiz et.al. (2007): Berliner Zustände. Ein Schattenbericht zu Diskriminierung, Rassismus und Rechtsextremismus. Berlin: S. 34-39

RBB (2007): PRO BERLIN – Rechtspopulisten auf dem Vormarsch. Klartext-Beitrag von Andrea Everwien v. 24.10.2007. http://www.rbb-online.de/_/fernsehen/magazine/beitrag_jsp/key=rbb_beitrag_6595285.html

PRO BERLIN (30.12.2006): 15 Prozent Potential pro Deutschland. Veröffentlicht am 30.12.2006 von Berlin pro Deutschland. www.berlin-brummt.de/index3d03.html?section=news&cmd=details&newsid=3, gesehen am 19.11.2007

PRO BERLIN (04.03.2007): Fünf Punkte PRO BERLIN. Wahl 2011. Erstellt am 04.03.2007. http://berlin-brummt.de/index.php?page=2, zuletzt 12.03.2008

PRO BERLIN (30.04.2007): Strategieseminar PRO BERLIN. Veröffentlicht am 30.04.2007 von Berlin pro Deutschland. http://berlin-brummt.de/index.php?section=news&cmd=details&newsid=21, zuletzt 12.03.2008

PRO BERLIN (10.06.2007): Kampagne in Pankow. Veröffentlicht am 10.06.2007 von Berlin pro Deutschland. http://berlin-brummt.de/index.php?section=news&cmd=details &newsid=26, zuletzt 12.03.2008

PRO BERLIN (08/2007): Nein zur Inssan-Moschee in Charlottenburg. http://berlin-brummt.de/images/content/petition-charlottenburg-rgb.pdf, zuletzt 12.03.2008

LAGA NRW (Hrsg.) (2008): Rechtspopulismus in Gestalt einer „Bürgerbewegung". Struktur und politische Methodik von PRO NRW und PRO DEUTSCHLAND. Düsseldorf

Eckel, Annika (2007): Angst vor „Kreuzberger Verhältnissen". Anti-islamischer Rassismus am Beispiel Heinersdorf. In: apabiz et.al. (2007): Berliner Zustände. Ein Schattenbericht zu Diskriminierung, Rassismus und Rechtsextremismus. Berlin: S. 16-20

Stadtkewitz, René (11.07.2007): Rede anlässlich der Demonstration der Berliner Bürgerinitiative ipahb, gegen den Bau der Ahmadiyya-Moschee. http://www.ipahb.de/index- Dateien/Page2112.htm, zuletzt 12.03.2008

Demuth, Christian; Ganter, Sarah (2007): Die rechtsradikalen und rechtsextremistischen Parteien in Berlin. In: Junge, Christian; Lempp, Jakob (Hrsg.) (2007): Parteien in Berlin. Berlin: S.155-175

Robert Andreasch

Entstehung und Aktivitäten der „Bürgerbewegung PRO MÜNCHEN"

Am Abend des 17. Januars 2006 kommt es in München im Saal der sonst wenig frequentierten Gaststätte „Hackerkrug" zu einem konspirativen Treffen der extremen Rechten. Das Ziel der gut zwei Dutzend rechter Aktivistinnen und Aktivisten ist die Gründung eines Wahlbündnisses, welches bei der Kommunalwahl am 2. März 2008 antreten soll. Die Anwesenden setzen auf die seit einigen Jahren in München auf der Seite der extremen Rechten bewährte Strategie, über Parteien- und Gruppengrenzen hinweg zusammenzuarbeiten. Seit dem Einzug des NATIONALEN BÜNDNIS DRESDEN in das Stadtparlament von Dresden und der NPD in den sächsischen Landtag im Jahre 2004 gilt eine solche Kooperation als Erfolgsmodell. Roland Wuttke, stellvertretender Landesvorsitzender der NPD in Bayern, schreibt an diesem Abend das Sitzungsprotokoll. Wolfgang Bukow ist als Kreistagsabgeordneter der DEUTSCHEN PARTEI in Fürstenfeldbruck anwesend, Bernd-Harald Beckmann als langjähriger Aktivist und Bundestagskandidat der REPUBLIKANER (REP), Peter Werner kommt vom BUND FREIER BÜRGER (BfB) und schreibt Leserbriefe in der DEUTSCHEN STIMME, der Parteizeitung der NPD. Für die NPD sind auch Renate Werlberger und der DEUTSCHE STIMME – Autor Rüdiger Schrembs aktiv, und mit am Tisch sitzen auch die Funktionäre der JUNGEN NATIONALDEMOKRATEN (JN) und Kameradschaftsaktivisten Norman Bordin und Thomas Wittke. Wie bei DEMOKRATIE DIREKT, dem früheren Sammlungsprojekt der Münchner Neonaziszene, ist erneut Thomas S. Fischer dabei, Aktivist des revanchistischen WITIKOBUNDES und der Münchner CSU. Im „Hackerkrug" einigen sich die Versammelten auf eine Vereinsgründung und bestimmen einen dreiköpfigen Vorstand: Gewählt werden Carsten Beck, Wolf-Peter Bombolowsky und Stefan Werner. Carsten Beck, der heute als Anzeigenverkäufer bei der extrem rechten Wochenzeitung JUNGE FREIHEIT (JF) in Berlin arbeitet, ist ehemaliger Stützpunktleiter der JN in München und im Jahr 2006 Aktivist beim ultrarechten „kulturpolitischen Arbeitskreis", Betreiber des neonazistischen „Veritas-Versands" sowie des rassistischen Weblogs „Münchner Tagebuch". Wolf-Peter Bombolowsky leitet im Januar 2006 die DEUTSCHE PARTEI (DP) in München, auch der Bankkaufmann Stefan Werner ist dort Mitglied und kandidierte im Vorjahr in München als Direktkandidat der NPD bei der Bundestagswahl.

Als Vereinsnamen wählen die Versammelten die Bezeichnung „Bürgerbewegung PRO MÜNCHEN – patriotisch und sozial e. V." (PRO MÜNCHEN) und bedienen sich dadurch gleich mehrfach rechtspopulistischer Strategien: Die Eigenbezeichnung als „Bewegung" soll die breite Zusammenarbeit verschiedener Spektren und Gruppierungen über (Partei-) Grenzen hinweg verdeutlichen. Vorteile erhofft man sich bei der Kommunalwahl offensichtlich vom Verzicht auf das Label der NPD oder anderer bekannter neonazistischer Gruppierungen. Da Parteien oft mit Attributen wie „verkrustet" belegt und Parteifunktionäre als „abgehoben" bezeichnet werden, soll „Bürgerbewegung" deutlich nicht nach einer Partei klingen – sondern eben nach Bürgerinnen und Bürgern, die die Vertretung ihrer Interessen engagiert in die eigene Hand nehmen. Gleichzeitig wird mit dem Begriff „Bewegung" suggeriert, dass sich der schwungvollen Organisierung bereits viele Menschen angeschlossen hätten. Und natürlich wird mit dem Namenszusatz PRO MÜNCHEN, der von nun an fast ausschließlich als Bezeichnung gebraucht wird, auf die PRO-Gruppierungen in Köln (PRO KÖLN) und in Nordrhein-Westfalen Bezug genommen. Dort ist man -Berichten von Insidern zufolge – zunächst wenig erfreut über das eigenständig entstandene Münchner Projekt. Schließlich dominiert im Süden zu dieser Zeit nicht das rechtspopulistische, sich „gemäßigt" gebende Modell nach dem Vorbild von PRO KÖLN, sondern die lokale Variante des Konzepts einer „nationalen Volksfront von rechts" der mit den PRO-Gruppen konkurrierenden NPD. Die „Bürgerbewegung PRO MÜNCHEN nimmt nach der Gründung auch nicht an den Treffen der als „Pro-Deutschland" (PRO D) organisierten PRO-Gruppierungen teil.

Im Februar 2006 erscheint die erste Publikation des neuen Bündnis, ebenfalls unter dem Namen PRO MÜNCHEN: ein im Lay-Out äußerst schlicht gehaltenes, einfach kopiertes Flugblatt unter dem Titel „Waldtruderinger Bürger wollen Von-Trotha-Straße behalten – Die Lüge vom ,Rassenkrieg' gegen die Herero". Der Hintergrund ist die Forderung der im Münchner Stadtrat mitregierenden Grünen, eine den General Lothar von Trotha ehrende Straße im Gedenken an die Opfer des kolonialen Völkermords in Herero-Straße umzubenennen. Schon im ersten Satz des Flugblatts werden typische Momente rechtspopulistischer Agitation deutlich, die im Laufe der nächsten zwei Jahre fast alle Äußerungen von PRO MÜNCHEN kennzeichnen: *„Das kennen die Menschen in Deutschland schon zur Genüge: Über ihre Köpfe hinweg wird etwas entschieden, was sie nicht wollen. So auch im Münchner Stadtteil Waldtrudering, wo auf Druck einflußreicher Kreise die Von-Trotha-Straße in Hererostraße umbenannt werden soll".* Ein eventuell bei Teilen der Bevölkerung vorhandenes Gefühl, auf politische Entscheidungen keinen Einfluss nehmen und Politik nicht beeinflussen zu können, soll so verstärkt und verallgemeinert werden, und PRO MÜNCHEN wird dann als ‚Lösung' angeboten. Den gewählten Mitgliedern des Münchner Stadtrats wird von Rechtsaußen pauschal abgesprochen, die Interessen ihrer Wählerinnen und Wähler zu vertreten – stattdessen folgten sie dem „Druck einflußreicher Kreise". Mit dieser im Unklaren belassenen Personalisierung bedient sich PRO MÜNCHEN einer antisemitisch konnotierten Formulierung. Neben dem Schüren von Ängsten und dem Kanalisieren von Ressentiments in rechtspopulistischer Art und Weise ist aber auch der extrem rechte Inhalt des Flugblatts erwähnenswert, schließlich wird im weiteren Verlauf versucht, den deutschen Kolonialismus von seinen Verbrechen reinzuwaschen: *„Die Fülle der heute oft kolportierten Greueltaten stammt aus der Kriegs- und Nachkriegspropaganda der Engländer, die sich auf diese Weise in den Besitz der ehemals deutschen Kolonien setzen wollten, was ihnen ja schließlich auch gelang".*

Zum Jahreswechsel 2006/2007 erscheint eine neue Ausgabe von PRO MÜNCHEN. Mit „München braucht eine Alternative" ruft sich die rechte Truppe gleich in der Überschrift ins Bewusstsein, und dann folgen Texte, die vor allem an rassistische Ressentiments appellieren: „Die Zuwanderung hat das Bild der Stadt negativ verändert", wird, angeblich stellvertretend für „viele Münchner" behauptet, bevor dann mittels eines angeblichen Kriminalitätsdiskurs Ängste geschürt werden („Viele Münchner trauen sich nachts nicht mehr auf die Straße, weil sie befürchten überfallen oder angepöbelt zu werden. Geht Ihnen das auch so?") Die Kriminalitätsthematik, im Lokalwahlkampf des Jahres 2008 dann ein Agitationsschwerpunkt von PRO MÜNCHEN, ist rassistisch aufgeladen, und so wird im Faltblatt nacheinander angemerkt: „Ausländeranteil in München am höchsten", „Zuwanderung = Hohe Kosten" und unter der Überschrift „immer mehr Kriminalität" heißt es ohne Quellenangabe: „Der Ausländeranteil bei der Gewaltkriminalität insgesamt liegt bei rund 50 Prozent". Im Wahlkampf greift PRO MÜNCHEN zudem den Münchner Oberbürgermeister Christian Ude (SPD) persönlich an: „Politiker wie Ude sind eine schwere Belastung für die Einheimischen. Ihnen ist der Fremde lieber als der Eigene." Offen wird gedroht „Gegen Leute wie Ude und Co. gibt es nach dem Grundgesetz Art. 20 das Recht auf Widerstand". Jahrelang agitierte die extreme Rechte Münchens gegen den Neubau von Synagoge und jüdischem Gemeindezentrum auf dem Jakobsplatz in der Münchner Innenstadt. Die KAMERADSCHAFT SÜD und die neonazistische AG BAYERN, in der die 2004 verbotene FRÄNKISCHE AKTIONSFRONT und bayerische Kameradschaften mit Roland Wuttkes Sammlungsbewegung DEMOKRATIE DIREKT, der DEUTSCHEN PARTEI und NPD-Gliederungen zusammenarbeiteten, planten gemeinsame Aktivitäten gegen die Feier der Grundsteinlegung im November 2003. Und die sogenannte Schutztruppe um Martin Wiese in der KAMERADSCHAFT SÜD besorgte gar Waffen, eine Handgranate und TNT und diskutierte Attentatsszenarien. Auch in der PRO MÜNCHEN-Ausgabe vom Dezember 2006 wird, nun nach der Eröffnung des Gebäudeensembles, weiter gehetzt: „So wollten die Münchner ihren St. Jakobs-Platz nicht haben", ernennt sich PRO MÜNCHEN selbst zum Sprachrohr „der Münchner", denn „nach der pompösen Eröffnung am 9. November hat der Platz seine Urbanität und Beschaulichkeit verloren". In antisemitisch verklausulierter Form werden auch hier wieder über die „Hintergründe" gedeutet: „Auch hier wurden die Münchner nicht gefragt. Einflußreiche Kräfte bestimmten gegen den Willen der Bürgermehrheit." Das zukünftige „Lieblingsthema" von PRO MÜN-CHEN ist in deutlicher Analogie zu den nordrhein-westfälischen PRO- Gruppen jedoch der Moscheeneubau in München-Sendling und das damit verbundene Schüren und Verstärken islamfeindlicher Ressentiments: „Werden sich die Frauen verschleiern müssen wenn die Muslime in der Mehrheit sind?" heißt es schon auf der ersten Seite und „Kann die Großmoschee in Sendling noch verhindert werden?". Am Gotzinger Platz im Münchner Stadtteil Sendling ist seit dem Jahr 2005 eines der großen Moscheeneubauprojekte in Deutschland geplant. Ein repräsentatives Gebäude mit „klassischer" Optik, also Kuppel und zwei Minarette, soll hier entstehen. Der Verein „Türkisch-Islamisches Gemeindezentrum e.V." (Ditim), ein Ableger der staatlich-türkischen Anstalt für Religionsangelegenheiten (Ditib) in Köln, steht hinter dem Vorhaben. SPD, Grüne und die Verantwortlichen der Stadt München um OB Christian Ude (SPD) befürworteten das Projekt von Anfang an, ganz entschieden setzten sie sich auch dafür ein, dass für die dritte größere Moschee im Stadtgebiet ein städtebaulich interessanter und zentraler Platz ausgewählt wird. Insgesamt 14 Standorte wurden ursprünglich geprüft. Der ausgewählte Baugrund an der Kochelstrasse – eine Baulücke neben dem Gelände der Großmarkthalle – ist bisher ein eher schäbiger Parkplatz. Der repräsentative Neubau der Sendlinger Moschee an dieser Stelle wird architektonisch durchaus mit der neubarocken katholischen Pfarrkirche St. Korbinian gegenüber in Beziehung treten. Katholische und protestantische Kirche unterstützen das Bauvorhaben der Muslime, der katholische Weihbischof Engelbert Siebler beispielsweise wirbt anfangs selbst offensiv dafür, dass Muslime „ihren Glauben leben können, nicht im Hinterhof, sondern öffentlich". Vertreterinnen und Vertreter von evangelischer Himmelfahrtskirche, der katholischen St.-Korbinians-Gemeinde und von Ditim betreuen gemeinsam das Internetangebot „Trialog der Religionen" gegen „antiislamische Stimmungen". In der Gemeinde von St. Korbinian kommt es jedoch zu Spaltungen. Auch die CSU ist hin- und hergerissen. Offiziell will sich niemand deutlich gegen den Moscheebau an sich aussprechen. Meist verschanzt man sich bei der CSU, wie OB-Kandidat Josef Schmid, hinter markigen Sätzen von „christlicher Leitkultur" oder weist auf eine angebliche Lärmbelastung, Verkehrs- und Parkplatzproblematik durch die Sendlinger Moschee hin. Aber einflussreiche CSU-Funktionäre haben in München in der Vergangenheit schon mehrfach auf antiislamische Ressentiments gesetzt, z. B. in der Diskussion um die Einführung eines Frauenbadetags im Hallenbad München-Harlaching. Der CSU-Stadtrat Andreas Lorenz beispielsweise wird von der extrem rechten Wochenzeitung „Junge Freiheit" bereits 2005 eindeutig zitiert: „Ich kann mir eine derartige Moschee nicht vorstellen. Weder in Sendling, noch in einem angrenzenden Stadtbezirk". Im Juni 2005 fasst der Münchner Stadtrat den Beschluss, dem Moschee-Trägerverein Ditim das Gelände zu verkaufen und eine einfache Baugenehmigung (ohne bürokratisches Bauleitverfahren) für den Neubau zu erteilen. Die CSU-Stadträte stimmen dagegen. Der CSU-Bundestagsabgeordnete Peter Gauweiler reicht eine Eingabe bei der CSU-geführten oberbayerischen Bezirksregierung ein und lässt von ihr die rot-grün-regierte Landeshauptstadt München zwingen, den aufwendigen Weg über ein Bebauungsplanverfahren zu gehen. Die Sicht der Regierung von Oberbayern, ein Bauordnungsverfahren unter Beteiligung von Anliegern und Bevölkerung sei notwendig, wird von der 8. Kammer des Münchner Verwaltungsgerichts bestätigt. In Sendling selbst ist nur eine kleinere Bürgerinitiative gegen den Moscheebau aktiv, die sich (ebenfalls nach rechtspopulistischem Muster) BÜRGER FÜR SENDLING nennt. Ab Mai 2005 sammelt die Initiative im Stadtteil knapp 2000 Unterschriften gegen die Moschee. Diese sei „deutlich überdimensioniert" und befände sich „in einem Wohngebiet", trotz der Planungen für ein Parkdeck wird auch mit dem Wegfall „dringend benötigter Parkplätze" und „Parkdruck" durch die Moschee argumentiert. Eine beliebte „rationale" Scheinargumentation, die rassistische und islamophobe Ressentiments verdecken soll. In der JF vom 24. August 2007 ließ sich BÜRGER FÜR SENDLING-Sprecherin Helga Schandl mit Formulierungen wie z.b. „zwanghafte Multikulti-Politik von OB Ude" und „ideologische Verwirrtheiten und deren nachteiligen, teuren Folgen für alle Münchner" zitieren. Vor allem im Internet agitieren ultrarechte christliche islamfeindliche Splittergruppen (DEUS VULT u. a.) von Anfang an gegen den Moscheebau, und es versuchen auch die neonazistischen Gruppen in München, hier Potential zu mobilisieren. Roland Wuttke lässt im Juni 2005 das Flugblatt „Münchner Stimme" seines „AK Medien" verteilen: „Moscheen in Sendling verhindern!". Im Juli 2005 tauchen gefälschte Flugblätter auf, die aus der radikal rechten Ecke stammenden Pamphlete sollen unter der Überschrift „Aufruf der muslimischen Jugend" den Eindruck erwecken, als wollten sich Muslime an die Sendlinger wenden. NPD und AUTONOME NATIONALISTEN nehmen in den Folgejahren bei Bürgerversammlungen in Sendling teil. Am 16. Juni 2005 werden die Neonazis mit NPD-Transparent zwar unter „Nazis raus"-Rufen aus dem Saal gedrängt. Die Moschee-Gegnerinnen und -Gegner haben ihr Klientel jedoch an diesem Abend erfolgreich in die Turnhalle des Stadtteils mobilisieren können. Für den Zwischenruf „Meine Enkel sollen in einem christlichen Umfeld aufwachsen" bekommt Helga Schandl lauten Beifall. Bei einer spontanen „Abstimmung" über die Moschee lehnt eine knappe Mehrheit von 252 gegen 212 Bürgerinnen und Bürger den Neubau ab. Mit dem Ergebnis dieser weder demokratisch legitimierten noch rechtlich bindenden „Abstimmung" wird in den nächsten Jahren von Moscheegegnern und Rechtspopulisten politisch agitiert. Eine „Machtprobe zwischen der rot-grüne dominierten Stadtregierung und einer Mehrheit der Bürger des Stadtteils" will z. B. die JUNGE FREIHEIT herbeischreiben, weil der Oberbürgermeister Christian Ude das Abstimmungsergebnis als für die Stadtspitze nicht bindend ansieht. In Sendling erhofft sich ab 2006 auch PRO MÜNCHEN, den Transmissionsriemen für den Einzug in den Münchner Stadtrat gefunden zu haben. Hier könnte es vielleicht „die Münchner" geben, als deren Sachwalter sich PRO MÜNCHEN ständig geriert, hier könnte dem islamfeindlichen und rassistischen Ressentiment freier Lauf gelassen werden – und hier kann gegen den ihnen so verhassten SPD-Oberbürgermeister agitiert werden, der den Moscheebau unterstützt. Im September 2007 erscheint ein PRO-MÜNCHEN-Flugblatt „OB Ude und die rot-grüne Stadtratsmehrheit – die trojanischen Pferde im Münchner Rathaus?". Christian Ude ließe quasi als „listiger Odysseus" die „Fremden" in die Stadt und versuche, „gegen den Willen der einheimischen Bevölkerung (...) den Bau einer Großmoschee in Sendling durchzudrücken". Wieder gebe es also einen angeblichen „Willen einer einheimischen Bevölkerung", der von den gewählten Politikerinnen und Politikern jedoch nicht erfüllt werde. Des Weiteren wird in der von der früheren REP- Stadträtin Ingrid Schönhuber unterstützten Schrift wieder gegen Migration gehetzt („fast jeder zweite Empfänger von Sozialhilfe ist ein Ausländer", „integrationsunwillige Zuwanderer") und der rassistisch aufgeladene ,Kriminalitätsdiskurs' bedient. Aber PRO MÜNCHEN hat noch einen weiteren Feind ausgemacht: die Medien. So findet sich ab Frühjahr 2007 auf der Homepage von PRO MÜNCHEN die Rubrik „Die rote Mafia", in der neben Lokalpolitikern auch Journalisten mit Privatphotos veröffentlicht und mit zahlreichen Falschbehauptungen diffamiert werden. Obwohl die Münchner Staatsanwaltschaft Ermittlungen aufnimmt, ist die Seite fast ein Jahr im Internetangebot von PRO MÜNCHEN abrufbar. Im April 2007 kommt es bei PRO MÜNCHEN zum Streit über die Sprecher, die Radikalität der Außendarstellung, die künftige Strategie und über die Mitglieder. Besondere Relevanz hatte dabei der von einem TV-Magazin mit Hitlergruß gefilmte JN-Landesvorsitzende Norman Bordin. Im Kontext dieser Auseinandersetzungen kommt es zum Bruch des Sammlungsprojekts. Offenbar waren weder Roland Wuttke, noch Norman Bordin und andere NPD-Mitglieder und Kameradschaftsfunktionäre je offiziell Mitglied bei PRO MÜNCHEN geworden. Stefan Werner und Rüdiger Schrembs, die als neue Sprecher bei PRO MÜNCHEN agieren, haben sich dazu für eine Annäherung an PRO KÖLN, PRO NRW und PRO DEUTSCHLAND (PRO D) entschieden. Von nun an gehen ausgerechnet der frühere NPD-Bundestagsdirektkandidat Stefan Werner und das damalige NPD-Landesvorstandsmitglied Rüdiger Schrembs einen offenen Anti-NPD-Kurs, distanzieren sich von den „Späthitleristen der NPD", und lehnen die Aufnahmeanträge von Wuttke, Bordin und anderen ab. Es kommt zu langen Debatten in zahlreichen Internetforen und von Störungsversuchen bei internen Veranstaltungen. Schließlich spalten sich Roland Wuttke, Renate Werlberger, Norman Bordin, Bodo Sobik und andere von PRO MÜNCHEN ab. Sie gründen im September 2007 in Konkurrenz zu PRO MÜNCHEN die NPD-Tarnorganisation BÜRGERINITIATIVE AUSLÄNDERSTOP (BIA). Bei der Kommunalwahl im März 2008 gelingt es deren Spitzenkandidaten, dem NPD-Fraktionsmitarbeiter im sächsischen Landtag Karl Richter, 1,4% der abgegebenen Stimmen und damit einen Sitz im Münchner Stadtrat zu erringen. Nach der Abspaltung der NPD-Aktivistinnen und -Aktivisten wird PRO MÜNCHEN erstmals von Köln aus offen unterstützt, Rüdiger Schrembs darf den Gründungsparteitag von PRO NRW leiten und Peter Werner wird bei PRO D in den Beirat des Vorstands gewählt. Bereits am 17. Juni 2007 kommt es in München zu einer ersten gemeinsamen Veranstaltung von PRO KÖLN und PRO MÜNCHEN. Der Auftritt der PRO-KÖLN-Stadträte Markus Wiener und Judith Wolter wird jedoch nicht öffentlich angekündigt. Neben dem im Januar 2007 auswärts in Fürstenfeldbruck veranstalteten „9. politischen Neujahrstreffen von Deutscher Partei und Bürgerbewegung Pro München" mit dem ultrarechten Multifunktionär Harald Neubauer kommt es zu keiner weiteren öffentlichen Veranstaltung von PRO MÜNCHEN. Ein Informationsabend von PRO MÜNCHEN, bei der Hartmut Fröschle (HILFSKOMMITTEE SÜDLICHES AFRIKA) über die „Zwecklegende" des Genozids deutscher Truppen an den Herero referieren soll, scheitert im Oktober 2007 an antifaschistischer Intervention sowie an fehlenden Räumlichkeiten aufgrund des Engagements von couragierten Gastwirten. In der Öffentlichkeit versuchen sich die PRO-MÜNCHEN-Aktivisten allein dadurch bekannt zu machen, dass sie regelmäßig mit Infoständen an U-Bahn-Abgängen und vor Einkaufszentren der Münchner Außenbezirke stehen. Die Resonanz ist jedoch gering und es wird lediglich recht dilettantisch gestaltetes Werbematerial verteilt, wie etwa geheftete Kopien aus den neonazistischen HUTTENBRIEFEN. Für die Kommunalwahl gilt es noch eine große Hürde zu meistern: 1000 wahlberechtigte Münchnerinnen und Münchner, so schreibt es das bayerische Wahlgesetz vor, müssen bei den Behörden eine Unterstützungsunterschrift für PRO MÜNCHEN leisten. Erstmals bringt PRO MÜNCHEN eine etwas professioneller gestaltete Wahlkampfzeitung heraus. Tag für Tag stehen Rüdiger Schrembs, Peter Werner und andere damit auf dem Weihnachtsmarkt vor dem Rathaus sowie vor einigen

Bezirksinspektionen, und versuchen Bürgerinnen und Bürger zur Abgabe einer Unterstützungsunterschrift zu bewegen. Aus Köln und Berlin reisen zur Mithilfe Manfred Rouhs und eine Hand voll PRO-KÖLN- und PRO D- Aktivistinnen und Aktivisten an. „Zukunft statt Islamisierung" ist zu dieser Zeit das zentrale Wahlkampfmotto, und mit „Islamisierung" ist bei PRO MÜNCHEN offenkundig schon die bloße Anwesenheit von Muslimen in München gemeint. „Wir wollen für Euch da sein und auftreten! Für Euch Politik machen" verspricht Stefan Werner in der PRO MÜNCHEN-Zeitung den „deutschstämmigen Menschen hier, die zwar immer noch die Mehrheit der Bevölkerung in München sind, aber schon seit Jahren für die Herrschenden im Rathaus so gut wie nicht mehr existieren." Anders als es nach der Abspaltung der NPD-Kader und der offiziellen Hinwendung zu einem rechtspopulistischen Konzept zu erwarten war, radikalisiert PRO MÜNCHEN die rassistische und islamfeindliche Hetze im Wahlkampfmaterial jedoch noch einmal erheblich, wie es aus einer Stellungnahme von Stefan Werner erkennbar wird: *„ Wir wollen den in vielen Münchner Schulen zur Minderheit gewordenen deutschen Kindern helfen. Der 14jährigen Schülerin, die von Orientalen als deutsche Schlampe beschimpft wird. Den halbwüchsigen Münchner Burschen, die von gewalttätigen fremden Jugendbanden ‚abgezogen', als schwule Schweinefleischfresser bezeichnet werden und den Muselmanen durch demütig gesenkte Augen ‚Respekt' bezeigen müssen".* „Das Problem", so schreibt Rüdiger Schrembs in einem weiteren Artikel, sind „die Fremden". und bekundet dabei unverhohlenen Rassismus: *„ Im Klartext: Wer nicht zu uns nach München, nach Bayern paßt, ist der Nichteuropäer! Der Orientale, der Türke, Kurde, Araber, Afrikaner! Das Symbol für die feindliche Übernahme ist die aggressive Absicht, in allen unseren Städten den Bau von Großmoscheen inklusive Islamzentren durchzusetzen. Hier gibt es nur eines: Widerstand leisten!".* Mit Artikeln über Eva Herrmann, über „Religion, Identität, Tradition" und „Vorbilder: Pater Rupert Mayer" versuchen die Verantwortlichen aber offensichtlich auch, in konservativen und christlichen Milieus Sympathisantinnen und Sympathisanten anzusprechen. Schon länger verlinkt PRO MÜNCHEN auf der Homepage rechte „Lebensschützer"-Organisationen radikaler Abtreibungsgegner. Dort wird auch gegen die Errichtung eines Denkmals für die im NS ermordeten Homosexuellen agitiert. Auch in der Wahlkampfzeitung beginnt PRO MÜNCHEN mit schwulenfeindlicher Hetze: „Schluss mit Kulturverfall, Dekadenz und sittlicher Verwahrlosung! Nicht länger sollen in der Öffentlichkeit provozierend auftretende Schwule, Perverse und Abartige als Vorbilder Kindern und Jugendlichen vorgehalten werden, wie es im rot-grünen München geschieht." Eine ganze Seite widmet sich dem Moscheebau in Sendling („Die Moschee und der Antidemokrat") und dem Münchner Oberbürgermeister Christian Ude („Seine bevorzugte Sorge dient nicht der alteingesessenen, deutschstämmigen Mehrheitsbevölkerung. Seine favorisierten Münchenbewohner sind fremde Zuwanderer und Randgruppen wie Schwule und Lesben.") und auf der Rückseite der Wahlkampfzeitung wird das Bekenntnis zu PRO KÖLN bekräftigt („Seit dem Frühjahr 2006 befindet sich PRO MÜNCHEN mit PRO KÖLN in enger Zusammenarbeit. Die politische Zielrichtung der Schwesterorganisation ist absolut identisch"). Der Obmann der österreichischen FPÖ, HC Strache, veröffentlicht einen Wahlaufruf für PRO MÜNCHEN, der auch auf den Internet-Seiten von PRO D veröffentlicht wird. Die Absicht dürfte wohl sein, zusätzliche Publicity zu bekommen, und die in München lebenden Österreicherinnen und Österreicher zur Wahl von PRO MÜNCHEN zu bewegen. Den im Original zu findenden rassistischen Absatz „Wir dürfen es nicht zulassen, dass unsere Töchter den gierigen Blicken und Händen ganzer Zuwandererhorden ausgesetzt sind" druckt PRO MÜNCHEN jedoch – wohl im Blick auf den Volksverhetzungsparagraphen im deutschen Strafgesetzbuch – nicht in der Wahlkampfzeitung ab. Erstmals erscheint ein Grundlagentext über das „Projekt PRO MÜNCHEN" von Rüdiger Schrembs. Darin heißt es zuerst in antisemitisch-geschichtsrevisionistischem Duktus: „Die ‚reeducation' der Westmächte unter Vortritt der US-Amerikaner war weitaus raffinierter angelegt als die grobschlächtige der Sowjets. Man bediente sich tiefenpsychologischer Methoden, die in der Hexenküche der US-Ostküstenpsychiatrie entworfen wurden", um dann in vulgär-rassistischem Stil fortzufahren: „Das aggressive Auftreten gegen die alteingesessenen Deutschen wird in erster Linie von orientalisch-islamischen Einwanderern gezeigt. Türken, Kurden, Araber, Balkanesen (Bosniaken, Albaner, Kosawaren) sind hier erstrangig zu nennen. Deutsche Opfer der fremden Agression sind in allen Lebensbereichen zu finden, in allen Generationen der Deutschen". Schließlich verweist Schrembs auf das „Vorbild" PRO KÖLN: „In der extrem von Multikulti-Tendenzen, verbunden mit einem sehr hohen Anteil von Fremden, geplagten Stadt Köln hat sich 2004 die Bürgerbewegung PRO KÖLN gebildet und ist aus dem Stand mit einem Stimmenanteil von fast 5% in den Rat der Domstadt eingezogen" und zieht die Schlussfolgerung: „Der Erfolg von PRO KÖLN ist durch PRO MÜNCHEN wiederholbar". Danach sieht es jedoch Ende 2007 erstmal nicht aus. Zu wenig Menschen lassen sich von den PRO-AktivistInnen zur Abgabe einer Unterstützungsunterschrift überreden, die Sammlung ist auch nach drei Wochen Dauereinsatz auf dem Marienplatz ein Flop, und dort kommt es mehrfach zu teils gar gewaltsamen Auseinandersetzungen mit der konkurrierenden BÜRGERINITIATIVE AUSLÄNDERSTOPP. Am 20. Dezember 2007 jedoch wird ein Rentner in der Münchner U-Bahn attackiert und verletzt, die beiden Tatverdächtigen haben keinen deutschen Pass. Der damalige hessische Ministerpräsident Roland Koch, der gerade im Landtagswahlkampf steckt, gibt der Bildzeitung im Interview die schlagzeilentaugliche Parole vor: „Wir haben zu viele junge kriminelle Ausländer", daraus entwickelt sich eine bundesweite Kampagne um eine angebliche „Ausländergewalt", zahlreiche Politiker aus CDU/CSU und SPD legen mit ähnlichen Formulierungen nach. Der Münchner CSU-Oberbürgermeisterkandidat Josef Schmid lässt die Bilder der U-Bahn-Überwachungskamera im Kommunalwahlkampf plakatieren und fordert „Lichterketten auch für deutsche Opfer". Jetzt kommt auch die Unterstützungsunterschriftensammlung der neonazistischen und extrem rechten Gruppen in Gang, und schon nach wenigen Tagen im neuen Jahr 2008 hat PRO MÜNCHEN die notwendigen 1000 Unterschriften zusammen, am Ende werden es 1556 UnterstützerInnen gewesen sein, die für PRO MÜNCHEN unterschrieben haben. Zu den schon bekannten PRO MÜNCHEN- Aktivisten gesellt sich für die Wahl der durch seine geschichtsrevisionistischen Bücher bekannt gewordene Historiker Dr. Walter Post, der Listenplatz fünf erhält. Wieder reisen Manfred Rouhs, PRO KÖLN, PRO NRW und PRO D- Aktivistinnen und Aktivisten nach München. In einer Doppelgarage im Münchner Westen kleben die Aktivisten ca. 700 große Plakate und bereiten die Verteilung von nach eigenen Angaben fast 1 Million Wahlkampfzeitungen vor. In Erwartung des großen Triumphs und eines Einzugs von PRO MÜNCHEN in das Münchner Rathaus gleich in Fraktionsstärke wird auf der Homepage von PRO MÜNCHEN schon die Rubrik „Stadtratsfraktion in Gründung" eingeführt. Immer dilettantischer und unverständlicher werden derweil die von Stefan Werner wie am Fließband produzierten „Pressemitteilungen". Darin dreht es sich um angebliche „Linksextremisten" im „Münchner Bündnis für Toleranz", um die PRO MÜNCHEN- Position gegen Abtreibungen, um einen Appell an Tierschützer zur Wahl von PRO MÜNCHEN oder um eine Information über die angebliche Zusammenarbeit der NPD mit Islamisten. Soweit das nachvollzogen werden kann, führt keine einzige dieser Erklärungen letzten Endes zu einer Erwähnung in den Medien. Am Wahlabend kommt dann die große Ernüchterung für die Rechtsaußen- Aktivisten: Lediglich 4110 Menschen wählen PRO MÜNCHEN, das ergibt einen Stimmenanteil von 0,9 Prozent, ein Mandat im neuen Münchner Stadtrat liegt damit in weiter Ferne. Völlig unverständlich ist es für die „Bürgerbewegung", dass sie selbst in München-Sendling nur leicht überdurchschnittlich (1,1%) abschneiden kann und die Moscheebefürworter von SPD und Grünen auch hier noch zulegen, die SPD im Stimmkreis Sendling mit fast 40 Prozent gar stärkste Partei wird. Auf der Homepage von PRO MÜNCHEN gibt man sich beleidigt: „0,9% für PRO MÜNCHEN. Wir können nun NICHTS politisch dagegen tun, daß Täter mit Migrationshintergrund ‚stinkende Kartoffelfresser' am Ostbahnhof jagen. Man braucht sich nun auch nicht zu wundern, wenn weiterhin Täter gefasst werden, und am nächsten Tag wieder frei rumlaufen. Auch die Großmoschee in Sendling mit einer hohen Minarette wird nun forciert, da Parteien wie CSU, Freie Wähler *oder SPD, Grüne gewählt wurden.*" (Fehler im Original). Ein Scheitern ist im angeblichen Erfolgsmodell der rechtspopulistischen PRO- Bewegung offensichtlich nicht vorgesehen: Schon kurz nach der Wahl zieht selbst der PRO-D- Bundesvorsitzende Manfred Rouhs die Reißleine: *„Das Wahlergebnis zeigt, daß Wahlerfolge für die Bürgerbewegung nur dort erzielt werden können, wo es gelingt, einen prozentual meßbaren Bevölkerungsanteil, der unsere Petitionen unterschreibt und weitere Informationen anfordert, an uns zu binden und in gewissen zeitlichen Abständen mit Direktwerbemitteln zu beliefern. Die Nicht-Präsenz in den Massenmedien muß durch eigene Medien ausgeglichen werden, die nicht erst kurz vor der Wahl an jedermann, sondern über lange Zeit an den eigenen Unterstützerkreis gerichtet werden. Wahlteilnahmen sind mit Aussicht auf Erfolg nur dort möglich, wo der im Laufe der Zeit erarbeitete Unterstützerkreis mehrere Prozent der Wahlbevölkerung umfaßt. Pro Deutschland wird künftig Kandidaturen nur noch dort unterstützen, wo diese Voraussetzung erfüllt ist.*" Markus Beisicht, Vorsitzender von PRO KÖLN, distanziert sich nach der Wahlschlappe in München noch deutlicher von seinen ehemaligen Mitstreitern: Der Kommunalwahlantritt in München sei „ein schwerer strategischer Fehler" gewesen, denn „deren finanzielles und personelles Potential in Bezug auf Wahlkampf, Plakatierung und Inhalte hat (...) eben nicht gereicht, um aus dem rechten Ghetto herauszukommen". Beisicht selbst hatte in einer Erklärung auf seiner Homepage noch am 14. Januar 2008 festgestellt, dass „das ‚Erfolgsmodell PRO KÖLN' (...) bekanntlich viele Freunde und Nachahmer gefunden" habe, „sogar über die Grenzen Nordrhein-Westfalens hinaus. Geradezu prädestiniert für eine Übernahme unserer Inhalte und unseres Konzeptes" sei da „natürlich die drittgrößte Stadt Deutschlands, die bayerische Landeshauptstadt München". „Alles Gute für den Endspurt PRO MÜNCHEN!" hatte Markus Beisicht zu diesem Zeitpunkt noch gewünscht und PRO-KÖLN- Stadtrat Markus Wiener hatte noch am 22. Februar 2008 an einer Pressekonferenz von PRO MÜNCHEN teilgenommen. Angesichts der Wahlniederlage will Beisicht nun nichts mehr von der vor wenigen Tagen noch beschworenen Zusammenarbeit wissen. „Aus gutem Grund", so zitiert ihn die extrem rechte Wochenzeitung JUNGE FREIHEIT, hätten sich PRO KÖLN und PRO NRW daher darauf geeinigt, „sämtliche Ressourcen auf Köln und Nordrhein-Westfalen zu konzentrieren" und „er [lasse] es jetzt auch nicht zu, daß das Wahlergebnis von München nun PRO KÖLN und Pro NRW angelastet werde". Die Zukunft von PRO MÜNCHEN ist derzeit offen. Angesichts der Wahlschlappe und der in Zukunft wohl ausbleibenden überregionalen Unterstützung klingt die neue Überschrift der PRO MÜNCHEN-Homepage eher naiv denn trotzig: „Wir greifen in München an!"

Tomas Sager und Jürgen Peters

Die PRO-Aktivitäten im Kontext der extremen Rechten

Nordrhein-Westfalen ist kein gutes Pflaster für die extreme Rechte. Nach 1945 gelang keiner Partei dieses Spektrums, in den Landtag einzuziehen, egal in welcher Formation oder unter welchem Namen. Selbst in den Hochzeiten der NPD Ende der 60er Jahre, als die Partei in sieben von elf Landesparlamenten der alten BRD vertreten war, blieb NRW ein weißer Fleck auf ihrer Landkarte. Auch lokal erreichten die „klassischen" Rechtsparteien im größten Bundesland bislang bestenfalls einige Achtungserfolge, die sie vor allem dem bei der Kommunalwahl 1999 wirksam gewordenen Wegfall der Fünf-Prozent-Hürde zu verdanken hatten. Von einer flächendeckenden Präsenz war die parteiförmig organisierte extreme Rechte auch nach der Kommunalwahl 2004 weit entfernt. NPD, REPUBLIKANER und DVU, die allerdings auch allesamt zu diesem Zeitpunkt nicht über landesweit aktive Strukturen verfügten und daher nur in wenigen Kommunen auf dem Wahlzettel standen, schafften es gerade einmal, in acht von 31 Kreistage und 19 von 396 Stadt- und Gemeinderäte einzuziehen.

Die „klassische" parteiförmige Rechte, so muss es jenem Teil der extremen Rechten, der nicht auf diese Parteien fixiert sind, erscheinen, hat kaum eine Chance in Nordrhein-Westfalen. „Die so genannten traditionellen Rechtsparteien sind gerade in Nordrhein-Westfalen durch eine jahrzehntelange Serie von Wahlniederlagen sowie durch personelle Querelen verschlissen", meint Judith Wolter, stellvertretende Vorsitzende von PRO KÖLN und Schatzmeisterin von PRO NRW.[1] Die PRO-Gruppierungen sollen das Gegenmodell sein: erfolgreich und frisch. Unbelastet von einer Historie des Misserfolgs. Mit dem Attribut „rechtspopulistisch" schmückt man sich; von der Zuschreibung „rechtsextremistisch" will man hingegen nichts (mehr) wissen. Doch die „klassische" Rechte wehrt sich, vorneweg die NRW-NPD, will das Feld nicht kampflos für die als „Weichspüler" empfundenen PRO-Gruppierungen räumen. Grabenkämpfe – mal offen, mal verdeckt – sind die Folge. Und: Trotz aller Schminke können die Protagonisten von PRO NRW und PRO KÖLN längst nicht immer ihren extrem rechten Kern verbergen.

---

[1] Interview Wolter auf http://www.pro-nrw.org/ vom 23.3.2007

Zu den Rahmenbedingungen extrem rechter Parteipolitik in NRW gehört erstens eine NPD, die zwar inzwischen ihre Anstrengungen deutlich steigert, eine kommunale Verankerung auf- und auszubauen, die aber im größten Bundesland weit davon entfernt ist, eine politisch wirksame Kraft zu sein. Gerade einmal 750 Mitglieder zählt sie bei rund 18 Millionen Einwohnern: ein NPD-Mitglied auf 24.000 Bürger. Zum Vergleich: In Sachsen, dem NPD-Parade-Land, wo ihr 2004 erstmals nach 36 Jahren wieder der Einzug in ein Landesparlament gelang, ist ihre Mitgliederdichte zwar – mit „Volksparteien" verglichen – immer noch eher dünn, aber immerhin mehr als sechsmal größer als in NRW: ein Mitglied auf 4.200 Bürger. Rein rechnerisch verfügt die NPD in jedem der 128 nordrhein-westfälischen Landtagswahlkreise nur über weniger als sechs Mitglieder, „Karteileichen" und bloß passive Mitglieder eingerechnet. Wirklich flächendeckende Aktivitäten sind unter diesen Umständen nicht möglich – was aber auch das besondere Bemühen der nordrhein-westfälischen NPD um „parteifreie" Neonazis erklärt. Und schließlich: Die NRW-NPD ist alles andere als attraktiv für eine bürgerliche Klientel. Ihre Funktionäre pflegen enge Kontakte mit ganz offen bekennenden neonazistischen Kameradschaften und Gruppen wie dem KAMPFBUND DEUTSCHER SOZIALISTEN (KDS) und finden auch nichts dabei, mit niederländischen Hitler-Bewunderern von der NEDERLANDSE VOLKS-UNIE (NVU) auf die Straße zu gehen. Anders als andere Landesverbände der Partei scheut die nordrhein-westfälische NPD auch nicht davor zurück, gemeinsame Sache mit so genannten Autonomen Nationalisten zu machen.

Was Wahlergebnisse anbelangt, hat die NPD in NRW nie ein Bein auf den Boden gebracht. Bei der Landtagswahl 1970 kam sie auf 1,1 Prozent, vier Jahre später auf 0,4 Prozent, 1990 und 2000 auf 0,0 und 2005 auf 0,9 Prozent. Bei der Bundestagswahl 2005 erreichte die NPD in NRW 0,8 Prozent. 2002 waren es 0,2%, 1998: 0,1%, 1994 nicht angetreten, 1990 0,2%, 1987 0,4%, 1983 0,2%, 1980 0,1%, 1976: 0,2%, 1972 0,3%, 1969 3,1% und 1965 1,1%. Bei den Wahlen zum Europäischen Parlament erzielte die NPD 1984 in NRW 0,6%, 1994 0,2%, 1999 0,3% und 2004 0,6%; die DVU war zudem bei der Europawahl 1989 auf 1,3 Prozent gekommen, damit aber ebenfalls unter dem bundesweiten Ergebnis geblieben.

Zu den Rahmenbedingungen gehört zweitens ein REPUBLIKANER (REP)-Landesverband, der sich in einem desolaten Zustand befindet. Nur noch wenige Kreisverbände sind wirklich aktiv, wie die in Herne und Düsseldorf. Parlamentarier auf Kreis-, Stadt- und Bezirksebene haben die Partei verlassen, wie Egbert Geiecke im Märkischen Kreis, Kevin Gareth Hauer in Gelsenkirchen, Josef Scholand in Bocholt und Hans Breninek in Köln. Anfang 2007 ging mit dem Düsseldorfer Rechtsanwalt und langjährigen stellvertretenden REP-Bundesvorsitzenden Björn Clemens ein prominenter REP aus NRW der Partei von der

Fahne. Clemens galt als Vertreter des radikaleren Flügels, der eine Zusammenarbeit mit der NPD nicht ausschließen mochte, sich mit dieser Position parteiintern aber nicht durchsetzen konnte. Ein für Dezember 2007 geplanter Landesparteitag mit der Neuwahl des satzungsgemäß alle zwei Jahre neu zu besetzenden Vorstands kam offenbar nicht zustande. REP-Kritiker im extrem rechten Lager berichteten, dass sich gerade einmal 15 Mitglieder für den Parteitag angemeldet hätten und eine ausreichende Zahl von Kandidaten für einen neuen Vorstand nicht zusammenzubekommen war. Dabei zählten die nordrhein-westfälischen REP im Gefüge der Schlierer-Partei bisher noch zu den stabileren Landesverbänden. In brauchbare Wahlergebnisse konnten die REP das aber ebenfalls nie umsetzen. Bei der Landtagswahl 1990 erzielten sie mit 1,8 Prozent noch ihr bestes Ergebnis. 1995 waren es 0,8 Prozent, im Jahr 2000 1,1 Prozent und fünf Jahre später erneut 0,8 Prozent. Bei der Bundestagswahl 2005 kamen die REP in NRW auf 0,3 Prozent. 2002 waren es 0,4%, 1998: 1,0%, 1994: 1,3%, 1990: 1,3%. Bei den Wahlen zum Europäischen Parlament erreichten die REP in NRW 1989 4,1%, 1994 2,7%, 1999 0,9% und 2004 1,2%.

Vom Niedergang der REP profitierte PRO NRW bisher schon auch personell. Hauer, Scholand und Breninek wechselten zu PRO NRW bzw. PRO KÖLN. Attraktiv sein könnten die PRO-Gruppierungen zudem für rechte Kommunalpolitiker, die über rein kommunale Listen, die sich mancherorts aus den Resten der alten, rechtspopulistischen SCHILL-PARTEI entwickelt haben, in Kommunalparlamente einzogen. Und schließlich kann sich PRO NRW für ‚Abtrünnige' aus rechten Kleinparteien öffnen. Dieter Danielzick, der in den Unterlagen des Bundeswahlleiters immer noch als Generalsekretär und stellvertretender NRW-Landesvorsitzender der Partei „Ab jetzt... Bündnis für Deutschland" geführt wird, ist dafür ein Beispiel. Der NRW-Verfassungsschutz bezeichnete „Ab jetzt..." in seinem Jahresbericht 2006 als „Splitterpartei des rechtsextremistischen Spektrums". Danielzick fungiert inzwischen als stellvertretender Vorsitzender von PRO NRW.

Zwar träumen die Funktionäre der PRO-Gruppierungen davon, breite bürgerliche (Wähler-)Schichten für sich gewinnen zu können. Der Wechsel des ehemaligen Köln-Ehrenfelder CDU-Vorsitzenden Jörg Uckermann wird daher entsprechend als großer Erfolg gefeiert. Doch sie wissen auch, dass es zugleich – wenn nicht sogar zuerst, weil dort leichter Personal für die Rechtspopulisten zu rekrutieren ist – um eine Hegemonie im extrem rechten Lager gehen muss. Gefragt ist dabei ein Doppelspiel: verbale Abgrenzung zu den klassischen Rechtsaußen-Parteien und gleichzeitig ein politisches Angebot, das Anknüpfungspunkte für jene bietet, die bei diesen Parteien aktiv sind oder waren, bzw. für jene, die diese Parteien bei Wahlen unterstützt haben.

117

Nähe und Distanz zu dieser traditionellen extremen Rechten sind keine festen, über die Jahre stabile Werte und abhängig von den jeweils handelnden Personen. Bis 2003 machte es PRO KÖLN beispielsweise nichts aus, gemeinsam mit der NPD und sogar mit offenkundigen Neonazis auf die Straße zu gehen. 1999 hatten Manfred Rouhs und andere heutige PRO-KÖLN-Stadtratsmitglieder eine Wahlkampfkundgebung gemeinsam mit Neonazis vom KAMPFBUND DEUTSCHER SOZIALISTEN durchgeführt, unter ihnen auch Axel Reitz, einer der später führenden Neonazis in NRW, der 2006 zu einer 33-monatigen Freiheitsstrafe, unter anderem wegen Volksverhetzung, verurteilt wurde. Reitz erinnerte sich gar – so zitiert ihn der Kölner Stadtanzeiger –, Rouhs habe ihn gebeten, die Kundgebung mit zu organisieren: „Die meisten Teilnehmer sind auf meine Veranlassung gekommen."[2] Heute ist so etwas tabu. Dabei ist die Distanz des PRO-KÖLN-Fraktionsgeschäftsführers und zeitweiligen stellvertretenden PRO-NRW-Vorsitzenden Rouhs gegenüber der NPD und weiteren Rechtsaußen-Gruppierungen ausgeprägter als die des PRO-NRW-Vorsitzenden Markus Beisicht und der PRO-KÖLN-Fraktionsvorsitzenden Judith Wolter, obwohl – oder gerade weil – Rouhs selbst einst für die NPD als Bundestagskandidat antrat, während Beisicht und Wolters lediglich über Vorerfahrungen bei REP und der DEUTSCHEN LIGA FÜR VOLK UND HEIMAT (DLVH) bzw. nur bei den REP verfügen.

Verhältnis der PRO-Bewegung zu NPD, DVU und REP

Das Unvermögen und die Defizite der „klassischen" Rechtsparteien haben – verbunden mit einem von PRO-Repräsentanten wie dem Generalsekretär Markus Wiener unterstellten „Linksruck" der nordrhein-westfälischen CDU – aus der Sicht der PRO-Gruppierungen Rechtsaußen ein Vakuum hinterlassen. Rechts neben den etablierten Parteien sei viel Platz freigeworden, analysierte Beisicht im Januar 2007. Aus Sicht der PRO-Führung gilt das insbesondere für NRW. Über die „alten" Rechtsparteien in Nordrhein-Westfalen urteilte Judith Wolter im März 2007: „Keine von ihnen kann eine wirkliche Basis vorweisen. Das Ergebnis sind dann ‚Landesvorstände', die sich zwar regelmäßig in irgendwelchen Hinterzimmern treffen, aber kaum über handlungsfähige Strukturen verfügen."[3]

Seit Jahren, meint Beisicht, werde das „weite Feld rechts der etablierten Parteien ... nicht beackert. Das zeigen auch die Wahlergebnisse der vergange-

---

[2] Tobias Kaufmann/Detlef Schmalenberg: Ein Neonazi von nebenan, in: Kölner Stadtanzeiger v. 20.3.2007, http://www.ksta.de/html/artikel/1125645200019.shtml
[3] Interview Wolter auf http://www.pro-nrw.org/ vom 23.3.2007

Abhalten ließen sich die PRO-Aktivisten allerdings nicht, eigene Strukturen auch in solchen Städten aufzubauen, wo beispielsweise die REP in Parlamenten vertreten sind. Auch durch rechte Parteiwechsler an Ratsmandate zu gelangen, ohne sich bislang einer Wahl gestellt zu haben, nahm man in Kauf.

Indirekt sehen die PRO-Gruppierungen die etablierten „Altparteien" gar im Bunde mit der NPD. Die NPD, aus der Sicht von PRO KÖLN eine „ghettomäßig schlafende Konkurrenz von Rechtsaußen", werde von NRW-Innenminister Ingo Wolf stark geredet, kritisierte die Kölner „Bürgerbewegung" im Dezember 2007. Wolf hatte vor den Anstrengungen der NPD in der Vorbereitung des Kommunalwahlkampfs 2009 gewarnt. PRO NRW erinnerte in diesem Zusammenhang an die V-Mann-Diskussionen im Zuge des gescheiterten NPD-Verbotsverfahrens und suggerierte ein Interesse des Verfassungsschutzes an Erfolgen der „Nationaldemokraten": *„In jüngerer Vergangenheit gab es Zeiten, da standen sowohl der NRW-Landesvorsitzende sowie auch sein Stellvertreter auf der Gehaltsliste von diversen Innenministerien, so dass Kritiker ungestraft den apathischen nordrhein-westfälischen Landesverband der NPD als Agentur bzw. Filiale des Verfassungsschutzes bezeichnen konnten. Es ist auch ein offenes Geheimnis, dass die verbrauchten Altparteien ein vitales Interesse daran haben, dass die in Nordrhein-Westfalen wenig verankerte, erfolglose, klischierte und vergangenheitsbezogene extremistische Rechte in Konkurrenz zu einer seriösen rechtspopulistischen Alternative in Gestalt von pro NRW aufgewertet wird."*[10]

Es entsteht das klassische Verschwörungsbild: „Altparteien", Verfassungsschutz und NPD stecken angeblich unter einer Decke, wenn es gegen PRO NRW geht. „Es soll unter allen Umständen verhindert werden, dass in Nordrhein-Westfalen eine erfolgreiche seriöse, demokratische rechtspopulistische Plattform in Gestalt von pro NRW aufgebaut wird", ließ PRO KÖLN verlauten.[11]

Verhältnis der NPD zur PRO-Bewegung

Verschwörungstheorien sind aber auch in den Reihen der NPD en vogue. So mancher in der NPD sieht denn auch umgekehrt angebliche gemeinsame Interessen von Verfassungsschutz und PRO NRW. Die PRO-Organisationen würden „bewußt aber wahrscheinlich eher unbewußt durch die landesweite Ausdehnung das Geschäft des VS" betreiben, meint die NPD Unna/Hamm. „Die Aufsplitterung rechter Stimmen war schon immer das Ziel unserer Schlapphüte." Die PRO-Bewegung habe „vernünftige Ansätze", agiere aber „wesentlich zu ober-

---

[10] http://www.pro-nrw.org/artikel/201207_extrem.htm vom 20.12.2007
[11] http://www.pro-koeln-online.de/artikel08/280308_vs.htm vom 29.03.2008

flächlich", meinen die NPDler aus Unna/Hamm, um zugleich die Differenzen zu den Vertretern der „Bürgerbewegung" deutlich zu machen: *„Der Einsatz gegen Moscheen, Filz und Ausländerkriminalität ist wichtig, aber ohne Ausländerrückführung und einen grundlegenden weiteren staatlichen Umbau ist das alles nur Makulatur. Das aussterbende deutsche Volk wird nicht gerettet werden durch etwas Kosmetik. Die Leiche sieht dann vielleicht netter aus."*[12]

Für NPD-Landeschef Stephan Haase ist PRO NRW lediglich eine „pseudorechte Populistentruppe". Er wirft ihr vor, gerade da antreten zu wollen, „wo es bereits Mandate für die NPD und/oder die REPUBLIKANER gibt". Timo Pradel, Stellvertreter von Haase und Kreistagsmitglied im Märkischen Kreis, wo PRO NRW ebenfalls einen Kreisverband aufbauen will, meinte, die Rechtspopulisten erhofften sich „scheinbar Wählerstimmen aus dem rechten Bereich des politischen Spektrums und versuchen nun der authentischen nationalen Opposition in Gestalt der NPD das Wasser abzugraben". Pradel in den „Lüdenscheider Nachrichten" am 1. Februar 2008 über die PRO-Gruppen: eine „billige Kopie".

Offenbar geht der Einsatz der NPD im Kampf gegen den Aufbau von PRO-NRW-Strukturen bis hin zum Namensklau. Am 25. Januar 2008 veröffentlichte PRO KÖLN ein internes „Vorstandsprotokoll" einer nicht genannten NPD-Gliederung. Darin wird eine Äußerung von NPD-Landesschatzmeister Detlev Hebbel wiedergegeben: *„Hebbel informierte die Anwesenden von einem Beschluss des NPD-Landesvorstandes über die Gründungen von Vereinen. Der Landesvorstand hat auf seiner letzten Landesvorstandssitzung beschlossen in allen größeren Städten in Kreis und Kreisfreigebieten sich die Namensrechte pro... zu sichern, d.h. es müssen in den jeweiligen Städten Vereine unter den Namen Bürgerbewegung pro... gegründet werden. Diese Vereinsgründungen dienen dazu, um massiv gegen die Bewegung pro Köln vor zugehen."*[13]

Dieser Linie gefolgt waren im vorigen Jahr bereits NPDler aus dem Münsterland. Sie gründeten eine „Bürgerbewegung pro Münster" und versprachen auf einer eigens eingerichteten Homepage, sich „in der Westfalenmetropole gegen Multi-Kulti, Moscheebau und Überfremdung" einsetzen zu wollen. An der Spitze jener „Bürgerbewegung pro Münster" stehe Matthias Pohl, berichtete die „Münstersche Zeitung". Pohl ist Beisitzer im NPD-Landesvorstand und Kreisvorsitzender der NPD Steinfurt. PRO NRW schäumte erwartungsgemäß: Bei „pro Münster" handele es sich um ein „Plagiat". Die NPD-Aktivisten hätten ausschließlich die Absicht, „pro NRW zu diskreditieren". Gegen die „Fälscher aus Münster" werde rechtlich vorgegangen, kündigte der PRO-NRW-Generalsekretär Wiener an. Dem Münsteraner Verein konnte PRO NRW bislang freilich

---

[12] http://de.altermedia.info/general/muss-das-sein-npd-vs-pro-nrw-180308_13343.html vom 18.03. 2008

[13] http://www.pro-koeln-online.de/artikel08/280308_vs.htm vom 29.03.2008

nichts anhaben. Auch die Homepage ist weiterhin erreichbar – inzwischen allerdings ohne die von PRO NRW als „dreist" monierte Verlinkung zur angeblichen
„Mutterpartei".

Unterschiedliche Demonstrationspolitik

Deutlich traten die Differenzen zwischen PRO KÖLN und PRO NRW auf der
einen Seite und NPD sowie „freien" Neonazis auf der anderen Seite im Sommer
2007 zutage, als eine PRO-nahe „Anwohnerinitiative", PRO KÖLN und PRO
NRW gegen den Bau einer Moschee im Kölner Stadtteil Ehrenfeld auf die Straße
gingen. Dabei steckte den Organisatoren von PRO KÖLN die Erfahrung des 15.
März 2003 noch tief in den Gliedern. Damals schon wollte die um ein Sauber-
mann-Image bemühte Gruppierung gegen den Bau von Moscheen demonstrieren. Was kam, glich einer Übernahme der Demo durch die NPD, die in einem
handgreiflichen Streit zwischen Rouhs, dem Anmelder der Demonstration, und
NPD-Landesvize Pradel gipfelte. Jene Demonstration machte wie kein anderes
Ereignis bis zu diesem Zeitpunkt die Brüche deutlich zwischen dem offen neonazistisch orientierten Flügel der extremen Rechten und Jenem, der um ein bür-
gerliches Renommee besorgt war. Seither hatten sich die Wege beider Organisationen, was Demonstrationen anbelangt, getrennt. Im Vorfeld der PRO-KÖLN-
Demonstration am 16. Juni 2007 befürchteten die PRO-Funktionäre, ähnliche
Erfahrungen wie 2003 machen zu müssen. Nicht nur, dass erneut auch die NPD
dazu aufgerufen hatte, in Köln auf die Straße zu gehen – sogar auf Internetseiten
der „autonomen" Neonazis fanden sich Veranstaltungshinweise. Da halfen auch
die dezenten Hinweise nicht, Werbung für Parteien werde nicht geduldet und
man bitte um ein „seriöses Auftreten". NPD und Rechts-"Autonome" trommel-
ten dennoch nach Köln, und die JN versorgten die Kameraden mit Zugfahrplä-
nen. In einem parteiinternen Schreiben der NRW-NPD wurde betont, bei PRO
KÖLN handele es sich zwar „um keine befreundete Organisation". Die NPD
unterstütze aber „das Thema der Demonstration und will durch ihre Anwesenheit
zeigen, dass die wirklich nationale Kraft im Rheinland und Westfalen hinter den
Protesten der Kölner Bürgerinnen und Bürger steht".[14]
    Die „interne Mitteilung" fand ihren Weg auch zu PRO KÖLN. Die „Bür-
gerbewegung" nutzte die Vorlage und witterte die Gefahr, die „Bürgerdemo"
könne von der NPD durch ihre Teilnahme mit Parteifahnen und -transparenten
„zweckentfremdet" werden. Beisicht spekulierte gar, der NPD-Aufruf könne
vom Verfassungsschutz gesteuert sein, „um seriöse Politikansätze zu diskreditie-

---

[14] http://www.pro-koeln.org/artikel4/npd.htm vom 15.06.2007

ren". Die NPD hielt im gleichen Stil dagegen. Pradel, der auch als NPD-Landesorganisationsleiter fungiert, wetterte gegen die „pseudorechte Populistentruppe": *„Es muß ernsthaft bezweifelt werden, daß es Pro Köln tatsächlich darum geht, gegen die zunehmende Islamisierung und Überfremdung der Rheinmetropole einzutreten. Immer wieder fällt Pro Köln durch eine Anbiederung an Systemparteien, wie beispielsweise die CDU auf, sowie durch eine Abgrenzung zur authentischen nationalen Opposition in Gestalt von NPD und parteifreien Kräften des Nationalen Widerstandes. "*

Dabei erinnerte Pradel beinahe genüsslich daran, dass „in der Vergangenheit Demonstrationsteilnehmer aus dem Spektrum des Nationalen Widerstandes bei Pro Köln-Veranstaltungen gern gesehene Gäste" gewesen seien, „da die jeweiligen Versammlungen sonst mangels Masse und zum Teil auch wegen organisatorischer Defizite in einem Fiasko für die ‚Bürgerbewegung' geendet hätten". Doch das Tischtuch ist inzwischen längst zerschnitten. Pradel: „Als befreundete Organisation wertet die NPD nur solche Gruppen, die sich der nationalen Widerstandsbewegung in Deutschland anschließen und sich nicht durch Spaltereien und Anbiederungen hervortun." Man solle zwar an der Kölner Demonstration teilnehmen, riet er, bei der nächsten Wahl aber „das Kreuz bei der echten politischen Opposition, der NPD" machen.[15]

Tatsächlich liefen am 16. Juni rund 150 Teilnehmer bei der PRO KÖLN-Veranstaltung auf, um den Reden des Vorsitzenden der Freiheitlichen Partei Österreichs (FPÖ), Heinz-Christian Strache, des belgischen VLAAMS BELANG-Abgeordneten Bart Debie, des früheren REP-Funktionärs Björn Clemens und der lokalen PRO-KÖLN-Größen zu lauschen. Weitere knapp 200 potenzielle Teilnehmer waren gar nicht erst zum Ausgangspunkt gelangt: die erwarteten Rechts-"Autonomen" und einige NPDler. Sie hatten sich zuvor zu einem nicht angemeldeten Demonstrationszug formiert, wie die Polizei berichtete. Knapp 100 von ihnen wurden – unter anderem wegen fremdenfeindlicher Äußerungen und weil sie gegen das Vermummungsverbot verstießen – vorläufig festgenommen, die übrigen mit Platzverweisen belegt. Der Zorn der Neonazis auf PRO KÖLN war in der Folge groß. Pradel meinte, der Verdacht liege nahe, „dass die Verantwortlichen der so genannten ‚Bürgerbewegung' im Vorfeld der Demonstration die Polizei darum baten, ‚unangenehme' Demonstrationsteilnehmer erst gar nicht durchkommen zu lassen". Das AKTIONSBÜRO WESTDEUTSCHLAND, eine überregionale Koordinierungsstelle neonazistischer „Kameradschaften", nannte PRO KÖLN in der Folge eine „reaktionäre, populistische, philosemitische und absolut spießbürgerliche Partei", die FREIEN NATIONALISTEN GLADBECK wetterten gegen eine „heuchlerische und verlogene Partei". Dabei

---

[15] http://www.npd-nrw.net/index.php?sek=0&pfad_id=12&cmsint_id=1&detail=266 vom 15.06.2007

hätte manches, was die auf Biedermann geschminkten Redner der PRO-KÖLN-Demo von sich gaben, sicher auch bei Neonazis den „teils donnernden Applaus" ernten können, von dem PRO KÖLN berichtete. Zum Beispiel die Aufforderung von Björn Clemens, die Moslems sollten ihren Ranzen schnüren, den Gebetsteppich nehmen und nach Hause gehen.

Vor dem für September 2008 geplanten „Anti-Islam-Kongress" scheint sich die Auseinandersetzung zwischen der PRO-Bewegung und NPD zu wiederholen. Mitte März warnte PRO-NRW-Chef Beisicht: „NS-Sekten" würden versuchen, den Kongress zu erschweren bzw. zu verhindern, wetterte er. „An der Spitze des extremistischen Protestes gegen unseren Anti-Islamkongress sollen Funktionäre der ghettoisierten NRW-NPD stehen", mutmaßte PRO KÖLN. Geplant sei eine „Parallelveranstaltung des ‚nationalen Widerstandes' mit szenetypischem Umzug". So etwas kann Beisicht überhaupt nicht gebrauchen. Statt selbst im Scheinwerferlicht zu stehen als „bürgerliche, sehr konservative und soziale Formation", die „jeder Art von Radikalismus eine entschiedene Absage erteilt", drohen die altbekannten Bilder eines extrem rechten Aufmarsches, von PRO KÖLN schon einmal vorab als „NS-Umzug" tituliert.[16]

Kontakte

Doch die harsche Konfrontation zwischen der PRO-Bewegung, der nordrhein-westfälischen NPD und den „freien" Neonazis darf nicht darüber hinweg täuschen, dass die Kontakte der Rechtspopulisten zu anderen Teilen der extremen Rechten ansonsten nicht schlecht sind. Nordrhein-Westfalens NPD ist in mancher Hinsicht ein Sonderfall in ihrer ganzen Rückständigkeit, Erfolglosigkeit, Verbalradikalität und NS-Nähe. Zudem ist die NRW-NPD direkter Konkurrent um Wählerstimmen, nicht tauglich also als Bündnispartner. Abgesehen von der Distanzierung gegenüber der nordrhein-westfälischen NPD und gegenüber „freien" Neonazis aber gilt: Die Offenheit der PRO-Gruppen gegenüber anderen Fraktionen der extremen Rechten ist eine Frage des Preises: Ist der (erhoffte) Nutzen größer als der (befürchtete) Schaden für das bürgerliche Renommee, fallen die Hemmschwellen.

So macht es PRO NRW nichts aus, Günther Kissel als Mitglied aufzunehmen. Kissel darf, gerichtlich bestätigt, als Auschwitzleugner bezeichnet werden. Das NRW-Innenministerium schrieb 2001 über den Solinger Bauunternehmer, er sei „auch als Spender für rechtsextremistische Parteien bekannt geworden". Die Hoffnung, dass es dank Kissels prallem Portemonnaie auch in der eigenen Kasse

---

[16] http://www.pro-koeln-online.de/artikel08/170308_ghetto.htm

klingelt, dürfte auch PRO NRW gehegt haben, als man sich Mitte August letzten Jahres freute, Kissel, der „langjährige Unterstützer der patriotischen Bewegung in ganz Deutschland", wolle künftig die Aktivitäten der „Bürgerbewegung" „nach besten Kräften fördern".

So macht es den Verantwortlichen von PRO NRW und PRO KÖLN auch nichts aus, wiederholt Harald Neubauer auftreten zu lassen. Neubauer ist ein Wanderer zwischen den rechtsextremen (Partei-)Welten, Mitglied der NPD, dann der DVU, dann der REP, dann der DLVH, ehe er bei der Bundestagswahl 2005 auf Vorschlag der DVU auf Platz 2 der sächsischen NPD-Landesliste kandidierte. Neubauer ist Mitherausgeber der extrem rechten Monatszeitschrift „Nation & Europa" und Vorstandsmitglied der NPD-nahen „Gesellschaft für freie Publizistik".

Die PRO-Führungsriege aus Beisicht und Wiener scheut sich auch nicht, gemeinsam mit anderen Fraktionen der extremen Rechten aus Deutschland – darunter NPD und DVU – in Straßburg an einem Tisch zu sitzen, um über die Bildung einer europäischen Rechtsformation nachzudenken. Abgesehen davon, dass es natürlich eine enorme Aufwertung ist, als regionale Organisation im Kreis europäischer Rechtsaußenparteien ernst genommen zu werden, hätte man sich ein Wegbleiben wohl gar nicht erlauben können. Schließlich buhlt PRO NRW in Konkurrenz zu NPD, DVU und REP um die Gunst erfolgreicher europäischer Rechtsparteien wie FPÖ, VLAAMS BELANG und FRONT NATIONAL (FN). Etwas von ihrem – auch personellen – „Glanz" soll auf PRO NRW abfallen.

Also nimmt man es in Kauf, dass PRO-NRW-Chef Beisicht und sein Generalsekretär Wiener gemeinsam mit den NPD-Funktionären Udo Voigt, Holger Apfel, Andreas Molau und Udo Pastörs, dem DVU-Chef Gerhard Frey und seinem Stellvertreter Bruno Wetzel, dem REP-Chef Rolf Schlierer und seinem Vize Johann Gärtner ihren Namenszug unter eine Grundsatzerklärung der extrem rechten, inzwischen schon wieder aufgelösten ITS-Fraktion („Identität, Tradition, Souveränität") im Europaparlament setzen. Mitunterzeichner waren außerdem unter anderem Gisa Pahl vom DEUTSCHEN RECHTSBÜRO, das sich die Vernetzung extrem rechter Anwälte zum Ziel gesetzt hat und die Szene mit juristischen Tipps versorgt, sowie Hans-Ulrich Pieper, der mit seiner Veranstaltungsreihe „Dienstagsgespräche" versucht, die unterschiedlichen Spektren der extremen Rechten zusammenzubringen. An den „Dienstagsgesprächen" nahmen auch PRO-Mitglieder teil, unter anderen an einer Veranstaltung mit NPD-Vize Holger Apfel im Herbst 2007 im Rheinland.

Während PRO KÖLN die Teilnahme an dem „informellen Treffen" bei der ITS-Fraktion rechtfertigte und erklärte, Beisicht habe „in Straßburg gegenüber unseren europäischen Partnern noch einmal ausdrücklich bekräftigt, dass in

Deutschland nur eine bürgerliche und rechtspopulistische Plattform dauerhaft Erfolg haben kann, die fest auf dem Boden des Grundgesetzes steht und sich vom rechtsextremen Ghetto aus Überzeugung fernhält", ging PRO D erst einmal auf Distanz: *„An den jetzt öffentlich thematisierten Gesprächen in Straßburg sind Mitglieder der Bürgerbewegung pro Deutschland nicht beteiligt. Pro Deutschland arbeitet nicht mit der NPD zusammen und führt mit dieser Partei auch keine Absprachen über gemeinsame Kandidaturen bei Wahlen"*, war auf ihrer Homepage zu lesen. Allerdings nur einen Tag lang. Dann war diese Erklärung wieder von der Internetseite verschwunden. Die Erklärung ebenso wie ihr plötzliches Verschwinden spricht für nach wie vor fortbestehende Differenzen zwischen PRO-D-Chef Rouhs und den PRO-NRW-Oberen.

In ihrem Buhlen um die Gunst europäischer Rechtsaußen nimmt es PRO NRW sogar in Kauf, radikaler aufzutreten als ihre Vorbilder. Ihre Unterstützung für die FPÖ-Spitzenkandidatin im Grazer Kommunalwahlkampf, Susanne Winter, liefert dafür ein Beispiel. Am 22. November 2007 war eine Delegation von PRO KÖLN zur Wahlkampfunterstützung nach Graz gereist, Seite an Seite mit dem VLAAMS BELANG-Fraktionschef Filip Dewinter aus Antwerpen. Schon damals störten sich die Kölner nicht daran, dass Winter immer wieder durch extrem rechte und rassistische Äußerungen auffiel. Im Interview mit der Wochenzeitung „Zur Zeit", herausgegeben unter anderem vom FPÖ-Europaabgeordneten Andreas Mölzer, forderte sie „Graz wieder den Grazern" und bezeichnete den Islam als „Feindreligion". Sie schwadronierte von einem „Kulturkampf gegen den Islam" und von einem „muslimischen Einwanderungs-Tsunami". Kein Wunder, dass sie Dewinter zustimmte, als der sagte, der Islam habe in Europa nichts verloren. Winter: „Der Islam muss wieder dorthin ‚zurückgeworfen' werden, wo er herkommt. Nämlich jenseits des Mittelmeeres."[17] Zwei Monate später radikalisierte Winter ihre Kampagne noch weiter – und geriet diesmal auch in Deutschland in die Schlagzeilen, weil sie zusätzlich zu ihren „Tsunami"- und „Mittelmeer"-Parolen auch noch den Propheten Mohammed als „Kinderschänder" bezeichnete. Während FPÖ-Chef Strache sich Tage später ein wenig von Winter absetzte – sie habe „als Mutter überspitzt formuliert", die Äußerungen seien „unglücklich und missverständlich" gewesen –, ließ sich Beisicht durch die öffentliche Kritik nicht stören: „Gerade auch für pro NRW vorbildlich und absolut nachahmenswert" sei die Kampagne der Grazer FPÖ für die Kommunalwahl und Winter eine „verantwortungsbewusste Politikerin", erklärte er.[18]

Trotz aller verbalen Distanz zu den altrechten Parteien: Wenn deren in Zehntausender-Auflagen verbreiteten Publikationen die Möglichkeit bieten, auch

---

[17] „Schluß mit Asylmißbrauch! Graz wieder den Grazern!", in: zur Zeit. Wochenzeitung für Österreich Nr. 48/2007
[18] http://www.progelsenkirchen.de/1299437.htm vom 16.01.2008

in diesem Spektrum für sich zu werben, nutzen PRO-Funktionsträger die Gelegenheit gern. So ließ sich Judith Wolter noch im Juni 2007 von der „Nationalzeitung" interviewen. Stichwortgeber war dabei Nationalzeitungs-Herausgeber und DVU-Chef Gerhard Frey persönlich. Und Beisicht war mit einem Interview in der Juli-Ausgabe 2007 der NPD-Monatszeitung „Deutschen Stimme" vertreten. Mit expliziter Kritik an der NPD hielt er sich naturgemäß bei dieser Gelegenheit zurück, deutlich wurde er nur gegenüber deren Kölner Filiale, mit der es keine politische Zusammenarbeit gebe. Beisicht: „Die örtlichen alten Rechtsparteien haben ... das Thema Moscheebau, wie so vieles andere auch, weitgehend verschlafen." Auf das sonst penetrant wiederholte Bekenntnis zur Verfassungstreue verzichtete Beisicht in diesem Forum. Das wäre bei den Lesern des NPD-Blattes und bei diesem Teil des Wählerspektrums, den Beisicht ebenfalls hofiert, wohl auch nicht gut angekommen.

Hans Peter Killguss und Jan Schedler

Jugendarbeit der extremen Rechten und das Beispiel PRO KÖLN und PRO NRW

„Jugend" hatte für die extreme Rechte immer schon die Funktion eines Mythos, zogen doch bereits die faschistischen Bewegungen aus der Selbststilisierung zu einer kommenden Kraft, welcher die Zukunft gehöre, einen Gutteil ihrer Legitimation (vgl. Röpke 2007: 6).

Ähnlich wie der Nationalsozialismus legte daher auch die extreme Rechte bereits in den ersten Jahren der Bundesrepublik besonderen Wert auf die Anwerbung und Schulung von Jugendlichen. Extrem rechten Jugendbünden wie der „Wiking Jugend" (WJ) oder dem „Bund Heimattreuer Jugend" (BHJ) kam eine große Bedeutung für die Regeneration der völkisch-nationalistischen Bewegung nach 1945 zu. Konnten sich in ihnen doch Netzwerke und Erlebnisangebote herausbilden, welche – wenn auch zum Teil in anderer Form – bis in die Gegenwart das lebensweltliche Milieu der extremen Rechten strukturieren. Jugendarbeit hatte für die extreme Rechte in der Bundesrepublik somit von Beginn an sowohl eine nach außen gerichtete und mobilisierende, als auch eine nach innen gerichtete, stabilisierende Funktion (ebd.: 7).

Das gegenwärtige Bemühen um Heranwachsende von Seiten der NPD oder der Freien Kameradschaften[1] ist insofern kein genuines Problem der letzten Jahre. Trotzdem unterscheidet sich die heutige Situation von Grund auf von jener der 1950er und 1960er Jahre[2]: Die Jugendarbeit bestand vor allem aus klassischer Verbandsarbeit, der eine besondere Bedeutung zukam, „um die weltanschauliche Schulung, Nachwuchsrekrutierung und auch paramilitärische Ausbildung zu organisieren" (Botsch 2007: 38). In Jugendverbänden wie der 1994 verbotenen WJ erfuhren viele spätere Führungspersonen der extrem rechten Szene ihre politische Sozialisation. (Dudek, Jaschke 1984: 164ff.).

Eine einschneidende und bis heute prägende Veränderung erfolgte zu Beginn der achtziger Jahre mit der Genese einer extrem rechts geprägten Jugendkultur, die den Jugendlichen eine Lebenswelt mit Identitätsangeboten, entsprechenden Musik- und Kleidungsstilen bietet, spezifische Deutungsangebote macht

---

[1] Zur Szene der Freien Kameradschaften s. Röpke, Speit 2005.
[2] Zur Geschichte der extremen Rechten in Deutschland s. Dudek/Jaschke 1984, Schubarth/Stöss 2000, Stöss 2005a.

und deren Bild in der öffentlichen Wahrnehmung bis heute stark bestimmt ist von der Skinheadszene. Bernd Wagner (2002: 20ff.) spricht in diesem Zusammenhang von einer reproduktiven Rekonstruktion der extremen Rechten über jugendliche Szenen und Milieus, wobei diese nicht parteiförmig, sondern als Bewegungszusammenhang erscheine. Es entstanden *„Strömungen, die NS-Nostalgie postmodern in subkulturelle Codes und Lebensstile zu überführen suchten. Hier entfaltete sich parallel zur anwachsenden Mobilisierungsfähigkeit rechtsextremer Strömungen über den RechtsRock ein ansteigendes Potenzial von Subkulturen mit rechtsextremen Ausprägungen"* (Häusler 2002: 265). Zwar bemühten sich bereits Anfang der 1980er Jahre Organisationen wie Michael Kühnens „Aktionsfront Nationaler Sozialisten/Nationaler Aktivisten" (ANS/NA) darum, beispielsweise unter rechtsorientierten Fußballfans und Skinheads neue Anhänger zu finden, allerdings waren die Einstiegsschwellen für Jugendliche aus ideologisch wenig gefestigten rechten Cliquen hoch (vgl. Dudek, Jaschke 1984: 166). Parallel dazu versuchte der extrem rechte Teil der deutschen Skinhead-Szene von Beginn an, sich in Abgrenzung zu den klassischen Organisationsstrukturen der extremen Rechten als eigenständige politische Kraft zu etablieren (Dornbusch, Raabe 2002: 30). Nach der deutschen Vereinigung wandelte sich dieses Bild: Gruppierungen wie die „Nationalistische Front" (NF) oder die „Freiheitlich Deutsche Arbeiterpartei" (FAP) veranstalteten entsprechende Konzerte, die von rechten Jugendlichen, vor allem aus der Skinheadszene, besucht wurden.

Die jugendkulturelle Szene diente dem Spektrum der organisierten Rechtsextremen zunehmend als Quelle neuer Aktivisten, ein Prozess der sich mit Beginn der 1990er Jahre intensivierte. In einigen ländlichen Räumen, insbesondere in Ostdeutschland, kam es zur Ausbildung regelrechter extrem rechter Lebenswelten von Jugendlichen. Hier sind diese häufig sozial akzeptiert, agieren in öffentlichen Handlungsräumen und können – toleriert oder sogar unterstützt von den Erwachsenen – ihr oft gewalttätiges Potenzial entfalten (Hafeneger, Becker 2007: 13). Diese Normalisierung und zum Teil auch Dominanz rechter Jugendkultur hat ihre Ursachen unter anderem in der weitgehenden Leerstelle demokratischer Jugendgruppen und einer auf dem Land starken Abwanderungsbewegung: Sozial und kulturell ausgedünnte Regionen bieten Freizeit- und Jugendarbeitsangeboten der extremen Rechten einen günstigen und oftmals konkurrenzlosen Nährboden (ebd: 14). Rechte Jugendcliquen können in gewisser Weise als „Rekrutierungs- und Mobilisierungsmedium sowie Instrumentalisierungsadressat rechtsextremer Organisationen und Katalysator für Konsolidierungen, Gewaltanstiege und Militanz" (Möller, Schuhmacher 2007: 27) verstanden werden.

Dies gilt gegenwärtig insbesondere für die Freien Kameradschaften und die NPD. Letzterer hätte Anfang der 1990er Jahre wohl kaum jemand den Einzug in einen Landtag zugetraut. An ihre Glanzzeit in den sechziger Jahren, als die Partei in sieben Landesparlamente einzog, konnte sie bis heute nicht anknüpfen[3]. Erst mit dem Übergang des Bundesvorsitzes an Udo Voigt 1996 vollzog sich ein radikaler Kurswechsel.[4] Auf der Organisationsebene öffnete sich die Partei vollkommen gegenüber Neonazis aus verbotenen Organisationen.[5] Auch gegenüber der extrem rechten Skinheadszene öffnete sich die NPD und stilisierte sich als parteipolitischer Arm einer extrem rechten Bewegung, die stark jugendkulturell und von einem rebellischen Gestus geprägt ist. Auf der programmatischen Ebene setzte die zuvor kaum an aktuellen Themen orientierte NPD zunehmend auf die Verknüpfung der sozialen Frage mit rassistischer Ideologie, vermittelt durch einen sich antikapitalistisch gerierenden völkischen Nationalismus. Gleichzeitig änderte die Partei radikal ihre Strategie. Hatte man sich zuvor als reine Wahlpartei auf die Maximierung von Stimmen beschränkt, so richtet sich die gesamte politische Arbeit der NPD und ihrer Jugendorganisation JUNGE NATIONAL-DEMOKRATEN (JN) gegenwärtig nach dem sogenannten „Vier-Säulen-Konzept", welches die Elemente „Kampf um die Straße", „Kampf um die Parlamente", „Kampf um die Köpfe" und „Kampf um den organisierten Willen" umfasst. Ersteres bezieht sich dabei auf den Versuch, über kontinuierliche Aufmärsche dauerhaft im öffentlichen Raum Präsenz zu zeigen und insbesondere Parteianhängern wie rechten Jugendlichen die vermeintliche Stärke der eigenen Bewegung zu beweisen (vgl. Virchow 2006). Da national denkende Bürger ihre Wut kaum auf die Straße tragen würden, seien es vor allem Jugendliche, „jene Massen von jungen Menschen", die nicht nur um ihre berufliche Zukunft, sondern auch um ihr „nationales und kulturelles Selbstwertgefühl" betrogen würden und sich „wie Fremde im eigenen Land" vorkämen, die für öffentlichkeitswirksame Aufmärsche mobilisiert werden könnten (NPD-Parteivorstand 199: 360). Inzwischen vergeht nicht ein Wochenende, an dem nicht an mehreren Orten der Republik ein von jugendlichen Aktivisten dominierter Aufmarsch stattfindet.

Analog zum Konzept eines „Kampf um die Köpfe" ist die Partei angesichts einer Verbreitung extrem rechter Einstellungen in der Bevölkerung, die weit über das bisherige Wählerklientel der NPD hinaus geht, bemüht, ihre Arbeit im vorpolitischen Bereich zu intensivieren. Ziel ist es, im Sinne eines Kulturkampfes die Definitionsmacht über spezifische alltagskulturelle Ausdrucksformen und Wertevorstellungen zu erlangen und langfristig Bewusstseinsprozesse zu forcieren, die in konkretes politisches Handeln transformiert werden sollen. Die Partei

---

[3] Zur Geschichte und Entwicklung der NPD in den 1960er und 1970er Jahren s. Hoffmann 1999.
[4] Zur neueren Entwicklung der NPD s. Röpke, Speit 2008; Virchow, Dornbusch 2007; Backes, Steglich 2007; Brandstätter 2006.
[5] Seit dem Verbot neonazistischer Gruppierungen Anfang/Mitte der 1990er Jahre operieren viele Neonazis in formal parteilich ungebunden in informell organisierten und meist regional strukturierten Zirkeln operieren, welche als „Freie Kameradschaften" und „Nationaler Widerstand" bezeichnet werden (vgl. Röpke, Speit 2005).

zielt auf die Mobilisierung dieses Einstellungspotentials, wenn sie von der Nationalisierung der sozialen Frage spricht. „Dieser Nationalismus hat das Sektiererhafte und Bürgerschreckhafte früherer Zeiten weit hinter sich gelassen und dockt erfolgreich an die Alltagsrealität der Menschen an.", so der NPD-Funktionär Jürgen Gansel im Parteiorgan „Deutsche Stimme" (5/2006: 19). Zwar ziehe ein „nationales Alltagsbewusstsein [...] oft noch kein nationales Stimmverhalten nach sich, aber das eine ist im Sinne der kulturellen Hegemoniegewinnung die unabdingbare Voraussetzung für das andere." Es sei daher nur eine Frage der Zeit, bis die entsprechenden Einstellungspotenziale wirksam würden und sich „der gerechte Volkszorn in der Wahlkabine austobt und nationalgesinnte Deutsche so wählen, wie sie auch denken" (ebd.).

Zwar äußert sich insbesondere die JN ablehnend gegenüber Studiengebühren und fordert Ausbildungsplätze- und Arbeitsplätze für alle Deutschen, doch spielen jugendspezifische Themen in der Programmatik der NPD erstaunlicherweise nur eine geringe Rolle. Diese relative Leerstelle wird kompensiert indem man versucht, an die Zukunftsängste zahlreicher Jugendlicher, gerade in den östlichen Bundesländern, anzuknüpfen. So veröffentlichte die Partei unter dem Titel „Jugend ist Zukunft – Jugend braucht Visionen" ein arbeitsmarkt- und bildungspolitisch orientiertes Flugblatt, mit dem speziell Heranwachsende angesprochen werden sollen. Bis auf die rassistische Forderung nach einer Trennung von Schulklassen in Deutsche und Migranten werden aber auch hier kaum eigenständige Perspektiven aufgezeigt.

Um insbesondere Jugendliche zu politisieren, bedienen sich sowohl NPD wie auch Freie Kameradschaften zahlreicher Formen jugendkonformer Modernisierung extrem rechter Ideologievermittlung, insbesondere des Mediums Musik (vgl. Dornbusch, Raabe 2002). „Musik ist ein ganz großer Türöffner...", berichtet der ehemalige JN-Bundesvorsitzende Stefan Rochow (Report, 16.09.2004). Neben Aufmärschen und Kameradschaftsabenden sind es Rechtsrockkonzerte und Liederabende mit extrem rechten Liedermachern, die Jugendlichen eine rechte Erlebniswelt bieten und diese mit völkischen Inhalten aufladen. Dazu zählen auch Großveranstaltungen mit Event-Charakter, wie das Pressefest der Parteizeitung Deutsche Stimme, bei dem vor allem die Auftritte bekannter Rechtsrock-Größen zwischen 5000 bis 7000 Jugendliche anziehen (vgl. Raabe 2007: 87). Die NPD hält über den Versandhandel des Parteiorgans „Deutsche Stimme" ein breites Repertoire extrem rechter Musik bereit. In den letzten Jahren ist man zusätzlich zu diesem kommerziellen Angebot dazu übergegangen, extra auf Jugendliche zugeschnittene Tonträger kostenlos anzubieten. Vor Schulen und Jugendtreffs kostenlos verteilt und im Internet zum Download bereitgestellt, bietet sich der NPD so die Möglichkeit, in jugendgerechter Form Heranwachsende anzusprechen, auf die Partei aufmerksam zu machen und über das Instrument der

Musik ihre politischen Inhalte zu vermittelten sowie an die Partei und ihre Jugendorganisation heranzuführen.

Erstmalig setzte die Partei vor den Wahlen zum Berliner Senat 2001 eine CD als jugendgerechtes Propagandainstrument ein. Wesentlich professioneller gingen 2004 mehr als fünfzig Organisationen und Firmen aus dem Spektrum der Freien Kameradschaften und der Rechtsrock-Szene die Produktion der unter dem Namen „Projekt Schulhof" bekannt gewordenen Multi-Media-CD „Anpassung ist Feigheit – Lieder aus dem Untergrund" an. Zusätzlich zu fast zwanzig Liedern bekannter Rechtsrock-Bands aus dem In- und Ausland umfasste die CD eine mit einem Webbrowser zu öffnende Präsentation, die die aktionistische Politik der Kameradschaften anhand verschiedener Themenfelder vorstellte und zur Mitarbeit einlud. Während die geplante Verteilung von 250.000 Exemplaren dieser CD vor Schulen und Jugendzentren durch einen Beschlagnahmebeschluss gestoppt wurde, verteilte die NPD im September 2004 im Vorfeld der sächsischen Landtagswahlen die CD „Schnauze voll? Wahltag ist Zahltag". „Musik wird im Medienzeitalter für die Vermittlung politischer Botschaften immer wichtiger", betonte der damalige NPD-Spitzenkandidat in Sachsen, Holger Apfel. Das beim anschließenden Wahlerfolg der Partei 18 Prozent der unter 29jährigen ihre Zweitstimme der NPD gaben (Forschungsgruppe Wahlen e.V. 2004: 2), dürfte unter anderem auf diese Strategie zurückzuführen sein.

Nach der hohen Zustimmung von Jung- und Erstwähler in Sachsen, setzte man auch im Bundestagswahlkampf 2005 auf dieses neue Wahlkampfmittel. „Mit der ‚Schulhof-CD' setzen die Nationaldemokraten den politischen Kampf um die Köpfe und Herzen der jungen Deutschen fort", erklärte NPD-Bundeswahlkampfleiter Peter Marx zur Veröffentlichung des Tonträgers, der als „Schrecken aller linken Spießer und Pauker" beworben wurde. Nach Parteiangaben wurden davon 200.000 Exemplare abgesetzt. In einem Begleitheft präsentiert ein Comic in leicht verständlicher Form die Ziele der NPD: Vor dem Arbeitsamt wird einem jungen Schulabgänger erklärt, an seiner perspektivlosen Lage seien „die Ausländer", „raffgierige Kapitalisten" und die Globalisierung schuld, wozu sich die NPD als „wirkliche Alternative, nicht nur eine kleine Schönheitskorrektur" präsentiert.

Eine Fortführung fand diese Konzentration auf die Jungwähler bei den Landtagswahlen 2006 in Mecklenburg-Vorpommern: 60.000 erstmalig Wahlberechtigte wurden persönlich angeschrieben und mit einem speziellen Flugblatt zur Wahl der NPD sowie zur Bestellung einer Schulhof-CD aufgefordert. Bei der Bewerbung und der kostenlosen Verteilung der inzwischen dritten Version der Schulhof-CD griff man unter dem Motto „Verbotene Früchte schmecken am besten!" die mediale Aufmerksamkeit auf, welche der CD zuteil geworden war: „Sie ist wieder da – die berüchtigte Schulhof-CD. Mit neuen Liedern und Provo-

kationsgarantie". Dabei versuchte man unter der Überschrift „Wählt mit 18",
ganz gezielt an die Erstwähler zu appellieren, was von Erfolg gekrönt zu sein
scheint: In der Gruppe der 15 bis 33jährigen lag die NPD auf Platz drei, hinter
SPD und CDU. Außer bei den über 60jährigen erreichte die Partei in allen Al-
tersgruppen mehr als fünf Prozent, wobei die Wahl mit steigendem Alter ab-
nahm. Von den Erstwählern machten 17 Prozent ihr Kreuz bei der NPD, unter
den 18 bis 24jährigen Männern war es sogar jeder Vierte, was die Partei in dieser
Altersgruppe zur stärksten Kraft neben der SPD machte.

Mit Parolen wie „Für eine lebenswerte Zukunft" knüpfte die NPD geschickt
an der von Zukunftsangst und dem Abwandern junger Menschen geprägten
Wirklichkeit vieler Jugendlicher in dem östlichen Bundesland an. In einem Werbeclip wurde die Geschichte eine jungen Paares mit Kind erzählt, welches zunächst die Koffer packt, um aus Mecklenburg-Vorpommern abzuwandern, da es
hier auf Grund der wirtschaftlichen Misere keine Zukunft mehr sieht, sich dann
aber doch auf ihre Heimatliebe besinnt und bleibt.

Ein weiterer Erfolgsfaktor ist die Einbindung junger Aktivisten aus den
Freien Kameradschaften. In Mecklenburg-Vorpommern war die NPD die Partei
mit dem niedrigsten Altersdurchschnitt der Kandidaten, nicht zuletzt Dank zahlreicher so genannter „Freier Nationalisten" auf ihrer Landesliste, was die Charakterisierung der NPD als bewegungsorientierte Partei bestätigt. Die Partei profitiert von diesem bereits in mehreren Bundesländern erprobten Vorgehen in dop-
pelter Hinsicht: Einerseits nutzt die NPD die Akteure aus dem militant-neonazis-
tischen Spektrum als Stimmengaranten im jugendkulturellem Umfeld. Ander-
seits eröffnet die Bindung an die personenstarken Kameradschaften die Chance
auf dringend benötigte Unterstützung im Wahlkampf.

Das Beispiel Mecklenburg-Vorpommern macht offenbar Schule: Vor der
Wahl zum Münchener Stadtrat im März 2008 erhielten etwa 26.000 Münchener
Erst- und Jungwähler Post von der NPD-nahen „Bürgerinitiative Ausländerstopp" (BIA). Deren Spitzenkandidat prophezeite: „Die Erfahrung lehrt, daß eine
authentische inländerfreundliche Opposition gera*de bei Jung- und Erstwählern
auf überdurchschnittliche Resonanz stößt. Das wird am kommenden Sonntag
auch in München so sein."* Tatsächlich schaffte die BIA aus dem Stand mit einem Mandat den Sprung in den Stadtrat. Aber mit Rechtsrock versucht man in
jüngster Zeit ebenfalls in Westdeutschland zu punkten. Mit den Worten „Hallo
liebe Jungs und Mädels, liebe Freunde der deutschen Jugend, ..." leitete die
NPD-Mittelfranken 2007 ihre Kampagne „Rebellion im Klassenzimmer – NPD
rockt!" ein. Mit der Schulhof-Kampagne solle „der Grundstein [...] gelegt werden, zukünftig gezielter an fränkischen Schulen für das nationale Deutschland zu
werben und den herrschenden Zuständen in der BRD eine deutliche Absage zu
erteilen", heißt es in einer Ankündigung des bayrischen Landesverbands. Zudem

wolle man „nationalen Jugendlichen an Schulen [...] den Rücken stärken". Im Beiheft der gemeinsam mit „freien Kräften" produzierten CD „Rebellion im Klassenzimmer ...gegen Umerziehung und Multi-Kulti" dominiert die übliche NPD-Propaganda: „*Habt auch Ihr die Schnauze voll von der Phrasendrescherei linker Lehrer? Herrschen an Eurer Schule Denkverbote gegen alles Nationale und wird im Geschichtsunterricht die deutsche Historie als Verbrecheralbum geschildert? [...] Sind auch zu viele Ausländer auf Eurer Schule [...]?* " Darüber hinaus fordert man die Schüler zur Mitarbeit und zur Denunziation von Lehrern und Schülern auf, die sich gegen Rechts engagieren.

Gegenwärtig versuchen NPD und Kameradschaften zudem, Schüler ganz gezielt über ein in Zeiten des Internets fast schon in Vergessenheit geratenes Medium zu erreichen. Bereits in den 1980er Jahren produzierten extrem rechte Organisationen wie die JN äußerst simpel gestaltete Schülerzeitungen. Hieran knüpft man jetzt in modernerer Form an . Im Winter 2007 brachte die sächsische JN zwei Ausgaben des neuen Schülerzeitungsprojekts „Perplex – jung-frech-deutsch" heraus, welches auch bundesweit verbreitet werden sollte. Beide Ausgaben wurden jedoch umgehend als jugendgefährdend eingestuft und beschlagnahmt: Hitler werde als Friedensvermittler dargestellt, die Alliierten als Kriegstreiber, zudem werde dazu aufgerufen, Schulhöfe zu „national befreiten Zonen" zu machen, so die zuständige Staatsanwaltschaft. In Rheinland-Pfalz verteilte die NPD erstmals im Mai 2007 die regionale Schüler- und Jugendzeitung „Schinderhannes" vor Schulen. Ziel sei es „mit jugendnaher Aufmachung und Themenauswahl die nationalistische Politisierung der deutschen Jugend voranzutreiben und denkende Jugendliche an die NPD zu binden". Über das Medium der Schülerzeitung versucht man, die Ideologie der Partei bereits unter Jugendlichen zu verbreiten, will „nachhaltig die nationalen Tendenzen in der deutschen Jugend verstärken und bündeln" denn man sieht langfristig in der „Verankerung einer nationalen Gegenkultur in der jüngsten Generation" eine „Erfolgsgarantie der NPD für zukünftige Wahlen". Bei der Kommunalwahl in Sachsen 2008 schnitt die NPD gut ab.

Während beispielsweise im Fall der Schülerzeitung „Stachel", welche die NPD im Oktober 2007 in Berlin und Brandenburg verteilte, schon auf dem Titel ein NPD-Logo die inhaltliche Ausrichtung des Blatts verdeutlichte, wird zugleich der Versuch unternommen, diese möglichst nicht zu offensiv zur Schau zu stellen indem man eine eindeutige Symbolik vermeidet und die extrem rechte Ideologie geschickt verpackt. Im März 2005 waren es ostdeutsche Neonazis aus dem Spektrum der Freien Kameradschaften, die unter dem bewusst harmlosen Titel „Independent – unabhängige Schüler- & Jugendzeitung. kritisch – kreativ – zukunftsweisend" eine bundesweite Schülerzeitung herauszubringen wollten. Verteilt werden sollte das Magazin „an Jugendliche ... und nicht an Szeneleute", doch nachdem erste Entwürfe unbeabsichtigt den Weg in die Öffentlichkeit fanden, erschien die Zeitung nicht. Stattdessen veröffentlichte man im Herbst desselben Jahres das 16seitige Nachfolgeprojekt „Invers", von dem mehrere zehntausend Exemplare in Umlauf gebracht wurden. Nicht nur die äußere Gestaltung setzte sich gezielt von gängigen Szenemedien ab, auch durch die Auswahl der angesprochenen Themen wie Umweltschutz, Klimawandel und Globalisierung versuchte man, zum einen nicht auf der ersten Blick als neonazistisches Medium zu erscheinen, zum anderen auch an aktuelle Diskussionen anzuknüpfen. *„Geh mal wieder auf die Straße, geh mal wieder demonstrier'n, denn wer nicht mehr versucht zu kämpfen, kann nur verlieren. Die, die dich verarschen, die hast du selbst gewählt, darum lass sie deine Stimme hören, weil jede Stimme zählt...*" – eingeleitet mit einem Zitat der linken Punkband „Die Ärzte" warb man für Rechtsrockbands, versteckte diese aber geschickt in unverfänglichen Besprechungen bekannter Songs aus der Popkultur. Eine bekannte neonazistische Musikgruppe wurde auf diese Weise zu einem „guten Beispiel für Vermittlung genialer Texte mittels Musik", gehe sie doch „in ihren Texten auf Umwelt- und Wirtschaftsprobleme ein".

Neben diesen eigenen Zeitungsprojekten wird auch immer wieder versucht, auf anderem Weg die eigenen Inhalte unter den Schülern zu verbreiten. Im Jahr 2001 erhielten flächendeckend Schülerzeitungsredaktionen im gesamten Bundesgebiet ungebetene Post der extremen Rechten. In diesem Fall war es ein Serienbrief der seit über dreißig Jahren in einer Auflage von vermutlich 10.000 Exemplaren monatlich erscheinenden Postille „Unabhängige Nachrichten" (UN) aus Nordrhein-Westfalen, welche zum Umfeld der NPD gehört. Dies war nicht das erste Mal, dass Material der UN an Schulen auftauchte. Bereits 1977 rühmten sich die Herausgeber, mehr als 1.300 Schülerzeitungen angeschrieben zu haben. Die UN stilisierten sich gegenüber den Schülern als idealistisches Projekt, welches unabhängig, unbestechlich und deswegen unbequem und geächtet sei. Die Schülerzeitungen forderte man auf, sich doch bei denen zu informieren, deren im Kern wahre Aussagen von der Öffentlichkeit als Nazipropaganda geächtet und unterdrückt würden und das mitgesandte Material der UN in ihren Zeitungen und im Unterricht zu verwenden (Dietzsch, Kellershohn, Schobert 2002: 10f.).

Kaum verwundern kann, dass die extreme Rechte sich verstärkt jenes Mediums bedient, über welches Jugendliche leichter zu erreichen sind, als über alle anderen – des Internets. Die NPD hatte hierzu bereits im Herbst 2006 eine Medienoffensive angekündigt. Um der heutigen Bedeutung elektronischer Medien gerecht zu werden, wollte man gemeinsam mit der Parteizeitung redaktionell erstellte Audio-Dateien bereitstellen und noch im Winter desselben Jahres ein „Nachrichtenprogramm mit bewegten Bildern" anbieten. *„Mit unserem breiten*

Medienangebot, das bald von der Deutschen Stimme bis zu einem eigenen Fern-
sehprogramm reichen wird, werden wir uns vom Meinungsdiktat der Systemme-
dien unabhängig machen", so NPD-Pressesprecher Klaus Beier. Bislang sind auf
dem „Medienserver" der Partei neben Flugblättern, Plakaten und Ähnlichem
lediglich drei Schulhof-CDs und eine kleine Zahl an Werbevideos verfügbar.
Kurzzeitig für Aufsehen sorgte 2006 die im Internet präsentierte Video-
Produktion „Die Woche – Kritische Nachrichten". In der gestalterisch stark an
der „Tagesschau" der öffentlich-rechtlichen Fernesehanstalten orientierten Sen-
dung präsentierte der hessische Landesvorsitzende Marcel Wöll eine Mixtur
möglichst seriös verpackter extrem rechter Propaganda. Inzwischen hat ein Kreis
von NPD-nahen Aktivisten der Freien Kameradschaften das Projekt zu einem
Internetportal ausgebaut, das neben der regelmäßigen Nachrichtensendung ein
breites Angebot häufig selbst produzierter Videos im Internet bereitstellt. Während die „Kritischen Nachrichten" zum einen gesellschaftliche Ereignisse aus
extrem rechter Perspektive darstellen und geschickt mit Berichten über Aktivitäten der extremen Rechten kombinieren, dienen andere Beiträge der Mobilisierung für bevorstehende Aufmärsche oder dokumentieren solche. Neben der Präsentation im Internet stehen die Videos auch als Handyvideos, die sich gerade
unter Schülern großer Popularität erfreuen, zum Download bereit. Beim Aufruf
zahlreicher Internetseiten der Szene dröhnt inzwischen nicht mehr nur Rechtsrock aus den Lautsprechern, sondern man bekommt in trendorientierten und mit
Musik unterlegten Videos von Aufmärschen über Konzerte, Flugblattverteilungen bis hin zu Graffitiaktionen und militanten Angriffen einen Querschnitt extrem rechter Erlebniswelt präsentiert, der Jugendliche zum Mitmachen animieren
soll. Mit ihren Videos bedient sich die Szene auch rege kommerzieller Internetseiten wie dem überaus populären Portal „Youtube" und erreicht hier zahlreiche
Jugendliche, ohne dass diese überhaupt eine extrem rechte Szeneseite aufrufen.
Gerade die Freien Kameradschaften und hier vor allem die sich besonders rebel-
lisch inszenierenden sogenannten „Autonomen Nationalisten" stellen vermehrt
solche Werbeclips auf ihren Websites und anderen (kommerziellen) Seiten ein.
Die „Autonomen Nationalisten", ein gerade in Nordrhein-Westfalen starker
Flügel der Freien Kameradschaften[6], orientieren sich sowohl mit ihren Aktions-
formen als auch in ihrem optischen Auftreten an der autonomen Linken. „Werde
aktiv in deiner Stadt!", heißt es beispielsweise auf der Startseite eines von verschiedenen Kameradschaften genutzten Internetportals mit dem bezeichnenden
Namen „Jugend-Offensive". Auf den ersten Blick erinnert nichts an Neonazis.
Die vermittelten politischen Inhalte werden bei diesen niedrigschwelligen Ange-

---

[6] Entgegen der Feststellung des Verfassungsschutzes es, es handele sich um ein randständiges Phänomen. (Vgl.: Bundesamt für Verfassungsschutz 2007), ist dieses Spektrum inzwischen bundesweit
bedeutend, insbesondere in NRW ist dieses Spektrum überaus aktiv (Vgl. Lohmann, Brahms 2007).

boten oftmals nur verklausuliert artikuliert dargestellt. Ohne für viele Jugendliche auf den ersten Blick als extrem rechtes Gedankengut zu erkennen zu sein, bietet sich hier die Möglichkeit, an existierende und – wie einschlägige Studien zeigen – auch unter nicht rechten Jugendlichen weit verbreitete Vorurteile und Ressentiments gegenüber gesellschaftlichen Minderheiten anzuknüpfen. Auf bunten Aufklebern und Plakaten heißt es beispielsweise „Nein zur Islamisierung Europas: Nein zum EU-Beitritt der Türkei!", verwiesen wird auf die entsprechenden Internetseiten, die namentlich kaum als extrem rechts zu identifizieren sind.

Doch nicht nur die aktionistischen und stark jugendkulturell geprägten Kameradschaften oder die NPD greifen auf diese modernisierten Formen extrem rechter Ideologievermittlung zurück. Auch die an bündischen Aktionsformen orientierte und auf die Ästhetik der Hitlerjugend abzielende Heimattreue Deutsche Jugend (HDJ) präsentiert in einem pathetischen Werbeclip ihre ganz eigene extrem rechte Erlebniswelt aus Zeltlagern, Fahnenappellen und Volkstanz.[7]

Die Jugendarbeit von PRO KÖLN und PRO NRW

Wie aktuell die NPD und andere Organisation hatte PRO KÖLN-Mitbegründer Manfred Rouhs bereits Anfang der 1990erJahre versucht, Jugendliche mittels Musik für die „nationale Sache" zu gewinnen. So beteiligte er sich beispielsweise kurzfristig an der „LER & Partner GmbH in Gründung", die die Musikzeitschrift „Moderne Zeiten" mit dem Untertitel „Das Ketzerblatt für Musik und Trends einer neuen Generation" herausgab. Das Heft wurde von Torsten Lemmer, der vor seinem medial inszenierten vermeintlichen Ausstieg aus der Szene unter anderem als Manager der neonazistischen Kultband Störkraft und Betreiber des Rechtsrock-Labels Funny Sounds fungierte, ab 1996 unter dem Namen „Rock Nord" weitergeführt (vgl. Dubowy 2002: 158 f.). In seiner Zeitschrift „Europa Vorn" (später: „Signal", jetzt: „nation24.de", vgl. Lohmann 2007: 26-28) versuchte Rouhs einen „Brückenschlag zwischen rechten Funktionären und Theoretikern mit der rechten Jugend- und Skinszene" (Mecklenburg 1996: 409). Das fand seinen Ausdruck in Interviews mit extrem rechten Bands, vor allem jedoch in der Bewerbung des hauseigenen „Europa Vorn-Vertriebs", über den

---

[7] Angesichts der in ständig in der Öffentlichkeit präsenten Organisationen wie NPD/JN und Kameradschaften wird oftmals außer Acht gelassen, dass auch diese Formen extrem rechter Jugendarbeit nach wie vor eine nicht zu unterschätzende Rolle spielen. An mindestens jedem dritten Wochenende findet eine Veranstaltung der Gruppierung statt, bei denen Kinder und Jugendliche im Alter von 7 bis 25 Jahren eine extrem rechte Parallelwelt erleben und in Ideologie geschult werden (vgl. Röpke 2007).

neben Büchern auch Rechtsrock-Produkte aus dem Hause Lemmer, dem Kölner Label „Rock-O-Rama" und des „Verlags Manfred Rouhs" erworben werden konnten. Über seine, in dieser Form nicht mehr existente, Firma produzierte Rouhs Liedermacher wie Hans Becher oder Holger Stürenburg, aber auch Tonträger der Heavy-Metal Truppe „Ervolk" oder ein Album der deutsch-niederländischen Skinhead-Band „Kieckers Fünfte Kolonne".

In einem Leserbrief an „Europa Vorn" warnte Michael Walker, Herausgeber des nationalrevolutionären Magazins „Scorpion" davor, die seriöse Rechte durch die Einbindung eines „subkulturellen Lumpenproletariats" zu ruinieren. Rouhs verwies auf die strategische Bedeutung von Musik als jugendgerechte Form extrem rechter Ideologievermittlung: *„Hat der (...) Jugendliche erst einmal an Bands, die patriotische Motive in ihren Texten verarbeiten, Gefallen gefunden, dann fragt er möglicherweise nach Mehr, nach dem Woher und Warum des Nationalismus. Das ist der Moment, in dem wir von Europa vorn zuschlagen, ihm Inhalte und Kontakte bieten müssen."* Gut gemachter Rechtsrock könne dabei helfen, *„Menschenmassen wenigstens oberflächlich im patriotischen Sinne zu politisieren. Ist es uns gelungen, einen Fuß in die Tür des öffentlichen Bewusstseins zu stellen, werden wir die Pforten bald weit öffnen für unsere in eine bessere Zukunft weisende politische Alternative zum Marxismus und Liberalismus"* (Stichwort Skinheads, in: Europa Vorn Spezial 6/Sommer 1993, S. 14-15).

Diese Politik der „rechtsextremen Jugendpolitik unter subkulturellem Vorzeichen" (Häusler 2002: 277) verfolgte Rouhs ebenfalls mit dem Fanzine „Neue Doitsche Welle", das in seinem „Europa Vorn"-Verlag erschien und vornehmlich Skinheads ansprechen sollte. Als Chefredakteur fungierte Sascha Wagner, heute stellvertretender NPD-Vorsitzender von Rheinland-Pfalz, im Bundesvorstand der Jungen Nationaldemokraten (JN) aktiv und Mitarbeiter der sächsischen NPD-Fraktion. Der Versuch, mit dem professionell gestalteten Blatt an die Kioske zu gelangen, scheiterte nicht zuletzt an der mangelnden Szene-Authentizität von Rouhs, so dass die „Neue Doitsche Welle" nach ein paar Ausgaben wieder eingestellt wurde. Ebensowenig gelang es dem rechtsextremen Multifunktionär mit hoppla! (Untertitel „Junge Zeitung für Deutschland"), einem vierseitigen Europa Vorn-Ableger, der mit einer Auflage von angeblich 30.000 Stück (Eigenangabe) an den Start ging, eine „Jugendzeitung" zu etablieren.

Anders sah es mit der Schülerzeitung „Der Hammer" aus, die von der Kölner Gliederung der DEUTSCHEN LIGA VOLK FÜR HEIMAT (DLVH) herausgegeben wurde. Presserechtlich verantwortlich war Bernd Michael Schöppe, der heute für die PRO KÖLN-Fraktion im Rat der Stadt Köln sitzt. Das Redaktionsteam um Schöppe und den Deutsche Liga-Funktionär Michael Wiechert trat, „für ein Land *selbstbewusster* und *denkender* Menschen" ein, „die auf die Wörter ‚Deutschland' und ‚Volk' nicht mit ‚Auschwitz' antworten und ihren jämmerlichen Schuldkomplex *nicht* auf Kosten der Zukunft der Jugend bewältigen!"[8] Dank dem „Hammer" könne man vom Liberalismus geheilt werden.

Die DLVH verfügte über keine eigene Jugendorganisation, Jugendliche wurden über mehr oder weniger informelle Treffen und gemeinsame Aktionen in die Partei eingebunden. Mitglieder der DLVH – darunter der damals 21-jährige Bernd Michael Schöppe – mieteten 1993 getarnt als „Seminargemeinschaft Peter Werntgen"[9] Kellerräume in Köln-Deutz an, die als Wahlkampfbüro und Büro für „Europa Vorn" genutzt wurden, ebenso wie als Räumlichkeiten für den regelmäßigen „Mittwoch-Treff", zu dem auch Skinheads und Angehörige der „FAP" erschienen. (Bosbach 1994: 30).

Bei einigen der ersten öffentlichen Auftritte – wie bei den Protesten zum „Drogenstrich" in Köln-Longerich – war zunächst auch bei PRO KÖLN das Bild von jungen neonazistischen Teilnehmenden geprägt. Doch war PRO KÖLN nicht daran interessiert (und auch nicht dazu fähig), sich einem explizit neonazistischen Spektrum zu öffnen und wie die NPD einen bewegungsförmig orientierten Parteientypus zu etablieren, der sich in jugenkulturellen Milieus verankert sieht. Vielmehr orientierte man sich mit dem Label „Bürgerbewegung" am Vorbild rechtspopulistischer Parteien in Europa (vgl. dazu den Artikel von Häusler, Killguss, Peters in diesem Band). Für nicht aktionsorientierte rechte Jugendliche bot PRO KÖLN ebenso wenig eine Organisationsplattform oder andere Möglichkeiten, jugendspezifische Interessen propagandistisch aufzuladen. Dies änderte sich, als mit dem Einzug in den Rat der Stadt Köln materielle und damit auch personelle Ressourcen frei wurden. Ein „Arbeitskreis Jugend" wurde gegründet. Der stellte sich erstmals am 30. November 2005 anlässlich des jährlich stattfindenden „Tag der Jugend im Rathaus der Stadt Köln" mit einem Flyer vor. Darin wurden ethnisch zugeordnete Angstthemen aufgelistet, mit denen man glaubte, Jugendliche ansprechen zu können: „Abziehen von Klamotten, Handys oder Taschengeld", „Gewalt und Mobbing an Schulen", „Klassen, in denen nur noch die Hälfte der Schüler richtig deutsch versteht". Dabei wurde versucht, Heranwachsenden eine Machtperspektive zu geben: „Bei uns hast du die Chance, an verantwortlicher Stelle mitzumachen". Bei anderen Parteien könne man als Jugendlicher hingegen nur Plakate kleben. Die Vorsitzende von PRO KÖLN, Judith Wolter, sei bereits mit 21 Jahren Vorsitzende geworden, Martin Schöppe sei mit 23 Jahren bereits PRO KÖLN-Bezirksvertreter. Mit diesen Funktionen jedoch sind, anders als bei Jugendorganisationen der etablierten Parteien, nur bedingt weiter reichende Einflussmöglichkeiten oder eine Karriere außerhalb der extremen Rechten verbunden.

---

[8] Schreibweise im Original. Aus dem öffentlichen Antwortbrief der „Hammerredax" auf Kritik von Worringer Bürgern am Hammer.

[9] Werntgen war Mitglied der Programmkommission der Deutschen Liga.

Die Erfolge der NPD haben gezeigt, dass sich jungen Aktivisten hier durchaus Perspektiven eröffnen können- wenn auch beschränkt auf die rechte Szene: Der stellvertretende Bundesvorsitzende der NPD und Vorsitzende der NPD-Fraktion im sächsischen Landtag Holger Apfel beispielsweise ist Jahrgang 1970, der aus dem Spektrum der freien Kameradschaften stammende Birger Lüssow, geboren 1975, sitzt als Abgeordneter im Landtag von Mecklenburg-Vorpommern und der hessische Landesvorsitzende Marcel Wöll – Mitglied eines Kreistags und Stadtverordneter – ist sogar erst 1983 geboren. Die Partei weiß dieses für sich zu nutzen: In dem 2006 kostenlos vor Schulen verteilten Magazin der JN-Sachsen „Jugend rebelliert" (Nr. 2) leitete man ein Interview mit jungen JN-Aktivisten aus Sachsen-Anhalt mit den Worten ein: „Wir jungen Menschen [haben] nicht nur die NPD gewählt, weil wir kein Bock mehr auf eine Politik haben, welche uns Jugendliche zum Abwandern in den Westen zwingt, sondern auch, weil wir uns Leute in den Parlamenten wünschen, die unsere Probleme verstehen und anpacken. Und das können schließlich nur junge Politiker, die selber noch vor Jahren mit den gleichen Sorgen konfrontiert waren." Folglich sei es nicht verwunderlich, dass fast die Hälfte der in Sachsen-Anhalt in die Kreistage gewählten NPD-Mitglieder der Jugendorganisation angehörten.

Noch können bei PRO KÖLN nur Posten im Zusammenhang mit der Kölner Fraktion vergeben werden. Das ist aber nicht der alleinige Grund für mangelnden Zuspruch. Auch kann die PRO KÖLN-Jugend bis jetzt nur bedingt Aktivitäten in einer nennenswerten Größe entwickeln und sich mit eigenen Themen profilieren. Die Versuche, Forderungen nach „Einführung von nach Deutschkenntnissen getrennte Schulklassen" oder nach einer „kopftuchfreien Schule" kampagnenfähig aufzubereiten, kamen über erste Ansätze nicht hinaus. In der auf die parlamentarischen Institutionen ausgerichteten politischen Arbeit von PRO KÖLN spielen Jugendliche weiterhin eine eher untergeordnete Rolle – abgesehen von einzelnen Anträgen beispielsweise zur Durchführung eines „Tag der Jugend" im Bezirksrathaus Chorweiler im September 2006. Wie bereits in den programmatischen Aussagen der DLVH tauchen Jugendliche als eigenständige Akteure kaum auf und dienen vor allem als Folie zur Illustration „des Deutschen" als Opfer jugendlicher „krimineller Ausländer."

Öffentliche Aufmerksamkeit erreicht die rechtspopulistische Vereinigung vor allem mit der Schüler- und Jugendzeitung „Objektiv", ein Vierfarbblatt im A5-Format, das „sich betont seriös und ohne jedwede subkulturelle Ausrichtung" (Häusler 2007: 23) gibt. Stattdessen finden sich in dem Heft neben Freizeittipps, harmlosen Beiträgen wie ein Artikel über „schwarze Löcher" oder Buch- und Filmvorstellungen ebenso Anzeigen von PRO KÖLN, Werbung für die extrem rechte Monatszeitung „Nation & Europa" und politische Artikel. Mit dem Abdrucken von nicht in Auftrag gegebenen Werbeanzeigen des Deutschen Roten

Kreuzes, der Polizei oder „Mehr Demokratie e.V." soll der Eindruck erweckt werden, honorige Organisationen würden die Schülerzeitung unterstützen.[10]

Das Themenspektrum orientiert sich am Agenda-Setting von PRO KÖLN: Moscheebau, Kriminalität, Ausländer, Patriotismus. In der ersten Ausgabe versuchte das Redaktionsteam um den Herausgeber und PRO KÖLN-Jugendbeauftragten Martin Schöppe mit „Deutsch ist geil", angelehnt an den von BILD-Zeitung entworfenen Slogan „Schwarz-Rot-Geil"[11], der die kollektive Identifizierung mit der „deutschen Nation" als große Party apostrophieren sollte, PRO KÖLN peppig zu bewerben.[12]

Obwohl man sich mit „Objektiv" zumeist um sprachliche Mäßigung bzw. Verklausulierung bemüht, sind die Beiträge allesamt geprägt von rassistischen Stereotypisierungen, die sich kaum von der Propaganda einiger neonazistischer Gruppierungen unterscheiden *„Doch wie sieht der tolerante Alltag eines toleranten Durchschnittsmenschen konkret aus? (...) Sie wird in der U- Bahn ständig von Mitmenschen südländischer Herkunft sexuell belästigt, traut sich aber nicht sie zurechtzuweisen. Schließlich müsse man ja gewisse vorintegrationstypische Mentalitäts-Unterschiede tolerieren."*, heißt es in der Schülerzeitung „Invers", die von den Freien Kameradschaften herausgegeben wird. Ganz ähnlich tritt in „Objektiv" Nr. 1 in einer „fiktiven Szene aus dem Großstadtleben" der türkische Jugendliche „Ali" auf, vorgestellt als Hauptschüler und Kickboxer, und belästigt die blonde Gymnasiastin Jessica. „Widerwärtig platt, randvoll mit dumpfen Klischees" urteilte „Spiegel online" (Himmelrath 2006a) über diesen Ansatz, Konflikte kulturalisierend auf jugendliches Erleben zu übertragen, während der Kölner Stadt-Anzeiger die „Inhalte eindeutig am rechten Rand" (Schmalenberg 2006) sah. Die Macher von „Objektiv" böten damit unnötige Angriffsmöglichkeiten, fand die rechte Wochenzeitung „Junge Freiheit", die dem Blatt ansonsten wohlwollend gegenüber steht (vgl. Hämmerling 2006).

Bei der zweiten Ausgabe geht man etwas subtiler zu Werke (Kellers 2006). Feindbilder werden nicht mehr so plakativ dargestellt, dennoch werden Migranten und Migrantinnen pauschal als Integrationsverweigerer gezeichnet und dem dualistischen Schema „Wir gegen die Anderen" untergeordnet. Dieser Vorstellung zu Grunde liegt ein weit verbreiteter und damit an rassistische Konzeptio-

---

[10] Allerdings hat der Allgemeine Deutsche Fahrrad-Club eine Unterlassungsforderung für den Abdruck einer Anzeige in der „Objektiv" Nr. 4 eingereicht, was zu erheblichen Verzögerungen beim Verteilen der Ausgabe führte.

[11] Die „Bild" machte am 12.6.2006 erstmals mit der Schlagzeile „Deutschland im WM-Rausch: SCHWARZ, ROT, GEIL!" auf, im Anschluss zog sich das Wortspiel mit den Nationalfarben wie ein roter Faden durch die Berichterstattung des Boulevard-Blattes.

[12] Bebildert war die Anzeige, mit der auch für den Arbeitskreis Jugend an Schulen geworben wurde, mit einer jungen blonden Frau, die sich später als tschechisches Erotik-Modell entpuppte (vgl. Himmelrath 2006b).

nen anschlussfähiger „statischer Kulturbegriff", das „Konstrukt von ‚Kultur' als homogenes und in sich geschlossenes System." (Griese 2004: 190) „Viele der 313.386 Personen mit ‚Migrationshintergrund'", heißt es in der „Objektiv" mit Bezug eine Statistik der Stadtverwaltung Köln „wollen sich nicht integrieren, weil sie sich bewusst einer anderen Volksgruppe zugehörig verstehen und sich nicht auf die für sie neue, deutsche Kultur einlassen wollen. Diese Gruppen halten stark zusammen, sprechen ihre Sprache und feiern ihre Feste." (Herzog 2007: 17). Die Schlussfolgerung der Autorin besteht in der zynischen politischen Forderung, die bereits die DLVH und andere Rechtsparteien in ihren Programmen fixiert hatten: Denjenigen, die wieder in ihre Heimat möchten, soll staatliche Unterstützung zuteil werden – letztlich eine euphemistische Umschreibung eines platten „Ausländer raus!"

Ebenfalls von rassistischem Denken geprägt ist eine in der „Objektiv" abgedruckte „politisch unkorrekte Glosse" unter dem Titel „Die letzten Deutschen", die bereits in der PRO KÖLN-Zeitung Nr. 6/2. Quartal 2004 Verwendung fand. Dabei werden die Deutschen als leidende Minderheit in eigenem Land stilisiert, die von „Mehmet Özal", „Hassan Muftlus" und „Ali Yüksels" drangsaliert werden. „Wenn man im Frühjahr mit wachem Auge durch die Straßen von Kölner Problemvierteln mit besonders hohem Migrantenanteil geht, könnte man fast meinen, dass diese Glosse irgendwann einmal Wahrheit wird", heißt es der Einleitung. Flankiert wird damit die parteipolitische Arbeit im Rat der Stadt Köln, wo die Fraktion PRO KÖLN anfragen lässt, ob die Verwaltung bestrebt sei, den Zeitpunkt bis zum Minderheitenstatus der Deutschstämmigen zu verlangsamen und ob entsprechende Minderheitenschutzregelungen eingeführt würden.[13] Das deutet auf eine gezielte Gesamtstrategie bei der Planung der Schülerzeitung hin, die darauf ausgerichtet ist, die politischen Themen PRO KÖLNs jugendgerecht zu verpacken. Das geht jedoch auf Kosten der Authentizität: Den Artikeln ist deutlich anzumerken, dass sie von Erwachsenen in bemüht jugendlich wirkendem Stil geschrieben wurden.

Die Bildsprache der nach Eigenangaben in einer Auflage von 3.000 Stück produzierten „Objektiv" bezieht sich ebenfalls in assoziativer Weise auf alltagsrassistische Klischees, deren Subtext nur unschwer zu entschlüsseln ist. Der Artikel über „Multi-Kulti-Kriminalität", in der Nummer 3 abgedruckt, ist mit einem Foto migrantischer Jugendlicher bebildert und untertitelt mit: „Ausländische Jugendgangs posieren mit Machogehabe im Internet und terrorisieren unschuldige Bürger". Soziale Probleme werden ethnisiert und biologistisch auf die „Wesensart von Ausländern" zurückgeführt. Der Ursprung von Gewalt liege darin, dass „Menschen grundsätzlich [...] nur äußerst ungern ihr Wertesystem an

---

[13] Anfrage der PRO KÖLN-Ratsfraktion zur Ratssitzung am 29.08.2006, www.pro-koeln-online. de/images6/anfrage-deutsche-minderheit.pdf, v. 04.03.2008.

das des Gastgeberlandes anpassen", heißt es auf der Website der PRO KÖLN Jugend.

Mit „gewalttätigen Jugendlichen" aus Zuwandererfamilien setzte sich schon das Programm der DLVH für die Kommunalwahl in Köln 1994 auseinander: „Ein weiteres, immer brennenderes Problem, stellen die jugendlichen Ausländer, insbesondere Türken dar. Entwurzelt und trotz aller Fördermaßnahmen ohne Perspektive, sind diese für die so oft zitierte Gewaltexplosion unter Jugendlichen verantwortlich. Deutsche Jugendliche werden vor allem an den Schulen Opfer von multikriminellen Jugendbanden." Unter der Überschrift „Überfremdung: Domet uns Kölle kölsch bliev!" wird die Forderung aufgestellt: „Die Bildungskatastrophe aufhalten – Begrenzung des Ausländeranteils in den einzelnen Schulen auf 30 Prozent" und ähnlich der NPD eine „Schaffung von reinen Ausländerklassen für Jugendliche, deren Eltern in absehbarer Zeit in ihre Heimat zurückkehren wollen." gefordert (Programm der Deutschen Liga 1994). Genau diese Punkte greifen PRO KÖLN und Ableger der Rechtspopulisten wieder auf und stellen sie unter Verwendung einer weniger deutlich rassistischen Sprache in den Mittelpunkt ihrer jugendpolitischen Arbeit.

Wird die Funktion von „Objektiv" als Parteiorgan von Martin Schöppe auch vehement bestritten (Kolodziejczyk 2008), orientiert man sich mit der im Dezember 2007 erstellten vierten „Objektiv"-Ausgabe auch nach außen deutlicher an der Partei. Die Logos der Jugend PRO KÖLN und der parallel zur Ausdehnung von PRO KÖLN auf Nordrhein-Westfalen ins Leben gerufenen Jugend PRO NRW prangen auf dem Cover. Auch in der inhaltlichen Ausrichtung bezieht man sich nun deutlicher auf die kollektivistischen Anrufungen der extremen Rechten. Das „Erbe" verbinde Menschen gleicher Herkunft. Die „Droge Liberalismus" sei jedoch bestrebt, die Gemeinsamkeiten eines Volkes auszulöschen (vgl. Herzog 2007), mahnt Lydia Herzog in dem Artikel „Einer für alle, alle für einen?", der in einer späteren Internet-Version der Zeitung wieder entfernt wurde. Auch hier bedient sie sich wieder der von der DLVH und „Europa vorn" vorgegebenen Begrifflichkeiten, die den Marxismus und Liberalismus als Hauptfeind in der politischen Auseinandersetzung sahen.

Die „neue" Schülerzeitung von PRO KÖLN soll als Teil einer „Jugendoffensive" in einer Auflage von 10.000 Stück NRW-weit verbreitet werden. Ob die trotz allem eher bieder wirkende Zeitung bei Jugendlichen Anklang findet, erscheint auf den ersten Blick fraglich. Dennoch berichten Jugendliche von etlichen Mitschülern, die für Pauschalisierungen und Emotionalisierungen beim Thema „Islamisierung" und Einwanderung tendenziell empfänglich seien, da sie darin ihre eigenen Alltags- und Erfahrungswelten widergespiegelt sehen. Derartige ethnisierte Feindbilder werden bei PRO KÖLN wie bei anderen Rechtspopulisten fast ausschließlich über das Thema Kriminalität vermittelt (Decker 2002: 20).

Betrachtet man die in etlichen wissenschaftlichen Untersuchungen erhobene Verbreitung extrem rechter Einstellungen in Abhängigkeit vom Alter, so gilt: „je älter jemand ist, desto eher tendiert einer zu Fremdenfeindlichkeit" (Kleinert, de Rijke 2001: 174). Diese Tendenz zeigt sich auch in der 2006 von der Friedrich-Ebert-Stiftung in Auftrag gegebene Studie: Hier stehen beim Item Ausländerfeindlichkeit 22,6 Prozent in der Gruppe der Vierzehn- bis Achtzehnjährigen 32,7% der über 60-Jährigen gegenüber. Immerhin 4,9 Prozent der 14-30jährigen befürwortet eine Diktatur, 16% sind chauvinistisch eingestellt, 7,1% unterstützen antisemitische Positionen (Decker, Brähler 2006). Zwar kommt die 15. Shell-Jugendstudie zu dem Ergebnis, Jugendliche seien „nach wie vor eine eher tolerante Bevölkerungsgruppe". Trotzdem ist jeder Zehnte gegen eine afrikanische Familie als Nachbarn, sogar 30 Prozent gegen den Zuzug einer Aussiedlerfamilie. Gerade die Einstellung gegenüber zukünftiger Einwanderung hat sich verändert. Im Jahr 2002 waren es noch 46 Prozent gewesen, die sich dafür aussprachen, in Zukunft möglichst weniger Migranten in Deutschland aufzunehmen. Dass mit 58 Prozent inzwischen eine Mehrheit der Jugendlichen – in allen gesellschaftliche Schichten – dieser Ansicht ist[14], zeigt das großes Potential für PRO KÖLN und PRO NRW. Dies gilt insbesondere für die von den rechtspopulistischen Gruppierungen favorisierten Kampagnenthemen. Die vom Bundesinnenministerium veröffentlichte Studie „Muslime in Deutschland" weist bei 15 bis 20% der befragten „angestammten" deutschen Schüler und Schülerinnen eine extrem ausländerfeindliche Haltung nach. 19,5% dieser Befragtengruppe stimmt gar der Rechtsaußen-Parole „Deutschland den Deutschen – Ausländer raus!" zu. Ausländer werden von 33,5% dieser Befragtengruppe als Schuldige für Arbeitsmarktprobleme gesehen und über 40% sind der Ansicht, dass – entgegen kriminalstatistischer Belege – die meisten Kriminellen „Ausländer" seien. Jugendliche teilen jedoch nicht nur rassistische Anschauungen, sondern sind tendenziell auch dazu bereit, rechts zu wählen (Stöss 2005: 95), wie nicht zuletzt die Erfolge der NPD bei Jungwählern in Ostdeutschland gezeigt haben.

Trotzdem gelingt es PRO KÖLN und PRO NRW bislang nicht, dieses Potenzial abzuschöpfen. Dabei dürfen deren jugendpolitische Bemühungen nicht gesondert von denen anderer Organisationen in Deutschland, beispielsweise der etablierten Parteien, betrachtet werden. Dort stellt sich die Jungmitgliederentwicklung der letzten Jahrzehnte dar „wie die Geschichte eines Exodus von mehreren Jugendgenerationen, die mit Parteien nichts zu tun haben wollen." (Wiesendahl 2001: 7). Das sinkende Interesse „gilt auch für jugendliche Beteiligung an Bürgerinitiativen, Gewerkschaften oder Kirchen" (Alemann 1995: 73)

---

[14] www.shell.com/home/content/de-de/society_environment/jugendstudie/2006/jugendstudie2006_toleranz_alltagsverhalten.html, v. 01.04.2008.

Auch die Wahlbeteiligung ist bei den 21-24-jährigen am geringsten (Niedermayer 2001: 169). Politische Partizipation, also Handlungen, die „motivational (im Sinne von zweckrational) bewusst mit der Erreichung eines politischen Ziel verknüpft sind" (Kaase 1997: 160) können jedoch nicht allein an der Mitgliedschaft oder Wahlbeteiligung festmacht werden, sondern müssen Formen der „Selbstverwirklichung im Prozeß des direkt-demokratischen Zusammenhandelns" (Schultze 2001: 363) mit einbeziehen. Insofern gilt es, die Taxonomie partizipativer Handlungen, die sich immer noch stark auf „Wahlen und Abstimmungen, parteibezogene Aktivitäten, gemeinde-, wahlkampf- und politikerbezogene Aktivitäten" (Niedermayer 2001: 160 ff.) richten, zu erweitern. Eine „unkonventionelle", auf ein konkretes Problem bezogene Partizipation (vgl. Schultze 2001: 364) umfasst weitere Möglichkeiten des politischen Engagements, wie die Mitarbeit in einer Bürgerinitiative, das Sammeln von Unterschriften oder der Beteiligung an Diskussionen im Rahmen öffentlicher Versammlungen.

Ähnlich der Strategie der NPD versucht PRO KÖLN genau diese Mittel strategisch einzusetzen. Beteiligung wird jedoch nicht im Sinne einer demokratischen und gleichberechtigten Teilhabe wie sie von den Neuen Sozialen Bewegungen in den 1970er- und 1980er-Jahren proklamiert wurde, verstanden, sondern als das Gegenteil – in der Abtretung der eigenen Stimme an eine Organisation, die dieser ein Gehör verleiht. PRO KÖLN folgt damit dem Leitmotiv aller rechtspopulistischen Politikformen: Die Inszenierung als „Anwalt des kleinen Mannes", dessen Sorge und Nöte von „denen da oben" nicht ernst genommen würden. Das Volk steht dabei als „,schweigende Mehrheit' […] den politischen und kulturellen Eliten (sowie den von diesen angeblich protegierten Minderheiten) frontal [gegenüber]." (Geden 2007: 9). Dennoch könnten diejenigen erreicht werden, die sich von den althergebrachten Formen institutionalisierter Politik abwenden. Ein Motiv für die zunehmende Distanzierung der jungen Generation von der Politik ist dem Survey des Deutschen Jugendinstituts zufolge der Eindruck Jugendlicher, von der Politik mit ihren Problemen im Stich gelassen zu werden. „Die Politiker kümmern sich sowieso nicht um uns!" ist in diesem Kontext eine symptomatische Aussage vieler jungen Leute" (Gille, Krüger 2000: 241). Die Distanz Jugendlicher zu institutionenbezogener Politik trifft jedoch auch auf PRO KÖLN zu: Trotz der Stilisierung als Bürgerbewegung ist man zu sehr auf eine Partei in traditionellem Sinne fixiert als dass dauerhaft Aktionsformen etabliert werden könnten, die in einem spontanen oder geplanten Mobilisierungsprozess außerhalb eines institutionalisierten Rahmens entstehen. Damit unterscheiden sich PRO KÖLN, PRO NRW und ähnliche rechtspopulistische Parteien von anderen Spektren der extremen Rechten, die sich als Teil einer völkischen Bewegung verstehen, deren Attraktivität sich unter anderem aus der Verwendung subkultureller Stilmittel herleitet (vgl. Häusler 2002: 281).

Zwar spielen jugendliche Erlebniswelten wie Konzerte in der bisherigen politischen Arbeit kaum eine Rolle, dennoch verspricht die „Jugend PRO NRW": „Ob Grillfest, Party oder Ausflug...bei uns erlebst du Gemeinschaft." (Flyer der PRO NRW Jugend). Mit dem Angebot, gegen „Kriminalität, Überfremdung, Arbeitslosigkeit, Sozialabbau oder Umweltzerstörung" anzukämpfen und mittels „Mahnwache, Flugblattverteilung oder Infostand" politische Veränderungen zu erwirken, werden niedrigschwellige Einstiegsmöglichkeiten geschaffen. Derzeit hapert es jedoch noch an der Umsetzung: Veranstaltungen wie die Beteiligung der PRO NRW und der PRO KÖLN Jugend am „Tag der rechtseuropäischen Jugend" am 4. Mai 2008 in Antwerpen, an dem rechtsextreme Organisationen wie die „Democracia Nacional" (Spanien), die „Jeunesse Identitaires" (Frankreich) und die „National Alliance" (USA) teilnahmen[15], sind nur für den inner circle gedacht oder können – wie die traditionelle Rheinschifffahrt oder ein Ausflug auf den Drachenfelsen – „bestenfalls den Event-Charakter eines Kaffeekränzchens entfalten" (Lohmann 2008: 12). Dazu sind Stil und Auftreten nicht von einer dynamisch erscheinenden Ästhetik geprägt. So wirken – im Gegensatz zu den Schulhof-CDs der NPD – die Jugend-Flyer, die in den nordrhein-westfälischen Städten verteilt werden, in denen PRO NRW die Schwerpunkte im Kommunalwahlkampf sieht, weder vom Inhalt noch von der Form her attraktiv. Entscheidend ist für die Ansprache rechtskonservativ sozialisierter Jugendlicher, auf die es PRO NRW abgesehen hat, jedoch nicht der „Coolness-Faktor". Es mangelt vor allem an brauchbarem Personal. Der erste „Jugendbeauftragte", Harald Schmidt-Lonhardt, hatte versucht, mit „Deutsch ist geil" für den „Arbeitskreis Jugend" von PRO KÖLN zu werben. Kurz danach trat er zurück. Glücklos war auch sein Nachfolger René Emmrich, dem öffentliche Auftritte versagt blieben und der schließlich von Martin Schöppe ersetzt wurde. Nach nur wenigen Wochen gab auch der PRO NRW-Jugendbeauftragte Jan Weber aus der Eifel auf. Beerbt wurde er von Marylin Anderegg, die sich bislang nicht durch jugendpolitische Aktivitäten profiliert hat, sondern vielmehr als Sprecherin der „Anwohnerinitiative Ehrenfeld", die gegen den geplanten Bau der dortigen Moschee mobil machte.

Zum anderen fehlen Identifikationsfiguren. Personen wie Manfred Rouhs, die sich persönlich zum Verteilen der Zeitung auf die Kölner Schulhöfe stellen, haben aufgrund ihres Alters und mangelnder Authentizität eine zu große Distanz zu Jugendlichen. Die Veranstaltungen und Aktionen von PRO KÖLN sind – bis auf wenige Ausnahmen – vornehmlich von älteren Funktionären besucht. So gibt es keine Jugendlichen bei PRO KÖLN, mit denen das versprochene Gemeinschaftsgefühl auch tatsächlich erlebt werden könnte.

---

[15] http://nsalternatief.worldpress.com/2008/05/05dag-van-de-rechts-europese-jeugd/ v. 10.06.2008.

Ob dies jedoch dauerhaft so bleiben wird, scheint derzeit noch nicht ausgemacht. Um dem Versuch, „die Jugendlichen für die *pro*-Bewegung gewinnen" (Blaue Narzisse: 2008) nachhaltig entgegenwirken zu können, bedarf es vor allem an Schulen präventiver Ansätze, die nicht auf Tabuisierung und Verbote, sondern auf eine kritisch-argumentative Auseinandersetzung mit den Inhalten der Rechtspopulisten setzen.

Literatur

Alemann, Ulrich von (1995): rororo special: Parteien. Reinbek bei Hamburg
Apfel, Holger (Hrsg.) (1999): Alles Große steht im Sturm. Tradition und Zukunft einer nationalen Partei. Stuttgart
Blaue Narzisse: „Wer kämpft, kann verlieren, wer nicht kämpft, hat schon verloren!" Interview mit Martin Schöppe, http://www.blauenarzisse.de/v2/index.php?option= com_content&task=view&id=384&Itemid=32, v. 19.04.2008
Bosbach, Gerd (1994): Eine Kette von Lügen und Angriffen. Aktivitäten der deutschen Liga in Deutz, in: Arbeitskreis Neofaschismus in der VVN/BdA Köln (Hrsg.): Keine Stimme für Rechts. Neofaschistische Kommunalpolitik am Beispiel Köln – Umtriebe und Hetzkampagnen der Deutschen Liga und der Republikaner. Köln: S. 30.
Botsch, Gideon (2007): Was ist Rechtsextremismus? Definitionen, Problemdimensionen und Erscheinungsformen. In: Ders.; Schoeps, Julius H.; Kopke, Christoph; Rensmann, Lars (Hrsg.) (2007): Rechtsextremismus in Brandenburg. Handbuch für Analyse, Prävention und Intervention. Berlin: S. 32-46
Brandstätter, Marc (2006): Die NPD im 21. Jahrhundert. Eine Analyse ihrer aktuellen Situation, ihrer Erfolgsbedingungen und Aussichten. Marburg
Backes, Uwe; Steglich, Henrik (Hrsg.) (2007): Die NPD. Erfolgsbedingungen einer rechtsextremistischen Partei. Baden-Baden
Bundesministerium des Inneren (2007): Muslime in Deutschland. Integration, Integrationsbarrieren, Religion und Einstellungen zu Demokratie, Rechtsstaat und politisch-religiös motivierter Gewalt. Berlin
Bundesamt für Verfassungsschutz (2007): „Autonome Nationalisten". Eine militante Randerscheinung, Köln, http://www.verfassungsschutz.de/download/SHOW/thema_ 0704_autonome_nationalisten.pdf, Mai 2007
Decker, Frank (2002): Der neue Rechtspopulismus in den westlichen Demokratien. In: Rechtspopulismus auf dem Vormarsch? Eine Tagung der SPD Hamburg am 1. Dezember 2001. Hamburg: SPD. S. 8-21
Dietzsch, Martin; Kellershohn, Helmut; Schobert, Alfred (2002): Jugend im Visier. Geschichte, Umfeld und Ausstrahlung der „Unabhängigen Nachrichten". Duisburg
Dornbusch, Christian; Raabe, Jan (Hrsg.) (2002): RechtsRock. Bestandsaufnahme und Gegenstrategien. Hamburg/Münster

Dubowy, Liane M (2002).: Von Party bis Propaganda. RechtRock-Fanzines zwischen Subkultur und Politik. In: Dornbusch, Christian; Raabe, Jan (Hrsg.) (2002): Rechts-Rock. Bestandsaufnahme und Gegenstrategien. Hamburg/Münster: S. 145-166

Dudek, Peter; Jaschke, Hans-Gerd (1984): Entstehung und Entwicklung des Rechtsextremismus in der Bundesrepublik. Zur Tradition einer besonderen politischen Kultur. Bd.1, Opladen

Forschungsgruppe Wahlen e.V. (2004): „Landtagswahlen in Sachsen und Brandenburg: NPD und DVU", online unter: http://www.forschungsgruppewahlen.de/Studien/ Wahlanalysen/Kurzanalysen/Newsletter_NPD_DVU.pdf, v. 19. 09.2004

Gansel, Jürgen (2006): „Der Marsch in die Mitte des Volkes. Die Nationalisierung der sozialen Frage verändert das gesellschaftliche Klima", in: Deutsche Stimme, Mai/ 2006, http://www.npd.de/index.php?sek=0&pfad_id=9&cmsint_id=1&detail=578, v. 05.04.2008

Geden, Oliver (2007): Rechtspopulismus. Funktionslogiken, Gelegenheitsstrukturen, Gegenstrategien. Studie der Stiftung Wissenschaft und Politik. Berlin

Gille, Martina; Krüger, Winfried (2000) (Hrsg.): Unzufriedene Demokraten. Politische Orientierungen der 16- bis 29jährigen im vereinigten Deutschland. DJI-Jugendsurvey 2. Opladen

Griese, Hartmut (2004): Kritik der „interkulturellen Pädagogik", Essays gegen Kulturalismus, Ethnisierung, Entpolitisierung und einen latenten Rassismus. 2. Aufl.. Münster u.a.

Hafeneger, Benno; Becker, Reiner (2007): Rechte Jugendcliquen. Zwischen Unauffälligkeit und Provokation. Eine empirische Studie. Schwalbach/Ts.

Hämmerling, Josef: Wirbel um rechte Schülerzeitung. In: Junge Freiheit 35/2006

Häusler, Alexander (2002): Szene, Stil, Subkultur oder Bewegung. In: Dornbusch, Christian; Raabe, Jan (Hrsg.) (2002): RechtsRock. Bestandsaufnahme und Gegenstrategien. Hamburg/Münster: S. 263-286

Häusler, Alexander (unter Mitarbeit von Jürgen Peters) (2007): Rechtspopulismus in Gestalt einer Bürgerbewegung. Struktur und politische Methodik von PRO NRW und PRO DEUTSCHLAND. Düsseldorf

Herzog, Lydia (2006): In welcher Stadt leben wir eigentlich. In: Objektiv 2/2006: S. 16-17

Herzog, Lydia (2007): Einer für alle, alle für einen? Wie viel Liberalismus verträgt der Mensch? In: Objektiv 4/2007: S. 4-5

Himmelarth, Armin (2006a): Rechte Schülerzeitung. Braune Hetze zwischen Freizeit-tipps. In: spiegel online vom 18.08.2006, http://www.spiegel.de/schulspiegel/wissen/ 0,1518,432253,00.html, v. 22.01.2008

Himmelrath, Armin (2006b): Rechte Kölner Jugendzeitung. Tschechisch ist geil. In: spiegel online vom 01.09.2006, http://www.spiegel.de/schulspiegel/0,1518,434 251,00.html, v. 22.02.2008

Hoffmann, Uwe (1999): Die NPD. Entwicklung, Ideologie und Struktur. Frankfurt a.M.

Infratest dimap (2006): Wahlreport Landtagswahl Mecklenburg-Vorpommern 2006. Berlin

Kaase, Max (1997): Vergleichende Politische Partizipationsforschung. In: Berg-Schlosser, Dirk; Müller-Rommel, Ferdinand (Hrsg.) (1997): Vergleichende Politikwissenschaft. 3. überarb. u. erg. Aufl. Opladen: S. 159-174

Kellers, Rainer (2006): Seriöser Anstrich, brauner Inhalt. Zweite Ausgabe der rechten Schülerzeitung „Objektiv" erschienen. In: wdr-online vom 04.12.2006, http://www.wdr.de/themen/politik/nrw03/rechte_schuelerzeitung/061204.jhtml, v. 13.02.2008

Kellershohn, Helmut (2002): Das Projekt Junge Freiheit. Eine Einführung. In: Ders. (Hrsg.) (2002): Das Plagiat. Der Völkische Nationalismus der Jungen Freiheit. Duisburg: S. 17-50

Kleinert, Corinna; de Rijke, Johann (2000): Rechtsextreme Orientierungen bei Jugendlichen und jungen Erwachsenen. In: Schubarth, Wilfried; Stöss, Richard (Hrsg.) (2000): Rechtsextremismus in der Bundesrepublik Deutschland. Eine Bilanz. Schriftenreihe der Bundeszentrale für politische Bildung, Bd. 368. Bonn: Bundeszentrale für politische Bildung: S. 167-198

Kolodziejczyk, Meike (2008): Werbung in fragwürdigen Blättern. Radler wollen keine Rechtsabbieger sein, in: Frankfurter Rundschau online vom 09.01.2008, http://www.fr-online.de/in_und_ausland/kultur_und_medien/medien/?em_cnt=1268767, v. 24.01.2008

Lohmann, Johannes (2007): Pro Rechts. Die Zeitschrift nation24.de. In: Lotta 26/Frühjahr 2007: S. 26-28

Lohmann, Johannes; Brahms, Rainer (2007): „Neue Aktionsbündnisse. AG Ruhr-Mitte und AG Rheinland". In: Lotta 29/Winter 2007/2008: S. 29-31

Lohmann, Johannes (2008): Charakter eines Kaffeekränzchens. Die Jugendarbeit von PRO KÖLN und PRO NRW. In: Lotta 30/Frühjahr 2008: S. 11-12

Möller, Kurt ; Schuhmacher, Nils (2007): Rechte Glatzen. Rechtsextreme Orientierungs- und Szenezusammenhänge - Einstiegs-, Verbleibs- und Ausstiegsprozesse von Skinheads. Wiesbaden

Niedermayer, Oskar (2001): Bürger und Politik. Politische Orientierungen und Verhaltensweisen der Deutschen. Eine Einführung. Opladen

NPD-Parteivorstand (1999): „Das strategische Konzept der NPD". In: Apfel, Holger (Hrsg.) (2001): Alles Große steht im Sturm. Tradition und Zukunft einer nationalen Partei. Stuttgart: S. 356-360

Raabe, Jan (2008): Wie versucht die NPD Jugendliche anzusprechen? In: Dornbusch, Christian, Virchow, Fabian (Hrsg.) (2008): 88 Fragen und Antworten zur NPD. Weltanschauung, Strategie und Auftreten einer Rechtspartei – und was Demokraten dagegen tun können. Schwalbach/Ts.: S. 85-87

Röpke, Andrea; Speit, Andreas (Hrsg.) (2005): Braune Kameradschaften. Die militanten Neonazis im Schatten der NPD. Berlin

Röpke, Andrea (2007): Ferien im Führerbunker. Die neonazistische Kindererziehung der „Heimattreuen Deutschen Jugend (HDJ)". Braunschweig

Röpke, Andrea; Speit, Andreas (Hrsg.) (2008): Neonazis in Nadelstreifen. Die NPD auf dem Weg in die Mitte der Gesellschaft. Berlin

Schmalenberg, Detlef (2006): „Inhalte eindeutig am braunen Rand". Entrüstung über rechte Schülerzeitung. In: Kölner Stadt-Anzeiger vom 16.08.2006

Schubarth, Wilfried; Stöss, Richard (Hrsg.) (2001): Rechtsextremismus in der Bundesrepublik Deutschland – Eine Bilanz. Opladen
Schultze, Rainer-Olaf (2001): Partizipation. In: Nohlen, Dieter (2001) (Hrsg.): Kleines Lexikon der Politik. München: S. 363-365
Stichwort Skinheads. In: Europa Vorn Spezial Nr. 6/Sommer 1993: S. 14-15
Stöss, Richard (2005): Rechtsextremismus im Wandel. Berlin
Südwestrundfunk (2004): „Jugend ohne Perspektive – Erstwähler im Osten flirten mit der NPD". In: Report aus Mainz, 13.09.2004, http://www.swr.de/report/archiv/sendun gen/040913/03/04091303.rtf, v. 14.03.2008
Virchow, Fabian (2006): „Dimensionen der ‚Demonstrationspolitik' der extremen Rechten in der Bundesrepublik". In: Klärner, Andreas; Kohlstruck, Michael (Hrsg.) (2006): Moderner Rechtsextremismus in Deutschland, S. 68-101
Virchow, Fabian; Dornbusch, Christian (Hrsg.) (2007): 88 Fragen zur NPD. Weltanschauung, Strategie und Auftreten einer Rechtspartei - und was Demokraten dagegen tun können. Schwalbach/Ts.
Wagner, Bernd (2002): Kulturelle Subversion von rechts in Ost- und Westdeutschland: zu rechtsextremen Entwicklungen und Strategien. In: Ders.; Grumke, Thomas (Hrsg.) (2002): Handbuch Rechtsradikalismus. Personen – Organisationen - Netzwerke vom Neonazismus bis in die Mitte der Gesellschaft. Opladen: S. 13-28
Wiesendahl, Elmar (2001): Keine Lust mehr auf Parteien. Zur Abwendung Jugendlicher von den Parteien. In: Aus Politik und Zeitgeschichte, 51. Jg., Heft 10/2001: S. 7-19

Islam und Moscheebau im Kontext politischer Auseinandersetzungen

Alexander Häusler

Antiislamischer Populismus als rechtes Wahlkampf-Ticket

Die extreme Rechte sieht in populistischen und rassistischen Kampagnen gegen „den Islam" ein propagandistisches Erfolgsrezept. War früher in diesen Kreisen die platte Parole „Ausländer raus" Ausdruck ihres dumpfen Rassismus, so versteckt sich dieser Rassismus aktuell oftmals hinter populistischen Parolen zur Verteidigung von „deutscher Leitkultur" und „christlichem Abendland" gegen „Islamisierung" und „Moscheebau".

Den Inhalt einer angekündigten „landesweiten Anti-Islamisierungs-Kampagne" erläutert der PRO-NRW-Vorsitzende Markus Beisicht folgendermaßen: „*Islamismus und Terrorismus bedrohen uns alle. Wer dieses Thema im Namen ,politischer Korrektheit' tabuisiert, versündigt sich an unserem Gemeinwesen. Daher fordern wir die Vorlage eines jährlichen Situationsberichtes über den Stand der Islamisierung. Ein solcher Bericht hat sich kritisch mit der Integration von Muslimen zu befassen im Hinblick auf die Themenbereiche Praktizierung der Scharia, Gewaltpotential und Terrorismusgefahr, Lebensweise und Bildung einer Parallelgesellschaft, Haßprediger, religiöse Erziehung, Haltung zum Extremismus, Zwangsehe, Ehrenmord, Menschenrechte, Gleichberechtigung von Mann und Frau, Demokratieverständnis und Toleranz.*"[1]

Mit einer solchen Aneinanderreihung von Schlagworten und Plattitüden, die aus öffentlichen Debatten über den Islam hinreichend bekannt sind, versuchen sich die Rechtspopulisten als mehrheitsfähige Kraft von Rechts zu inszenieren: „*Unsere inhaltlichen Positionen sind mehrheitsfähig. Multikulturelle Gesellschaften sind nun mal Konfliktgesellschaften, die Ghettogesellschaften hervorbringen, in denen ein islamistisches Eigenleben entsteht. Hiergegen gilt es den politischen Widerstand zu organisieren.*"[2]

Im Kontext ihrer antiislamischen Propaganda stilisieren sich die Rechtspopulisten gar in perfider Manier als vermeintliches Opfer antisemitisch motivierter Anfeindungen. So wurden etwa „*antisemitische Parolen gegenüber pro-Köln-Aktivisten in Rodenkirchen*" bezüglich Auseinandersetzungen über das Verteilen von Propagandamaterial seitens PRO NRW vor Schulhöfen in Rodenkirchen

---

[1] http://www.pro-nrw.org/artikel/071001_vorstand.htm v. 18.10.2007
[2] http://www.pro-nrw.org/content/view/284/42/ v. 20.02.2008

angeprangert[3] – freilich in Verschleierung eigener Verkündungen mit offensichtlich antisemitischer Färbung. Darauf verweist der Zwischenbericht des Verfassungsschutzes des Landes Nordrhein-Westfalen, der im Kontext der so genannten Antisemitismus-Debatte im die Wahlkampfinszenierungen des FDP-Politikers Jürgen Möllemann in Bezug auf PRO KÖLN festhielt: *„Offenbar in der Absicht, Medienaufmerksamkeit zu erzielen, gab Pro Köln in einer Interneteinstellung vom 27. Mai 2002 für ihre Anhänger eine Wahlempfehlung zugunsten der FDP ab. Es hieß dort: ‚Deutlicher als Herr Möllemann hätten auch wir unsere Kritik am arroganten Auftreten eines Michel Friedman nicht formulieren können.' Das Angebot an die FDP, die Partei beim Bundestagswahlkampf zu unterstützen, nahm ‚Pro Köln' aber am 6. Juni 2002 im Internet wieder zurück, da ‚Jürgen Möllemann im Streit mit dem Zentralrat der Juden eingeknickt' sei"* (Verfassungsschutz NRW 2002: 19).

Die Partei PRO NRW will programmatisch als „die antiislamische Partei" des rechten Lagers wirken und verweist in ihrer Propaganda gegen Islam und Moscheebau regelmäßig auf ihre internationalen Kontakte zu extrem rechten Parteien wie dem VLAAMS BELANG[4] aus Belgien oder der FPÖ aus Österreich, die ebenfalls Anti-Islam-Kampagnen betreiben.

Unter dem Titel „Die deutsche Rechte vor neuen Herausforderungen" wurde in der österreichischen Zeitschrift DIE AULA, welche der FPÖ nahe steht, der antiislamische Populismus von PRO NRW als Mittel zur Meinungsführerschaft im extrem rechten Spektrum erhoben: *„Unterdessen wächst in Nordrhein-Westfalen mit PRO NRW und den regionalen Pro-Gruppen, vor allem in Köln, eine politische Kraft heran, die für NPD und DVU im Westen zu einer ernsthaften Konkurrenz werden könnte."* Ganz offen wird dabei auf die Strategie der kampagnenförmigen Besetzung des Angstthemas „Islamisierung" verwiesen: *„Die Pro-Gruppen verfolgen einen anderen Ansatz als die herkömmlichen Rechtsparteien, indem sie sich fast ausschließlich auf das Thema Islamisierung und den Widerstand gegen regionale Moscheebaupläne konzentrieren"* (Thomsen 2008:14f.).

Die extreme Rechte ringt untereinander um die Vorherrschaft auf das Kampagnenthema Moscheebau. Auch die REP und die NPD in NRW wie auch in anderen Bundesländern haben Kampagnen gegen Moscheebauprojekte gestartet.

Im Norden der nordrhein-westfälischen Landeshauptstadt Düsseldorf versuchen die REP beispielsweise, Auseinandersetzungen um einen geplanten Moscheebau in rassistischer Manier mit Ängsten für Zuwanderung zu verknüpfen.

---

[3] Vgl. http://www.pro-koeln-online.de/artikel08/290408_parolen.htm v. 29.04.2008
[4] Ehemals VLAAMS BLOK. Als im Jahr 2004 das oberste Berufungsgericht Belgiens eine Verurteilung der Partei wegen offener Ausländerdiskriminierung bestätigte, löste sich der VLAAMS BLOK auf und agierte fortan unter dem Namen VLAAMS BELANG.

So heißt es in einem REP-Flugblatt: *„Die Errichtung einer Moschee könnte zu einem weiteren Zuzug von Muslimen nach Rath, der Verdrängung von einheimischen Wohn- und Geschäftsstrukturen und damit zur Verfestigung einer Parallelgesellschaft führen."* [5]

Auch die NPD setzt propagandistisch auf das Thema und versucht es für eigene Wahlkampfzwecke zu instrumentalisieren. In Essen veranstaltete die Partei im Dezember des Jahres 2007 eine Demonstration gegen einen geplanten Moscheebau unter dem Motto „Nein zur Moschee in Essen Altendorf und anderswo! Nein zu Multikulti!"

Die Organisatoren werten ihre Demonstration als *„voller Erfolg für den nationalen Widerstand im Rheinland und Westfalen"* und fordern die Fortsetzung des Protestes unter der Parole *„NEIN ZUR ISLAMISIERUNG DEUTSCHER STÄDTE!"* [6]

Auch die militante, in informellen „Kameradschaften" organisierte Neonazi-Szene in NRW – wie auch in anderen Bundesländern – inszeniert Anti-Moscheebau-Kampagnen. So wird etwa in einem gegen das Ausländerwahlrecht gerichteten Flugblatt von der neonazistischen AG RUHR-MITTE positiv Bezug genommen auf die Kampagne von PRO KÖLN: *„In vielen Städten kam es, im Zuge eines Moscheebaus, zu bürgerlichen Bündnissen, die sich dagegen aussprachen. Beispielsweise in Köln-Ehrenfeld, wo die politische Führung sogar die extra für den Moscheebau angesetzte Bürgersitzung abbrach und für weitere Bürger unzugänglich machte, da sich ein so enormer Widerstand gebildet hatte. Also wir sehen – Widerstand ist nicht immer zwecklos"* [7]

Diese Beispiele zeigen auf, dass das gesamte Rechtsaußen-Spektrum in der Bundesrepublik sich das Thema Moscheebau zueigen zu machen versucht und untereinander um die inhaltliche Vorherrschaft auf das Thema ringt. Besonders die NPD und PRO NRW treten hierbei zunehmend offen in Konkurrenz zu einander. [8]

---

[5] Vgl. http://www.rep-duesseldorf.de/Unterschriftenaktion.htm. Stand: 30.04.2008
[6] Vgl. http://de.altermedia.info/general/npd-nrw-erfolgreicher-widerstand-gegen-moscheebau-091107_12206.html v. 09.12.2007
[7] Vgl. http://www.ag-ruhr-mitte.info/Aktionsgruppe%20Ruhr-Mitte/downloads/diy/wir-sagen-nein-dina4.jpg. Stand: 30.04.2008
[8] Zum Verhältnis von PRO NRW und NPD vgl. den Beitrag von Tomas Sager und Jürgen Peters in diesem Band

Die europäische extreme Rechte gegen Moscheebau

In ganz Europa sind rechtspopulistische Kampagnen gegen Moscheen gestartet worden, bei denen sich Ressentiments mit gezielten Provokationen zur Zuspitzung gesellschaftlicher Konflikte mischen. So kündigte etwa in Italien im September 2007 die rassistische LEGA NORD in Bologna einen „Schweinetag" gegen Moscheebaupläne an. Der Rechtspopulist Roberto Calderoli, Spitzenpolitiker der Lega verkündete öffentlichkeitswirksam, das Gelände für einen geplanten Moscheebau in Bologna durch eine Begehung mit Schweinen „infizieren" zu wollen.[9] Während derartige rechtspopulistische Aktionen noch als Provokationen verstanden werden, sind Kampagnen gegen den Bau von Minaretten bei vielen Parteien in Europa an der Tagesordnung. In Österreich ringen die konkurrierenden rechtspopulistischen Parteien FPÖ und BZÖ um die Vorherrschaft auf dieses Thema. So verkündete etwa der BZÖ-Vorsitzende Jörg Haider eine Kampagne für ein Minarettverbot in Kärnten, um eine angeblich „schleichende Islamisierung Europas"[10] zu verhindern, während der FPÖ-Chef Heinz-Christian Strache forderte, ein Bauverbot für Minarette in die Bundesverfassung aufzunehmen.[11]

Auch die Vorsitzende der rechtspopulistischen Dänischen Volkspartei, Pia Kjaersgaard, errang bei den Parlamentswahlen im Dezember 2007 mit Hetzparolen gegen den Islam als „Pest über Europa" einen Stimmenanteil von 14 Prozent. Als Märtyrer des antiislamischen Rechtspopulismus gilt der im niederländischen Wahlkampf 2002 ermordete Pim Fortuyn. Dessen Ermordung ermöglichte seiner Partei einen fulminanten Wahlerfolg und führte in den Niederlande zu einer lang anhaltenden Kulturdebatte mit deutlich rassistischen Untertönen.

Im Unterschied zu pauschalen Kampagnen gegen den Islam gelten Forderungen nach Minarettverboten als gesellschaftlich deutlich mehrheitsfähig und bieten daher eine ideale Projektionsfolie zur Schürung von Ressentiments und Ängsten vor angeblicher „Überfremdung".

Eine Vorreiterrolle für einen solchen offensichtlich mehrheitsfähigen Populismus nahm die rechtspopulistische „Schweizerische Volkspartei" (SVP) ein, die im Mai 2007 eine „Eidgenössische Volksinitiative gegen den Bau von Minaretten" startete, mit dem Ziel der Aufnahme eines Minarettverbots in die helveti-

---

[9] http://www.kurier.at/nachrichten/ausland/108973.php?from/nachrichten/oesterreich/108969 v. 14.10.2007
[10] http://derstandard.at/Text/?id=3014945 v.10.09.2007
[11] http://www.welt.de/welt_print/article1142601/Joerg_Haiders_Kampf_gegen_die_Minarette_in_Kaernten.html v. 3.10.2007

sche Verfassung.[12] Ganze Passagen aus diesem Verbotsantrag sind augenscheinlich von der FPÖ und der BZÖ übernommen worden.[13]

PRO NRW wiederum übernahm offensichtlich diese Kampagnen in Form einer Petition an den Landtag unter dem Motto „Nein zu Großmoscheen, Minaretten und Muezzinruf!" Forderungen nach Minarett-Verbot haben sich zu einem rechten Exportschlager entwickelt. In einem Interview mit dem Rechtspopulismusforscher Oliver Geden bezeichnete der FPÖ-Politiker Eduard Mainoni (später Mitglied der FPÖ-Abspaltung BZÖ) offen als „Geschäft mit der Angst" (vgl. Geden 2006: 144).

Aus genau einem solchen „Geschäft" versucht PRO NRW politisch Kapital zu schlagen.

Exkurs (I): Völkische Traditionen und rechtsextreme Verflechtungen zwischen Deutschland und Belgien

Die intensiven Kontakte zwischen der PRO-Bewegung und dem VLAAMS BELANG haben ihre ideologischen Wurzeln in einer völkisch-nationalistischen Tradition, die schon zwischen den Weltkriegen in pro-faschistischen Bewegungen ihren politischen Ausdruck fand (vgl. Dobler 2003). Die Hinwendung der flämischen Separatisten zum deutschen Nationalismus findet auch aktuelle Ausdrucksformen. So zitiert der Rechtsextremismus-Experte Hans-Henning Scharsach den Parteichef des VLAAMS BLOK, Filip Dewinter, mit dem Ausspruch: „Wir flämischen Nationalisten wollen, dass der Staat zusammenkracht, und erklären das auch öffentlich" (Scharsach 2002: 172). Laut Scharsach ist es das Fernziel, „als eigenständiges Flandern an einem ‚Europa unter deutscher Führung' teilzunehmen, wie Funktionäre des Vlaams Blok als Gastredner bei Veranstaltungen deutscher rechtsextremer Gruppierungen immer wieder versichern" (Ebd.).

Der Journalist Jörg Kronauer wies darauf hin, dass in dieser Traditionslinie in dem Verlag des PRO-KÖLN-Funktionärs Manfred Rouhs ein Buch mit dem Titel „Flandern – Geschichte und Kultur" erschien (Kronauer 2008: 17). Autorin dieses Buches ist Ilse-Carola Salm, laut dem Ende 2006 verstorbenen Rechtsextremismusforscher Alfred Schobert eine „Spinne im Netz deutscher und (deutschsprachiger wie flämischer) belgischer Rechtsextremisten" (Schobert 1996: 62). Anhand des Werdegangs dieser Autorin sind die faschistischen Wurzeln der deutsch-belgischen Verbindungslinien der extremen Rechten beispiel-

---

[12] S. http://www.swp-berlin.org/de/common/get_document.php?asset_id=4232. v. 19.10.2007
[13] Vgl. http://derstandard.at/Text/?id=3014945 v. 10.09.2007

haft nachzuzeichnen. Die im Jahr 1911 geborene Salm war in der NS-Zeit Funktionärin des „Bundes Deutscher Mädel" (BDM) und in der Nachkriegszeit bis zu ihrem Tod im Jahr 2007 aktiv in der extremen Rechten, so etwa bei der „Hilfsgemeinschaft auf Gegenseitigkeit der ehemaligen Angehörigen der Waffen-SS e.V." (HIAG) und beim „Wikitobund". Sie unterstützte nicht nur bundesdeutsche Parteien der extremen Rechten wie die NPD, sondern knüpfte zugleich Kontakte zu flämischen Nationalisten um den VLAAMS BLOK. Sie betätigte sich als Organisatorin so genannter „Wallfahrten an die Ijzer" (Ijzerbedevaart) ins belgische Diksmuide und leistete damit einen praktischen Beitrag zur völkischnationalistischen Traditionspflege des deutsch-flämischen Rechtsextremismus.[14]

Exkurs (II): Rassistische Kampagnen der FPÖ mit Unterstützung von PRO NRW

Auch die intensiven Kontakte der PRO-Bewegung zur FPÖ stehen ideologisch in einer völkisch-nationalistischen Kontinuität. Denn auch die FPÖ ist *„eine Traditionspartei, ihre historischen Wurzeln reichen in die Erste Republik der Zwischenkriegszeit zurück. 1949 wurde ihre direkte Vorläuferorganisation, der Verband der Unabhängigen, als Sammelbecken ehemaliger Nationalsozialisten und Deutschnationaler gegründet, bevor dieser 1956 in der FPÖ aufging"* (Fröhlich-Steffen: 149).

Am Beispiel eines Interviews mit der FPÖ-Funktionärin Susanne Winter in der österreichischen Rechtsaußen-Zeitschrift „Zur Zeit" kommt eine inhaltliche Vermengung von völkischem Rassismus und antiislamischem Populismus exemplarisch zum Ausdruck (Vgl. folgend Winter 2007).

Unter dem Titel *„Schluß mit Asylmißbrauch! Graz wieder den Grazern!"* verknüpft die FPÖ-Politikerin eine einwanderungspolitische Abwehrhaltung mit antiislamischen historischen Bezugnahmen:

„Die Anzahl der integrationsunwilligen „islamischen Landbesetzer" hat in Europa mittlerweile eine unerträgliche Größe erreicht. Der Islam ist historisch betrachtet immer eine Feindreligion auf unserem Kontinent gewesen" erklärt sie dort, um zugleich in kulturkämpferischer Manier zu verkünden: *„Auch Graz und seine Politiker werden sich diesem neuen Kulturkampf stellen müssen."* Hierbei vollzieht die FPÖ-Politikerin den Schulterschluss zum VLAAMS BELANG und

---

[14] Vgl. exemplarisch die Meldung der Zeitschrift „blick nach rechts" Nr. 7/2003: „Belgien (Antwerpen) – Am 27. April findet im Raum Antwerpen ein Singfest („Zangfest") von „flämischen Patrioten" statt. Eintrittskarten sind bei Ilse-Carola Salm (Starnberg) erhältlich". Zitiert nach: http://www.bnr.de/archiv/jahrgang2003/ausgabe72003/ausland-3/?WWLAUTH=0c0e2f42c2a717dbf9b2d842d49dcef1. Stand: 02.04.2008

der PRO-Bewegung und verknüpft ihre antiislamische Abwehrhaltung mit offen rassistischen Parolen:

„Die Islamisierung trifft doch längst alle Städte Europas. (...) Ich teile in diesem Punkt voll und ganz die Einschätzung vom Vlaams Belang und Herrn Dewinter. Der muslimische Einwanderungs-Tsunami, der in den letzten Jahrzehnten unseren europäischen Kontinent mit Ausländern islamischen Glaubens überflutet hat, muß unbedingt und unverzüglich gestoppt werden."

Die Verwendung des Vokabulars „Einwanderungs-Tsunami" führte zu internationalen Pressereaktionen, wobei allerdings der politische Kontext dieser Äußerungen weitestgehend vernachlässigt wurde. Denn diese Positionierungen der FPÖ-Politikerin standen im Zusammenhang mit einem Vernetzungstreffen mit Funktionären vom VLAAMS BELANG und PRO KÖLN, bei dem die strategische Ausrichtung geplanter Anti-Islam-Kampagnen erörtert wurde. Dies wurde von Winter im Interview auch deutlich benannt:

„Das ist ein konkretes Ergebnis des Besuches von Vertretern des Vlaams Belang und Pro Köln. Ich möchte es auf den Punkt bringen: Der Islam muß wieder dorthin „zurückgeworfen" werden, wo er herkommt. Nämlich jenseits des Mittelmeeres". Das werden wir nur im Zuge einer europäischen Vernetzung schaffen."

Diese offen rassistisch ausgerichteten rechtspopulistischen Inszenierungen der FPÖ-Politikerin im österreichischen Wahlkampf stießen bei PRO KÖLN offenkundig auf Resonanz. So hieß es auf deren Homepage: *„Zu diesem großen Wahlerfolg gratulierte nunmehr der Vorsitzende der Bürgerbewegungen pro Köln und pro NRW Markus Beisicht, der Frau Dr. Winter auch persönlich beim Wahlkampfauftakt in Graz unterstützt hatte."*[15]

Kampagnenförmige Vernetzung

Die Vernetzungsbestrebungen der PRO-Bewegung auf dem propagandistischen Ticket des Antiislamismus stoßen auf positive Resonanz in der Publizistik der extremen Rechten in Deutschland: „Anti-Islamisierungskampagne in Nordrhein-Westfalen: Köln als Erfolgsmuster", so titelt die Zeitschrift Nation & Europa[16] einen Artikel über PRO NRW in ihrer Januarausgabe 2008. In dem Artikel wird frohlockt, dass mit der Anti-Islam-Kampagne von PRO NRW „die Bürger mit

---

[15] http://www.pro-koeln.org/artikel08/210108_graz.htm v.21.01.2008
[16] Die Zeitschrift – bundesweit das älteste Theorieorgan der extremen Rechten – wurde 1951 vom ehemaligen SS-Sturmbannführer und Chef der Bandenbekämpfung im Führerhauptquartier, Arthur Ehrhardt und dem Schriftsteller und ehemaligen SA-Obersturmführer Herbert Böhme gegründet.

rechten Politikansätzen konfrontiert und zum Teil auch langfristig für die nationale Sache gewonnen" werden könnten (Vgl. Weber 2008: 29).

Rechtspopulistische Kampagnen gegen den Islam, so ist herauszulesen, werden in diesen Kreisen als Ticket zum Eintritt von Rechtsaußen in die politische Mitte begriffen.

So trommelte auch die neurechte Wochenzeitung „Junge Freiheit" (JF) für die rechtpopulistische Achse Antwerpen-Köln-Wien:

„Bereits eine Woche vor der Wiener Zusammenkunft wurde auf Initiative des Vlaams Belang in Antwerpen unter Mitwirkung von Strache das europaweite Bündnis ‚Städte gegen Islamisierung' aus der Taufe gehoben. Angeschlossen haben sich bislang auch neben der FPÖ und den Republikanern (Deutschland) einige regionale Parteien und Initiativen, darunter die Bürgerbewegung Pro Köln, deren Vorsitzender Markus Beisicht an der Gründungs-Pressekonferenz in Antwerpen ebenso teilnahm wie der Präsident der französischen Regionalpartei Alsace d'abord (;Elsaß zuerst'), Robert Spieler. Initiativen aus weiteren Ländern sowie islamkritische Autoren und Internet-Blogger sind ebenfalls an Bord." (Vgl. Lattas 2008: 7).

Als „Rechtsdemokraten" werden hierbei die Initiatoren und Unterstützer dieses Bündnisses in der JF bezeichnet (Vgl. ebd.). In deren Charta verpflichten sich die Organisatoren dazu, *„ihre künftigen Initiative im Kampf gegen die Islamisierung aufeinander abzustimmen, gemeinsame Aktione zu unternehmen und gegenseitig Information auszuwechseln, mit dem Zeil, auf eine koordinierte und besser informierte Weise die Islamisierung der westeuropäischen Städte bekämpfen zu können"* (Satzbau u. Rechtschreibung i.O.).[17]

Nahezu der gleiche Kreis soll laut Ankündigung auf einem so genannten „Anti-Islamisierungskongress" vertreten sein, welcher auf Initiative von PRO KÖLN im September des Jahres 2008 in Köln veranstaltet werden soll:

„In Zusammenarbeit mit dem Städte-Bündnis „gegen die Islamisierung" und der im Aufbau befindlichen „Europäischen Freiheitspartei" (FPÖ, Vlaams Belang, Front National (FN) und weitere patriotische Formationen) wird am 20. September eine politische Großveranstaltung am Rheinufer in Köln-Deutz durchgeführt" heißt es dort. [18]

Dabei wird von PRO-NRW-Chef Markus Beisicht in offenkundig effekthascherischer Manier Solidarität mit dem niederländischen Rechtspopulisten Geert Wilders verkündet: *„Ich lade Geert Wilders als engagierten europäischen Mitstreiter der grenzüberschreitenden Anti-Islam-Bewegung ganz herzlich zur Teilnahme an unserem großen Anti-Islam-Kongress am 20. September 2008 nach*

---

[17] Vgl. http://www.citiesagainstislamisation.com/ Stand: 30.04.2008
[18] Vgl. http://www.kongress.pro-nrw-online.de/ v. 16.02.2008

Köln ein. Im Rahmen dieses Kongresses soll der Film ‚Fitna' von Wilders auf einer Großleinwand gezeigt werden.[19]

Auch die Teilnahme eines aus der CDU ausgetretenen Bundestagsabgeordneten wird verkündet: *„Henry Nitzsche war im Jahr 2006 bundesweit wegen seiner pointierten rechtspopulistischen Aussagen als CDU-Abgeordneter in die Schlagzeilen geraten und trat in Folge einer medialen Schmutzkampagne gegen ihn und mangelnder Solidarität in der eigenen Partei aus der CDU aus.''*[20]

Mit solchen Ankündigungen versucht die PRO-Bewegung, den Anschluss an den nationalkonservativen Teil der CDU zu finden – ein Anliegen, dass in der Kölner CDU schon zu erheblichem Unfrieden geführt hat.[21]

Anti-Moscheebau-Kampagnen als populistische Projektionsfläche verfehlter Integrationspolitik

Mit ihren rechtspopulistischen Kampagnen gegen den Moscheebau in Köln-Ehrenfeld ist es der Rechtsaußen- Gruppierung PRO KÖLN gelungen, vorhandene Ängste und Ressentiments in der Bürgerschaft in rassistischer Stoßrichtung zu kanalisieren und in einen kommunalen Wahlerfolg umzumünzen. Die extremen Rechten haben hierbei mit Erfolg ein Thema instrumentalisiert, das symbolträchtig für die Kulturalisierung sozialer und politischer Problemlagen steht – den Bau von Moscheen in Deutschland. Laut einer vom „Kölner Stadt-Anzeiger" Mitte des Jahres 2007 in Auftrag gegebenen repräsentativen Umfrage des Meinungsforschungsinstituts „Omniquest" lehnt die Mehrheit der Kölner Bürgerschaft den Moschee-Neubau in Ehrenfeld in der geplanten Größe ab. 35,6 Prozent sind uneingeschränkte Befürworter des Bauvorhabens, 31,4 Prozent lehnen den Neubau vollständig ab, 27 Prozent hingegen wenden sich gegen die Größe des Entwurfs.[22]

Diese Umfrageergebnisse sind als ein Ergebnis der zugespitzten öffentlichen Debatte sowie der rechtspopulistischen Panikmache der extremen Rechten zu deuten.

Allein der moralisierende Fingerzeig auf PRO KÖLN lässt jedoch den Entstehungskontext von rassistisch motivierter Islamfeindlichkeit und Xenophobie außer Acht. Weit über die Rechtsaußen-Truppe hinaus existieren propagandistische „Brückenköpfe" zwischen Rechtsaußen und der politischen Mitte in antiis-

---

[19] Vgl. http://www.pro-nrw.org/content/view/339/1/ v. 31.03.2008
[20] Vgl. http://www.pro-koeln-online.de/artikel08/170408_nitzsche.htm v. 17.04.2008
[21] Vgl. näher hierzu den Beitrag von Hans Peter Killguss, Jürgen Peters und Alexander Häusler in diesem Band
[22] Vgl. http://www.ksta.de/ks/images/mdsLink/umfrage_moschee.pdf v. 19.06.2007

lamischem Tenor mit rechtspopulistischen Untertönen. Ein solches „Islam-bashing" betreibt beispielsweise der Internet-Blog „Politically Incorrect" (PI). Auf der von einem Grundschullehrer im Jahr 2004 an den Start gebrachten Website mit bisher fast sechs Millionen Besuchern finden sich nicht nur rassistische Äußerungen gegen Moslems. Auch die Aktivitäten der Aktivisten um PRO KÖLN wurden dort gelobt: *„Heute wird es Zeit, endlich einmal der Frau zu danken, die immer vorangegangen ist"*, hieß es dort im Juni 2007 über das PRO-KÖLN-Mitglied Marylin Aderegg, die als eine Rechtsaußen-Aktivistin gegen das Moscheebauvorhaben in Köln-Ehrenfeld bekannt wurde. In der JF-Ausgabe Nr. 30/2007 wirbt PI-Betreiber Stefan Herre gar in populistischem Tenor für eine neue Kraft rechts von der Union: *„Wenn die CDU sich nicht endlich besinnt und die Sorgen ihrer Wähler ernst nimmt, satt sich zum Untertan der Islamvertreter zu machen, muß halt eine neue, wirklich konservative Partei – wie zum Beispiel Ulfkottes 2008 geplante ,Pax Europa' – Druck ausüben. Dabei sollte dann mit aller Klarheit vermittelt werden, dass nicht wir Deutschen es sind, die sich in die islamischen Geflogenheiten integrieren müssen"*, so Herre in dem Zentralorgan der „Neuen Rechten". Der vom P.I.-Betreiber hofierte Udo Ulfkotte wiederum, vormals langjähriger Auslandskorrespondent der FAZ, trat der rechtspopulistischen Wählervereinigung „Bremer in Wut" bei. Als selbsternannter „Islam-Experte" war er auch schon als Redner auf einer Veranstaltung aus dem Umfeld der PRO-Bewegung aufgetreten, um über die „Schleichende Islamisierung Europas" zu referieren. Auch zum VLAAMS BELANG hat Ulfkotte wiederkehrend Kontakt gesucht wie zugleich zum „Bundesverband der Bürgerbewegungen zur Bewahrung von Demokratie, Heimat und Menschenrechten", von dem im Juni 2007 der so genannte „Wertheimer Appell" verabschiedet wurde. Darin wird sich in populistischem Tenor gegen die angeblich „schleichende Islamisierung der Bundesrepublik Deutschland" gewendet und gefordert: *„Überprüfung von Art. 4 GG (Religionsfreiheit) hinsichtlich seiner Anwendbarkeit auf die Politreligion Islam"*.[23]

Doch es sind nicht bloß solche Splittergruppen und Bündnisse von Rechtsaußen, die sich einen antiislamischen Populismus zueigen machen. Seit den Anschlägen vom 11.September 2001, dem Irakkrieg und dem Mord im Jahr 2004 an dem niederländischen Filmemacher Theo van Gogh sind Kampagnen gegen den Islam mehrheitsfähige Themen. Im öffentlichen Diskurs herrscht allgemein eine unsachgemäße Verknüpfung der Themenfelder Islam und politischem Extremismus vor, aus der die extreme Rechte politisch Kapital schlägt.

In den zumeist unsachlichen und emotional aufgewühlten Auseinandersetzungen um Minarette im Stadtbild wird zugleich sichtbar, was in der Vergan-

---

[23] Vgl. http://www.buergerbewegungen.de/ Stand: 02.04.2008

genheit im alltäglichen multikulturellen Nebeneinander – wenn überhaupt – eher folkloristisch wahrgenommen wurde: Die Realitäten einer Einwanderungsgesellschaft. Von den über 3 Millionen als Muslime definierten Gläubigen in der Bundesrepublik, zu denen landläufig auch die ca. 700 000 Aleviten mitgezählt werden, hat der allergrößte Teil einen Migrationshintergrund. Schon lange, seit den ersten Anwerbungsschüben „ausländischer Arbeitskräfte" in die BRD, haben sich die Zugewanderten muslimischen Glaubens in Gebetsräumen getroffen. Der erste islamische Verband hierzulande, der unter streng hierarchischer Struktur islamisches Vereinsleben mit rigiden Abschottungstendenzen betrieb, war der heutige Verband der islamischen Kulturzentren (VIKZ). Die ca. 2600 Moscheen in Deutschland sind zum allergrößten Teil selbst angemietete Räumlichkeiten, die meist unscheinbar in Hinterhöfen errichtet worden sind. Aktuell sind gerade mal ca. 150 Moscheen durch Kuppeln und Minarette äußerlich erkennbar. Betreut wurden diese Gebetsräume durch die hier ansässig gewordenen Moscheevereine, die zum größten Teil den muslimischen Verbänden zugehörig sind, die den heutigen Koordinierungsrat der Muslime in Deutschland bilden: die DITIB, der Islamrat, der Zentralrat und der VIKZ (Vgl. Finkelstein 2006; Leggewie u.a. 2002; Sen/Aydin 2001). Deren Öffentlichkeitsarbeit und integrationspolitische Anstrengung bieten durchaus berechtigten Anlass zur Kritik, da sie sich in der Vergangenheit wie auch aktuell nicht gerade durch interkulturelle Öffnung und fortschrittliche integrationspolitische Maßnahmen ausgezeichnet haben. Auch im Hinblick auf dort vermittelte Gesellschaftsbilder und Wertekanons ist aus feministischem und aufgeklärtem und erst recht aus säkular-demokratischem Blickwinkel Kritik durchaus angebracht. Doch diese Vereine nun zum Sündenbock verfehlter Integration zu erklären, hieße Ursache und Wirkung zu vertauschen. Denn diese Moscheevereine fungierten hierzulande als Ersatz für eine verfehlte – oder genauer: nicht existente – staatliche Integrationspolitik. Sie waren die soziale Anlaufstelle für Zugewanderte muslimischen Glaubens, die hier als „ausländische Arbeitskräfte" ein weitgehend entrechtetes, sozial deklassiertes und gesellschaftlich ausgeschlossenes Dasein führten in einer Gesellschaft mit einem Blut-und-Boden-Staatsbürgerschaftsverständnis, die noch bis in die 1990er Jahre hinein höchstoffiziell leugnete, überhaupt eine Einwanderungsgesellschaft zu sein. Daher gibt es viele berechtigte Gründe zur Kritik an religiösem Fundamentalismus jeglicher Couleur – allerdings wenige Gründe dagegen, warum nicht Hinterhofgebetsräume zu baulich ausstaffierten Moscheen umgestaltet werden. Dies ist nicht nur aus Gründen der gesetzlich verbrieften Religionsfreiheit zu akzeptieren, sondern auch aus Akzeptanz und Anerkennung der Bedürfnislage gegenüber einem bisher in seinen Entfaltungsmöglichkeiten eindeutig benachteiligten Bevölkerungsteil. Das ist deutlich zu trennen von notwendigen Auseinandersetzungen mit einem religiös ummantelten politischen fundamentalistischen Extremismus unterschiedlicher Spielart.

Das steigende populistische Potenzial

Die populistische und medial effekthascherisch aufgerüstete islamfeindliche Hysterie hat gravierende Folgen. So zeigen Umfragen wie etwa die empirischen Studie aus dem Jahr 2004 von Oliver Decker und Elmar Brähler unter Mitarbeit von Norman Geißler im Auftrag der Friedrich-Ebert-Stiftung rassistische Einstellungsmuster auf bei nahezu einem Drittel der Befragten.[24] Hiernach weisen laut repräsentativer Befragung 25 Prozent der Frauen und 26 Prozent der Männer das Merkmal „Ausländerfeindlichkeit" auf. Solche empirisch erhobenen Einstellungsmuster werden auch durch die seit dem Jahr 2002 jährlich durchgeführten Befragungen zur „Gruppenbezogenen Menschenfeindlichkeit" bestätigt (Heitmeyer u.a. 2002-2008).[25] Auch die jährliche Befragung des Landes Thüringen weist in ihrem „Thüringen-Monitor" aus dem Jahr 2005 einen Anteil von 26 Prozent weiblicher und 25 Prozent männlicher Befragter auf, der als „ausländerfeindlich" eingestuft wird. Laut der jüngsten Erhebung des „Thüringen-Monitors" stimmt gar eine Mehrheit der Befragten in Thüringen der Aussage zu „Die Bundesrepublik ist durch die vielen Ausländer in einem gefährlichen Maße überfremdet" und auch der Aussage „Die Ausländer kommen nur hierher, um unseren Sozialstaat auszunutzen" (Edinger et al. 2007:72).

Die pauschale Verknüpfung des Themas Islam mit Zuwanderungsfragen und Integrationsproblemen bewirkt eine unsachliche Emotionalisierung und Kulturalisierung der öffentlichen Debatte. Hierbei sind mangelnde Differenzierungen zwischen dem Islam als Religion und dem Islamismus als extremistischer politischer Bewegung nahezu an der Tagesordnung. Dies bestärkt in der Öffentlichkeit einen rapiden Anstieg pauschaler und unreflektierter Ablehnung von Muslimen. Laut einer Umfrage des Instituts für Demoskopie Allensbach im Mai 2006 sprachen sich 56 Prozent der Befragten für ein Verbot von Moscheebauten aus, weil in „manchen islamischen Ländern keine Kirchen gebaut werden dürfen". Zudem vertraten 56 Prozent der Befragten die Ansicht es herrsche „zur Zeit ein Kampf der Kulturen" und wiesen dabei eine prozentuale Steigerung von 10 Prozent gegenüber einer solchen Zustimmung bei einer zwei Jahre zurückliegenden Erhebung des Instituts auf.[26]

---

[24] Vgl. www.library.fes.de/pdf-files/do/04088a.pdf
[25] Vgl. Wilhelm Heitmeyer (Hrsg.): Deutsche Zustände, Folge 1-5, Frankfurt a.M. 2002 ff.
[26] http://www.faz.net/s/RubFC06D389EE76479E9E76425072B196C3/Doc~E2D1CB6E9AA1045B2 91A1FC21272D467D~ATpl~Ecommon~Scontent.html. Stand: 17.10.2007

Diese Kulturalisierung gesellschaftlicher Konflikte durch die These vom „Kampf der Kulturen" liefert nach Ansicht des Wirtschaftsphilosophen und Nobelpreisträgers Amartya Sen die Grundlage für „anspruchslose und grobe landläufige Meinungen", die „schlichte Intoleranz fördern" (Sen 2007: 58). Der Politikwissenschaftler Thomas Meyer verwies schon vor zehn Jahren darauf, dass die „Politisierung der Kulturen (…) alle Aussichten (hat), zum selbsttragenden Prozess zu werden" (Meyer 1998: 28). In einem solchen kulturalisierten Freund-Feind-Denken bleibt der Blick nicht nur verstellt für reale Dynamik und gegenseitige Durchdringung kultureller Ausdrucksformen, sondern zugleich für deren sozioökonomische Ausgangsvoraussetzungen. Der Politikwissenschaftler Jörg Flecker weist in diesem Kontext auf eine „populistische Lücke" bei der Mobilisierung um „Anerkennung materieller und symbolischer Interessen, die auf das Erwerbsleben, aber auch auf die soziale Absicherung, den Wohnungsmarkt oder das Bildungssystem bezogen sind" (Flecker 2008: 96).

Zugleich ist es die strukturelle Verfasstheit der Gesellschaft, die eine „Politik der Unterschiede" hervorruft, wie die Politikwissenschaftlerin Heide Gerstenberger im Hinblick auf die Merkmale hegemonialer Politik feststellt: *„Nationalstaatliche Souveränität konfiguriert die Dynamik globalisierter Arbeitsmärkte, indem sie – auf die ein oder andere Weise – Nicht-Staatsbürger einer internationalen Unterschicht zuweist."* Damit fördert laut Gerstenberger eine solche Politik nahezu automatisch „nationalistische und rassistische Interpretationen der durch Staatsbürgerschaft zugewiesenen Positionen auf Arbeitsmärkten." Unter einem solchen Betrachtungswinkel ist Rassismus nicht lediglich das Merkmal des rechten Randes des Politischen, sondern auch in dessen Mitte sichtbar:

„Indem sie solche Interpretationen aufnehmen, beteiligen sich auch Öffentlichkeiten an der Verfestigung einer globalisierten Struktur der Unterschichtung: einer neuen Form von Apartheid" (Gerstenberger 2007:100).

Der antiislamische Populismus erhält nicht zuletzt auch durch solche Entwicklungen Auftrieb, denn er baut auf den nationalistisch hergeleiteten Dualismus eines ethnisierten „Wir" und „Die Fremden" auf und kulturalisiert diesen Dualismus zu dem Feindbild der „Fremdreligion Islam".

Daher kommt eine wirksame Strategie der nachhaltigen Unterbindung von antiislamischem und rassistischem Populismus nicht umhin, zugleich auch die staatsbürgerliche Verfasstheit der Gesellschaft den Anforderungen einer Einwanderungsgesellschaft unter der Prämisse gleichberechtigten Miteinanders anzupassen.

Literatur

Dolderer, Winfried (2003): Der flämische Nationalismus und Deutschland zwischen den Weltkriegen. In: Dietz, Burkhard; Gabel, Helmut; Tiedau, Ulrich (Hrsg.) (2003): Griff nach dem Westen. Die „Westforschung" der völkisch-nationalen Wissenschaften zum nordwesteuropäischen Raum (1919-1960). Teil 1. Münster: S. 109-136

Edinger, Michael; Hallermann Andreas; Schmitt; Karl (2007): Politische Kultur im Freistaat Thüringen. Bildung in einer sich wandelnden Gesellschaft. Ergebnisse des Thüringen-Monitors 2007. Institut für Politikwissenschaft (Hrsg.). Thüringen. Unter: http://www.thüringen.de/imperia/md/content/homepage/politisch/thueringen-monitor_2007.pdf

Finkelstein, Kerstin E. (2006): Eingewandert. Deutschlands „Parallelgesellschaften". Bonn

Flecker, Jörg (2008): Die populistische Lücke. Umbrüche in der Arbeitswelt und ihre politische Verarbeitung. In: Christoph Butterwegge/Gudrun Hentges (Hrsg.): Rechtspopulismus, Arbeitswelt und Armut. Befunde aus Deutschland, Österreich und der Schweiz. Opladen: S.79-102

Fröhlich-Steffen, Susanne (2006): Rechtspopulistische Herausforderer in Konkordanzdemokratien. Erfahrungen aus Österreich, der Schweiz und den Niederlanden. In: Decker, Frank (Hrsg.) (2006): Populismus. Gefahr für die Demokratie oder nützliches Korrektiv? Wiesbaden

Geden, Oliver (2006): Diskursstrategien im Rechtspopulismus. Freiheitliche Partei Österreichs und Schweizerische Volkspartei zwischen Opposition und Regierungsbeteiligung. Wiesbaden

Gerstenberger, Heide (2007): Internationale Arbeitsmigration und nationalstaatliche Souveränität. In: van der Linden, Marcel/Lieber, Christoph (Hrsg.): Kontroversen über den Zustand der Welt. Weltmarkt – Arbeitsformen – Hegemoniezyklen. Hamburg: S. 83-100

Heitmeyer, Wilhelm (Hrsg.) (2002-2008): Deutsche Zustände, Folge 1-6, Frankfurt a.M.

Herbert, Ulrich (2001): Geschichte der Ausländerpolitik in Deutschland. München

Kronauer, Jörg (2008): Hilfe aus dem Ausland. Internationale Bündnisse gegen „Islamisierung". In: Lotta. Antifaschistische Zeitung aus NRW. Nr. 30/2008. Oberhausen: S. 16-17

Lattas, Peter (2008): „Patrioten aller Länder, vereinigt euch!" In: Junge Freiheit v. 01.02.2008: S. 7

Leggewie, Claus/Joost, Angela/Rech, Stefan (2002): Der Weg zur Moschee – eine Handreichung. Herbert-Quandt-Stiftung (Hrsg.). Bad Homburg

Meyer, Thomas (1998): Identitätswahn. Die Politisierung des kulturellen Unterschieds. Berlin

Scharsach, Hans-Henning (2002): Rückkehr nach rechts: Europas Populisten. Wien

Schobert, Alfred (1996): Ostbelgien im Visier des deutschen Rechtsextremismus (Teil 1). In: Krautgarten. Forum für junge Literatur (St. Vith, Belgien) H. 28 (Juni 1996): S. 62-63

Sen, Amartya (2006): Die Identitätsfalle. Warum es keinen Krieg der Kulturen gibt. München

Sen, Faruk; Aydin, Hayrettin (2002): Islam in Deutschland. München

Thomsen, Thorsten (2008): Die deutsche Rechte vor neuen Herausforderungen. In: Die Aula v. April 2008. Graz: S. 14-15

Verfassungsschutz NRW. Zwischenbericht 2002. unter: http://www.im.nrw.de/inn/doks/vs/zb02.pdf. Stand: 04.04.2008

Weber, Thomas (2008): Anti-Islamisierungskampagne in Nordrhein-Westfalen: Köln als Erfolgsmuster. In: Nation & Europa Nr. 1/2008: S. 29

Winter, Susanne (2007): „Schluß mit Asylmißbrauch! Graz wieder den Grazern!" In: Zur Zeit. Wochenzeitung für Österreich. Nr. 48/2007. Unter: http://www.zurzeit.at/index.php?id=272. Stand: 30.04.2008

Michael Kiefer

Muslime und Zuwanderungsgesellschaft – Beidseitige Versäumnisse und Fehlentwicklungen

Die Ausgangslage

Das Verhältnis von Muslimen und Nichtmuslimen in den westeuropäischen Zuwanderungsgesellschaften sieht sich seit geraumer Zeit immer wieder großen Belastungsproben ausgesetzt. Als deutlicher Beleg für diesen Sachverhalt sei hier auf den Medienerfolg des niederländischen Rechtspopulisten Geert Wilders verwiesen, der mit seinem im Internet veröffentlichten islamfeindlichen Trash „Fitna" sechs Millionen „Klicks" erreichte und damit eine kaum zu überbietende mediale Aufmerksamkeit erfuhr.[1] Die Grundbotschaft von Wilders amateurhaft wirkender Filmcollage ist an Schlichtheit kaum zu überbieten. Islam und Koran seien faschistisch, lautet die mit altbekanntem Bilden von islamistischen Terroranschlägen unterlegte These. Die Brisanz derart plumper Propaganda liegt weniger in den Inhalten als vielmehr in dem von Medien und Politik antizipierten Reiz-Reaktionsschema. Vor dem Hintergrund des Karikaturenstreits befürchtete man erneut gewalttätige Reaktionen von Seiten muslimischer Extremisten und massenhafte Empörung und Protestnoten aus der islamischen Welt. Da das befürchtete Szenario nicht eintrat, ging zumindest in diesem Fall das Kalkül der islamfeindlichen Provokateure nicht auf. Die allerorts zu spürende Aufregung, zeigte jedoch, dass das Verhältnis von überwiegend zugewanderten Muslimen und Residenzgesellschaft unter einem sehr hohen Spannungsverhältnis steht.

Verantwortlich für die problematische Stimmungslage ist nicht nur das in ideologischer Hinsicht höchst heterogene Lager der Islamgegner, die nicht müde werden den Islam als eine rückständige oder gar barbarische Religion zu diffamieren, sondern auch Teile der Zuwanderer und ihrer selbsternannten medialen Interessensvertreter. Als Lehrstück hierfür kann der Umgang mit der nach wie vor nicht aufgeklärten Brandkatastrophe in Ludwigshafen im Februar dieses Jahres angeführt werden. Die Rauchsäulen waren noch nicht verzogen, da wurden in zahlreichen türkischen Medien Meldungen kolportiert, es handele es sich

---

[1] Plass, Christopher: Reaktionen auf Wilders' Anti-Islam-Film Größte Aufmerksamkeit – und etwas Erleichterung, unter: http://www.tagesschau.de/ausland/wilders12.html (31.03.2008).

um einen rassistisch motivierten Anschlag und die auflagenstarke *Hürriyet* titulierte Ludwigshafen als ein „Nest von Neonazis".[2] Darüber hinaus wurde auch Wochen nach dem Anschlag der Vorwurf erhoben, die deutschen Ermittlungsbehörden würden islamfeindliche und rassistisch motivierte Straftaten nicht mit der gebotenen Sorgfalt und Ernsthaftigkeit verfolgen.[3]

Diese aktuellen Beispiele, aber auch die wachsende Zahl von Moscheebaukonflikten sowie die Debatte um jugendliche Straftäter mit Zuwanderungsgeschichte zeigen, dass bei Akteuren auf beiden Seiten eine negative Feststellungsmentalität und kulturalistische Zuschreibungen mittlerweile zum Standartrepertoire der öffentlichen Auseinandersetzung gehören. Die zahlreichen und komplexen Problemstellungen, die das Zusammenleben in einer werteplural orientierten Gesellschaft kennzeichnen, seien sie nun sozial, ökonomisch, kulturell oder religiös bedingt, werden von Akteuren auf beiden Seiten – vor allem in der medialen Darstellung – oftmals auf eine Ursache reduziert, die auf die Religion oder die Kultur verweist. Die hierdurch verzerrte Darstellung tatsächlicher Problemlagen, die fast immer mit Schuldzuweisungen einhergeht, bewirkt bei manchen Akteuren in den Sozialräumen eine einengende „Schützengrabenmentalität", die mit einer bipolaren Anordnung der gemutmaßten Konfliktbeteiligten einhergeht, welche zwischen dem kulturell, ethnisch oder religiös konstruierten „wir" und den „anderen" ein vermittelndes Drittes nicht zulässt. Genau dieser Prozess, der vor allem seit den verheerenden Terroranschlägen des 11. September 2001 zu beobachten ist, blockiert derzeit vielerorts die Entwicklung lösungsorientierter und pragmatischer Handlungsansätze in den bestehenden urbanen Konfliktzonen.

Versäumnisse auf beiden Seiten

Die mannigfaltigen Spannungen, die in den gesellschaftlichen Schnittstellen (Schulen, Wohnquartiere usw.) auftauchen, in denen muslimische Zuwanderer und autochthone Mitglieder der Residenzgesellschaft aufeinander treffen, sind durchweg nicht jüngeren Datums sondern vielmehr Resultate einer hochkomplexen und facettenreich verlaufenden Zuwanderungsgeschichte, die mittlerweile mehr als vier Dekaden umfasst. In dieser Zeitspanne haben sich die gesellschaftliche Wahrnehmung der Zuwanderer und die Wahrnehmung der Gesellschaft durch die Zuwanderer mehrfach gravierend gewandelt. Sehr deutlich wird dieser Sachverhalt bereits durch einen kurzen Blick auf die historischen Fakten der

---

[2] http://www.sueddeutsche.de/deutschland/artikel/241/156826/ (31.03.2008)
[3] Seibert, Thomas; Heister. Richard: Türkische Medien attackieren Deutschland, unter: http://www.welt.de/vermischtes/article1856102/Tuerkische_Medien_attackieren_Deutschland.html (01.04.2008)

Zuwanderung und einiger ausgewählter Beispiele, die man sich im Kontext der dargestellten Problemlage noch einmal vergegenwärtigen sollte.

Bis zur Unterzeichnung der Anwerbeabkommen in den 50iger und 60iger Jahren des vergangenen Jahrhunderts gab es, gemessen an den heutigen Zahlen, nur sehr wenige Muslime in Deutschland. Einen grundlegenden Wandel brachten die Anwerbeabkommen mit der Türkei (1961), Marokko (1963), Tunesien (1965) und Jugoslawien (1967). Der Zuzug der angeworbenen muslimischen Arbeitskräfte war jedoch keineswegs auf Dauer angelegt. Vielmehr sollten die zumeist männlichen Arbeitskräfte nach einem Rotationsprinzip ausgetauscht werden. Der temporäre Aufenthaltsstatus der Zuwanderer fand seinen Niederschlag in der Bezeichnung „Gastarbeiter", der von nun an zur Bezeichnung der Arbeitsmigranten dienen sollte. Die zeitliche Begrenzung, die durch den Begriff konnotiert wird, war in dieser Phase der Zuwanderung nicht nur auf die Mitglieder der Residenzgesellschaft beschränkt. Auch die angeworbenen Arbeitskräfte betrachten sich keineswegs als Neubürger, die einen dauerhaften Verbleib anstrebten, sondern gingen fest von der Rückkehr in ihre Heimatländer aus.[4]

Die Rückkehrperspektive, von der Aufnahmegesellschaft und Zuwanderer ausgingen, erhielt bereits in der ersten Hälfte der 70er Jahre erste Risse. Bereits im Zuge der Ölpreiskrise 1973 kam es zur Verkündung des Anwerbestopps. Dieser hatte auch weitreichende Folgen für die Lebensplanung der bereits in Deutschland lebenden Zuwanderer. Eine Rückkehr in die Heimatländer in Verbindung mit der Option einer erneuten Arbeitsmigration nach Deutschland war nun ausgeschlossen. Als Problem erwies sich auch, dass die Arbeitseinkommen durchweg nicht ausreichten, um in wenigen Jahren die erhofften Rücklagen für den Aufbau einer Existenz in der Heimat anzusparen. Beide Faktoren führten dazu, dass die angestrebte Rückkehr aufgeschoben wurde und viele Zuwanderer sich insgesamt auf einen längeren Aufenthalt in Deutschland einstellten. Der in dieser Phase einsetzende Familiennachzug führte schließlich sukzessiv zu einer wachsenden Verbleiborientierung und damit auch zu einer veränderten Bedürfnislage. Neben der sozialen und ökonomischen Absicherung der Familien und der Sicherung des Aufenthaltsstatus traten nun auch kulturelle und religiöse Belange in den Vordergrund.

Die zahlreichen Aufgabenstellung, die durch diese Neuorientierung in allen gesellschaftlichen Bereichen (Erziehung, schulische Bildung, Arbeit usw.) zu bearbeiten waren, wurden vor allem von den staatlichen Akteuren kaum wahrgenommen. Vielmehr blieb die Ausländerpolitik sehr restriktiv. Überaus deutlich zeigte sich dies z. B. in der Zuzugssperre für „überlastete Siedlungsgebiete" (Hessen, Nordrhein-Westfalen, Bayern, Baden-Württemberg) von 1975 bis 1977,

---

[4] Şen, Faruk; Aydın: Islam in Deutschland, München 2002, S. 14.

die einem Nachzug von Familienangehörigen ausländischer Arbeitnehmer entgegen wirken sollte. Eine umfassende gesellschaftliche Integration der Zuwanderer war in dieser Phase offensichtlich nicht erwünscht.[5]

Das Beispiel Islamunterricht

Der Verzicht auf Integration führte vor allem im schulischen Bildungsbereich zu fragwürdigen Entwicklungen, die exemplarisch am derzeit viel diskutierten Thema „Islamunterricht in staatlichen Schulen" aufgezeigt werden können. Das Themenfeld Islamunterricht bzw. islamischer Religionsunterricht, auf den die Muslime nach Art 7 Abs, 3 GG einen unbestrittenen Anspruch haben, gilt heute als eines der zentralen Schlüsselthemen bei der Integration muslimischer Zuwanderer. Genau in diesem Bereich steht die Schule der plural ausgerichteten Zuwanderungsgesellschaft vor einer gewaltigen Aufgabe. Auf eine Formel gebracht, geht es darum, tradierte Religiosität und damit verbundene Lebensvorstellungen zu einem akzeptierten Bestandteil der Schulrealität werden zu lassen. Hierbei geht es jedoch nicht um eine schlichte Implementierung von religiösen Traditionen, sondern vielmehr um die Initiierung eines reflexiven Diskurses, der die Schülerinnen und Schüler an eine kritische Auseinandersetzung mit dem Islam heranführt. Darüber hinaus sollen die Schülerinnen und Schüler befähigt werden, ihre Gestaltungs- und Partizipationsmöglichkeiten vor dem Hintergrund religiöser Traditionen und Normen zu erkennen und bewusst wahrzunehmen. Ohne jede Frage kommt gerade dieser Zielsetzung unter integrativen Gesichtspunkten eine hohe gesamtgesellschaftliche Relevanz zu.

Diese Sicht der Dinge, die vor allem auch durch die Islamkonferenz befördert wird, ist jedoch neueren Datums. Obwohl der Islam seit nahezu drei Dekaden nach den christlichen Kirchen die zweitgrößte Religionsgemeinschaft in Deutschland darstellt, spielte die Religion der Muslime im staatlichen Schulwesen gar keine oder nur eine randständige Rolle. Bis weit in die 80iger Jahre hinein galt der Islam als eine hier nicht beheimatete reine „Ausländerreligion", der die Politik im schulischen Raum keinen Platz zubilligte. Folglich blieb die religiöse Bildung der muslimischen Kinder und Jugendlichen eine Angelegenheit, die man bis zur zweiten Hälfte der 80iger Jahre gänzlich den Entsendestaaten (vor allem der Türkei und Marokko) überließ. Diese führten in einigen Bundesländern, darunter Baden-Württemberg, Schleswig-Holstein, Berlin und dem Saarland, den so genannten „Konsularunterricht" durch. Hierbei handelte es sich

<hr>

[5] Reißlandt, Caroline: Von der „Gastarbeiter"-Anwerbung zum ZuwanderungsgesetzMigrationsgeschehen und Zuwanderungspolitik in der Bundesrepublik, unter: http://www.bpb.de/themen/6XDUP Y,2,0,Von_der_GastarbeiterAnwerbung_zum_Zuwanderungsgesetz.html (07.04.2008).

um einen von den diplomatischen Vertretungen organisierten und verantworteten „muttersprachlichen Ergänzungsunterricht" in dessen Rahmen auch islamkundliche Elemente vermittelt wurden. Der Unterricht fand zumeist an nichtöffentlichen Schulen in der jeweiligen Sprache des Herkunftslandes statt und wurde durch die Bundesländer finanziell gefördert. Auf die Unterrichtsinhalte, die sich ausschließlich an curricularen Vorgaben der Entsendestaaten orientierten und auf die hiesige Lebenswelt der Schülerinnen und Schüler keinen Bezug nahmen, so wie auf die von den Entsendeländern beauftragten Lehrkräfte hatten die deutschen Kultusverwaltungen keinen Einfluss.[6]

Auch die Nachfolgemodelle, die in den 80iger Jahren in Nordrhein-Westfalen und Bayern eingeführt wurden blieben zunächst im Rahmen des muttersprachlichen Unterrichts verankert. So wurde z. B. die „Islamische Unterweisung", die 1986 in Nordrhein-Westfalen eingeführt wurde, ausschließlich im Rahmen des muttersprachlichen Unterrichts zumeist in türkischer Sprache erteilt. Die islamische Unterweisung wurde zwar personell und inhaltlich vom Staat verantwortet, gehörte aber dennoch nicht zum Regelunterricht der Stundentafel. Die „Islamische Unterweisung" wurde oftmals im Nachmittagsbereich erteilt und die erbrachten Leistungen der Schülerinnen und Schüler waren nicht versetzungs- und prüfungsrelevant. Die curricularen Grundlagen des Islamunterrichts übernahm Bayern aus der Türkei.[7] In Nordrhein-Westfalen wurden mit tatkräftiger türkischer Unterstützung eigene Lehrpläne entwickelt, die unter Bezugnahme auf die christliche Korrelationsdidaktik eine Verschränkung der religiösen Tradition mit der hiesigen Lebenswelt anstrebten. Allgegenwärtig blieb jedoch auch in diesen Lehrplanentwürfen die Betonung der Diasporasituation, bzw. die Hervorhebung des Islams als „Ausländerreligion". Überaus deutlich wird dieser Sachverhalt z. B. in der 7. Themeneinheit des Grundschullehrplans „Wir leben in einer fremden Welt". Der Titel und die vorgeschlagenen Themen – z. B. „Wir sind Fremde in unserer Straße" – behandeln den Islam als ein durchweg hier nicht beheimatetes Migrationsphänomen.[8]

Erst in der zweiten Hälfte der 90iger Jahre setzte sich bei den Bildungsministerien allmählich die Einsicht durch, dass der Islam in der Umklammerung des muttersprachlichen Unterrichts keine schulische Integrationsperspektive bietet. Die Einrichtung eines ordentlichen islamischen Religionsunterrichts im Sinne des Art. 7 Abs. 3 wurde nun als Notwendigkeit erkannt. Eine Realisierung schien jedoch nicht möglich, da die Kultusministerien der Länder unisono die

---

[6] Kiefer, Michael: Islamkunde in deutscher Sprache in Nordrhein-Westfalen, Münster 2005, S. 78 ff.
[7] Ebd.
[8] Landesinstitut für Schule und Weiterbildung in Nordrhein-Westfalen (Hrsg.): Religiöse Unterweisung für Schüler muslimischen Glaubens – 24 Unterrichtseinheiten für die Grundschule (Entwurf), Soest 1986, S.184.

Ansicht vertraten, dass es auf muslimischer Seite keinen Ansprechpartner gäbe, der die gesetzlichen Voraussetzungen für eine Kooperation erfüllt.[9] Da man jedoch nicht ganz untätig bleiben wollte, brachten einige Bundesländer beginnend ab dem Schuljahr 1999/2000 eine Reihe von Schulversuchen auf den Weg, die perspektivisch in einen richtigen Islamischen Religionsunterricht münden sollen. Diese pragmatische Herangehensweise ist durch die tatsächlich bestehende Organisationsproblematik, die im nächsten Kapitel ausführlich betrachtet wird, sachlich geboten. Zu beklagen ist jedoch die Halbherzigkeit, mit der die Projekte betrieben werden. In Rheinland-Pfalz beschränkt sich das Bildungsministerium auf einen Kleinstversuch, der nur eine Schule in Ludwigshafen umfasst. Ähnlich verhält es sich beim Erlanger Schulversuch, an dem sich derzeit zwei Schulen beteiligen. Geringe Größendimensionen haben auch andere Bundesländer vorzuweisen: Die Beteiligung liegt in Schleswig-Holstein bei 8 Schulen, in Baden-Württemberg bei 12 Schulen und in Niedersachsen bei 21 Schulen. Mittelgroße Beteiligungszahlen gibt es bei den islamkundlichen Unterrichtsmodellen in Bayern und Nordrhein-Westfalen. In Bayern wird die „islamische Unterweisung" an 35 Schulen durchgeführt. In Nordrhein-Westfalen wird die Islamkunde an immerhin 150 Schulen erteilt. Angesichts der geschätzten 750 000 Schülerinnen und Schüler, sind die Schulversuche insgesamt betrachtet als völlig unzureichend einzustufen. Die genannten Angebote erreichen noch nicht einmal 1 Prozent der muslimischen Schülerinnen und Schüler.

Das Beispiel Islamische Organisationen – Fallbeispiele DITIB und IGMG

Die unzureichende Integration der in Deutschland lebenden Muslime und die Versäumnisse im Bildungsbereich sind jedoch nicht alleine den staatlichen Akteuren anzulasten. Unterlassungen und Blockaden können auch den in Deutschland tätigen islamischen Organisationen und Verbänden vorgehalten werden. Als durchweg problematisch erwies sich z. B. in der Vergangenheit der Umstand,

---

[9] Ein Zusammenschluss wird vom Staat nach der derzeitigen Rechtslage nur dann als Religionsgemeinschaft anerkannt, wenn er folgende Kriterien erfüllt: a) Zusammenschluss natürlicher Personen zu einer Vereinigung, b)Verfestigung, c) Gemeinsames religiöses Bekenntnis und d) Umfassende Glaubensverwirklichung. Die islamischen Dachverbände konnten diese Kriterien nach Auffassung der Verwaltungsgerichte bislang nur unzureichend erfüllen. Als Mitglieder werden lediglich die Mitgliedsvereine geführt. Hierdurch fehlt den Verbänden das für die Anerkennung notwendige personelle Substrat an natürlichen Mitgliedern. Als unzureichend gilt auch die vom Gesetzgeber geforderte umfassende Glaubensverwirklichung. Diese wird bei den Dachverbänden lediglich auf der Ebene der lokalen Moscheevereine praktiziert. Emenet, Axel: Verfassungsrechtliche Probleme einer islamischen Religionskunde an öffentlichen Schulen – Dargestellt anhand des nordrhein-westfälischen Schulversuchs „Islamische Unterweisung", in: Burger/Butzer/Muckel (Hrsg.): Hochschulschriften zum Staats- und Verwaltungsrecht, Band 5, Frankfurt a. M. 2003.

dass Programmatik und Zielrichtung einiger großer Organisationen aus den Herkunftsländern übernommen wurden und diese in einem erheblichen Maße Interessenslagen aus den ursprünglichen Heimatländern widerspiegeln. Überaus deutlich zeigt dieser Sachverhalt z. B. bei der der türkischen DITIB, die aufgrund ihrer als liberal geltenden Islamauffassung seit einigen Jahren bevorzugter Ansprechpartner in Ländern und Kommunen ist. Die *Türkisch-Islamische Union der Anstalt für Religion (Diyanet İşleri Türk İslam Birliği,* abgekürzt *DİTİB)* ist die mit Abstand größte Organisation der Muslime in Deutschland. Der Dachverband, der im Jahr 1984 gegründet wurde und mit seiner Zentrale in Köln ansässig ist, vereint ca. 900 Moschee-, Kultur-, Sozial- und Sportvereine.[10] Wie bereits der türkische Vereinsname erkennen lässt, steht der Verband in enger Beziehung zum *Diyanet İşleri Başkanlığı (DİB)*, dem Präsidium für Religionsangelegenheiten, das in direkter Linie dem türkischen Ministerpräsidenten unterstellt ist.[11] Diese bereits im Jahr 1924 gegründete Behörde kontrolliert in umfassender Weise die Ausübung der islamischen Religion in der Türkei. So ist sie zuständig für den Bau und den Erhalt von Moscheen und die Bestellung des notwendigen Personals, die Einrichtung von Korankursen, die Klärung theologischer Fragen und die religiöse Betreuung der Auslandstürken.[12] Der Präsident von *Diyanet* ist zugleich Vorsitzender des Vereinsbeirats der *DİTİB*. Der türkische Botschaftsrat für religiöse Angelegenheiten in Deutschland vertritt diesen vor Ort und wird auf der Konsulatsebene von den Religionsattachés der Konsulate vertreten. Aufgrund der Weisungsgebundenheit der Organisationsspitze kann *DİTİB* nicht als eigenständiger bzw. unabhängiger Dachverband angesehen werden.[13] Vielmehr ist sie, wie Thomas Lemmen überzeugend ausführt, als eine unmittelbar vom türkischen Staat abhängige Organisation zu betrachten.

Die direkte Abhängigkeit von der türkischen Ministerialbürokratie findet ihren deutlichen Niederschlag in der Organisation des Gemeindewesens. Die ca. 685 Imame in den *DİTİB*-Moscheen sind in der Regel Beamte oder Angestellte von *Diyanet*, die für 5 bis 6 Jahre einer Moscheegemeinde zugewiesen werden. Dienstaufsicht und Bezahlung erfolgen durch die Konsulate. In der Regel verfügen die in Deutschland tätigen Imame über nur geringe Deutschkenntnisse. Auf der Ebene der lokalen Moscheevereine gibt es aufgrund dieses Sachverhalts große Kommunikationsprobleme mit dem Wohnumfeld der Gemeinden. Er-

---

[10] Lau, Jörg; Staud, Toralf: „Das Kopftuch ist nicht so wichtig", ZEIT-Gespräch mit Rıdvan Çakir (DİTİB), DIE ZEIT vom 3. Juni 2004.
[11] Lemmen, Thomas: Islamische Vereine und Verbände in Deutschland, Bonn 2002, S. 34.
[12] Ebd.
[13] Seidel, Eberhard; Dantschke, Claudia; Yıldırım Ali: Politik im Namen Allahs, Der Islamismus – eine Herausforderung in Europa, 2. Aufl., September 2001.

schwerend hinzu kommt, dass die Imame turnusmäßig ausgetauscht werden. Kontinuierliche Beziehungen zum Moscheeumfeld werden durch diese Regelung nahezu unmöglich gemacht.[14] Gerade diese Regelung verhindert im Sozialraum einen nachhaltig wirkenden interreligiösen Dialog, der als Voraussetzung für eine Integration der Moscheegemeinden im kommunalen Raum angesehen werden muss. Darüber hinaus blockiert der regelmäßige Austausch des Moscheepersonals eine eigenständige Weiterentwicklung der Moscheegemeinden, die an hiesigen Gegebenheiten berücksichtigen kann. Darüber hinaus führte der unmittelbare Einfluss der Türkei auf die türkische DITIB auch lange Zeit zu einer eher blockierenden Haltung in der Frage eines deutschsprachigen Islamunterrichts an öffentlichen Schulen. Bis zur Ministervereinbarung vom 11. Februar 2002[15] vertrat die türkische Regierung und die von ihr gesteuerte DITIB die Doktrin, der türkische Islam sei nur in türkischer Sprache korrekt zu vermitteln.

Auch die zweitgrößte islamische Organisation in Deutschland, die *Islamische Gemeinschaft Milli Görüş e.V. (IGMG)*, gilt staatlichen Stellen als problematischer Ansprechpartner. Die IGMG besitzt eine lange und komplizierte Organisationsgeschichte, in deren Verlauf Organisationstruktur und Benennungen modifiziert wurden.[16] Die *Milli Görüş* – Bewegung ist bereits seit den 70iger Jahren in Deutschland aktiv und verfügt nach Eigenangaben über 87.000 Mitglieder und 323 Moscheen in Deutschland. Programmatik und Ausrichtung der Organisation orientierten sich bis weit in die 90iger Jahre am dem politische Konzept des türkischen Islamistenführers Necmettin Erbakan, der seit Jahrzehnten unter wechselnden Bezeichnungen die islamistische Partei in der Türkei führt.[17] Neben dem programmatischen Titel *Milli Görüş* (ungefähr „nationale Sicht") gab es eine Reihe von inhaltlichen und organisatorischen Verbindungen, die deutlich machen, dass es sich bei der *IGMG* lange Zeit um die „Auslandsor-

---

[14] Şen/Aydın: Islam in Deutschland, S. 53.

[15] Gemeinsamer Aufruf des Ministers für Nationale Erziehung der Republik Türkei Metin Bostancioglu und der Ministerin für Schule, Wissenschaft und Forschung des Landes Nordrhein-Westfalen Gabriele Behler vom 11. Februar 2002, in: Landesinstitut (Hrsg.): Zweite Fachtagung „Islamische Unterweisung" als eigenständiges Unterrichtsfach in deutscher Sprache, 15. bis 16. November 2001 im Landesinstitut für Schule NRW Soest, S. 83 ff.

[16] Eine detailreiche Darstellung der Organisationsgeschichte ist nachzulesen bei Lemmen: Islamische Vereine und Verbände in Deutschland, S. 40ff.

[17] Erbakans Partei firmierte zunächst unter dem Titel MSP (Nationale Heilspartei). Diese wurde 1980 verboten. 1983 gründete Erbakan die Refah-Partei (Wohlfahrtspartei) und entwickelte das Parteiprogramm Adil Düzen (Gerechte Ordnung). Nach den Wahlen 1995 stellte die Wohlfahrtspartei mit Erbakan für ein Jahr den Ministerpräsidenten. 1998 wurde die Wohlfahrtspartei wegen ihrer antilaizistischen Orientierung verboten. Als Nachfolgeorganisation trat nun die Fazilet-Partei (Tugendpartei) in Erscheinung. Diese wurde ebenfalls im Juni 2001 verboten. Aktuell führt Erbakans Partei den Titel Saadet-Partei (Partei der Glückseligkeit).

ganisation der politischen Bewegung von Necmettin Erbakan handelt".[18] Aufgrund der Verbindungen zu der politischen Bewegung des Islamistenführers Erbakan wird die *IGMG* seit einigen Jahren durch die Verfassungsschutzbehörden der Länder und des Bundes überwacht. Neben relativ vagen islamistischen Zielvorstellungen propagiert der Islamistenführer auch antisemitische Feindbilder. So heißt es in der programmatischen Schrift *Adil Ekonomik Düzen (Gerechte Ordnung)*: „Die Zionisten glauben, dass sie die tatsächlichen und auserwählten Diener Gottes sind. Ferner sind sie davon überzeugt, dass die anderen Menschen als ihre Sklaven geschaffen wurden. Sie gehen davon aus, dass es ihre Aufgabe ist, die Welt zu beherrschen. Sie verstehen die Ausbeutung der anderen Menschen als Teil ihrer Glaubenswelt."[19] Ähnliche Antisemitismen fanden sich bis zum Jahr 2000 auch in der verbandsnahen Zeitung *Milli Gazete*. Die IGMG befindet sich seit einigen Jahren im Reformprozess und Verbandsvertreter haben sich mittlerweile mehrfach von antisemitischen Äußerungen distanziert, die im Organistationsumfeld aufgedeckt wurden. Es ist jedoch zu befürchten, dass Teile der Organisation nach wie vor der islamistischen und antisemitischen Ideologie Erbakans anhängen. Belege hierfür gab es auch in den letzten Jahren. So strahlte z. B. der Satellitensender TV5, der der Milli Görüş- Bewegung nahe steht, eine iranische Soap mit dem Titel „Zehranin Gözleri" im Primetimebereich aus, in der Juden als menschenverachtende Organräuber dargestellt werden. Die Serie, die auch als Video-CD erhältlich ist, wurde nach Angaben des ZDF-Magazins „Frontal21" auch auf dem „Tag der Brüderlichkeit und Solidarität" der IGMG, der am 04.06.2006 im belgischen Hassels stattfand, offen zum Verkauf angeboten.[20]

Aktuelle Entwicklungen

Folgt man den zahlreichen integrationspolitischen Absichtserklärungen der Politik in Bund, Ländern und Kommunen, dann wird die Integration muslimischer Zuwanderer mittlerweile als wichtige Zukunftsausgabe angesehen. Diese Sicht wird unisono auch von allen Vertretern der großen muslimischen Verbände geteilt. Integration sei eine Querschnittsaufgabe, die auf staatlicher und muslimi-

---

[18] Lemmen: Islamische Vereine und Verbände in Deutschland, S. 46.
[19] Zit. in: Innenministerium des Landes Nordrhein-Westfalen (Hrsg.) Islamistischer Extremismus in Nordrhein-Westfalen, S. 28. unter: http://www.im.nrw.de/inn/doks/vs/islam.pdf (13.04.2008)
[20] Landesamt für Verfassungsschutz Hamburg: Antisemitische Hetzvideos bei der „Islamischen Gemeinschaft Milli Görüs, unter: http://fhh.hamburg.de/stadt/Aktuell/behoerden/inneres/landesamt-fuer -verfassungsschutz/archiv/archiv-2006/hetzvideos-igmg-artikel.html (11.04.2006).

scher Seite in allen Handlungsfeldern kompetente und verlässliche Ansprechpartner erfordere – so lautet das neue Credo. Medienwirksam inszeniert wird diese neue Haltung und die damit einhergehenden Dialogbemühungen vor allem von der seit 2006 bestehenden deutschen Islamkonferenz, die zwischen den halbjährlich stattfindenden Plenarsitzungen staatliche und muslimische Akteure in fünf Arbeitsgruppen zusammenführt. Die bislang auf der Islamkonferenz erzielten Ergebnisse entsprechen jedoch zu weiten Teilen keineswegs den ursprünglichen hochgesteckten Erwartungen.

Beginnen wir mit der für den Integrationsprozess als zentral angesehenen Organisationsfrage. Die von der Bundes- und Länderpolitik erhobene Forderung nach einem zentralen Ansprechpartner auf muslimischer Seite wurde bislang lediglich von den bereits organisierten Muslimen aufgenommen und auf der Bundesebene organisatorisch umgesetzt. Seit dem Jahr 2006 gibt es nämlich den so genannten Koordinierungsrat der Muslime (KRM), der sich der Bundesregierung als der lange geforderte zentrale Ansprechpartner präsentiert. Die gemeinsame Vertretung des Verbandsislams, die maximal 10 bis 20 Prozent der Muslime Deutschlands vertritt, findet jedoch nur wenig Akzeptanz, denn der Koordinierungsrat besteht z. T. aus den im letzten Kapitel dargestellten Organisationen, die unter Islamismusverdacht (so die IGMG im Islamrat) oder unter einer weitgehenden Außensteuerung (DITIB) stehen. Genau hier zeigt sich ein Grundproblem staatlicher Islampolitik: Bund und Länder wünschen auf muslimischer Seite demokratische und repräsentative Strukturen, dürfen diesen Anspruch aber aufgrund des Neutralitätsgebotes der Verfassung nicht an die Muslime als Forderung herantragen. In der Konsequenz bedeutete dies, dass der Staat hinsichtlich der Organisationsversuche von Muslimen keine gestalterischen Optionen hat und lediglich die Resultate der Organisationsversuche annehmen oder ablehnen kann. Bislang bedeutete dies, dass der Staat sich ausschließlich als „Neinsager" betätigen konnte. Denn in keinem Fall wurden die Erwartungen von Bund und Ländern erfüllt. Das eigentliche Dilemma, das offenbar in dem fehlenden Organisationswillen der Mehrheit der Muslime besteht, lässt sich auf diese Weise kaum lösen. Vorläufiges Resultat des vom Staat initiierten und forcierten Organisationsprozesses ist ein aus muslimischer Sicht sehr gut aufgestellter, nach außen hin geschlossen auftretender orthodoxer Verbandsislam mit teilweise islamistischer Ausrichtung, der alles andere als die Mehrheit der deutschen Muslime abbildet. Das ist das Gegenteil dessen, was ursprünglich von staatlicher Seite als Ansprechpartner gewünscht wurde.[21]

---

[21] Kiefer, Michael; Malik, Jamal: Der Islam in Deutschland im Prozess der Neuformierung, in: Bertelsmannstiftung (Hrsg.) Religion und Bildung. Orte, Medien und Experten religiöser Bildung, Gütersloh 2008, S. 98 – 105.

Wenig Bewegung ist auch beim Topthema Islamunterricht in staatlichen Schulen zu erkennen, das bei der letzten Plenarsitzung der Islamkonferenz im März 2008 ausführlich zur Darstellung kam. Mittlerweile hat eine gemischte Arbeitsgruppe sich auf die Rahmenbedingungen des einzurichtenden Faches geeinigt. Der zu Papier gebrachte Konsens bleibt jedoch unverbindlich, da Schulbelange in der alleinigen Verantwortung der Länder liegen. Trotz vollmundiger Absichtserklärungen agieren die Bildungsministerien bisher mit großer Zurückhaltung. In Bezug auf die islamischen Organisationen, die sich in den Ländern als Ansprechpartner für einen ordentlichen Religionsunterricht präsentieren, ist diese Haltung durchaus sachlich begründet. Die Mitgliedsorganisationen des Koordinierungsrates der Muslime (KRM) stehen, wie bereits dargestellt, teilweise unter Islamismusverdacht oder werden von außen gesteuert. Dieser Sachverhalt ist jedoch seit Jahren bekannt und die Landesregierungen hätten auf pragmatischem Wege längst bestehende Spielräume nutzen können. Denn der so genannte bekenntnisorientierte Religionsunterricht ist durchaus nicht der Weißheit letzter Schluss. Zwischen- und Übergangsformen sind durchaus denkbar und werden auch bereits mehr als halbherzig praktiziert. Bestes Beispiel ist die in Nordrhein-Westfalen durchgeführte Islamkunde, die ihrem Selbstverständnis nach als Platzhalter für einen künftigen islamischen Religionsunterricht im Sinne des Artikel 7 Abs. 3 fungiert. Da das Fach formal kein Bekenntnisunterricht ist, konnten die muslimischen Verbände umgangen werden. Das Unterrichtsfach findet bei Eltern und Schülern seit seiner Einführung im Schuljahr 1999/2000 viel Zuspruch und gilt als voller Erfolg. Dennoch plant die Landesregierung in NRW keine Erweiterung und besteht auf eine kostenneutrale Durchführung. Ähnlich unambitioniert zeigen sich auch andere Landesregierungen. Baden-Württemberg z. B. beschränkt seinen Schulversuch, der formal mit muslimischen Eltern abgesprochen wurde, auf gerade mal 12 Schulen.

Schließlich soll in einem letzten Beispiel das Verhältnis von Staat und islamischen Gemeinden in den Kommunen aufgegriffen werden. Gerade in diesem Bereich sind im Rahmen des offiziellen Dialogs gravierende Fehlentwicklungen zu beobachten. Deutlich werden diese z. B. in NRW. Der kommunale Dialog mit den islamischen Gemeinden wird seit dem Jahr 2004 maßgeblich von den lokalen Polizeibehörden organisiert, die hierfür eigens so genannte Islambeauftragte bereitgestellt haben. Diese sollen intensive Kontakte zu allen Moscheegemeinden aufbauen und mit diesen dauerhaft an „runden Tischen" aber auch in Einzelgesprächen in den Dialog treten. Die Beauftragung der Polizei mit Dialogaufgaben erweckt hier stark den Eindruck als gäbe es einen generellen Zusammenhang von islamischer Religion und Kriminalität. Diese Vorgehensweise ist diffamierend und absurd zugleich. Niemand käme bei den Innenbehörden angesichts der ausufernden Gewaltkriminalität russischer Zuwanderer auf die Idee, bei den Polizeidienststellen russisch-orthodoxe Beauftragte zu ernennen.[22] Die Vorgehensweise in den Kommunen zeigt, dass aus staatlicher Sicht der Islam primär als Sicherheitsproblem wahrgenommen wird. Als Bestätigung für diese Sicht der Dinge kann auch die personelle Aufrüstung der Sicherheitsbehörden in Bund und Ländern mit mittlerweile ca. 350 Islamwissenschaftlern angesehen werden. Vor dem Hintergrund bestehender Gefährdungslagen mag dies verständlich erscheinen. Problematisch wird diese einseitige Schwerpunktsetzung jedoch, wenn gleichzeitig für die partnerschaftliche Einbindung der Moscheegemeinden in das kommunale Leben oder den unterentwickelten interkulturellen und interreligiösen Dialog in den Städten faktisch keine Ressourcen zur Verfügung stehen. Wer hier nach gut ausgebildeten Islamwissenschaftlern sucht, wird bis auf wenige Ausnahmen nicht fündig. Nur ganz selten findet man professionell moderierte Netzwerkprojekte, in denen alle Akteure partnerschaftlich die vielfältigen Problemstellungen in den Wohnquartieren bearbeiten. Die Integration der Moscheegemeinden in das normale kommunale Leben, also die Zusammenarbeit von Schulen, Agenturen der Jugendhilfe, säkularen Migrantenorganisationen und Moscheevereinen, ist ein randständiges Thema, für das kaum Geld ausgegeben wird.[23]

Fazit

Die umfassende gesellschaftliche Integration des Islams in Deutschland wird erst seit einigen Jahren von der Aufnahmegesellschaft und muslimischen Zuwanderern als unumgängliche Notwendigkeit angesehen. Die mannigfachen Aufgaben, die sich hierbei stellen, verlangen von allen Beteiligten große Kraftanstrengungen und Anpassungsleistungen. Angesichts der gewaltigen Dimension der bestehenden Herausforderungen, die vor allem im Bildungsbereich und im kommunalen Raum zu erkennen sind, ist ein rascher Wandel mit Sicherheit nicht zu erwarten. Diffizile Integrationsprozesse und damit verbundene Auseinandersetzungen, die durchaus auch zu Rückschlägen und zeitweiligen Blockaden führen können, brauchen mitunter viel Zeit. Noch mehr jedoch benötigen sie das entschiedene Engagement muslimischer und nichtmuslimischer Akteure. Ungenügend ist nach wie vor das Engagement von Bund Ländern und Kommunen. Die personellen und finanziellen Ressourcen in den Handlungsfeldern sind durchweg unzureichend. Überaus deutlich zeigt sich dies im bereits mehrfach angeführten Bil-

---

[22] Kiefer, Michael; Seidel, Eberhard: Kultur des Ressentiments – Die Polizei rüstet im Kampf gegen den Terror auf – mit Islamwissenschaftlern. In zivilen Projekten fehlen sie dagegen. So kann der nötige Dialog mit Muslimen nicht gelingen, TAZ vom 26.11.2005.
[23] Ebd.

dungsbereich. Die Modellversuche zum Islamunterricht sind allerorten unterdimensioniert und unterfinanziert. Mit selbst gebastelten Materialien und unzureichend qualifizierten Lehrkräften lässt sich auch langfristig mit Sicherheit kein hochwertiger Unterricht erreichen.

Darüber wird auf staatlicher Seite der Dialog mit den Muslimen teilweise von den falschen Akteuren gestaltet. Auch bei einer erweiterten Aufgabenstellung kann die Polizei keineswegs als kommunale Integrationsagentur in Erscheinung treten. Der Dialog mit einer Religionsgemeinschaft kann nur die Aufgabe von zivilgesellschaftlichen Akteuren sein. Dies gebietet alleine schon der Grundsatz der weltanschaulichen Neutralität des Staates, der durch das Grundgesetz geboten ist.

Kritisch zu sehen ist schließlich auch das Agieren der großen islamischen Organisationen, die sich im KRM zusammengeschlossen haben. Die Verbände präsentieren sich als „die Ansprechpartner" der Muslime in Deutschland. Die tatsächlichen Mitgliederzahlen zeigen jedoch, dass die Verbände nur ca. 20 Prozent der Muslime Deutschlands vertreten. Kritisch zu sehen sind auch die einzelnen Mitglieder des KRM. Die türkische DITIB steht weitgehend unter der Außensteuerung des türkischen Staates. Die IGMG, die den Islamrat dominiert, steht nach wie vor unter Islamismusverdacht und der VIKZ (Verband Islamischer Kulturzentren) steht wegen illegal betriebener Schülerwohnheime und mangelhafter Transparenz immer wieder im Schussfeld der Kritik. Das vielleicht größte Problem ist jedoch darin zu sehen, dass die Islamdebatte auf muslimischer Seite fast ausschließlich von den Islamverbänden geführt und dominiert wird. Die große Mehrheit der nicht in den Verbänden organisierten Muslime ist bisher ohne Stimme.

Rauf Ceylan

Islam und Urbanität – Moscheen als multifunktionale Zentren in der Stadtgesellschaft

Einleitung

In der europäischen Geschichte waren die Kirchen immer zentrale Orte im urbanen Leben. Um diese sakralen Bauten herum siedelten sich der Markt, die Handelshäuser, Hospitäler, Almosenhäuser und weitere öffentliche Bauten an.[1] Diese räumliche Zentralität ist heute noch in vielen Städten Deutschlands wie z.B. in Köln zu erkennen. Ihre soziale und kulturelle Zentralität dagegen haben die Kirchen im Zuge des Säkularisierungsprozesses wesentlich eingebüßt, dennoch sind sie heute für einen Teil der christlichen Bevölkerung immer noch zentrale Orte. Parallel zu den christlichen Gotteshäusern haben sich in der deutschen Gesellschaft islamische Gotteshäuser etabliert, die ebenfalls für einen Teil der muslimischen Bevölkerung den Mittelpunkt ihres alltäglichen Lebens darstellen. Ihren Standort haben diese religiösen Einrichtungen in sogenannten „Ethnischen Kolonien"[2], in denen sie zu den zentralsten Institutionen zählen. Diese sind keine rein sakralen Einrichtungen, sondern üben parallel eine profane Funktion aus. Es sind Versammlungsstätten, in denen neben den täglichen Gottesdiensten verschiedene soziale Aktivitäten stattfinden. Obgleich diese islamischen Einrichtungen in der Bundesrepublik ein relativ neues Phänomen sichtbar machen, ist die Präsenz von muslimischen Gemeinden auf dem Gebiet der jetzigen Bundesrepublik nicht so neu, wie von der Öffentlichkeit angenommen.

Spuren der Vergangenheit: Moscheen auf deutschem Boden

Die erste islamische Gebetsstätte lässt sich bis in das Jahr 1731 zurückverfolgen, als der preußische König Friedrich Wilhelm I. für die türkischen Soldaten, die in

---

[1] Vgl. Volker Eichener, Stadt- und Regionalentwicklung, in: Hanspeter Gondring/Eckhard Lammel (Hrsg.): Handbuch Immobilienwirtschaft, 1. Auflage Wiesbaden 2001 S. 2f.; Richard Sennet, Fleisch und Stein. Der Körper und die Stadt in der westlichen Zivilisation, 1. Auflage Berlin 1997, S. 219f.
[2] Vgl. Rauf Ceylan, Ethnische Kolonien. Entstehung, Funktion und Wandel am Beispiel türkischer Moscheen und Cafés, Wiesbaden 2006

seinem Dienst standen, eine Gebetsstätte in Potsdam einrichten ließ. Dabei handelte es sich um einen Saal in der Nähe der Garnisonskirche, der entsprechend umgewandelt wurde.[3] In der zweiten Hälfte desselben Jahrhunderts entstand die sogenannte Rote Moschee im Schlosspark von Schwetzingen. Die Errichtung dieser Moschee erfolgte im Auftrag des Kurfürsten Carl Theodor von der Pfalz in der Zeit von 1780 bis 1785.[4]

Auch in der ersten Hälfte des 20. Jahrhunderts lebten Muslime in Deutschland. Im Jahre 1914 ließ Kaiser Wilhelm II. für muslimische Kriegsgefangene aus dem Ersten Weltkrieg die Wünsdorfer Moschee bei Zossen/Berlin bauen, die aber bereits 1924 wegen Baufälligkeiten geschlossen werden musste und schließlich 1925/26 wegen Einsturzgefahr abgerissen wurde. Die heutige „Moscheestraße" und einige Soldatengräber erinnern noch an diese Zeit.[5] In der Zwischenkriegszeit gab es zudem ein sehr aktives Gemeindeleben von muslimischen Akademikern und Geschäftsleuten in Berlin. Die NS-Diktatur und der Zweite Weltkrieg bedeuteten insgesamt aber einen folgenschweren Einschnitt für das muslimische Leben, das damals allmählich anfing, sich in Deutschland zu etablieren.[6]

Der Zuzug einer größeren Zahl von Muslimen nach Deutschland begann jedoch erst mit der Anwerbung der sogenannten Gastarbeiter aus islamisch geprägten Ländern. Seit dem Beginn dieser Einwanderung vor über 40 Jahren hat ihre Zahl stetig zugenommen. In Deutschland leben schätzungsweise 3,5 Millionen Muslime, wobei ca. 2,5 Millionen türkeistämmig sind.[7] Neben Muslimen aus islamisch geprägten Ländern steigt auch die Zahl der eingebürgerten Muslime sowie der deutschen Konvertiten. Diese Angaben über Muslime – vor allem der deutschen Muslime – beruhen allerdings auf Schätzungen, da die Mitglieder dieser Religionsgruppe nicht ausreichend oder gar nicht registriert werden. Bei den deutschen Konvertiten wird beispielsweise lediglich ihr Austritt aus der Kirche verzeichnet, nicht aber ihre Zugehörigkeit zum Islam. Daher kann oft nur unter Berücksichtigung der Nationalitäten (islamisch geprägte Länder) auf die Zahl der Muslime geschlossen werden. Aufgrund der Neuregelungen des Staats-

---

[3] Vgl. Claus Leggewie/Angela Joast/Stefan Rech, Der Weg zur Moschee – eine Handreichung für die Praxis. Ein Projekt der Herbert-Quandt-Stiftung, Bad Homburg v.d. Höhe 2002, S. 26
[4] Vgl. Sabine Kraft, Islamische Sakralarchitektur in Deutschland. Eine Untersuchung ausgewählter Moschee-Neubauten, Münster/Hamburg/London 2000, S. 55
[5] Vgl. Muhammad Salim Abdullah, UND GAB IHNEN SEIN KÖNIGSWORT:BERLIN-PREUSSEN-BUNDESREPUBLIK. Ein Abriß der Geschichte der islamischen Minderheit in Deutschland, Berlin 1987, S. 27; Monika u. Udo Tworuschka, Islam Lexikon, Düsseldorf 2002, S. 108
[6] Thomas Lemmen, Islam, Gütersloh 2000, S.90
[7] Vgl. Michael Lüders, Allahs langer Schatten. Warum wir keine Angst vor dem Islam haben müssen, Freiburg/Basel/Wien 2007, S. 12, Frank Jessen, Türkische religiöse und politische Organisationen in Deutschland III, Köln 2006, S. 7

bürgerschaftsgesetzes im Jahre 2000 wird die Zahl der Muslime mit deutscher Staatsangehörigkeit jedoch weiterzunehmen.

Moscheen im urbanen Leben – Von „Gastarbeiter-" zu Diaspora-Moscheen

Die etwa 2.500 Moschee-Gemeinden spiegeln das reichhaltige religiös-kulturelle Leben der muslimischen Minderheit in Deutschland wider. Von der sogenannten Hinterhofmoschee bis zu ansehnlichen, repräsentativen Bauten mit Kuppel und Minarett sind in zahlreichen Städten die unterschiedlichsten Gebäudearten anzutreffen. In der subjektiven Landkarte der muslimischen Bevölkerung haben sie im städtischen Alltag einen zentralen Platz, wobei jeder Moscheebesucher diesen religiösen Einrichtungen eine persönliche Bedeutung beimisst. Die Vielfalt an Beweggründen eine Moschee aufzusuchen, ist darauf zurückzuführen, dass sie vielfältige Funktionen erfüllen. Die vielfältigen Funktionen der muslimischen Gotteshäuser haben sich erst im Laufe der Migrationsgeschichte entwickelt. Im Folgenden soll dieser Entwicklungsprozess für Deutschland skizziert werden. Der Fokus liegt dabei auf die türkischstämmigen Muslime, da sie nach wie vor den Islam in diesem Land prägen.

Provisorische Gebetsräume in den Wohnheimen

Mit der Anwerbung türkischstämmiger Migranten ab 1961 beginnt der quantitative Zuwachs des Islam und seine türkische Prägung in Deutschland. Diese sogenannten „Gastarbeiter" gingen zunächst von einem befristeten Aufenthalt in Deutschland aus. Vor diesem Hintergrund lebten die ersten Arbeitsmigranten nach ihrer Ankunft zunächst in Heimen. Diese Unterkünfte galten als bloße Schlafstellen, die keine besondere Identifikation mit dem Wohnraum boten.[8] Diese erste Phase der Migration war gekennzeichnet durch mangelhafte Informationen über die Bundesrepublik und Anpassungsschwierigkeiten im beruflichen und sozialen Umfeld, wobei die Trennung vom sozialen Netzwerk in der Türkei, die Isolation, die sprachlichen Barrieren und die Umstellung auf andere Essgewohnheiten als besonders bedrückend empfunden wurden.[9] Das öffentliche und

---

[8] Vgl. Aytaç Eryılmaz, Das Leben im Wohnheim, in: Fremde Heimat/Yaban, Sılan olur. Eine Geschichte der Einwanderung aus der Türkei/Türkiye'den Almanya'ya Göçün Tarihi. Essen 1998, S. 175
[9] Vgl. Maria Borris, Ausländische Arbeiter in einer Großstadt. Eine empirische Untersuchung am Beispiel Frankfurt, 2. Auflage Frankfurt am Main 1974, S. 68

kulturelle Leben rückte in den Hintergrund. Türkisch-religiöse Einrichtungen existierten gar nicht, da weder der türkische noch der deutsche Staat die Befriedigung der religiösen Bedürfnisse in den Einkommensvereinbarungen berücksichtigte.

Diese Lücke füllten die türkischen Muslime selbst, in dem sie damit anfingen, ihren religiösen Bedürfnissen in den Wohnheimen nachzugehen. Die innerethnischen Kontakte innerhalb und zwischen den Wohnheimen, förderten ihre soziale Organisierung. Dachgeschosse bzw. Keller der Unterbringungsheime wurden somit in Gebetsräume umfunktioniert. Allerdings musste erst die Erlaubnis des Hausmeisters eingeholt werden, bevor der Raum umgestaltet (meist nur mit einem einfachen Teppich versehen) werden konnte. Sprach sich der neu eingerichtete Gebetsraum herum, kamen auch türkische Arbeiter, die außerhalb des Heimes wohnten. Christliche Gotteshäuser waren wichtige Anlaufstellen in dieser Phase, da sie bei besonderen Anlässen wie dem Gottesdienst im Ramadan- bzw. Opferfest Gemeinderäume zur Verfügung stellten.

Wie die provisorischen Gebetsräume, waren auch die Imame in diesen Einrichtungen nur eine behelfsmäßige Lösung, da es unter den Migranten keine qualifizierten Autoritäten für die Leitung der Gottesdienste gab. Meist übernahmen Personen aus der Freundesgruppe die Rolle des Vorbeters. Diese Männer waren nicht als Imame ausgebildet und verfügten entsprechend nur über begrenztes religiöses Wissen, sie waren in der Regel nur sachkundiger in religiösen Angelegenheiten als andere in der Freundesgruppe. Unter den Migranten genossen die in religiösen Angelegenheiten kompetenteren Personen ein besonderes Ansehen und wurden deshalb – trotz fehlender Qualifikation – mit „Hodscha"[10] angesprochen. Die türkischen Migranten, die ein religiöseres Leben (z. B. tägliche Gebete, kein Alkoholkonsum usw.) führten, wurden ebenfalls mit diesem Titel bezeichnet. Dies spiegelt die religiöse Bildung wieder, welche die meisten Migranten nur sporadisch und auf der Basis mündlicher Vermittlung von Glaubensinhalten in ländlichen Gebieten erhalten hatten. Entsprechend waren ihre Kenntnisse nur oberflächlich.

Anmietung von Hinterhof-Moscheen – Der Schritt zur Niederlassung

In den 1970er Jahren begann die Phase der Familienzusammenführung in der ganzen Bundesrepublik, mit der zugleich die erste Phase der Anwerbung türkischer Arbeitsmigranten (1961 bis zum Anwerbestopp 1973) beendet wurde. Spätestens mit dem Anwerbestopp 1973 wurde den Migranten bewusst, dass die

---

[10] Türkisch: religiöser Lehrer

Rückkehrabsichten in die Herkunftsländer nicht so schnell wie geplant erfolgen würden. Ab dieser Phase beginnt ein objektiver Einwanderungsprozess, in dessen Verlauf sich die türkischen Muslime stärker mit den Bedingungen des Aufnahmelandes auseinander setzen.

Der objektive Einwanderungsprozess ist vermutlich darauf zurückzuführen, dass die Pioniere bereits die anfänglichen Beschwerlichkeiten überwunden hatten und sich etwas heimischer im Aufnahmeland fühlten. Zudem hatte man bis zu einem bestimmten Grad die wirtschaftliche Situation im Vergleich zur ersten Zeit verbessert, so dass eine gewisse Sicherheit erreicht war. In den 1970er Jahren wuchs ferner das Interesse am Islam, wobei dies wiederum im Zusammenhang mit der Familienzusammenführung steht, weil man sich vor allem über die religiöse Unterweisung der Kinder Gedanken machte.[11]

Im Zuge dieser Phase verließen die türkischen Migranten die Wohnheime, mieteten sich nicht nur reguläre Wohnungen für ihre Familien, sondern auch Räumlichkeiten – meist in Hinterhöfen – die sie als Gebetsstätten nutzten. Die meisten dieser religiösen Einrichtungen waren Einheitsgemeinden, d.h. sie gehörten noch keiner Dachorganisation an. Denn die politische und religiöse Orientierung der Muslime waren nur von sekundärer Bedeutung und die Befriedigung der religiösen und sozialen Bedürfnisse und die Institutionalisierung der Normen und Werte aus dem Herkunftskontext standen im Vordergrund. Im Hinblick auf die psychosozialen Belastungen infolge der Migration stellten die neu gegründeten Hinterhof-Moscheen eine Orientierungshilfe und Sicherheit dar, welche auch auf die weitere Lebensplanung in Deutschland Einfluss hatte. Die Moscheen boten ein kulturelles Zentrum und einen emotionalen Fluchtort. Zudem stärkte diese Eigeninitiative das anfällige Selbstbewusstsein der türkischen Migranten, da sie ohne staatliche Zuschüsse – weder aus dem Herkunfts- noch dem Aufnahmeland – die Hinterhof-Moscheen in der Diaspora selbstständig, mit eigenen Ressourcen gegründet hatten.

Allerdings währte die Einigkeit der Gemeinden nicht lange, da die nicht-staatlichen islamischen Verbände ab dem Anwerbestopp 1973 aktiv versuchten, nicht nur die Lücke in der religiösen Betreuung der Migranten zu füllen, sondern diese auch gleichzeitig für ihre Ideen zu gewinnen.[12] Die Einheitsgemeinden lösten sich auf und es entstanden – meist konzentriert in Stadtteilen mit hohen Migrantenanteilen – zahlreiche Hinterhof-Moscheen unterschiedlichster Ausrichtungen und Prägungen. Die nicht-staatlichen muslimischen Verbände begannen in dieser Phase auch damit, qualifizierte Imame einzustellen, die von den Ge-

---

[11] Vgl. Jochen Blaschke, Islam und Politik unter türkischen Arbeitsmigranten, in: Jochen Blaschke/ Martin van Bruinessen, Islam und Politik in der Türkei, Berlin 1989, S. 308
[12] Vgl. Erhard Franz, Säkularismus und Islamismus in der Türkei, in: Kai Hafez (Hrsg.), Der Islam und der Westen, Frankfurt am Main 1997, S. 139

meinden bezahlt wurden. Der türkische Staat begann dagegen erst Anfang der 1980er Jahre in diesen Prozess zu intervenieren und staatlich ausgebildete Imame einzustellen.

Durch die Moscheengründungen erfuhren die Migranten Gruppensolidarität und Selbstbewusstsein, die wichtige Voraussetzungen für ihre aktive gesellschaftliche und politische Partizipation darstellen. Auf diese Weise wurde erst eine schrittweise Integration in die Mehrheitsgesellschaft möglich. Die religiöse Weiterbildung der Gemeindemitglieder der ersten Generation wurde ebenfalls durch die Errichtung von Moscheen gewährleistet. Viele haben so die Gelegenheit zur Vertiefung ihrer religiösen Kenntnisse erhalten. Mit anderen Worten: In Deutschland hat man den Islam erst richtig gelernt.[13] Die internalisierten religiösen Glaubensinhalte in der Herkunftsgesellschaft erfuhren im Aufnahmeland nicht nur eine Kontinuität, sondern eine Weiterentwicklung. Durch die Institutionalisierung der Religion wurde zudem die religiöse Bildung für die nachfolgenden Generationen gewährleistet.

Hinterhof-Moscheen als multifunktionale Zentren

Die primär religiöse Funktion der Hinterhof-Moscheen weitete sich im Laufe des Migrationsprozesses infolge der unterschiedlichsten sozialen und kultureleren Herausforderungen aus. Während in der Türkei die Moscheen nicht mehr ihre traditionelle Rolle als „Külliyat" (Komplexe mit unterschiedlichsten sozialen Funktionen) ausüben, ist diese Funktion in der Migrationssituation wiederbelebt worden. Denn die Migration stellt nicht nur für die Aufnahmegesellschaft eine soziale und kulturelle Innovation dar, sondern auch für die Migranten selbst.

Die Entwicklung der Moscheegemeinden in Deutschland fand somit in mehreren Phasen statt. 1970 bis 1985 war die erste Phase in dieser Entwicklung, in der sich der Islam in Deutschland etabliert hat. Diese Phase zeichnet sich durch Moscheegründungen, Konkurrenz zwischen den Gemeinden, feindliche Moscheeübernahmen und Spaltungen aus. In der zweiten Phase, die ab der Mitte der 1980er Jahre einsetzt, beginnt eine Konsolidierung, in der die großen türkisch-islamischen Dachverbände weitgehend die Kontrolle über ihre Gemeinden sicherstellen. In diesen beiden Phasen ist der Fokus der Gemeinden primär auf die Politik der Herkunftsgesellschaft gerichtet. Ab Mitte der 1990er beginnt die dritte Phase, in der sich ein Diaspora-Islam entwickelt. Nicht mehr die Orientierung an der Herkunftsgesellschaft, sondern die Auseinandersetzung mit den

---

[13] In den ländlichen Gebieten vermittelten die Eltern religiöses Wissen wie beispielsweise das Auswendiglernen von Versen aus dem Qu'ran meist nur mündlich. In Deutschland dagegen eignete man sich die Rezitation der arabischen Schrift an.

Problemen der türkischen Muslime in Deutschland rückt in den Vordergrund. Dabei entwickeln sich eigene Positionen in der Interaktion mit der deutschen Öffentlichkeit.[14]

Dieser Orientierungswechsel in der dritten Phase ist nicht das Ergebnis einer Politik, die von oben, d. h. von den großen Dachorganisationen ausgeht. Es ist sozusagen eine Entwicklung in Gang gesetzt worden, die von lokaler Ebene ausgeht. Dieser Transformationsprozess wird vor allem von den jüngeren Gemeindemitgliedern getragen, die für ein neues Verständnis von islamischen Gemeinden eintreten, die sie vielmehr mit „sozialen Zentren", „Orten der Freizeitgestaltung" assoziieren und als „kollektive Heimat" erfahren und dementsprechend an die Moscheen in der Einwanderungsgesellschaft höhere Leistungsanforderungen richten als an die in den Herkunftsländern. Dies hat auch zu Folge, dass das Interesse an den politischen Entwicklungen in Deutschland wächst, so dass nicht primär die politische Orientierung der Moschee für die Jugendlichen wichtig ist.[15]

Der Wandel der türkisch-islamischen Dachverbände von einem „Gastarbeiter-Islam" hin zu einer deutschen Organisation, der sich im fortschreitenden Ablösungsprozess vom Herkunftsland zeigt, ist nach Udo Steinbach bereits im Gange. Daher müssten sich die diversen Vereine, denen er nach wie vor eine wichtige Rolle in Deutschland zuteilt, neu definieren und verstärkt eine integrative Funktion in Deutschland wahrnehmen.[16] „Dieser Umdenkungsprozeß in den Vereinen, der von den Außenverbindungen wegführt und stärker in die Gesellschaft hineinweist, wird von einer jungen Generation von Muslimen getragen, die die hiesigen Strukturen und Entscheidungsmechanismen kennen."[17] Meist sind es auf europäischem Boden geborene Akademiker, die durch ihr Engagement tiefgreifende Veränderungen in den Einstellungen bewirken. Sie verstehen sich als Europäer und versuchen ihre Rechte geltend zu machen.[18] „Von daher gibt es einen Bruch zwischen den Generationen, weil diese Jungen im Gegensatz

---

[14] Vgl. Werner Schiffauer, Muslimische Organisationen und ihr Anspruch auf Repräsentativität: Dogmatisch bedingte Konkurrenz und Streit um Institutionalisierung, in: Alexandre Escudier (Hrsg.), Der Islam in Europa. Der Umgang mit dem Islam in Frankreich und Deutschland, Göttingen 2003, S. 147

[15] Vgl. Hans-Ludwig Frese, Den Islam ausleben. Konzepte authentischer Lebensführung junger türkischer Muslime in der Diaspora, Bielefeld 2002

[16] Vgl. Udo Steinbach, Die Akzeptanz des Islam in Deutschland, in: Islamrat für die Bundesrepublik Deutschland (Hrsg.), Islam im Schulbuch. Dokumentation zur Fachtagung: „Das Bild des Islam in Deutschen Schulbüchern". Veranstaltet vom Islamrat für die Bundesrepublik Deutschland, 3. bis 5. April 2001 in Bonn, Schwarzwald 2001, S. 77ff.

[17] Ebd., S. 78

[18] Vgl. Tariq Ramadan, Die europäischen Muslime – Wandlungen und Herausforderungen, in: Thomas Harmann/Margret Krannich (Hrsg.), Muslime im säkularen Rechtsstaat. Neue Akteure in Kultur und Politik, Berlin 2001, S. 92

zu den ersten Migranten offen versuchen, intellektuelles und soziales Terrain zu besetzen."[19]

Repräsentative Moscheen: Symbolischer Ausdruck der Niederlassung

Die Geschichte der Auswanderung zeigt, dass Gotteshäuser in der neuen Heimat mit zu den ersten Institutionen gehören, die gegründet wurden.[20] Dies ist auch auf die Religionsfreiheit des Aufnahmelandes zurückzuführen, die – im Gegensatz zum Herkunftsland, in dem unter Umständen mit Repression zu rechnen war – den Einwanderern ein religiöses Gemeindeleben nach eigenen Vorstellungen ermöglichte.[21] Die errichteten Gotteshäuser markierten die Niederlassung der Migranten in der neuen Heimat. Ihre Bedeutung nahm im Aufnahmeland sogar zu, so dass auch weniger religiöse Personen diese Einrichtungen frequentierten. Auch deutsche Kirchen waren für die eingewanderten deutschen Christen im 18. Jahrhundert in Nordamerika wichtige Zentren, weil sie verschiedene Funktionen erfüllten. So „sorgten sie für Beistand, gaben den Pionieren Selbstgefühl, halfen ihnen beim Einpendeln in den Rhythmus Amerikas und in neue gesellschaftliche Situationen, informierten und halfen, wo die neuen Möglichkeiten den Neusiedler zu erdrücken drohten."[22]

Die symbolische Dimension spielte in der ersten Phase der Migration in Deutschland dagegen kaum eine Rolle, weil weder die Migranten noch die Mehrheitsgesellschaft diesen Prozess als Einwanderung verstanden. Die ersten Arbeitsmigranten hatten – wie die Bundesrepublik auch – primär wirtschaftliche Ziele, so dass sie sich zunächst mit den provisorischen Gebetsräumen in den Sammelunterkünften zufrieden gaben. Durch die Hinausschiebung der Rückkehrpläne mieteten sie zunächst Räume wie Lagerhäuser oder Fabrikhallen, die in Moscheen umfunktioniert wurden. Doch je länger der Aufenthalt in der BRD dauerte, desto eher wuchs die Absicht, diese Einrichtungen aufzukaufen, was dann auch letztlich geschah. Aufgrund des fortgeschrittenen Integrationsprozesses wollen die Muslime fortan ihre Präsenz auch anhand baulicher Merkmale

---

[19] Ebd., S. 92

[20] Vgl. Arthur Hertzberg, Shalom Amerika! Die Geschichte der Juden in der Neuen Welt, Frankfurt am Main 1996, S. 22f.

[21] Vgl. Agnes Bretting, Mit Bibel, Pflug und Büchse: deutsche Pioniere im kolonialen Amerika, in: Klaus J. Bade (Hrsg.), Deutsche im Ausland – Fremde in Deutschland. Migration in Geschichte und Gegenwart, München 1992, S. 135ff.;Klaus J. Bade, Europa in Bewegung. Migration vom späten 18. Jahrhundert bis zur Gegenwart, München 2002, S. 17

[22] Bernd G.Längin, GERMANTOWN- auf deutschen Spuren in Nordamerika, in: Wege und Wandlungen. Die Deutschen in der Welt heute, Schriftenreihe zu Fragen der Deutschen im Ausland, Band 3. Berlin/Bonn 1983, S. 30

demonstrieren. Das Ziel, durch repräsentative Einrichtungen im städtebaulichen Erscheinungsbild aufzutreten, spiegelt nur die gesellschaftlichen Prozesse wider. Die materielle Sichtbarkeit der Gemeinde ist nur der Ausdruck einer inneren, gewandelten Einstellung zur Einwanderungsgesellschaft. Es ist keinesfalls als Rückzug oder als ein Indiz für einen erstarkenden „Fundamentalismus" zu interpretieren. Für die gesellschaftliche Akzeptanz und die Selbstverständlichkeit des Zusammenlebens ist diese Entwicklung förderlich, da die Migranten mit diesen Bauten signalisieren, dass sie sich als ein fester Bestandteil der Gesellschaft verstehen.[23] Wie Ömer Alan (1999) treffend formuliert: „Wer Moscheen baut, möchte bleiben."[24]

Durch die repräsentativen Moscheebauten wird auch die integrative Funktion dieser Einrichtungen gestärkt. Zu dieser Schlussfolgerung kommt Thomas Schmitt in seiner Studie, die er folgendermaßen begründet:

- Die symbolische Repräsentation ist Ausdruck der Anerkennung und Akzeptanz des Islam seitens der Mehrheitsgesellschaft.
- Durch ihre Sichtbarkeit und ein größeres Raumangebot können die Moscheen ihre Funktion als soziale und kulturelle Orte sowohl für Muslime auch als für Nicht-Muslime – z.B. im Rahmen von Dialogveranstaltungen – erfüllen.
- Die Möglichkeit einer (System-)Integration durch die Abstimmungsprozesse in der Planungs- und Bauphase, weil die Moscheevereine mit Institutionen in Kontakt treten müssen.
- Im Bauprozess der geplanten Moschee kommt es zur Kommunikation zwischen Mehrheits- und Minderheitsgesellschaft, weil es sozusagen einen Anlass dafür bietet, sich über den geplanten Bau und über die Religion zu informieren.
- Durch diverse Veranstaltungen könnten repräsentative Moscheen auch zur gesellschaftlichen Reintegration von deutschen, nicht-muslimischen Nachbarn beitragen.[25]

In Anlehnung an seine Untersuchungsergebnisse prognostiziert er für die Muslime im Idealfall nicht nur die positiven Auswirkungen auf die eigene Identität und analog die Integration in die Gesamtgesellschaft, sondern zugleich einen

---

[23] Vgl. Barbara John, Fremde – Baumeister des neuen Berlins, a.a.O., S. 268
[24] Ömer Alan, Muslime im Ruhrgebiet. Wer Moscheen baut, möchte bleiben, in: Kommunalverband Ruhrgebiet (Hrsg.), Standorte Ruhrgebiet 1999/2000, Essen 1999
[25] Vgl. Thomas Schmitt, Moscheen in Deutschland. Konflikte um ihre Errichtung und Nutzung. Deutsche Akademie für Landeskunde, Flensburg 2003, Zugl.: München, Univ., Diss. 2002, S. 359f.

Wandlungsprozess, von dem Moscheevereine gleichermaßen betroffen sein werden wie die jeweiligen Dachverbände.[26]

Indem die Moscheen sich öffnen, entwickeln sie sich stärker zu Orten, in denen interreligiöse Begegnungen und mithin interkulturelles Lernen – und das nicht nur in Konfliktsituationen – stattfindet. Dabei gehen die Initiativen nicht selten von den Kirchen selbst aus, die sich dadurch ein besseres Verständnis erhoffen und mit Moscheebesuchen positive Erfahrungen machen.[27] Wie Beispiele aus den verschiedenen Städten Deutschlands zeigen, wird der Besuch von Moscheen durch Nicht-Muslime sogar durch repräsentative Bauten gefördert.[28] Zudem zeigen die Erfahrungen, dass sich diese repräsentative Moschee aufgrund ihrer praktischen, sozialen und wissenschaftlichen Betätigungsfelder (christlich-islamischer Gemeinschaft, alltägliche Moscheebesuche durch nicht-muslimische Bewohner, wissenschaftlicher Beirat usw.) in ihrem Umfeld zu einem wichtigen integrativen Bestandteil des städtischen Lebens entwickelt.[29] Diese Betätigungsfelder in den Moscheen könnten auch den Charakter von metakommunikativen Verfahren zur Problemlösung einnehmen, welche für die Herstellung des praktischen urbanen Multikulturalismus unabdingbar sind. Aufgrund der zunehmenden gesellschaftlichen Ausdifferenzierung in der postmodernen Gesellschaft wird die Entwicklung von Kompetenzen, die solch eine Regelung eines selbstverständlichen Zusammenlebens zum Ziel haben, in Zukunft notwendiger denn je werden.[30] Die derzeit im multikulturellen Stadtteil Duisburg-Marxloh entstehende repräsentative Moschee mit integrierter Begegnungsstätte (Seminarräume, Büros, Bistro, Küche) für Muslime und Nicht-Muslime, könnte in diesem Kontext einen Modellcharakter in Deutschland einnehmen. Dafür spricht das in der Konzeption verfolgte Ziel, ein Bildungszentrum für den interkulturellen Dialog zu schaffen.[31] Bereits vor der Fertigstellung des Gotteshauses werden erfolgreich zahlreiche Maßnahmen durch die Begegnungsstätte (die vorerst provisorisch in

---

[26] Vgl. ebenda, S. 360
[27] Vgl. Hans-Christoph Goßmann, Interreligiöses Lernen im Konfirmandenunterricht. Ein Moscheebesuch und seine Folgen, in: ders (Hrsg.), Zwischen Kirche und Moschee. Muslime in der kirchlichen Arbeit, Hamburg 1994, S. 38ff.; Hauke Faust/Nigar Yardim, Aufeinander zugehen, Miteinander leben. Pilotstudie – Situationsanalyse zum christlich-muslimischen Dialog in Duisburg. Evangelisches Familienbildungswerk, Duisburg 1998, S. 50ff.
[28] Vgl. Ali-Özgür Özdil, Wenn sich die Moscheen öffnen, a.a.O., S. 17
[29] Vgl. Bekir Alboga, Symbole der Integration türkischer Kultur in die Stadt – der Moscheenbau in Mannheim, in: Joachim Brech/Laura Vanhuè (Hrsg.), Migration. Stadt im Wandel, Darmstadt 1997, S. 216ff.
[30] Vgl. Wolf-Dietrich Bukow u.a., Die multikulturelle Stadt – Von der Selbstverständlichkeit im städtischen Alltag, Opladen 2001, S. 102ff.
[31] Vgl. Ulrich Steuten, Halbmonde über Duisburg. Eine Moschee als Begegnungsstätte, in: Duisburger Jahrbuch 2007, Duisburg 2006

einem Container unterbracht ist) initiiert, wobei wiederum die junge muslimische Elite eine herausragende Rolle einnimmt.

Fazit

In den Integrationsdebatten wird der Islam nach wie vor als integrationshemmend dargestellt. Eine orientalische Religion, die höchstens in nicht-städtischen Gesellschaften Antworten auf die spirituellen, sozialen und kulturellen Bedürfnisse gab. Dass der Islam sehr eng mit Urbanität verbunden ist, wird übersehen. Der Islam ist sicherlich ein Produkt der Wüste, aber sie wurde im Laufe der Geschichte in die Städte verpflanzt und erlebte gerade dort ihre Dynamik. Das urbane Leben gab der Religion Impulse wie auch umgekehrt. Gotteshäuser als „Külliyat" haben dabei immer eine zentrale Rolle eingenommen.[32] Während in den Herkunftsländern der muslimischen Migranten diese Rolle aus den unterschiedlichsten Gründen kaum noch existiert, wird sie in den Städten Deutschlands und Europas wiederbelebt. Einen großen Beitrag dazu leistet vor allem die jüngere Generation der Muslime, die nicht nur die Hinterhof-Moscheen zu multifunktionale Einrichtungen umfunktionierten, sondern auch für repräsentative Bauten als Komplexe eintreten.

Die Analyse der ältesten Aufzeichnungen über die frühislamische Zeit zeigt, dass die Kritik am ungezügelten Kapitalismus der mekkanischen Oligarchie und gegen die Armut und soziale Ungerechtigkeit, den Jugendlichen Möglichkeiten der Identifikation und Partizipation bot.[33] In der Gegenwart bietet der Islam für die jüngere Generation der Muslime ebenso Identifikationsmöglichkeiten. Dabei wird nicht einfach nur die Tradition imitiert und weitergeführt, sondern durch individuelle Auseinandersetzungen mit den religiösen Schriften vertiefen sie ihre Kenntnisse und interpretieren diese zum Teil in einem neuen Licht. Ursula Mıhçıyazgan bezeichnet dies als „Prozeß der Hochislamisierung".[34]. Dieser neue, individuellere Zugang der Jugendlichen zu ihrer Religion ist ein Ergebnis der Migrationssituation und eröffnet ihnen neue Möglichkeit der Partizipation am sozialen Leben.[35] Dies ist weder als Rückzug in die eigene religiöse Gruppe noch als Zwang zu verstehen, sich entweder für die „Kultur" des Aufnahmelan-

---

[32] Vgl. Marshall G.S. Hodgson, The Venture of Islam. Volume 1: The Classical Age of Islam, Chicago 1975
[33] Vgl. Ibn Ishaq, Das Leben des Propheten, Kandern 1999
[34] Vgl. Ursula Mıhçıyazgan, Die religiöse Praxis muslimischer Migranten. Ergebnisse einer empirischen Untersuchung in Hamburg, in: I. Lohmann/W. Weiße (Hrsg.), Dialog zwischen den Kulturen. Erziehungshistorische und religionspädagogische Gesichtspunkte, Münster/New York 1994, S. 201
[35] Vgl. Nikola Tietze, Islamische Identitäten. Formen muslimischer Religiosität junger Männer in Deutschland und Frankreich, 1. Auflage Hamburg 2001

des oder aus dem Herkunftskontext entscheiden zu müssen. Vielmehr findet durch eine kritische Auseinandersetzung mit beiden Systemen eine selektive Aneignung gewisser Normen und Werte statt.

Allerdings wird dieser Prozess in restriktiv und abwertend geführten öffentlichen und politischen Diskursen gestört und ignoriert.[36] Durch die Verschmelzung des Islamdiskurses mit dem Einwanderungsdiskurs setzt sich die „Leugnung des Islam als einer hier, heute und vor Ort im ganz normalen Alltag lebendigen Religion, als einer im urbanen Zusammenleben verankerten religiösen Orientierung fort."[37] Mit der Rekonstruktion eines „Islam-Mythos" wird die Religion der Muslime in Deutschland als Integrationsbarriere gesehen. Diese Verleugnung und das Unverständnis gegenüber dem Islam auf der theoretischen Ebene stehen allerdings im Widerspruch zum alltagspraktisch eher selbstverständlichen Umgang. Dass die lebenspraktische Integration des Islams fortschreitet, ist an der Entwicklung der Moscheen in den Städten abzulesen. Sie sind urbane, multifunktionale Einrichtungen, deren integrative Leistungen ignoriert und sogar als Integrationshindernis aufgefasst werden. In diesem Zusammenhang ist ein Perspektivenwechsel erforderlich, um ein angemessenes und realistischeres Bild zu erhalten.[38] Allen voran geht es um die Anerkennung der bereits existierenden kulturellen und religiösen Vielfalt in deutschen Städten, die erst auf der Basis einer pluralistisch angelegten Verfassung möglich geworden ist. Deshalb sind Bestrebungen, weiterhin durch Selbsthomogenisierung einen völkischen Nationalismus zu konstruieren, zum Scheitern verurteilt, weil dadurch die Realität verkannt wird.[39]

Der restriktive Diskurs zeigt sich aber nicht nur in dem gegenwärtigen Populismus gegen den Islam und insbesondere Moscheenbauten[40], sondern auch repräsentative Kirchenbauten bleiben nicht unverschont, wenn es sich bei den Mitgliedern um „Ausländer" handelt. Dies wurde beispielsweise bei dem Versuch türkischstämmiger Migranten aramäischen Glaubens deutlich, deren Bauvorhaben in einer hessischen Kleinstadt durch ethnisierende Diskurse seitens der lokalen Politik skandalisiert wurde. Obwohl es sich bei der Gemeinde um Christen handelte, also eigentlich um Angehörige des allzu oft beschworenen christlichen Abendlandes, wurde deren Glaubensgemeinschaft „orientalisiert" und so-

---

[36] Vgl. Wolf-Dietrich Bukow, Islam – ein bildungspolitisches Thema, in: Wolf-Dietrich Bukow/Erol Yildiz (Hrsg.), Islam und Bildung, Opladen 2003, S. 59ff.

[37] Siehe ebd., S.65

[38] Vgl. ebd., S. 65ff.

[39] Vgl. Dieter Oberndörfer, Das Ende des Nationalstaates als Chance für die offene europäische Republik, in: Christoph Butterwegge/Gudrun Hentges (Hrsg.), Zuwanderung im Zeichen der Globalisierung. Migrations-, Integrations- und Minderheitenpolitik, 2. Auflage Opladen 2003, S. 199

[40] Vgl. Susanne Sitzler, Raus aus den Hinterhöfen, in: Das Parlament, Muslime in Deutschland, Nr. 50, 10. Dezember 2007, S. 6

mit zur „Ausländerreligion" umdefiniert.[41] Im Hinblick auf den Islam sind dessen Orientalisierung und Charakterisierung als Ausländerreligion ebenso problematisch. Durch den Einbürgerungsprozess wird die Zahl der Muslime mit deutscher Staatsangehörigkeit ohnehin steigen. Zudem bildet die „durchaus nennenswerte Zahl der zum Islam konvertierten Europäer (...) ohnehin einen Bestandteil der europäischen Gesellschaften, für den die Frage nach einer ‚Integration' schon im Ansatz verfehlt wäre."[42] Ein Ergebnis der multikulturellen, polykontextuell verfassten (post)modernen Gesellschaft[43], die ihren Mitgliedern ermöglicht, neue kulturelle Lebenswelten bzw. Lebensformen auszuprobieren. Für die nachfolgenden Generationen der (deutschen) Muslime als fester Bestandteil dieser multikulturellen, polykontextuell verfassten Gesellschaft, wird der Anspruch auf die Widerspiegelung ihres Lebensstils in der städtischen Öffentlichkeit eine Selbstverständlichkeit darstellen.

Literatur

Abdullah, Muhammad Salim: UND GAB IHNEN SEIN KÖNIGSWORT: BERLIN-PREUSSEN-BUNDESREPUBLIK. Ein Abriß der Geschichte der islamischen Minderheit in Deutschland. Berlin 1987

Alan, Ömer: Muslime im Ruhrgebiet. Wer Moscheen baut, möchte bleiben, in: Kommunalverband Ruhrgebiet (Hrsg.): Standorte Ruhrgebiet 1999/2000, Essen 1999

Alboga, Bekir: Symbole der Integration türkischer Kultur in die Stadt – der Moscheenbau in Mannheim, in: Brech, Joachim/Vanhuè, Laura (Hrsg.): Migration. Stadt im Wandel. Darmstadt 1997

Bukow, Wolf-Dietrich u.a.: Die multikulturelle Stadt – Von der Selbstverständlichkeit im städtischen Alltag. Opladen 2001

Blaschke, Jochen: Islam und Politik unter türkischen Arbeitsmigranten, in: Blaschke, Jochen/ van Bruinessen, Martin: Islam und Politik in der Türkei. Berlin 1989

Borris, Maria: Ausländische Arbeiter in einer Großstadt. Eine empirische Untersuchung am Beispiel Frankfurt, 2. Auflage. Frankfurt am Main 1974

Bretting, Agnes: Mit Bibel, Pflug und Büchse: deutsche Pioniere im kolonialen Amerika, in: Bade, Klaus J. (Hrsg.): Deutsche im Ausland – Fremde in Deutschland. Migration in Geschichte und Gegenwart. München 1992

---

[41] Vgl. Susanne Spindler, Die Kirche nicht ins Dorf lassen. Rassismus und Politik in einer Kleinstadt, in: Markus Ottersbach/Erol Yildiz (Hrsg.), Migration in der metropolitanen Gesellschaft. Zwischen Ethnisierung und globaler Neuorientierung, Münster 2004, S. 153ff.

[42] Mathias Rohe, Der Islam – Alltagsprobleme und Lösungen. Rechtliche Perspektiven, 2. Auflage Freiburg im Breisgau 2001, S. 41

[43] Vgl. Erol Yildiz, Multikulturalität und Demokratie im Zeitalter der Globalisierung, in: Christoph Butterwegge/Gudrun Hentges (Hrsg.), Zuwanderung im Zeichen der Globalisierung. Migrations-, Integrations- und Minderheitenpolitik, 2. Auflage Opladen 2003, S. 253ff.

Bukow, Wolf-Dietrich: Islam – ein bildungspolitisches Thema, in: Bukow, Wolf-Dietrich/ Yildiz, Erol (Hrsg.): Islam und Bildung. Opladen 2003

Ceylan, Rauf: Ethnische Kolonien. Entstehung, Funktion und Wandel am Beispiel türkischer Moscheen und Cafés. Wiesbaden 2006

Eichener, Volker: Stadt- und Regionalentwicklung, in: Gondring, Hanspeter /Lammel, Eckhard (Hrsg.): Handbuch Immobilienwirtschaft, 1. Auflage. Wiesbaden 2001

Eryılmaz, Aytaç: Das Leben im Wohnheim, in: Fremde Heimat/Yaban, Sılan olur. Eine Geschichte der Einwanderung aus der Türkei/Türkiye`den Almanya`ya Göçün Tarihi. Essen 1998

Faust, Hauke/Yardim, Nigar: Aufeinander zugehen, Miteinander leben. Pilotstudie – Situationsanalyse zum christlich-muslimischen Dialog in Duisburg. Evangelisches Familienbildungswerk. Duisburg 1998

Franz, Erhard: Säkularismus und Islamismus in der Türkei, in: Hafez, Kai (Hrsg.): Der Islam und der Westen. Frankfurt am Main 1997

Frese, Hans-Ludwig: Den Islam ausleben. Konzepte authentischer Lebensführung junger türkischer Muslime in der Diaspora. Bielefeld 2002

Goßmann, Hans-Christoph: Interreligiöses Lernen im Konfirmandenunterricht. Ein Moscheebesuch und seine Folgen, in: ders (Hrsg.): Zwischen Kirche und Moschee. Muslime in der kirchlichen Arbeit. Hamburg 1994

Goethe, Johann Wolfgang: Maximen und Reflexionen, Nr. 121

Hertzberg, Arthur: Shalom Amerika! Die Geschichte der Juden in der Neuen Welt. Frankfurt am Main 1996

Hodgson, Marshall G.S.: The Venture of Islam. Volume 1: The Classical Age of Islam. Chicago 1975

Ibn Ishaq, Muhammad: Das Leben des Propheten, Kandern 1999

Jessen, Frank: Türkische religiöse und politische Organisationen in Deutschland III. Köln 2006

John, Barbara: Fremde – Baumeister des neuen Berlins, in: Schmals, Klaus M. (Hrsg.): Migration und Stadt. Entwicklungen, Defizite, Potentiale. Opladen 2000

Kraft, Sabine: Islamische Sakralarchitektur in Deutschland. Eine Untersuchung ausgewählter Moschee-Neubauten. Münster/Hamburg/London 2000

Längin, Bernd G.: GERMANTOWN- auf deutschen Spuren in Nordamerika, in: Wege und Wandlungen. Die Deutschen in der Welt heute, Schriftenreihe zu Fragen der Deutschen im Ausland, Band 3. Berlin/Bonn 1983

Leggewie, Claus /Joast, Angela /Stefan Rech: Der Weg zur Moschee – eine Handreichung für die Praxis. Ein Projekt der Herbert-Quandt-Stiftung. Bad Homburg v.d. Höhe 2002

Lemmen, Thomas: Islam. Gütersloh 2000

Lüders, Michael: Allahs langer Schatten. Warum wir keine Angst vor dem Islam haben müssen. Freiburg/Basel/Wien 2007

Mıhçıyazgan, Ursula: Die religiöse Praxis muslimischer Migranten. Ergebnisse einer empirischen Untersuchung in Hamburg, in: Lohmann, Ingrid/ Weiße, W. (Hrsg.): Dialog zwischen den Kulturen. Erziehungshistorische und religionspädagogische Gesichtspunkte. Münster/New York 1994

Oberndörfer, Dieter: Das Ende des Nationalstaates als Chance für die offene europäische Republik, in: Butterwegge, Christoph/Hentges, Gudrun (Hrsg.): Zuwanderung im Zeichen der Globalisierung. Migrations-, Integrations- und Minderheitenpolitik, 2. Auflage. Opladen 2003

Özdil, Ali-Özgür: Wenn sich die Moscheen öffnen. Moscheepädagogik in Deutschland – Eine praktische Einführung in den Islam. Münster u.a. 2002

Ramadan, Tariq: Die europäischen Muslime – Wandlungen und Herausforderungen, in: Harmann, Thomas/Krannich, Margret (Hrsg.): Muslime im säkularen Rechtsstaat. Neue Akteure in Kultur und Politik. Berlin 2001

Rohe, Mathias: Der Islam – Alltagskonflikte und Lösungen. Rechtliche Perspektiven., 2. Auflage. Freiburg/Basel/Wien 2001

Schiffauer, Werner: Muslimische Organisationen und ihr Anspruch auf Repräsentativität: Dogmatisch bedingte Konkurrenz und Streit um Institutionalisierung, in: Escudier, Alexandre (Hrsg.): Der Islam in Europa. Der Umgang mit dem Islam in Frankreich und Deutschland. Göttingen 2003

Sitzler, Susanne: Raus aus den Hinterhöfen, in: Das Parlament, Nr. 50 – 10. Dezember 2007

Spindler, Susanne: Die Kirche nicht ins Dorf lassen. Rassismus und Politik in einer Kleinstadt, in: Ottersbach, Markus/Yildiz, Erol (Hrsg.): Migration in der metropolitanen Gesellschaft. Zwischen Ethnisierung und globaler Neuorientierung. Münster 2004

Schmitt, Thomas: Moscheen in Deutschland. Konflikte um ihre Errichtung und Nutzung. Deutsche Akademie für Landeskunde. Flensburg 2003

Steinbach, Udo: Die Akzeptanz des Islam in Deutschland, in: Islamrat für die Bundesrepublik Deutschland (Hrsg.): Islam im Schulbuch. Dokumentation zur Fachtagung: „Das Bild des Islam in Deutschen Schulbüchern". Veranstaltet vom Islamrat für die Bundesrepublik Deutschland, 3. bis 5. April 2001 in Bonn. Schwarzwald 2001

Steuten, Ulrich: Halbmonde über Duisburg. Eine Moschee als Begegnungsstätte, in: Duisburger Jahrbuch 2007. Duisburg 2006

Tietze, Nikola: Islamische Identitäten. Formen muslimischer Religiosität junger Männer in Deutschland und Frankreich, 1. Auflage. Hamburg 2001

Yildiz, Erol: Multikulturalität und Demokratie im Zeitalter der Globalisierung, in: Butterwegge, Christoph/Hentges, Gudrun (Hrsg.): Zuwanderung im Zeichen der Globalisierung. Migrations-, Integrations- und Minderheitenpolitik, 2. Auflage. Opladen 2003

Kemal Bozay

Kulturkampf von rechts –
Das Dilemma der Kölner Moscheedebatte

Während die Bundesregierung durch ihre jüngsten Integrationsgipfel und Islam-konferenzen der Öffentlichkeit ein Bild „gelungener Integration" präsentiert, manifestiert sich in der rheinischen Metropole Köln eine spektakuläre und wenig effizient geführte Kontroverse über den Bau einer Zentralmoschee. Kaum ein Thema sorgt weit über die Kölner Stadtgrenzen hinaus für derartige Erregung wie der geplante Bau einer repräsentativen Moschee im Stadtteil Ehrenfeld. Längst scheint aus der Kölner Moscheediskussion auch ein „Kulturkampf von rechts" geworden zu sein, der sowohl in der politischen als auch medialen Öf-fentlichkeit für Furore sorgt (vgl. Sommerfeld 2008). Es ist verwunderlich, dass diese Diskussionen gerade in einer Großstadt wie Köln geführt werden, die über eine 2000 Jahre alte Migrationsgeschichte verfügt und sich als Beispiel für eine praktizierende kulturelle Vielfalt präsentiert.

Die seit Monaten geführte Kölner Moscheedebatte, die sowohl in den Me-dien als auch von bürgerlich rechten sowie neonazistischen Parteien kampagnen-artig und polarisierend ausgetragen wird, hat eine Auseinandersetzung ausgelöst, die das friedliche Miteinander gefährdet und sich zunehmend in das trübe Fahr-wasser der Kulturkampfes manövriert.

Die Kölner Moscheediskussion existiert nicht seit Heute. Seit den Anschlä-gen des 11. Septembers, dem Mord an dem niederländischen Filmemacher Theo Van Gogh, den Selbstmordattentaten in London, dem Bombenanschlag in Mad-rid und nicht zuletzt den geplanten Kofferbombenattentaten in Deutschland, wurde medial wie politisch ein Feindbild konstruiert, das rechtspopulistische Ressentiments verfestigt, eine Islamfeindlichkeit verbreitet und den Prozess hin zu einem gedeihlichen Zusammenleben hemmt.

Es ist nicht verwunderlich, dass die Kölner Moscheedebatte im Fokus der Ethnisierungsdiskussionen geführt wird. Hierbei ist eine *Ethnisierung des Sozia-len* festzustellen. Je mehr die ökonomische Konkurrenz im gesellschaftlichen Prozess verschärft wird, umso leichter lässt sich die kulturelle sowie religiöse Differenz zwischen Menschen unterschiedlicher Herkunft aufladen und instru-mentalisieren. Gerade in diesem Zusammenhang fungieren ethnische Minderhei-ten als Feindbilder, auf die sich Frustrationserfahrungen und Hassgefühle projizieren lassen. Die kulturelle und religiöse Identität wird dabei nach der Herkunft bestimmt, folglich ein Innen-Außen-Gegensatz zwischen Einheimischen und Migrant(inn)en erzeugt.

So ist gegenwärtig Ethnisierung ein sozialer Exklusions- und Ausgrenzungsprozess, der in dieser Gesellschaft Minderheiten schafft, sie negativ etikettiert und dadurch Privilegien der dominanten Mehrheit zementiert bzw. festigt. Dahinter verbergen sich häufig auch Konflikte um gesellschaftliche Ressourcen. Vor allem bedeutet Deutsch-Sein unter den Bedingungen des Wohlfahrtsstaates, den eigenen Wohlstand zu verteidigen und Ansprüche anderer Gruppen zu delegitimieren und abzuschwächen. Am Beispiel der Islamfeindlichkeit entsteht ein Negativbild des Anderen durch die Betonung der Ungleichwertigkeit (vgl. Heitmeyer 2002: 17), Angst und die daraus abzuleitende Bereitschaft zur Diskriminierung von Muslim(inn)en aufgrund von faktischer, vermuteter oder zugeschriebener Gruppenzugehörigkeit (ebd.: 15). Dies äußert sich vor allem gegenwärtig durch ablehnende Einstellungen gegenüber Menschen mit muslimischen Glauben, Symbolen und religiösen Praktiken des Islams (vgl. Halm/Liakova/ Yetik 2007: 15).

Ethnisierungsprozesse haben zwei Seiten: Auf die Stigmatisierung der „Anderen" baut eine Konstituierung der „eigenen Volksgemeinschaft" (also Aufwertung der Eigengruppe) auf. Gerade im Hinblick auf die Ethnisierungsdiskussion wurzelt diese Auffassung in der Mitte der Gesellschaft, die aber von rechtsextremen Bewegungen und Parteien aufgenommen und politisch instrumentalisiert wird.

Ein weiterer Faktor der Ethnisierungsdiskussion in Deutschland ist die Reproduktion und Konstruktion von Feindbildern in der öffentlich-politischen-medialen Diskussion. Im öffentlich-medialen Diskurs werden Feindbilder mittels ethnisierten Zuschreibungen konstruiert. In diesem Sinne werden Roma-Sinti-Jugendliche zu „Klaukids", Kopftuchträger zu „radikalen Islamisten", türkische Jugendliche zu „potenziellen Gewalttätern" stigmatisiert. All diese negativen Eigenschaften werden faktisch den Migrant(inn)en zugeschrieben, sie werden durch diese Verbildlichungen und Stereotypen auch etikettiert.

Der ethnisch aufgeladene Rechtspopulismus ist eine Ausgrenzungs- und Stigmatisierungsstrategie, die im Migrationskontext – hier vor allem auch innerhalb der Moscheeauseinandersetzungen – politische Mobilisierungspotenzen aktiviert (vgl. Leggewie 1997a: 245). Die Aufnahmegesellschaft verwendet „Ethnizität" immer dann als Erklärungs- und Handlungsmuster, wenn durch die ethnische Zuordnung eine Spaltungslinie zwischen den gesellschaftlichen Gruppen gezogen werden soll: „Auf diese Weise entstand eine (noch diffuse) Spaltungslinie ‚Multikulturalismus versus Ethnozentrismus', die alte Zentrum-Peripherie-Konflikte wieder belebt (...) und ‚überholte' ethnisch-sprachliche Spaltungen

(...) aktualisiert" (ebd.: 235). Diese von Claus Leggewie dargestellte gesellschaftliche Konfliktsituation erzeugt neben den klassischen Interessen- und Verteilungskonflikten, die durch Massenarbeitslosigkeit und Sozialstaatskrise stärker ausgelöst werden, auch Anerkennungskonflikte zwischen ethnisch-kultureller Majorität und Minorität.

All diese Ethnisierungspraktiken und -realitäten finden sich in der Kölner Moscheedebatte wieder.

Kontroversen in der Kölner Moscheediskussion

Konfliktsituationen und öffentlich-mediale Auseinandersetzungen um den Bau und die Unterhaltung von Moscheen scheinen gegenwärtig in ganz Deutschland unvermeidlich zu sein. Egal ob in Köln, Berlin, München, Duisburg, Essen oder Frankfurt – wo immer eine islamische Religionsgemeinschaft und/oder -einrichtung einen Bau anstrebt, ganz gleich welcher religiöser und politischer Ausrichtung – gibt es Gegenproteste von rechtspopulistischen Bewegungen und rechtsextremen Organisationen sowie Skepsis von Anwohnern. Oft münden die Moscheedebatten in politische Wahlkämpfe (z.B. Hessen-Wahl) und führen zu gesellschaftlichen Polarisierungen. *„Vielfach ist die Atmosphäre so aufgeheizt, dass beide Seiten Enttäuschung und Wut verspüren: die Muslime, da man ihnen das im Grundgesetz garantierte Recht auf ungehinderte Religionsausübung verweigert, und die Einheimischen, weil Bürgermeister und Ratsfraktionen das Projekt an den Bürgern vorbei vereinbaren und durchsetzen"* (Leggewie 2007b: 1).

Exemplarisch für eine konfrontativ ausgetragene Moscheedebatte ist die Auseinandersetzung in Köln, die auch überregional für Aufmerksamkeit gesorgt hat, nicht zuletzt weil sich Prominente wie Ralph Giordano und Günter Wallraff zu Wort gemeldet haben. In der Kölner Moscheeauseinandersetzung haben sich drei kontroverse Diskussionsstränge herausgeprägt:

Erster Diskussionsstrang: Die rechtspopulistische Kante

Neonazistische Organisationen und rechtspopulistische Bewegungen (allen voran PRO KÖLN) haben sich von Anfang an gegen den Bau der geplanten Zentralmoschee in Köln-Ehrenfeld gestellt und somit auch ihre Haltung gegenüber einer partizipativen Migrationspolitik klargestellt. Die Themenkombination Islam und Islamismus nimmt in der Medien- und Öffentlichkeitsarbeit von rechtspopulistischen Bewegungen einen zentralen Stellenwert ein. Bereits zur Kommunalwahl 2004 ist die rechtspopulistische Partei PRO KÖLN mit der Forderung „Nein zu den Kölner Groß-Moscheen!" angetreten. In dem Flugblatt dieser extrem rechten Partei heißt es hierzu: „*Wo eine Moschee steht, wird als nächstes ein Minarett und dann der Muezzin-Ausruf bei den zuständigen Behörden beantragt. Den nicht-islamischen Kölnern stehen also spannende Zeiten bevor. (...) Die islamischen Verbände in Köln haben sich von den islamischen Extremisten bislang nicht distanziert. Es ist daher sehr gut möglich, dass die neuen Groß-Moscheen auch eine gefährliche Zufluchtsstätte für islamische Extremisten werden*" (aus dem Flugblatt von PRO KÖLN zur Kommunalwahl am 26.09.2004). Letztendlich geht aus dieser Aussage deutlich hervor, wie Feindbilder konstruiert werden und Muslimen in rechtspopulistischer Manier „gefährlicher Extremismus" zugeschrieben wird.

Durch kulturalisierende Zuschreibungen und symbolische Metaphorik gewinnt die Islamophobie ebenso an Nährboden (vgl. Leibold/Kühnel/Heitmeyer 2006: 3 ff). Judith Wolter, Vorsitzende der Ratsfraktion PRO KÖLN betont in diesem Zusammenhang: „Zu Köln gehört der Dom, nicht eine Groß-Moschee mit Minarett" (Informationsblatt PRO KÖLN 2006). Dadurch wird sowohl ein künstlicher Wettbewerb zwischen Dom und Moschee konstruiert wie auch in kulturalisierender Manier Vorurteile vermittelt. Der Jurist Volker Jung, Bezirksvertreter von PRO KÖLN in Köln-Mülheim behauptete sogar: „Wir werden alles daran setzen, die weitere Islamisierung unseres Stadtbezirks zu verhindern. (...) Denn nur als gemeinschaftlich denkende, stadtweite Gruppierung haben wir die Chance, den rheinischen Charakter unserer Stadt zu erhalten" (Sonderblatt PRO KÖLN, 27.2.2007). Durch die begrifflichen Verknüpfungen wie „Islamisierung des Stadtbezirks verhindern" und „den rheinischen Charakter unserer Stadt erhalten" wird ein Gegensatz konstruiert, der Ängste schürt und diese für eine Anti-Islam-Kampagne instrumentalisiert. Die Forderung nach dem „Erhalt des rheinischen Charakters" wird verknüpft mit rassistischen Forderungen. Dies kommt exemplarisch in einem Redebeitrag von Markus Beisicht, Vorsitzender von PRO KÖLN, anlässlich des Schweigemarschs „Köln macht mobil gegen Großmoschee und Islamismus" zum Ausdruck: „Es bleibt ein gewaltiges Fanal, ein wahrhafter Aufstand der Anständigen. Viele tausend Kölner Bürger haben mit Name und Anschrift ‚Gesicht gezeigt' gegen die Überfremdung und Islamisierung unserer Heimatstadt" (Pressemitteilung PRO KÖLN vom 9.5.2007). Dabei wird mit diesen plakativen Aussagen neben einer Anti-Islam-Kampagne auch ein Mobilisierungseffekt geschaffen, der mit der Propaganda „Überfremdungsgefahr" einhergeht. Gerade dort, wo latente Ängste und Vorurteile gegen Islam und Muslime kanalisiert werden, setzt ein organisierter Rechtspopulismus ein, der erst dadurch mobilisierungs- und salonfähig wird.

Eine derartige Kampagne von Rechtsaußen hat nicht zuletzt auch deshalb partielle Zustimmung erhalten, weil sich deren Akteure in rechtspopulistisch zugespitzter Form als „Anwälte des Volkswillens" verkaufen und dabei Bezug nehmen auf vorherrschende Diskurse in Politik und Medien. Zweifelsfrei gibt es einen engen Wirkungszusammenhang zwischen der öffentlich-politischen sowie medialen Auseinandersetzung um Integrations- und Islamfragen und dem Erstarken eines rechten Populismus, der sich zu einer Mobilisierungsbewegung wandelt. Gerade am Beispiel der Kölner Moscheedebatte hat sich gezeigt, wie ein normales Randthema um den Bau einer Zentralmoschee durch die Mobilisierung von PRO KÖLN zu einem spektakulären Krisenthema wurde, das bis in das bürgerlich Lager hinein gedrungen ist. Die in der politischen Öffentlichkeit pauschalisiert, undifferenziert und zugespitzt geführten Debatten, um die Themenfelder Islam/Islamismus und Integration, wurden von PRO KÖLN als Kampagnenthema aufgegriffen und zu einer Anti-Islamisierungs-Bewegung gewandelt.

Im Zuge dieser Kampagnenarbeit wurde unter Federführung von PRO KÖLN im Stadtteil Ehrenfeld eine „Anwohnerinitiative gegen die Großmoschee" gegründet, die als Druckinstanz gegen kommunalpolitische Institutionen instrumentalisiert wurde. Marylin Anderegg, Vorsitzende dieser „Anwohnerinitiative", erklärt zum Bau der Moschee: *„Durch diese geplante Zusammenlegung der verschiedenen DITIB-Grundstücke rund um die Ecke Venloer Straße/Innere Kanalstraße würde ein regelrechter Staat im Staat entstehen. (...) Damit hätten wir endgültig ein türkisch-islamisches Ghetto mitten in Ehrenfeld, die Parallelgesellschaft in Reinkultur. Niemand bräuchte dort mehr Deutsch zu sprechen, kein Türke müßte sich hier mehr integrieren und an die Gepflogenheiten seines Gastlandes anpassen!"* (Sonderblatt PRO KÖLN, Nr. 18, Sommer 2007). Diese „Anwohnerinitiative", die sich eigentlich auf die rechtspopulistische Propaganda von PRO KÖLN stützt, hat es geschafft, einerseits breite Bevölkerungsteile anzusprechen und andererseits politischen Druck auf das bürgerliche Lager auszuüben. So griff beispielsweise der CDU-Ortsverband Ehrenfeld offen Partei für die „Anwohnerinitiative" und somit auch für PRO KÖLN.

Kurzum wird die Auseinandersetzung um den Bau der Moschee gegenwärtig mit integrationspolitischen Leitlinien assoziiert und gerne auch als Ausweis des sog. Scheiterns multireligiöser Gesellschaften herangezogen. Rechtspopulistische Ressentiments verlangen von Migrant(inn)en ein nahezu bedingungsloses Anpassen an die Regeln, Gebräuche und kulturellen Gepflogenheiten dieses Landes und fordern eine offensive „Assimilation". Es verwundert nicht, dass in dieser rechtspopulistisch ausgerichteten Linie integrationspolitische Probleme und religiöse Probleme bewusst aufgeladen und in Kulturkämpfe umgewandelt werden.

Zweiter Diskussionsstrang: Kölner Parteienlandschaft zur Moscheedebatte

Gegen die rechtspopulistische Position ist das unantastbare Recht der Migrant(inn)en auf kulturelle Selbstbestimmung und Religionsfreiheit zu betonen. Dies beinhaltet, die kulturellen und religiösen Werte der Migrant(inn)en – ohne Religionsgemeinschaften und ethnische Minoritäten auszugrenzen – wahrzunehmen und sie auf der Grundlage demokratischer Werte zu akzeptieren.

Die etablierten Parteien haben als Antwort auf die Anti-Islamisierungs-Kampagne von PRO KÖLN den Bau der Zentralmoschee in Köln-Ehrenfeld befürwortet, doch mit unterschiedlichen Argumentationen. Schon in ihrem Koalitionsvertrag von 2004 haben sich die Ratsfraktionen CDU und SPD auf kommunaler Ebene auf den Bau der Moschee in Köln festgelegt. In der Koalitionsvereinbarung heißt es: „CDU und SPD werden sich verstärkt für einen Dialog der Kulturen und Religionen einsetzen sowie im Rahmen der rechtlichen Möglichkeiten den Bau einer repräsentativen Moschee unterstützen" (Koalitionsvereinbarung, 10.12.2004, S. 49). Auf der Ratssitzung am 16. Dezember 2004 haben schließlich CDU, SPD, FDP, Grüne und (damalige) PDS dem Bau einer repräsentativen Zentralmoschee als interkulturelle Bereicherung zugestimmt. Die Initiative für den Bau der Moschee kam jedoch von der FDP-Fraktion, die den Kölner Oberbürgermeister Fritz Schramma aufforderte, sich stärker für die Realisierung der repräsentativen Moschee einzusetzen.

Obwohl sich die CDU-Ratsfraktion dem Koalitionsvertrag gebunden fühlte und für den Bau der Moschee votierte, entstand innerhalb der Partei eine äußerst umstrittene und polarisierende Diskussion, die sehr stark von rechtspopulistischen Auffassungen geprägt war. Auf ihrem Kölner Parteitag vom 14. August 2007 haben die Christdemokraten ihre Haltung zur geplanten Moschee im Stadtteil Ehrenfeld neu erörtert und festgelegt. Ein Antrag der Parteibasis macht die Zustimmung von weitreichenden Zugeständnissen seitens der Bauherrin DITIB (Türkisch-Islamische Union der Anstalt für Religion) abhängig. So soll der Bau deutlich kleiner ausfallen. Der bislang geplante Kuppelbau mit den zwei 55 Meter hohen Minaretten sei für die Kölner CDU nicht akzeptabel. Wesentliche Forderungen daraus übernahm die Parteispitze in ihren Leitantrag, um eine mögliche Kampfabstimmung zu verhindern. Große Widerstände erhoben sich im CDU-Ortsverband Ehrenfeld, der sich gegen den Bau stellte. Kölns CDU-Vorsitzender Walter Reinarz betonte, dass keiner der bislang vorliegenden Anträge den Moscheebau grundsätzlich ablehne, aber das Thema in der Partei äußerst umstritten behandelt werde. Der Oberbürgermeister Fritz Schramma (CDU) forderte in der Moscheebau-Diskussion ein „klares Signal der Dialogbereitschaft" von der Türkisch-Islamischen Union (DITIB) als Bauherrin. Sie sei gut beraten, die Beden-

203

ken vieler Bürger ernst zu nehmen. Sie solle deshalb auf die Leute zugehen, sagte Schramma. Schließlich führte die Debatte innerhalb der Kölner CDU dazu, dass der CDU-Vorsitzende aus dem Kölner Stadtteil Ehrenfeld und ehemaliger Bezirksbürgermeister, Jörg Uckermann, aus Protest gegen den Moscheebau aus der CDU ausgetreten und zu PRO KÖLN übergetreten ist. Die Kölner CDU bewegt sich also derzeit im Spagat zwischen rechtspopulistischen Ressentiments einerseits und dem Konsens der Ratsparteien andererseits.

SPD und Grüne in Köln haben sich hinter dem geplanten Bau der Moschee gestellt und mehr Aufklärungsarbeit über das Bürgerbegehren der PRO KÖLN gefordert. CDU, Grüne, SPD, FDP und Linke hatten im Stadtrat gegen PRO KÖLN dem Entwurf des katholischen Kirchenbauers Paul Böhm im Stadtrat zugestimmt. Auch in den Bürgerversammlungen und Anhörungen wurde diese Position verteidigt. An den Gegenaktionen sowie an der Protestkundgebung gegen den rechtsextremen Aufmarsch hat sich die CDU nicht beteiligt, mit der Begründung, dass sich auch die Linke an diesem beteilige.

Die Kölner Linke hat in der Moscheedebatte auch gespalten reagiert. Die Mehrheit der Fraktion „Die Linke Köln" unterstützte den Bau der Moschee. Bereits im Kommunalwahlprogramm 2004 wurde dieser Schritt angekündigt. „Leider gibt es in der Fraktion, aber auch bei einigen linken Kräften und Gruppen in Köln Bedenken, so auch bei MigrantInnenorganisationen. Die Vorbehalte haben oft mit schlechten Erfahrungen mit islamistischen Gruppen in ihren Heimatländern zu tun" (Detjen 2007: 7) erklärt Jörg Detjen, Fraktionsvorsitzender „Die Linke Köln". Özlem Demirel, Ratsfrau der Kölner Linken, sieht im Bau der Moschee jedoch ein negatives Signal und fordert in der Moscheediskussion eine dritte Alternative: *„Es ist falsch, die Moschee als einen großen Beitrag zur Integration darzustellen. Moscheen waren und sind immer noch eines der Zentren, in denen sich Muslime abschotten und isolieren. Deshalb ist die Vorstellung, dass eine möglichst große Moschee den Integrationsprozess vorantreiben wird, absurd!"* Fest steht, dass innerhalb der Linken das Thema sehr kontrovers diskutiert wird.

Der „Zentralrat der Ex-Muslime" hat sich prinzipiell gegen den Bau von Großmoscheen in Deutschland gestellt, weil diese nicht einfach nur Gotteshäuser seien, sondern symbolträchtige Zeichen einer gezielten Islamisierungsstrategie. „Wer Moscheen sät, wird Fundamentalisten ernten!", erklärte Mina Ahadi, Vorsitzende des Zentralrats der Ex-Muslime (vgl. Schmidt-Salomon 2007). Die Moschee sei nicht einfach nur ein Ort spiritueller Glaubenspraxis, wie meist naiv unterstellt werde, sondern vor allem ein Ort politisch-weltanschaulicher Indoktrination und zum Teil auch antiwestlicher Konspiration. Es sei ein kulturelles Missverständnis, wenn westliche Anschauungen die Moscheen als „sakralen

Raum" begreifen, der für die Religionsausübung – vergleichbar etwa mit christlichen Kirchen – von zentraler Bedeutung sei.

Der Kölner Gewerkschaftsbund DGB hat sich hinter den Bau der Moschee gestellt und aktiv an der Organisation der Protestkundgebung am 17.6.2007 in Köln „Für Religionsfreiheit und den Neubau der Moschee – Für das friedliche und respektvolle Miteinander" mitgewirkt. Wolfgang Uellenberg van Dawen, Kölner Regionsvorsitzender des DGB, sagte in seiner Ansprache: *„Wir wollen den üblen Truppen nicht die Straße überlassen! Wir wollen Zeichen setzen für Religionsfreiheit und für den Neubau der Moschee".* Probleme bei der Integration in vielen Fragestellungen des Alltags zu diskutieren, sei zwar notwendig, dies sollte aber sachlich angegangen werden. Schließlich profitierte auch der Kölner Karneval von der Moscheedebatte und auf dem Rosenmontagszug zogen zwei Festzüge mit der Aufschrift „Die Moschee im Dorf lassen" und „Die kölsche Lösung – en neue Kulturkamell" durch die Kölner Innenstadt.

Während die Lokalpolitik sehr vielfältig über den Moscheebau debattiert, haben sich laut einer Umfrage des Kölner Stadt-Anzeigers 35,6 Prozent der Kölner uneingeschränkt für die Errichtung der Moschee ausgesprochen. 31,4 Prozent lehnen den Neubau ab. Weitere 27 Prozent wären mit der Moschee einverstanden, wenden sich aber gegen die Größe des Entwurfs mit seiner 35 Meter hohen Kuppel und zwei 55 Meter hohen Minaretten (vgl. Kölner Stadtanzeiger, 4.7.2007).

Dritter Diskussionsstrang: Ralph Giordano

Mitten in diese Auseinandersetzung ist eine dritte Argumentation geradezu hineingeplatzt, die der bekannte Kölner Autor und Publizist Ralph Giordano mit starkem Medienecho in die Debatte eingebracht hat. Giordano stellt sich gegen den Bau der Moschee, weil er in diesem Vorhaben die Verschärfung einer gesellschaftlichen Polarisierung sieht, die auch zum Scheitern der Integration führe. Darüber hinaus sei er „angesichts gescheiterter Integration" gegen den Bau der Großmoschee in Köln, weil diese eine „Provokation" sei: „Was sich da in Deutschland tut – Moscheen schießen wie Pilze aus der Erde – beunruhigt mich aufs tiefste" und außerdem, so fügte er noch hinzu: „In meinen Augen war die Türkei nie Europa, ist es nicht und wird es nie sein." Geschmückt werden die Argumentationen von Giordano sogar von Stammtischparolen, die auf rechtspopulistische Argumentationen zurückgreifen: *„Es sind Deutschlands großzügiges Ausländerrecht und seine bereitwillige Sozialhilfe gewesen, die es zum bequemen Aufenthaltsort für Terroristen gemacht haben. (...) Die sich da empören, hier als Bürger zweiter Klasse behandelt zu werden, stammen aus Ländern, in* denen Nichtmuslime sich freuen würden, wenn sie nur Bürger zweiter Klasse wären. (...) Mit der Existenz großer muslimischer Massen als Folge einer verfehlten Einwanderungspolitik hat sich der Alte Kontinent, allen voran Frankreich, Großbritannien und Deutschland, ein Kuckucksei ins Nest gelegt, von dem niemand weiß, was ausgebrütet herauskommen wird" (Beucker, taz, 8.6.2007, zit. aus einem unveröffentlichten Schreiben von Giordano, datiert vom 27. Januar 2007).

Originell sind diese Aussagen von Ralph Giordano nicht. Sie erinnern sehr stark an rechtspopulistische Stammtischparolen. Doch attraktiv bleibt, dass sie von einem zeitkritischen Autor und Publizisten wie Giordano kommen, der in Köln schließlich zur intellektuellen Elite zählt. Seine vorgetragene Islamkritik ist kein Novum, denn schließlich offenbart Giordano in seiner Autobiographie vom März 2007 „Erinnerungen eines Davongekommenen", seine kritische und misstrauische Haltung gegenüber dem Islam.[1] Der öffentliche Vorstoß seiner Moscheekritik entzündete sich in einem seitens des Kölner Stadtanzeigers initiierten Streitgesprächs zwischen eben Giordano und Bekir Alboga, dem Dialogbeauftragten der DITIB. Hierin zweifelt er am Sinn und Zweck des Baus einer Zentralen Moschee und schreibt ihr kein Grundrecht zu. Vielmehr sieht er das Problem im Islam selber, der mit den Grundrechten der hiesigen Gesellschaft nicht zu vereinen sei (vgl. Streitgespräch im Kölner Stadtanzeiger, 16.5.2007).

Die in der Mitte der Gesellschaft diskursartig ausgetragene Angst gegenüber dem Islam, Debatten über Kriminalität und Gewalt unter Migrant(inn)enjugendlichen, die Kopftuchdiskussionen und zuwanderungspolitische Kontroversen bieten nicht nur eine Projektionsfläche für neonazistische Organisationen und rechtspopulistische Bewegungen, sondern beeinflussen auch bürgerliche und intellektuelle Kreise. So auch Giordano, der durch seinen Auftritt eine „Heikle Nähe zu falschen Freunden" entwickelt: „Die Bürger begegnen im Alltag mit Muslimen massiven Problemen, die in der öffentlichen politischen Debatte keine Rolle spielen. Aggressive Jugendliche etwa, die als Banden andere Altersgenossen bedrohen oder ausrauben. Junge Frauen in Migrantenfamilien werden von Familienmitgliedern vergewaltigt oder ermordet, um die angebliche Familienehre wiederherzustellen. Da sind tiefe kulturelle Gräben, auch weil es bislang keine Integrationspolitik gegeben hat, welche die Spielregeln für Zuwanderer festlegt. Ich klage die Politiker an, dass sie diese Dinge, die zu großem Zorn in der Bevölkerung führen, immer noch ausblenden" (Kölner Stadtanzeiger, 22.5. 2007, Interview mit ddp-Korrespondent Peter Leveringhaus).

Die deutlich islamfeindliche publizistische Intervention von Giordano als einem von Haus aus ausgewiesenen Antifaschisten ist besonders gefährlich, was

---

[1] Vgl. den Beitrag von Micha Brumlik in diesem Band.

sich auch prompt daran gezeigt hat, dass er rechtspopulistischen und rechtsextremistischen Kräften unmittelbar eine Argumentationsvorlage lieferte, die dankbar aufgegriffen wurde. Die rechtsextreme Vereinigung PRO KÖLN griff die Aussage von Giordano „Es gibt kein Grundrecht auf den Bau einer zentralen Großmoschee" als Kampagne auf. Diese Aussage diente folgend mehrmals als Transparent- und Plakatvorlage von PRO-KÖLN-Aktivitäten gegen den Bau der Moschee. Der PRO-KÖLN-Vorsitzender Markus Beisicht begründete dies wie folgt: „Nach dem Motto von Clausewitz ‚getrennt marschieren – vereint schlagen' vergrößern sich durch Giordanos profilierte Stellungnahme unsere Chancen, den Großmoschee-Bau verhindern zu können." Bejubelt haben die rechtsextremen Organisationen und Vereinigungen die Argumentationen von Giordano als eine medienträchtige Ergänzung zu ihren Mobilisierungen.

Das Verhältnis zur DITIB und zu den islamischen Gemeinschaften

Der Islam ist keine homogene Religionsgemeinschaft. Allein in der Türkei gibt es zahlreiche Religionsgruppen, Ordensgemeinschaften und Sekten, die sehr unterschiedliche Positionen vertreten. Angesichts dessen wäre es fatal, von einem einheitlichen Islam mit einheitlichen Aktionsformen zu sprechen. Darum kann auch der häufig formulierte Vorschlag, eine gemeinsame Moschee für alle islamischen Religionsgemeinschaften einzurichten, nicht richtig sein. Es wäre aufgrund der Heterogenität der verschiedenen muslimischen Strömungen unrealistisch, den Alleinvertretungsanspruch in Fragen des Islam einem der islamischen Verbände zu übertragen.

Der sich in den 60er, 70er und 80er Jahren in nahezu vielen bundesdeutschen Großstädten entfaltende Islam und seine Organisationsformen entstanden von unten, aber kamen nicht aus luftleerem Raum. In der so genannten Gastarbeiterwelle befanden sich unter den aktiven Gläubigen insbesondere auch Personen, die schon in der Türkei Mitglieder von islamischen Organisationen und Glaubensgemeinschaften waren, die in der Türkei teils innerhalb, teils außerhalb der Legalität operierten (vgl. Schiffauer 2000: 18). Zu den Wichtigsten gehören die in der Türkei verbotenen islamischen Glaubensbruderschaften Süleymancis (in Deutschland bekannt unter dem Dachverband VIKZ – Verband der Islamischen Kulturzentren), Nurcus (Jama'at un Nur – Gemeinschaft des Lichts), die Gruppe Fethullah Gülen (die in vielen Großstädten mit islamischen Bildungseinrichtungen agieren), ferner die islamistische Partei Necmettin Erbakans, die nach mehrmaligen politischen Verboten, sich immer wieder unter einem neuen Namen (inzwischen bekannt als Saadet Partisi – Partei der Glückseligkeit – in

Deutschland bekannt als IGMG-Milli Görüs/Nationale Sicht) konstruierte sowie die rechtsnationalistische und neofaschistische Partei der nationalen Bewegung (MHP – in weiteren Kreisen auch bekannt als Graue Wölfe). Nahezu all diese Organisationen gründeten in den 70er und 80er Jahren Dependancen in Deutschland. „Einen vergleichsweise schlechten Start hatten die Gläubigen, die diese ,Organisationen' als zu radikal ablehnten und sich in ihrer religiösen Praxis an dem ,Präsidium für Glaubensangelegenheiten' orientierten, der staatlichen Behörde für Religion, die den offiziellen ,gemäßigten' Islam in der Türkei vertritt und der in der Türkei alle Moscheen und islamischen Ausbildungsorte unterstehen. Erst in den 80er Jahren sollte das Präsidium an Boden zurückgewinnen, den es in den 70er Jahren an die ,Organisationen' verloren hatte" (Schiffauer 2000: 18). Bemerkenswerterweise gründeten alle Organisationen ihre Hauptquartiere in Köln – womit Köln zur „islamischen Hauptstadt" Deutschlands wurde. So haben sich im Zuge der Migrationswelle in Deutschland auch politische Bewegungen – insbesondere auch islamische Organisationen – etabliert, die hierzulande auch ihre Logistik aufgebaut haben (vgl. Tibi 2002: 23).

Aus diesem Prozess entstand schließlich 1985 in Köln die DITIB (Türkisch-Islamische Union der Anstalt für Religion), die im Unterschied zu den anderen islamischen Organisationen (IGMG, VIKZ u.a.) keine Religionsgemeinschaft ist, sondern vielmehr eine staatliche Religionsinstitution. Sie hat zwar ein Vereinsstatut, ist aber faktisch dem Religionsministerium in Ankara und dem Amt für religiöse Angelegenheiten der türkischen Botschaft in Berlin untergeordnet. Die türkische Regierung wollte durch die Gründung von DITIB in erster Linie unerwünschten islamischen Strömungen entgegenwirken und ihre eigene Islamvertretung stärken. Mittlerweile ist die DITIB einer der größten islamischen Dachverbände in Deutschland. Sie vertritt eine konservative Position, bekennt sich aber zu den säkularen Prinzipien und somit auch zu einem Islam im Kontext eines laizistischen Staates.

Aus der Genesis der islamischen Vereinigungen in Deutschland kommt nochmals deutlich zum Ausdruck, dass es hierzulande weder den Islam noch den Islam türkischer Migrant(inn)en gibt. Was es eher gibt, ist einen Vielfalt von Ansichten und Organisationsformen, die beanspruchen, für den Islam zu sprechen; Stimmen und Meinungen, die sich darüber streiten, was der Islam ist und was darunter zu verstehen ist. Allein diese Konfliktlinie zeigt, dass es keinen einheitlichen und homogenen Islam gibt, der von den Gemeinden und Organisationen gleichermaßen akzeptiert wird. Daher erhebt keiner dieser Strömungen die Legitimation, die Muslime insgesamt zu vertreten.

Sowohl die türkischen und kurdischen Demokraten, Laizisten als auch die Alewiten als Kultur- und Religionsgemeinschaft haben ein sehr gespaltenes Verhältnis zum sunnitischen Islam (also der Mehrheitsreligion) und somit auch zur Institution DITIB. Bei der Linken wurzeln die Vorbehalte in der klassisch marxistisch begründeten Auffassung, dass „Religion das Opium des Volkes" (Karl Marx) sei. Die Trennung von Konfession und Staat ist aus dieser Sicht eine notwendige, aber nicht hinreichende Bedingung für Emanzipation, da die religiösen Bedürfnisse letztlich auf unmenschliche Verhältnisse verweisen, die es zu überwinden gilt. Die ablehnende Haltung ist auch unmittelbar politisch begründet, weil die islamischen Strukturen meist konservativ bis nationalistisch und fundamentalistisch orientiert sind und der Islam nach dem Militärputsch in der Türkei vom 12. September 1980 lange Zeit gegen die Linke instrumentalisiert wurde.

Die Alewiten haben ihrerseits in der jüngsten Geschichte der Türkei vielfältige Diskriminierungen durch den Staat sowie von islamistischen und neofaschistischen Organisationen erlitten. In Großstädten wie Maras, Corum, Malatya und Sivas wurden von islamistisch-faschistischen Kreisen Pogrome gegen Alewiten inszeniert, wobei mehrere Menschen – vor allem auch Intellektuelle – ermordet wurden. Darin liegt auch die derzeitige Distanz der Alewiten zu den islamischen Organisationen und Verbänden begründet.

Obwohl die Frage nach der Trennung von Staat und Religion (Laizismus) seit der Gründung der türkischen Republik 1923 im Grundgesetz verankert ist, ist das Thema in der Türkei heute noch sehr umstritten. Zumal sich in den letzten Jahren die Auseinandersetzung zwischen sog. „Laizisten" und „Anti-Laizisten" vor allem im Kontext der inzwischen wieder gewählten Regierung unter Recep Tayyip Erdogan weiter zugespitzt und der Druck auf die AKP (Partei für Gerechtigkeit und Entwicklung von Erdogan) gestiegen ist. Gerade hier mischen neben der kemalistischen Elite auch die Militärs mit. Hinzu kommt der Fakt, dass das staatliche Religionsministerium der Türkei (Diyanet) nur die Interessen der Sunna-Gemeinschaft verteidigt und die anderen Religionsgemeinschaften in der Türkei (wie z.B. Alewiten, Yeziden, Assyrer, Christen, Juden) bislang ausgeblendet hat. In diesem Sinne bleibt die Frage nach dem Umgang der Türkei und seiner offiziellen Institutionen mit den Themen „Religionsfreiheit" und „Religionsgemeinschaften" offen. Hierbei steht auch die DITIB als Institution vor der Herausforderung, auf andere Religionsgemeinschaften ohne Vorbehalte zuzugehen und in den eigenen Reihen Diskriminierungen keinen Raum zu geben.

Ebenso muss klargestellt werden, dass auch Toleranz Grenzen kennen muss – nämlich gegenüber der Intoleranz. Die Verhaltensweisen religiöser Gemeinschaften dürfen nicht in Widerspruch zu den demokratischen Grundwerten stehen. Hierzu gehören vor allem auch die Frauenrechte (Bekämpfung von Gewalt gegen Mädchen und Frauen) und die Akzeptanz von Homosexuellen, von anderen ethnischen Minoritäten und Religionsgemeinschaften und das Bekenntnis zur

Unantastbarkeit der Menschenwürde und zu den damit begründeten Rechten der Minderheiten.

Die Tatsache, dass manche islamische Gemeinschaften die Einwanderung im Rahmen religiöser Deutungsmuster wahrnehmen und somit selbst zur Ethnisierung beitragen, gibt ebenso Anlass zu fordern, dass Vernunft und Glauben durch die Trennung von Religion und Politik versöhnt werden müssen.

Umgang mit kultureller und religiöser Toleranz

Die Erfahrungen der letzten Jahre haben gezeigt, dass bestehende Vorurteile und künstliche Mauern der Mehrheitsgesellschaft gegenüber den Migrant(inn)en und ihren Strukturen als Gegenreaktion auch immer wieder einen Rückzug der Migrant(inn)en in ihre „ethnischen Nischen" hervorrufen und befestigen, was sich vor allem in Form einer Selbstethnisierung ausdrückt (vgl. Bozay 2005: 123ff; Radtke 1996: 7ff). Hierbei ist in einer negativen Spirale die Antwort auf Ausgrenzung, Stigmatisierung, Diffamierung und Ignoranz ein verstärkter Rückzug von der Mehrheitsgesellschaft. Gerade sozialwissenschaftliche Untersuchungen und Studien haben erneut gezeigt, dass junge Migrant(inn)en, die hier geboren und aufgewachsen sind, immer mehr den Werten dieser Gesellschaft verstärkt den Rücken kehren. So hat sich zweifelsohne in der Moscheedebatte eine Spaltung der Gesellschaft entlang ethnischer und religiöser Bruchlinien vertieft, die keineswegs förderlich ist und die Gefahr birgt, solche Rückzugstendenzen zu verstärken.

Deshalb ist es gerade angesichts der Moschee- und Islamdebatte wichtig, sich um eine gut begründete, umfassende und überzeugende Position zu bemühen, die offensiv für Gleichstellung und Anerkennung eintritt. Eine Reduzierung des vorherrschenden öffentlichen Diskurses auf den Begriff der Integration ist nicht hilfreich, sondern leistet vielmehr der Abschottung gegenüber den eigentlich zielführenden Diskussionsgrundlagen Vorschub. Das Ziel ist nämlich die wechselseitige kulturelle und menschliche Bereicherung, die nur in Gleichberechtigung und aufgrund der kulturellen Selbstbestimmung aller Bevölkerungsteile möglich ist.

Die demokratischen Kräfte dieses Landes stehen vor der Herausforderung für das Recht auf Religions- und Glaubensfreiheit einzutreten, somit auch eine Akzeptanz für kulturelle Vielfalt hierzulande zu entwickeln. Das künstliche Hochstilisieren einer Integrationsproblematik in Zusammenhang mit der Moscheediskussion ist hierbei kontraproduktiv. In der Konsequenz heißt es, in dem Maße, in dem die polarisierende und eindimensionale Kritik am Islam und an den Muslimen zunimmt, nimmt die Selbstkritik der Mehrheitsbevölkerung und ihrer Institutionen hinsichtlich der Versäumnisse der Integrationspolitik ab. Hinzu kommt, dass die gesellschaftliche Integrationsfähigkeit nicht an dem Bau einer Moschee oder an der Höhe der Minarette festzumachen ist, sondern an den Chancen alle Formen von Ausgrenzung und Diskriminierung zu überwinden und die Partizipation von Migrant(inn)en in allen Lebensbereichen zu erreichen. Daher darf sich eine konstruktive Migrations- und Partizipationspolitik in diesem Kontext nicht in Oberflächlichkeiten ergehen und sich auf das Terrain der Gegensätze verschiedener religiöser Bekenntnisse zerren lassen. Hinter den religiösen Fragen stecken soziale Fragen, die es bewusst zu machen gilt. Auch Muslime und islamische Einrichtungen bleiben von den gesamtgesellschaftlichen Problemen und Auseinandersetzungen nicht verschont. Vielmehr sind sie auch Teil der sozialen Auseinandersetzungen in diesem Lande. Migration, kulturelle Identität und Partizipation müssen deshalb im gesamtgesellschaftlichen Kontext gesehen werden. Benötigt wird ein grundlegender Paradigmenwechsel, der sich nicht auf stigmatisierende und ausgrenzende Diskurse konzentriert, sondern vielmehr konkrete Gegenstrategien zur Bekämpfung der Ursachen entwickelt.

Literatur

Akgün, Lale (2007): Schaden für die „Otto Normalmuslime". In: Kölner Stadtanzeiger, 9.10.2007

Beucker, Pascal (2007): Heikle Nähe zu falschen Freunden. In: taz, 8.6.2007 (nrw-ausgabe)

Beucker, Pascal (2007): Mer wolle keine Moschee in Köln. In: jungle world, 6.11.2007

Bozay, Kemal (2007): Das Dilemma der Kölner Moscheedebatte. Wie geht die Linke mit Partizipation, Toleranz und Religionsfreiheit um? In: Antifaschistische Nachrichten, Nr. 15, 2007: S. 7-9

Bozay, Kemal (2005): „Ich bin stolz, Türke zu sein!" – Ethnisierung gesellschaftlicher Konflikte im Zeichen der Globalisierung, Schwalbach/Ts.

Demirel, Özlem (2007): Moscheebau – eine Dritte Alternative ist gefragt. In: Platzjabbeck, Nr. 5, 2007: S. 7

Detjen, Jörg (2007): Moscheebau ohne Wenn und Aber. In: Platzjabbeck, Nr. 5, 2007, S. 7

Giordano, Ralpf (2007a): Erinnerungen eines Davongekommenen. Köln

Giordano, Ralph (2007b): Der Islam ist das Problem. In: Kölner Stadtanzeiger, 20.8.2007.

Gür, Metin (1993): Türkisch-Islamische Vereinigungen in der Bundesrepublik Deutschland. Frankfurt am Main

Halm, Dirk/ Liakova, Marina/ Yetik, Zeliha (2007): Pauschale Islamfeindlichkeit? Zur Wahrnehmung des Islams und zur soziokulturellen Teilhabe der Muslime in Deutschland. In: Jäger, Siegfried/ Halm, Dirk (Hrsg.): Mediale Barrieren. Rassismus und Integrationshindernis. Münster: S. 11-49

Häusler, Alexander (2007): Rechtspopulismus in Gestalt einer „Bürger-Bewegung". Struktur und politische Methodik von PRO NRW und PRO DEUTSCHLAND, Expertise der Arbeitsstelle Neonazismus der FH Düsseldorf: LAGA NRW (Hrsg.)

Heitmeyer, Wilhelm (Hrsg.) (2002): Deutsche Zustände, Folge 1. Frankfurt am Main

Heitmeyer, Wilhelm/ Müller, Joachim/ Schröder, Hartmut (1997): Verlockender Fundamentalismus. Türkische Jugendliche in Deutschland. Frankfurt am Main

Jäger, Siegfried/ Halm, Dirk (Hrsg.) (2007): Mediale Barrieren. Rassismus und Integrationshindernis. Münster

Leibold, Jürgen/ Kühnel, Steffen/ Heitmeyer, Wilhelm (2006): Abschottung von Muslimen durch generalisierte Islamkritik? In: Aus Politik und Zeitgeschichte, Nr. 1-2, 2006: S. 3-10

Leibold, Jürgen/ Kühnel, Steffen (2003): Islamophobie. Sensible Aufmerksamkeit für spannungsreiche Anzeichen. In: Heitmeyer, Wilhelm (Hrsg.): Deutsche Zustände, Folge 2. Frankfurt am Main: S. 100-119

Leggewie, Claus (1997a): Ethnische Spaltungen in demokratischen Gesellschaften. In: Heitmeyer, Wilhelm (Hrsg.): Was hält die Gesellschaft zusammen? S. 233-254

Leggewie, Claus (1997b): Nützliche Moscheekonflikte und ihre Lösung. In: http://www.fr-online.de/frankfurt_und_hessen/dossiers/moschee_spezial/?em_cnt=1 239268, 6.11.2007

Radtke, Frank-Olaf (1996): Fremde und Allzufremde. Der Prozeß der Ethnisierung gesellschaftlicher Konflikte. In: FES (Hrsg.): Ethnisierung gesellschaftlicher Konflikte: S. 7-18

Schiffauer, Werner (2000): Die Gottesmänner. Türkische Islamisten in Deutschland. Frankfurt am Main

Schmidt-Salomon, Michael (2007): Zentralrat der Ex-Muslime verteidigt Ralph Giordano. In: http://hpd.de/node/2029, 30.5.2007

Sommerfeld, Franz (2008): Der Moscheestreit. Eine exemplarische Debatte über Einwanderung und Integration. Köln

Sommerfeld, Franz (2007): „Stoppt den Bau dieser Moschee". Streitgespräch zwischen Ralph Giordano und Bekir Alboga. In: Kölner Stadtanzeiger, 16.5.2007

Spuler-Stegemann, Ursula (1998): Muslime in Deutschland, Freiburg

Tezcan, Levent/ Wohlrab-Sahr, Monika (Hrsg.) (2007): Konfliktfeld Islam in Europa. Soziale Welt, Sonderband 17. Baden-Baden

Tibi, Bassam (2002): Islamische Zuwanderung. Die gescheiterte Integration. Stuttgart/ München

Andreas Lindner

„Wo, wenn nicht in Köln?"
Zur Moscheebau-Berichterstattung des Kölner
Stadtanzeigers

„Für mich ist interessant, dass in dieser Debatte zum ersten Mal die Mehrheitsgesellschaft begonnen hat, sich darüber zu verständigen, welche Anforderungen sie an
die Menschen stellt, die in das Land eingewandert sind und hier leben wollen. Damit
endet für mich eine Phase der Gleichgültigkeit, die manche mit Toleranz verwech-
selt haben. Das ist ein Stück Selbstverständigung in dieser Mehrheitsgesellschaft. Im
Dialog mit den Eingewanderten und den Einwandernden sind wir noch am Anfang."
(KStA-Chefredakteur Franz Sommerfeld bei der Podiumsdiskussion „Wege aus der
Integrationskrise" am 28.8.2007 im Studio DuMont in Köln)

Mit dem Erscheinen des Buchs „Der Moscheestreit. Eine exemplarische Debatte
über Einwanderung und Integration" (Sommerfeld 2008) zieht der Kölner Stadt-
anzeiger (KStA) ein (positives Zwischen-) Fazit der gesellschaftlichen und medialen Auseinandersetzungen zum geplanten Bau der Ditib-Großmoschee in
Köln-Ehrenfeld. Nach Einschätzung des KStA beschäftigte das Thema die Kölner Bevölkerung im Jahr 2007 wie kein zweites und hatte eine überlokale gesamtgesellschaftliche Relevanz. Ob die Moscheedebatte im Allgemeinen und die
umfangreiche Berichterstattung des KStA im Besonderen so beispielhaft war wie
Sommerfeld suggeriert, wird hier im Folgenden kritisch diskutiert. Aus der Perspektive der sozialwissenschaftlichen Rassismusforschung erscheint sie als beispielhaft im Sinne von typisch, jedoch nicht im Sinne von vorbildlich. So weist
die Berichterstattung des KStA neben einigen positiven Anteilen sämtliche Problemfelder des medialen Diskurses über MigrantInnen bzw. Minderheiten auf –
damit angefangen, dass die Zeitung eine stadtgesellschaftliche Sachfrage fast
ausschließlich als kulturalistisch und national-ethnisch überformten Diskurs über
Islam(ismus) und Integration deuten und darstellen konnte. Mit anderen Worten:
Es ist kaum vorstellbar, dass etwa das Vorhaben des FC Köln, ein neues Stadion
zu bauen, eine ähnlich strukturierte und polarisierte Debatte hervorrufen könnte.
Im Kern ziehen sich durch die Beiträge des KStA drei kritikwürdige Diskurs-
fragmente (vgl. Jäger 2004), die folgend näher analysiert werden:

- Ein ethnisierender Wir-/Sie-Diskurs mit Überbetonung der positiven Eigenschaften der Mehrheitsgesellschaft und der negativen Eigenschaften der Minderheit (vgl. van Dijk 2006) bis hin zum Angstbild der „Parallelgesellschaft".
- Ein von einem kulturalistischen und deutschnationalen Verständnis von Integration überformter Diskurs über Integration und Islam/Muslime
- Der Diskurs des Demokratie- und Säkularitätsdefizits von Muslimen bzw. „des Islam"

Konkret bedeutet das, zusammenfassend und vorangestellt, dass der KStA zwar einerseits eine kritische Position gegenüber PRO KÖLN eingenommen hat, sich andererseits jedoch gegen die Mehrheit der demokratischen Parteien zum Anwalt der von rassistischen Ressentiments geprägten diffusen Ängste der Moscheegegner aus der „einfachen Bevölkerung" machte. So sacht und verkürzt die Kritik am ablehnenden Teil der Bevölkerung und der CDU war, so umfangreich und überzogen war sie gegenüber der Ditib und allgemein „dem Islam". Unter dem Dach der Debatte über Integration und Islam(ismus) wurden u.a. durch die prominente Darstellung der Auffassungen u.a. von Ralph Giordano Positionen stark gemacht, die die Auseinandersetzung um den Moscheebau erst zum Politikum machten. Demgegenüber finden sich aber auch eine relevante Anzahl positiver Artikel, die den minderheitlichen Gegenpositionen Raum gaben. Vor allem die Ditib wurde im Verlauf der Debatte immer mehr zum ernst genommenen Mediensubjekt. Solange es um Sachfragen im Zusammenhang mit dem Moscheebau ging, war die Berichterstattung des KStA neutral, differenziert und sogar positiv und spiegelte die Vielfalt der Akteure wieder.

Untersuchungs-Design und Methode

Unsere Untersuchung der Berichterstattung des KStA zum Moscheebau ist Teil eines längerfristigen Forschungsprojektes zur Moscheebau-Berichterstattung und zum „Diversity Mainstreaming" beim WDR und beim KStA, das sich noch in der Anfangsphase befindet. Für den vorliegenden Beitrag wurden 117 Artikel aus den Print- und Online-Ausgaben des KStA nach der Methode der kritischen Diskursanalyse (vgl. Jäger 2004) analysiert. Der Schwerpunkt liegt auf der Berichterstattung im Jahr 2007 (98 Artikel), weil die Hochphase der gesellschaftlichen und medialen Auseinandersetzung um den Moscheebau zwischen Frühjahr und Herbst 2007 lag. Dazu zunächst einige quantifizierende Auswertungsergebnisse.

Weiße deutsche Männer schreiben über Muslime

Von den untersuchten Artikeln sind ca. 90% Eigenartikel und ca. 10% Agentur-meldungen und Gastbeiträge. Die Eigenartikel sind bis auf drei von Männern verfasst, kein Beitrag ist von einer Person mit Migrationshintergrund. Die neun textlich umfangreichen Gastbeiträge sind ebenfalls männerdominiert, nur einer ist von einer Frau mit Migrationshintergrund (Lale Akgün, 9.10.2007) Die Mehrheit der Gastbeiträge erörtert das Für und Wider des Moscheebaus, die Integrationsdebatte sowie rechtliche, religiöse und architektonische Fragen aus der Sicht von Experten aus Wissenschaft und Kirche. In seinen zwei Gastbeiträ-gen polemisiert der explizite Moscheebau-Gegner Ralph Giordano *(„Der Islam ist das Problem")* vehement gegen Muslime, Integration und multikulturelle Gesellschaft. In nur einem Gastbeitrag kommt ein Vertreter einer muslimischen Organisation zu Wort, der die Überlegenheit der christlichen Religion in Frage stellt und die Diskriminierung von Muslimen thematisiert. Von den Eigenbeiträ-gen weisen jeweils weniger als 10 einen sehr negativen oder sehr positiven Te-nor zur Moschee- bzw. Integrationsdebatte auf. Zu jeweils etwa gleichen Antei-len liegt der Tenor der restlichen Artikel zwischen tendenziell negativ, sachlich für und wider und tendenziell positiv. Eine fast identische Verteilung liegt bei den Überschriften der Artikel vor: Die Spannbreite reicht von sehr negativen wie *„ Giordano: Es ist eine Kriegserklärung "* und tendenziell negativen *(„ Indifferenz ist schädlich für Miteinander", „Ich habe ein ungutes Gefühl", „Moscheestreit schlägt immer höhere Wellen")* mit teils leidlich bekannter Kollektivsymbolik über sachlich neutrale und tendenziell positive *(„Schramma steht zu Moschen-plänen", „Moschee soll sich nicht verstecken")* bis zu sehr positiven *(„Lob für Neubau der Moschee", „Köln wird stolz auf die Moschee sein").*

Von PRO KÖLN, der CDU und Giordano...

Ein Thema ist oft nur dann ein Medienthema, wenn es Empörungseffekte hervor-rufen kann. Wie Medien diesen Prozess selbst inszenieren, kann an der Kölner Moscheedebatte im Jahr 2007 aufgezeigt werden. Die kritische Diskursanalyse geht davon aus, dass Medien Wirklichkeit konstruieren, indem sie Diskurse for-mieren, die primär den Diskursen der herrschenden politischen und ökonomi-schen Eliten folgen. Beim hier diskutierten Beispiel trifft diese These aber nur teilweise zu. Der KStA machte sich im Jahr 2007 zum Anwalt der „besorgten" und „aufrichtigen" Moscheegegner und ging auf kritische Distanz zur Ditib, zur Bevölkerungsmehrheit und den demokratischen lokalen Parteien, die dem Mo-scheeprojekt längst zugestimmt hatten.

Im März 2007 reichte die „Ehrenfelder Anwohnerinitiative" 20.000 Unterschriften gegen den Moscheebau ein. Obwohl der KStA in mehreren Artikeln die dahinter stehende rechtspopulistische Partei PRO KÖLN angreift *(„nicht seriös", „7000 ungültige Unterschriften")* und auf kritische Distanz zur Ehrenfelder CDU geht, die das Begehren unterstützte *(„zu weit gegangen", „Image schädigende Kampagne")*, endet ein Kommentar von Helmut Frangenberg mit einer Kritik an der Ditib: Diese habe es versäumt, Konsequenzen aus der Ablehnung des Moscheebauvorhabens durch die Bevölkerung zu ziehen. Das mache es den Rechtsextremen leicht. Ebenso kritisiert er die die Moschee befürwortenden Parteien *(„Versagen all jener Politiker, die den Moscheebau unterstützen")*. Es fehlten Informationskampagnen und *„die notwendige Debatte mit den Menschen auf der Straße"*. Statt die Ressentiments in der Bevölkerung näher zu untersuchen und zu kritisieren, wird suggeriert, die Ditib sei an der Ablehnung schuld. Dazu legte Chefredakteur Sommerfeld zwei Tage später nach: Er sieht in der Moschee *„ein Symbol für eine gesellschaftliche Veränderung"* und fragt, ob die Ditib *„angesichts der Widerstände... wirklich um Akzeptanz geworben hat."* Die Zustimmung des Kölner Stadtrats für die Moschee sei im Sinne einer offenen Gesellschaft, viele fürchteten aber *„dass die neue Moschee zum Stützpunkt einer islamischen Gegenwelt wird, in der Toleranz, Gleichberechtigung oder die körperliche Unversehrtheit der eigenen Kinder abgelehnt werden."* Obwohl der KStA in dieser Phase kein gutes Haar an PRO KÖLN ließ und die CDU wissen ließ, dass die Rechtsextremen kein Bündnispartner in einem Streit sein können, bei dem es um Sachfragen gehe (Verkehr, Größe, Minaretthöhe), hat er die Diskussion selbst von der Sachebene auf den Integrations- und Parallelgesellschaftskontext gehoben. Dies geschah spätestens mit der Podiumsdiskussion zwischen Bekir Alboga (Ditib) und Ralph Giordano Mitte Mai im ksta.tv, bei der Letzterer sämliche Register der diffamierenden Kritik zog, vom Scheitern der Integration, über die *„fremde Kultur"*, das Demokratiedefizit von Muslimen, die Kopftuchfrage *(„menschlicher Pinguin")*, Gewalt, Terrorismus usw. Nun ist eine kontroverse Diskussion mit scharfen Argumenten nichts Schlechtes, zweifelhaft ist in diesem Fall jedoch die einseitige Parteinahme des Interviewers: Franz Sommerfeld ließ Giordano agieren, häufig sogar das Fragen übernehmen und bestärkte diesen etwa durch folgende Frage an Alboga: *„Wenn man einen Integrationsprozess will, muss man ehrlich miteinander umgehen. Also muss man benennen, dass es in diesem Land immer noch eine Vielzahl von Menschen gibt, die nicht integriert sind. Was stört Sie an dem Begriff der Parallelgesellschaft?"* Trotz der bereits am übernächsten Tag dokumentierten klaren Distanzierungen durch PolitikerInnen fast aller Parteien hat der KSTA Giordano auch in der Folgezeit breiten Raum in der Zeitung gegeben.

... über die Bürgeranhörung und die Meinungsumfrage...

Zum Beispiel kurz vor der Bürgeranhörung zum Moscheebau Ende Mai, als erneut Sommerfeld die Auffassungen Giordanos zwar als „extremen Ausschlag" charakterisiert, aber im gleichen Satz problematisiert, dass „das alltägliche Scheitern der Integration" gefährlicher sei. Als einzige Differenz zu Giordano sieht der Autor Integration als möglich, sofern im konkreten Fall die Ditib ihre Bringschuld erfüllt, indem sie „Signale des guten Willens" bei der Bauplanung und im Umgang mit der ablehnenden Bevölkerung aussende. Über die Bürgeranhörung selbst wurde dann sachlich und umfangreich berichtet und dabei vereinzelt die lokale Bevölkerung kritisiert („Auffassungen, die mit dem Moscheeprojekt wenig zu tun haben"), PRO KÖLN eine weitere Niederlage attestiert und aufgezeigt, dass die absolute Mehrheit der 700 Anwesenden den Moscheebau befürworten. Trotzdem wurden auch hier wieder die eigenen Positionen transportiert: Im Artikel „Anregungen aufgreifen" wurde gefordert, dass die Bedenken aus der Bevölkerung „auf den ersten Platz der politischen Tagesordnung" gehören, eine Bürgerbeteiligung bei solchen Projekten viel früher erfolgen und die Ditib bessere Öffentlichkeitsarbeit machen müsste. Aus der Erfahrung dieser Bürgeranhörung hätte abgeleitet werden können, dass die Mehrheit der BürgerInnen das Projekt billigt oder befürwortet. Stattdessen ist auch in der Folgezeit in eine andere Richtung geschrieben worden. Dies geschah zu einer vom KStA selbst in Auftrag gegebenen repräsentativen Meinungsumfrage, die einen eigenen Anlass zur Berichterstattung schuf und die Moschee endgültig zum medialen Top-Thema machte. Obwohl sich die Redakteure in der Deutung des Umfrageergebnisses nicht einig waren („Zwei Drittel der Kölner halten Bau generell für richtig", „Kölner gegen Moschee in geplanter Größe") war doch klar, dass sie die legitime Kritik an der (geplanten Größe der) Moschee belege, was wiederum genau der diskursiven Position der Zeitung entsprach. Der KStA machte sich damit zum Anwalt des „aufrichtigen Moscheegegners" und unterfütterte dies u.a. im Artikel „Ein Ohr für redlich vorgetragene Skepsis" vom 19.6. politisch: „Das Volk ist reifer als Politiker befürchten und Populisten hoffen". Die prinzipielle Befürwortung der Moschee, aber Ablehnung der Größe sowie von Kuppel und Minaretten wird als „differenziertes und eindeutiges Votum" gedeutet, das sich sowohl fremdenfeindlichen Vereinnahmungsversuchen als auch der „Meinungskuratel der politischen Korrektheit" entziehe. Die Bevölkerung bilde sich gegen diese „denkfaule Abgrenzungsstrategie ... selbstbewusst ihr eigenes Urteil." Für die Akzeptanz des Moscheebaus reiche das Vorhandensein der rechtlichen Voraussetzungen nicht. Gelungene Integration sei das Ergebnis eines „langsamen wechselseitigen Gewöhnungsprozesses". Eine Zentralmoschee in Köln müsse den Anschein vermeiden, eine imposante Machtdemonstration zu sein. Deswegen solle die Ditib „dem erklärten Willen der Bürger entsprechen" und die Moschee kleiner bauen. Auch hier erweckten die Redakteure den Eindruck, als ob tatsächlich die Mehrheit das Projekt ablehne und als ob die Widerstände allein sachlich-reflektierten Motiven folgen. Sie zeigen sich als unbelastet von der Erkenntnis, dass sich in der Mehrheitsgesellschaft spätestens nach dem 11.9.2001 ein pauschaler islamfeindlicher Diskurs etabliert hat, der sich in mangelnder Differenzierungsfähigkeit und der pauschalen Verknüpfung von Islam, Terrorismus und Parallelgesellschaften zeigt (vgl. Halm u.a. 2007: 11).

... zum heißen Sommer der Moscheedebatte...

Auf die Deutung der Umfrageergebnisse folgte eine Aufwärmung der politisch aufgeladenen Debatte durch viele Interviews und Gastbeiträge von Experten und Prominenten, die die gesamtgesellschaftliche Dimension der Debatte aus der Perspektive der Mehrheitsgesellschaft fokussierten, aber auch solche, in denen positive Aspekte des Moscheebaus hervorgehoben oder Gegenpositionen eingenommen werden konnten. In dieser Phase dominierte die Auseinandersetzung um Religion/Islam und westlicher Gesellschaft. In einer übernommenen Agenturmeldung wird kritiklos die Auffassung des Kölner Kardinals Meisner wiedergegeben, der meint, es nähre „Urängste in der Bevölkerung", wenn die Ditib in Deutschland eine Moschee bauen wolle, zur Verfolgung von Christen in der Türkei aber schweige. Der Kardinal beklagt einen „Kulturbruch in unserer deutschen europäischen Kultur durch die Einwanderung der Muslime" und hat ein „ungutes Gefühl" beim Moscheebau. In der Einstiegsfrage des am gleichen Tag veröffentlichten ausführlichen Interviews mit Meisner mutmaßt der Redakteur Joachim Frank als Grund für die Ängste in der Bevölkerung, dass säkulare und demokratische Gesellschaften für Muslime fremd seien: „Nun kennen die meisten Muslime dieser Welt die Trennung von Staat und Religion nicht. Der Islam ist eine genuin politische Religion." Da es hier um den Moscheebau der Ditib geht, wird in besonderer Weise die Säkularität gerade des türkischen Staats „übersehen". Auf diese Frage weist Meisner darauf hin, dass die Muslime in Deutschland dazu gebracht werden müssen, die Trennung von Staat und Religion und die Verfassung des deutschen Staates zu akzeptieren. In einem eigentlich wohlwollenden Interview vom 16.7. fragt der Redakteur Christian Hümmeler den Architekten Paul Böhm: „Glauben Sie, dass mit einem moderneren, westlicher geprägten Entwurf die Diskussion nicht so heftig geworden wäre?" Abgesehen davon, dass hier etwas leichtfertig der muslimische Kulturraum implizit als rückständig gehandelt wird, scheint übersehen worden zu sein, dass der Entwurf für die Moschee zwar klassische Formen übernimmt, diese aber etwa durch die offene Kuppel durchaus zeitgemäß interpretiert. In späteren Artikeln wurde der Entwurf gar als futuristisch bezeichnet. So ist der Architekt zur Verteidigung genötigt: *„Ich wehre mich ein bisschen dagegen, den Entwurf unmodern oder orientalisch zu nennen."* Obwohl er eigentlich für Offenheit plädiert *(„Wo, wenn nicht in Köln?")*, hebt auch der Kirchenrechtler Stefan Muckel in seinem Gastbeitrag die Rückständigkeit des Islam hervor: *„In einer religiös-pluralen Gesellschaft kann Religionsfreiheit nur gelebt werden, wenn nicht nur staatliche Stellen sie achten, sondern auch die Andersgläubigen, die Atheisten, die Agnostiker. Das mag diesmal besonders schwerfallen, weil der Islam in einigen seiner heutigen Erscheinungsformen in weit geringerem Maße auf Toleranz, Menschenrechte, Säkularität des Staates und andere prägende Elemente des freiheitlichen Rechtsstaates hin ausgerichtet ist als etwa das Christentum."* Auch hier wird pauschalierend von „dem Islam" und dessen Defiziten gesprochen, ohne den konkreten Fall der Ditib zu diskutieren, und darin die Gründe für das *„verständliche Unbehagen"* lokalisiert. Auch der Theologe Hans-Joachim Höhn zieht am 6.8. die Modernität und Demokratiefähigkeit „des Islam" in Zweifel: *„Können aber Muslime die Ordnung eines liberalen Rechtsstaats wirklich aus ihrem Glauben heraus bejahen?... Können Muslime diese Unterscheidung von religiöser und säkularer Sphäre nachvollziehen? Oder bekennen sie sich nur vorläufig und widerwillig unter den Zwängen der Diaspora dazu?"* Er endet mit der These von der Integration als Bringschuld. Während man Rechte wie den Bau einer Moschee in Anspruch nehmen könne, müsse man sich Anerkennung erwerben. Das erfolge durch die Erfahrung einträglichen Miteinanders, bürgerschaftliches Engagement etc., nicht jedoch *„durch die Abschottung in einer „Parallelgesellschaft","*.

... und zurück zur CDU und zu Giordano

Nach diesem diskursiven Höhenflug verlagerte sich die Debatte ab Mitte August wieder in die Niederungen der Kommunalpolitik. Anlass war der Parteitag der Kölner CDU, bei dem sich eine Mehrheit gegen die Moscheebaupläne aussprach. Dies wurde in einigen Artikeln kritisch kommentiert, womit der KStA teilweise einen diskursiven Wechsel vollzog. Es wurde versucht, die Position der Befürworter in der CDU zu stärken. Der Beschluss stelle den OB vor eine schwer lösbare Aufgabe, hieß es. In einem Artikel bezeichnete es der Autor als *„fatal"*, wenn die Parteibasis in der so wichtigen Frage nicht mitmache, auch wenn die Zustimmung der CDU rechnerisch nicht nötig sei. In einem anderen Artikel wird die CDU von VertreterInnen der Ditib und anderer lokaler Parteien kritisiert. Zwar vermeidet der Autor auch hier jegliche eigene Formulierung für vermeintliche rassistische Motive bei CDU-Mitgliedern, lässt das aber Interviewte sagen. So wird die Empörung der Ditib-Vertreterin Ikbal Kilic über die beim CDU-Parteitag *„mehrfach geäußerten, öffentlichen Diffamierungen"* bis hin zum Vergleich des Koran mit Hitlers „Mein Kampf" wider gegeben, wie auch die Kritik durch SPD-Politiker an dem CDU-Beschluss, der *„alle Menschen, die sich engagiert um Integration bemühen"*, beleidige bis hin zu Grünen und linken Abgeordneten, die in der Ablehnung des Baus durch die CDU fremdenfeindliche Motive sehen. In einem Kommentar vom 14.08.2007 rückte Chefredakteur Sommerfeld die Verhältnisse aber wieder klar: Statt die fremdenfeindlichen Positionen der CDU zu kritisieren, lobte er sie: Die Diskussion in der Kölner CDU über den Moscheebau könne *„auch für die anderen Parteien in der Stadt Maßstäbe setzen"*, weil das Projekt in der Anhängerschaft anderer Parteien *„nicht weniger umstritten"* sei als in der CDU. Abgesehen davon, dass dies wahrscheinlich nicht stimmt und eine Kritik an der fremdenfeindlichen Parteiströmung unterbleibt, hebt der Autor die von der CDU geführte Stadtpolitik hervor, *„die für Einwanderer offen ist und frei von Ressentiments."* Darüber hinaus habe der Moscheestreit, zitiert er die Neue Zürcher Zeitung, *„der Debatte über Einwanderung und ihre Folgen eine neue Offenheit"* gegeben. Obwohl es eigentlich um den Parteitag der CDU und deren interne Debatten ging, geht auch dieser Artikel rasch zu einer Kritik an der Ditib über. Diese reagiere nicht auf die Forderungen (auch des KSTA), den *„preisgekrönten Entwurf"* zu verkleinern. Dies sei *„ärgerlich und für die Stadt nicht hinnehmbar."* Statt sich mit der Integrationsfeindlichkeit der Kölner CDU zu befassen, wird solche der Ditib unterstellt. Es solle etwa auf dem Moscheegelände *„faktisch ein rein türkisches Einkaufszentrum"* entstehen: *„Wer es mit der Integration ernst meint, muss das auf jeden Fall verhindern."* Dazu fordert er das Instrument der Quotierung. Da der Islam die Hinterhöfe verlasse, beginne *„spätestens jetzt"* der Anspruch der auf weltlicher Gesellschaftsordnung und christlicher Tradition aufbauenden Mehrheitsgesellschaft an die Muslime, ihr Verhältnis zu Säkularität und zu den Gesetzen des Staates zu klären. So endet der Artikel mit der überzogenen (und vermeintlich in diesem Streit längst geklärten) Grundsatzfrage: *„Lassen sich die Muslime auf die Gesellschaft ein, in der sie leben?"*. Es gehe bei dem Moscheebau letztlich nicht um *„banale Fragen wie Parkplätze und Geschäfte"*, sondern auch *„um Minarette, Schleier und Scharia."*

Nach einer zwischenzeitlichen neuerlichen Präsenz von Ralph Giordano, der die Begründung seiner Ablehnung einer Gesprächseinladung durch die Ditib formulieren durfte, einem erfrischenden und positiven Bericht über eine Aktion von jungen Muslimen in der Moschee *(„Meinen Sie uns, Herr Giordano?")* und einer erneuten und wieder unkommentierten ausführlichen Darstellung der Positionen von Giordano als Antwort auf die Jugendlichen, verlagerte sich die Debatte erneut auf die Ditib. Diese und der Moschee-Architekt wurden zwischenzeitlich in mehreren Artikel für die überarbeiteten Moschee-Entwürfe positiv gewürdigt, obwohl sich an der Größe des geplanten Baus nichts änderte. Der Architekt konnte die Ansicht vertreten, dass der Vorwurf der Überdimensionierung widerlegt sei, der Pressesprecher legte dar, dass die *„Scheindiskussion"* damit beendet sein könnte. Ja und nein. In einem weiteren Ditib-kritischen Artikel deutete Joachim Frank die neue Sachlage so, dass die harte Kritik an der Ditib zu einer besseren Lösung geführt habe. Der Kommentar verkündet, dass die Kölner stolz auf diesen Streit sein könnten *(„Besseres lässt sich von demokratischer Streitkultur nicht sagen")* und ist doch bloß ein Nachkarten gegen die Ditib. Zunächst wird der Beirat kritisiert: Dieser bestehe nur aus honorigen Menschen, die das Projekt befürworten. Sein Votum sei so aussagekräftig *„wie das Lob eines Konditors für Käse-Sahne-Torte."* Auch hier wird wieder mit zweierlei Maß gemessen: Welches Großprojekt muss in seinen Beirat explizite Gegner aufnehmen? Der Ditib selbst wird *„gepflegte Diskursverweigerung"* unterstellt und eine misslungene Öffentlichkeitsarbeit vorgehalten. Ferner würden sie den Unterschied zwischen Mehrheits- und Minderheitsgesellschaft *(„Zwischen wir und ihr")* nicht verstehen und leugnen, von der staatlichen Religionsbehörde Diyanet abhängig zu sein. Vor allem aber müssten sie die *„neue, ehrlichere Form der gesellschafts- und satisfaktionsfähigen Auseinandersetzung mit dem Islam"*, die sich gerade entwickle, erst noch lernen. Gerade das scheint für den KStA die große neue Leistung der Mehrheitsgesellschaft zu sein: „Den Islam" zu kritisieren ohne falsche *„Toleranz"* und *„Weltoffenheit"*. Sicher ist ein Streit in der Sache besser als Konflikte unter den Tisch zu kehren, aber in diesem Kontext scheint der Autor wiederum zu übersehen, welchen Anteil die Mehrheitsgesellschaft oder der Westen und konkret die Medien an der Polarisierung der Auseinandersetzung mit „dem Islam" haben. Das aber zeigt deutlich, dass es auch dem KSTA in der Auseinandersetzung um die Moschee primär nicht um die Sache selbst ging, sondern die Kritik an der Größenordnung des Baus und der Höhe der Minarette nur vorgeschobene Scheinargumente waren, um eine gesellschaftspolitische Diskussion aus der mehrheitlichen Wir-Perspektive aufzuheizen und daraus Kapital zu schlagen.

Was ist von der heißen Moscheedebatte Anfang des Jahres 2008 übrig geblieben?

Der hitzige Streit um die Höhe von Kuppeln und Minaretten hat sich merklich abgekühlt. Das Moscheeprojekt wurde sogar in den katholischen Kölner Karneval integriert *(„die Moschee im Dorf lassen")* und nachdem der Bauherr mittlerweile wegen Finanzierungsschwierigkeiten über eine Verkleinerung des Baus nachdenkt, müssten den rechtschaffenen Moscheekritikern, allen voran dem KStA, eigentlich die Argumente ausgehen. Trotzdem wird die Grundsatzdebatte um Integration und Parallelgesellschaft auch in Köln immer wieder kehren, solange die Mehrheitsgesellschaft auf einem Auge blind bleibt.

Fazit

Die Befunde der Rassismusforschung und der kritischen Diskursanalyse zur Berichterstattung über Migrationsthemen (vgl. Jäger/Halm (Hrsg.) 2007; Butterwegge/Hentges (Hrsg.) 2006) bestätigen sich leider auch in diesem Fall der Berichterstattung über den Kölner Moscheebau. Es muss allerdings angemerkt werden, dass für diesen Beitrag die problematischen Aspekte hervorgehoben wurden und die Darstellung der vorhandenen positiven Beispiele entsprechend zu kurz kommt. Das ändert aber nichts daran, dass die Moscheedebatte im KStA und ihr krönender Abschluss mit dem *„Lesebuch, das Lust auf das Abenteuer Integrationsdebatte macht"* (Artikel vom 5.3.2008) insgesamt ein Beispiel für den Status quo sind. Sie sind für ein „Integrationsland", im dem Vielfalt groß und Diskriminierung klein geschrieben werden soll, höchstens gut gemeint. Die stolz formulierte Selbsterkenntnis, dass die Gesellschaft eben erst begonnen habe, sich mit der Einwanderung auseinanderzusetzen (vgl. ebd.), zeigt, dass noch Nachholbedarf besteht. Was gern, auch beständig vom KStA, als falsch verstandene Toleranz oder gar als so genannter Gutmenschendiskurs abgetan wird, muss in der sozialwissenschaftlichen Debatte auch weiterhin als notwendige Auseinandersetzung über die sozialen Mechanismen der Konstruktion kultureller Differenzen, über Dominanzansprüche der Mehrheitsgesellschaft, über Selbst- und Fremdbilder sowie schließlich über daraus folgende strukturelle und alltägliche Diskriminierung der als Ausländer oder Andere konstruierten Mitmenschen diskutiert werden.

Literatur

Beck-Gernsheim, Elisabeth (2004): Wir und die Anderen. Vom Blick der Deutschen auf Migranten und Minderheiten. Frankfurt a.M.
Butterwegge, Christoph; Hentges, Gudrun (Hrsg.) (2006): Massenmedien, Migration und Integration. Opladen
EUMC (2002): Racism and cultural diversity in the mass media. An overview of research and examples of good practice in the EU member states 1995-2000. Wien

Geißler, Rainer; Pöttker, Horst (Hrsg.) (2006): Integration durch Massenmedien. Medien und Migration im internationalen Vergleich. Bielefeld

Hafez, Kai; Richter, Carola (2007): Das Islambild von ARD und ZDF. In: Aus Politik und Zeitgeschichte, H. 26-27: S. 40-46

Halm, Dirk; Liakova, Marina; Yetik, Zeliha (2007): Pauschale Islamfeindlichkeit? Zur Wahrnehmung des Islams und zur sozio-kulturellen Teilhabe der Muslime in Deutschland. In: Jäger, Siegfried; Halm, Dirk (Hrsg.): Mediale Barrieren. Rassismus als Integrationshindernis. Münster

Husband, Charles (2001): Über den Kampf gegen Rassismus hinaus. Entwurf einer poly-ethnischen Medienlandschaft. In: Busch, Brigitta; Hipfl, Brigitte; Robins, Kevin (Hrsg.): Bewegte Identitäten. Medien in transkulturellen Kontexten. Klagenfurt: S. 9-20

Jäger, Siegfried (2004): Kritische Diskursanalyse. Eine Einführung. Münster

Linder, Andreas (2007): Diversity Mainstreaming in der westlichen Medienlandschaft. Online verfügbar unter http://www.migration-boell.de/web/diversity/48_1237.asp, zuletzt geprüft am 10.09.2007

Ottersbach, Markus; Yildiz, Erol (Hrsg.) (2004): Migration in der metropolitanen Gesellschaft. Zwischen Ethnisierung und globaler Neuorientierung. Münster

Rommelspacher, Birgit (2002): Anerkennung und Ausgrenzung. Deutschland als multi-kulturelle Gesellschaft. Frankfurt a.M

Ruhrmann, Georg (2007): MigrantInnen als Thema der Medienberichterstattung. Online verfügbar unter http://www.migration-boell.de/web/diversity/48_1224.asp, zuletzt geprüft am 10.09.2007

Schiffer, Sabine (2004): Die Darstellung des Islams in der Presse. Sprache, Bilder, Suggestionen. Eine Auswahl von Techniken und Beispielen. Tübingen

Terkessidis, Mark (2004): Die Banalität des Rassismus. Migranten zweiter Generation entwickeln eine neue Perspektive. Bielefeld

van Dijk, Teun A. (2006): Racism and the European Press. Presentation for the European Commission against Racism and Intolerance (ECRI), Strasbourg, 16 December 2006. Online verfügbar unter http://www.discourses.org/Racism%20and%20the%20European%20press.html

Leyla Özmal

Kommunikation und zivilgesellschaftliches Engagement am Beispiel des Projekts „Begegnungsstätte in der Moschee" in Duisburg-Marxloh

„Multikultur abschaffen – Moscheebau stoppen!", unter diesem Motto kündigten Neonazis für den 30. Juli 2005 ihren Aufmarsch in Duisburg-Marxloh an. Menschen- und demokratiefeindliche Bewegungen mit offen rassistischer Stoßrichtung sind hinlänglich bekannt. Doch hierbei wurde der Rassismus mit einem Aufruf gegen einen Moscheebau verknüpft. Die Demonstration der Neonazis war ein Angriff auf das Engagement der Mehrheitsgesellschaft, gemeinsam mit den Mitgliedern der muslimischen Gemeinde und Stadtteilakteuren, eine muslimische Gebetsstätte mit integrierter Begegnungsstätte zu errichten. Latente Ressentiments und die Ängste der Menschen sollten hierzu missbraucht werden.

Doch das Duisburger Projekt „Begegnungsstätte in der Moschee" war längst in der Mitte der Gesellschaft angekommen: Mithilfe der Stadtteilakteure, der Kirchen, der Nachbarschaft, engagierten Marxloher und Marxloherinnen, der Politik und der Stadtverwaltung.

Mit einem breiten Bündnis antifaschistischer und demokratischer Kräfte endete die Demonstration rassistischer und nationalistischer Provokation wirkungslos – nach 150 Metern. Etwa 150 Rechtsradikale kündigten nach zwei Stunden ihren Rückzug aus dem Duisburger Stadtbezirk Hamborn an.

Bereits zuvor schnürte sich ein breites Bündnis demokratischer Kräfte und beriet darüber, wie der Demonstration begegnet werden könne. Nach langen Diskussionen kam man darin überein, dass es nicht nur gelte, lediglich einen Angriff Rechtsradikaler gegen die Moschee abzuwenden, sondern auch darum, sich einem Angriff auf die Demokratie entgegenzustellen.

In der Innenstadt, vor dem Rathaus demonstrierten Parteien, Gewerkschaften, Kirchen, die jüdische Gemeinde und verschiedene muslimischen Gemeinden, Heimatvereine, der „Beirat für Zuwanderung und Integration", das „Duisburger Bündnis für Toleranz und Zivilcourage" sowie engagierte Duisburger und Duisburgerinnen ihre demokratische Haltung.

Im Rahmen einer Kundgebung wurde die vom „Bündnis für Toleranz und Zivilcourage" erarbeitete „Duisburger Erklärung" verlesen und von den Anwesenden unterzeichnet. Darin bekennen sich die Unterzeichner zu Weltoffenheit und Solidarität Duisburgs und erklären den rechten Aufmarsch in der Stadt für unerwünscht.

Hiermit wurde in der Stadtgesellschaft deutlich gemacht: Unser Problem sind nicht Moschee und Muslime, sondern die extreme Rechte als Gegner der Demokratie, die das Thema „Moscheebau" dazu instrumentalisiert, um die die Verständigung über ein demokratisches Zusammenleben zu unterbinden.

Die Grundlage für diesen Ansatz, an dem Migranten und Migrantinnen mitwirkten, bildete eine lange intensive Kommunikation vor Ort um Formen eines respektvollen und friedlichen Zusammenlebens im Stadtteil Marxloh.

Ein Stadtteil im Dialog für eine muslimische Gebetsstätte mit integrierter Begegnungsstätte

In Köln tobt eine stürmische Debatte um den Bau einer Moschee. In Berlin und Frankfurt am Main wurde kontrovers über muslimische Gebetshäuser diskutiert. In Duisburg-Marxloh wächst und gedeiht – wie in manchen anderen Städten auch – der Moscheebau mit Bedacht und in friedlicher Koexistenz mit Kirchen, anderen Glaubensgemeinschaften und der Nachbarschaft.

Im Folgenden soll der aussichtsreiche, zuversichtliche Weg der Zusammenarbeit vieler verschiedener Akteure mit der muslimischen Marxloher Gemeinde bei dem Bau der Moschee mit integrierter Begegnungsstätte skizziert werden.

Vorausgegangen war eine langjährige engagierte Stadtteilarbeit im Rahmen der „Sozialen Stadt NRW", in der alle Stadtteilgruppen und -bewohner mit und ohne Zuwanderungsgeschichte involviert waren.

Der geplante Moscheebau war ein Anliegen der Moscheegemeinde in Duisburg-Marxloh und das Projekt einer integrierten Begegnungsstätte ist ein bewusst gesetztes Zeichen in Richtung Stadtteil und Stadtgesellschaft. In einem Dialogprozess wurde im Vorfeld miteinander kommuniziert und konzipiert. Hierzu wurde ein „Runder Tisch Marxloh" eingerichtet, muslimische und Kirchengemeinden, Institutionsvertreter und die Bürgerschaft Marxlohs kamen miteinander ins Gespräch.

Sie alle haben sich in einem Beirat zusammengefunden, um für die kreative Gestaltung ihres Stadtteils gemeinsam Verantwortung zu übernehmen, um sich um eine kontinuierliche Kommunikation zu bemühen, um Ressentiments ernst zu nehmen und den Moscheebau als eine gesamtgesellschaftliche Herausforderung anzunehmen.

Örtliche Institutionen, Vereine, christliche Kirchen, politische Parteien, Kaufleute, Nachbarn und Stadtverwaltung haben erstmals ein gemeinsames Wirken mit dem Ziel definiert, eine nachhaltige Kultur des Miteinanders im Stadtteil und am konkreten Bauvorhaben „Begegnungsstätte in der Gebetsstätte" zu entwickeln und zu praktizieren. Das gemeinsame Ziel, einen Dialog auf gleicher Augenhöhe zu führen, war und ist der mentale Rahmen im Projekt- und Stadtteilalltag.

Exkurs zu Duisburg-Marxloh

Etwa ein Drittel der Duisburger Bevölkerung hat einen Migrationshintergrund. Unter den Duisburgerinnen und Duisburgern mit ausländischer Staatsangehörigkeit stellen die Türkinnen und Türken mit 8,5 Prozent der Gesamtbevölkerung die größte Gruppe dar.

In Duisburg lebt damit die viertgrößte türkischstämmige Bevölkerungsgruppe des gesamten Bundesgebiets.

Duisburg-Marxloh ist neben anderen Stadtteilen in allen acht themenzentrierten Rankings des Sozialberichts der Stadt Duisburg aus dem Jahr 2007 mehrfach zu finden, und zwar zumeist auf den vordersten Rängen. Das konzentrierte und gleichzeitige Auftreten mehrerer Probleme oder sozial schwieriger Situationen gilt daher besonders für Marxloh.

Duisburg-Marxloh ist vorerst ein Stadtteil mit sozialem und ökonomischem Entwicklungsbedarf. Gleichwohl ist nicht zu übersehen, dass die vielfältigen ökonomischen Aktivitäten der Migranten und Migrantinnen einen wesentlichen Faktor zur funktionierenden Infrastruktur des Stadtteils beitragen.

Mittlerweile hat sich Duisburg-Marxloh zum Einkaufszentrum für Menschen entwickelt, die sich auf der Weseler Straße nach Hochzeitskleidern, Abendgarderobe und Goldschmuck umsehen, sich Ringe anpassen und die Haare hoch stecken lassen. Hier tummeln sich rund 40 Hochzeits- und Festausstatter von Händlern mit überwiegend türkeistämmigem Migrationshintergrund. Marxloh ist als Einkaufszentrum für Hochzeitsgesellschaften weit über das Ruhrgebiet hinaus bekannt und längst ein Magnet für Kunden aus den Niederlanden, Belgien und Frankreich. Aber auch an sonstigen Dienstleistungen mangelt es nicht: Bäcker, Metzger, Post, Banken, Ärzte, Apotheken und Einkaufszentren, Restaurants und Hotels.

Für das stigmatisierte „Türkenviertel" läutet die neue Popularität einen bedeutenden Imagewechsel ein. Der Stadtteil schöpft seine gesamtgesellschaftliche Kraft aus dem sozialen sowie ökonomischen Engagement der Migranten und Migrantinnen im Zusammenspiel mit alteingesessenen Marxlohern und Marxloherinnen. Die positive und vielseitige Nutzung der Chancen dieser kulturellen Vielfalt über bürgerschaftliches Engagement entziehen radikalen Gruppen den Boden für ihre politische Agitation. Als Gestalter beteiligen sich Migranten und Migrantinnen in Duisburg-Marxloh seit Langem gleichberechtigt und aktiv an der Umgestaltung ihres Stadtteils und setzen bei der „Mehrheitsgesellschaft" einen Lernprozess in Gang, der für fremdenfeindliches Gedankengut unempfänglich wirkt. Indem Migranten und Migrantinnen explizit zu gesellschaftlichem Mitwirken ohne paternalistischen Anspruch eingeladen werden, verwandelt sich Unbekanntes in Vertrautes, Fremde werden zu Freunden und Nachbarn.

Und es wirken immer mehr Kräfte, die die kulturelle Vielfalt nutzen, um neue Symbole des Miteinanders zu kreieren und neue Qualitäten definieren.

„Begegnungs- und Bildungsstätte" und zivilgesellschaftlicher Dialog

Mit dem Bauprojekt „Begegnungsstätte in der Moschee" an der Warbruckstraße in Duisburg-Marxloh entsteht ein Gebetshaus, das den muslimischen Bürgern Marxlohs und Duisburgs religiös-kulturelle Heimat sein wird, in der sie vor allem als Gastgeber auftreten und somit Verantwortung übernehmen. Es entsteht eine muslimische Gebetsstätte mit Kuppeln und Minarett und zugleich ein Begegnungszentrum des interkulturellen Dialogs, in dem die Räume zur Gemeinschafts- und Bildungsarbeit, Seminarstätten, Informationszentrum und Bistro integriert sind: für Frauen, für ältere Migranten und Migrantinnen, für Jugendliche, für muslimische und nichtmuslimische Bürger und Bürgerinnen des Ortsteils.

Architektonisch als auch im konzeptionellen Aufbau einzigartig in Deutschland, ist aus dem Bau einer Moschee mit Begegnungsstätte durch die Offenheit der Diskussionen im Beirat, verbunden mit der Anbindung an die vorhandenen örtlichen Gremien und den entsprechenden Rückflüssen, ein gemeinschaftliches Stadtteilprojekt erwachsen.

Bereits während der Bauzeit wurde die „Begegnungsstätte-Jetzt" zum Leben zu erweckt. Das bedeutete, dass sich die Verantwortlichen vor Ort am Konzept und seiner Umsetzung beteiligten. Bürger, Institutionen, Kooperationspartner und Multiplikatoren konnten sich informieren und der Bau entstand unter den Augen der Stadtgesellschaft.

Hierzu wurden so genannte Informations-Container (Begegnungsstätte-Jetzt) auf dem Areal der Baustelle errichtet. Diese Container wurden von der Bürgerinitiative der „Gülhane Elise" in Zusammenarbeit mit Mitgliedern der

Moscheegemeinde mit Rosenmotiven verschönert und so zu „Rosencontainern" umgestaltet.

Als ein lebendiger Teil der Stadtgesellschaft verbindet das Modellprojekt professionelles Arbeiten im Bildungsbereich mit gesellschaftlicher Transparenz und trägt dazu bei, Defizite in der Angebotsstruktur im Stadtteil auszugleichen, das Miteinander im Ortsteil zu stärken und zum Abbau von Vorurteilen beizutragen und somit das Image des Stadtteils zu verbessern.

Auch im architektonischen Aufbau beweist das Bauprojekt „Begegnungsstätte und Moschee" in Duisburg-Marxloh seine Besonderheit. Die Transparenz des gesamten Bauwerks wird durch die für Moscheen eher untypisch hohen Fenster, durch einen offenen Informationsbereich, durch große Seminarräume und durch ein Bistro, das die Besucher und die Stadtteilbewohner auf eine Tasse Kaffee besuchen können, geprägt sein. Doch noch wächst – ganz im klassischen osmanischen Stil mit riesigen Kuppeln, Säulen und Minarett – auf einem Areal von 4.000 Quadratmetern die Moschee mit Begegnungsstätte mit dem nicht minderen Anspruch an Stil und Schönheit. Im Sommer 2008 feiert die Moschee mit Begegnungsstätte ihre Eröffnung.

Am Beispiel der Moschee mit integrierter Begegnungsstätte sind Lösungsansätze zu erkennen, wie eine religiös und kulturell heterogene Gesellschaft gemeinsam (Alteingesessene und Zugewanderte) gestaltet werden kann und welche Denkhemmnisse überwunden werden müssen.

Migranten und Migrantinnen zwischen Stigmatisierung und Klischee

Die Migranten und Migrantinnen sind in der öffentlichen Debatte durch einen Gaststatus, bzw. Außenseiterstatus geprägt, der ihnen vermittelt, sie seien der Gesellschaft" nicht zugehörig, anders, je nach Sichtweise gewollt oder nicht gewollt und lediglich Objekte des Handelns der Mitglieder der „Mehrheitsgesellschaft". Nach wie vor fehlt es Migranten und Migrantinnen an Orientierung und Vorbildern für eine politische Teilhabe, die Kraft und Selbstbewusstsein für eine starke und positive Rolle im Integrationsgeschehen vermitteln.

Um gemeinschaftliches gemeinsames Reifen zu ermöglichen, müssen Migranten und Migrantinnen als Träger der Integration und als gesellschaftliche und politische Gruppierung, als Stifter und Träger des demokratischen Prozesses, als ebenbürtige Kooperationspartner wahrgenommen und zugelassen werden. Denn nur durch Identifikation und Partizipation von Migranten und Migrantinnen kann die demokratische Grundordnung unserer Gesellschaft stabilisiert werden. Im Umgang mit selbstbewussten Migranten und Migrantinnen lernen Bürger und Bürgerinnen Akzeptanz nicht nur zu postulieren, sondern im Dialog auf gleicher Augenhöhe auch zu leben.

In eine Wende der Integrationspolitik – in ein aktives Tun der Migranten und Migrantinnen – müssen Ressourcen investiert werden. Ideell und finanziell. Will unsere demokratische Gesellschaft Migranten und Migrantinnen anerkennen und integrieren, muss eine Ressourcenverteilung stattfinden und in eine partnerschaftliche Zusammenarbeit finanziell investiert werden.

Die oberste Maxime lautet dabei: Vertrauen und „selbst" machen lassen, damit sich partnerschaftliche Kooperationen entwickeln können. Dafür müssen Selbstorganisationen der Migranten und Migrantinnen gefördert und als Akteure der Integrationsarbeit in den Stadtteilen akzeptiert werden. Als Integrationsträger stehen Migranten und Migrantinnen und ihre Vereinigungen in der Mitte der Gesellschaft als direkte Ansprechpartner zur Verfügung. Sie lassen sich nicht gern von Vertretern oder von Menschen, die es „gut" meinen, vertreten. Um eine gesellschaftliche Teilhabe möglich zu machen, müssen sie Verantwortung übernehmen, Partizipation- und Integrationsangebote einfordern, sich aktiv einbringen, sich einmischen können, damit sie nicht in innerer Erwartungshaltung verharren.

Nur so ist mehr Demokratie in der Gesellschaft möglich, die von einem gleichberechtigten Miteinander getragen wird.

Von Gastarbeitern zu Gastgebern und aktiven Bürgern

Der Bau von muslimischen Gebetshäusern, die Präsenz einer festen Ansiedlung einer Gebetsstätte der Muslime schreckt, empört oder ruft gar den Widerstand von Bürgerinnen und Bürgern der Mehrheitsgesellschaft gegen das Unbekannte hervor. Diese Ängste gilt es ernst zu nehmen. Denn in einer sich u.a. durch Migration beständig verändernden und unsteter werdende Gesellschaft eignen sich insbesondere Moscheebauten als Ventil.

Doch auch Menschen mit einem Migrationshintergrund haben Ängste und Befürchtungen: vor Arbeitslosigkeit, vor Diskriminierung und um die Zukunftschancen ihrer Kinder.

Die lange gepflegte Erkenntnisverweigerung, Deutschland als Einwanderungsgesellschaft zu betrachten, ließ viele Fragen unbeantwortet und gab Raum für ausgiebige Projektionen auf die vermeintlichen „Ausländer". Diese leben mittlerweile in vierter Generation in Deutschland, sind über mehrere Generationen in Deutschland verwurzelt und sozialisiert und haben ihre spezifische Identität und Persönlichkeiten entwickelt. Als Bürgerinnen und Bürger unserer Gesellschaft prägen und gestalten sie materiell – in Form von Moscheebauten, Wohneigentumsbildung und anderen wirtschaftlichen Investitionen und kulturellen Impulsen – die Entwicklung der Gesellschaft. Sie belegen damit, dass sie ein Teil der hiesigen Gesellschaft geworden sind.

Moscheebauten als Zeichen der Verwurzelung

Der Moscheebau als Gegenentwurf zu Hinterhofmoscheen ist das sichtbare Zeichen dafür, dass Menschen mit Migrationshintergrund samt ihrer kulturellen Wurzeln und Religion in Deutschland angekommen sind und diese in ihrer neuen Heimat verpflanzen und leben wollen. Er ist ein eindeutiges Zeichen dafür, dass sich die ehemaligen Gastarbeiter in Deutschland auf Dauer einrichten und ihre Religion als einen Teil ihrer Kultur und als alltäglichen Bestandteil der Gesellschaft erleben und so wahrgenommen werden möchten.

Um die Bedenken und Befürchtungen um einen Moscheebau und anderen sichtbaren Belegen für die gesellschaftliche Teilhabe der Migranten und Migrantinnen, wie Sport- oder Kulturvereine, sowie die Sorgen um Akzeptanz der Migranten und Migrantinnen aufzufangen, müssen entsprechende „Anlässe" und verlässliche Kommunikationsstrukturen vor Ort mit allen relevanten Akteuren geschaffen werden.

Gegenseitige Ängste und Ressentiments können nicht global und theoretisch bearbeitet werden und Vertrauen läuft nicht nur über kognitives Wissen. Im Stadtteil sowie in der Stadt selbst muss eine Anerkennungskultur als Programm verankert werden.

Vor diesem Hintergrund und im Rahmen der Stadtteilerneuerung Marxlohs („Soziale Stadt NRW") wurde das Projekt „Begegnungsstätte in der Moschee" unter der Begleitung der EG DU (Entwicklungsgesellschaft Duisburg GmbH) ins Leben gerufen. Es wurde im konkreten Dialog mit allen direkt und indirekt Beteiligten erarbeitet. Dieser neue Weg der Integration hebt sich dadurch hervor, dass Migranten und Migrantinnen als Verantwortliche das Projekt umsetzen und somit eine aktive Rolle in der Integrationsarbeit im Stadtteil übernommen haben.

Als gleichberechtigte Bürger und Bürgerinnen wurden sie in der Form in ihrem bürgerschaftlichen Engagement von anderen Akteuren und kommunalen Verantwortlichen akzeptiert, als sie bereits längst als Mitwirkende des Stadtteilgeschehens handelten. Als engagierte und aktive Bürger und Bürgerinnen in Stadtteilforen und in Aktionswochen zur Verschönerung des Stadtteils trugen sie zum interkulturellen Dialog bei. Eine Anerkennungskultur als Folge einer engagierten langjährigen Nachbarschaftsarbeit bildete Voraussetzung und Basis des gemeinsamen Handelns und kultureller Interaktion. Das Verbindende sowie das Trennende wurde wahr- und ernst genommen und akzeptiert: Kulturelle Differenzen ebenso wie Verständigung und Gemeinsamkeit als eine gemeinsam erarbeitete Position. Die Akzeptanz anderer Religion, Sprachen und die positive Auseinandersetzung mit anderen kulturellen Wurzeln trugen dazu bei, dass sich ein positives und qualitatives Selbstverständnis der Marxloher und Marxloherinnen entwickelte.

Rosen als Symbol eines neuen Miteinanders

Noch bis vor Kurzem befand sich auf dem Areal zwischen katholischer Kirche St. Peter und der Moschee an der Warbruckstraße die Bergarbeitersiedlung Elisenhof. Zur „Kulturhauptstadt Ruhr 2010" will die deutsch-türkische Bürgerinitiative „Gülhane Elise – Rosen für Marxloh" einen Rosenpalast installieren und einen künstlerisch gestalteten Wegepfad anlegen, der beide Gebetshäuser über den Elisenhof verbindet und zu einem Ort interkultureller und Begegnung werden lässt.

Mit unterschiedlichen Kunst- und Kulturprojekten sollen im Laufe der nächsten drei Jahre sinnliche und ausdrucksstarke Gelegenheiten zur interreligiösen und interkulturellen Verständigung geschaffen werden.

Die Rose ist seit vielen Jahren als Kultur übergreifendes Symbol für Schönheit, Zuneigung und Sanftmut in Duisburg-Marxloh fest verwurzelt. Für die Menschen der Bürgerinitiative „Gülhane Elise – Rosen für Marxloh" ein hinlänglicher Grund, die Rose als Sinnbild für ein interkulturelles Miteinander und ihr Engagement im Stadtteil auszuwählen. Die Bürgerinitiative hat den Bau der Moschee mit Begegnungsstätte zum Anlass genommen, durch kreative Aktionen, Menschen in der Nachbarschaft zusammenzuführen und sie an der Neugestaltung ihres Viertels teilhaben zu lassen.

Die Idee der konkreten Begegnung hat in der Form der Rose ihren Sinn und ihre Strahlkraft gefunden.

Eine Kultur der Anerkennung und des Miteinanders ist eine fortwährende Aufgabe aller in unserer Gesellschaft. Die Äußerung von Ängsten und Bedenken gehören zu einer positiven Entwicklung dieser Kultur, allerdings sind auf beiden Seiten verlässliche Ansprechpartner und Strukturen nötig, damit Kontinuität und Qualität im Dialog gewährleistet bleiben. Dabei ist es nicht ausreichend, eine interkulturelle Gesellschaft lediglich zu postulieren. Sie erfordert greifbare Vorschläge und Handlungsanweisungen, wie das Zusammenleben als Herausforderung für alle Beteiligten gelingen kann und sie verlangt konkreten Einsatz von allen Beteiligten.

Micha Brumlik

Das halbierte Humanum – Wie Ralph Giordano zum Ausländerfeind wurde

Ralph Giordano war einmal eine moralische Autorität in Deutschland. Mit seinen aufrüttelnden Reportagen, seinem als literarisches Kunstwerk zwar nicht bedeutenden, menschlich aber anrührenden Roman „Die Bertinis" sowie seinem politisch – psychologischen Traktat die „Zweite Schuld" gehörte er über Jahrzehnte zu jenen Stimmen, die einer selbstgerechten und indolent gewordenen westdeutschen Gesellschaft den Spiegel vorhielt. Nun jedoch, in seinem fünfundachtzigsten Jahr ist der Autor zu eben dem geworden, was er jahrelang analysiert und damit an den Pranger gestellt hat: zu einem von dumpfen Ressentiments getriebenen Kleinbürger, der – von undurchschauten Vorurteilen getrieben – seine liebe Not und Mühe hat, sich des überreichen Beifalls von der falschen, der rechten Seite zu erwehren. Mit seinem Engagement gegen die Errichtung einer Moschee in Köln-Ehrenfeld, mit Äußerungen in Interviews über tief verschleierte muslimische Frauen, die bei aller begrüßenswerten Gegnerschaft zum Islamismus jenseits des Akzeptablen stehen sowie seinen düsteren Untergangsahnungen wurde der Aufklärer von Einst zum Propheten von Rechts, zum selbststilisierten und selbstgerechten Siegelbewahrer westlicher Freiheit.

Doch sollte man es sich nicht zu leicht machen: Wem entschlüpft bei hoher Erregung und starkem Engagement in Interviews nicht einmal ein falscher Ausdruck, welche die Öffentlichkeit bewegende Person ist nicht gelegentlich versucht, die eigenen Grundsätze moralistisch zu überschätzen und zum Maß aller Dinge zu machen. Derartige Ausrutscher können und dürfen eine respektable Lebensleistung nicht vergessen machen – zu fragen ist daher, ob es sich bei Giordanos letztem Engagement wirklich nur um „Ausrutscher" oder nicht doch um einen anderen, kontinuierlichen Zug seiner politisch-charakterlichen Entwicklung handelt. Diese Frage zu beantworten lässt sich kaum ein besseres Mittel finden als eine erneute Lektüre seiner erstmals 2007 erschienenen, mehr als fünfhundert Seiten langen Autobiographie „Erinnerung eines Davongekommenen", in der sich Giordano – neben und ergänzend zu seinem autobiographischen Roman „Die Bertinis" – dem Rückblick auf sein Leben widmet. Die Erinnerungen, von einem Teil der Literaturkritik insbesondere der Kapitel über die Jahre der Verfolgung im Dritten Reich hoch gelobt und bald auf die Bestsellerlisten gerückt lassen zunächst an Giordanos antiislamischen Überzeugungen keinen Zweifel – auch im fixierten, lektorierten und gedruckten Wort wiederholt, haben wir festzustellen, dass es sich um keine situationsbedingten „Ausrutscher" sondern um gegründete Überzeugungen handelt.

Der Leser wird mit keinem Text von Dawkins oder Hitchens konfrontiert, wenn er sich in Giordanos Erinnerungen bis zum Kapitel „Der fünfte Kreisel oder das fünfte Leben" vorgearbeitet hat, in dem der Autor seine weltanschaulichen Grundlagen ausbreitet: Mit Sigmund Freud hält er jede Religion für eine „Menschheitsneurose" und erzählt, dass er schon lange vor der Erfahrung von Auschwitz „kritische Haltungen zur Religion"[1] gehegt hatte um zu bekennen: „Meine Passion ist der Mensch! Ich bin ganz unfähig, Höheres über ihn zu setzen, ohne den kleinsten Ton von Idealisierung." (S.505) Gebete an Gott oder die Götter erschienen stets als sinnlose Verrichtungen, Botschaften, gerichtet an eine „Leeradresse" – die „Logik dessen, der den Glauben an Gott für den zentralen Irrtum der menschlichen Geistesgeschichte"(S.505) hält – merkwürdiges Bekenntnis eines Mannes, der doch in seinem ganzen Lebenswerk verdeutlicht hat, dass doch die atheistischen Ideologien von Nationalsozialismus und Stalinismus die mörderischsten Ausgeburten des menschlichen Geistes waren. Wiewohl Giordano auch dem Glauben eine gewisse Menschlichkeit zubilligt, bekennt er doch, dass auch diese Menschlichkeit den Bellizismus der Religionen nie werde bändigen können. Als konsequenter Universalist muss dabei Giordano auch die jüdische Religion in den Blick nehmen – glaubt aber die dort enthaltenen Gewaltmotive der geringen Zahl von Juden wegen historisch vernachlässigen zu können. Umgekehrt ist ihm das Christentum nun wiederum seiner Friedensbotschaft wegen suspekt: „Mit dem Gott der Liebe und Barmherzigkeit aber, zu der sich der des Neuen Testaments mausert, ohne dass sich auf Erden seither wirklich etwas zum Besseren verändert hätte, mit diesem Gott kann ich gar nichts anfangen." (507) Am Ende einer Reihe laienhafter theologischer Überlegungen kann der Autor denn doch nicht anders, als sich in geradezu unchristlicher Selbstgerechtigkeit zu selbst rühmen: „Und mehr als einmal bin ich von Kennern meiner Bücher und meines Lebensweges gefragt worden: „Weißt du eigentlich, dass du viel christlicher handelst als die meisten von uns?" Ich habe nicht protestiert." (510)

Auf dieser Grundlage kann Giordano, der zu seiner Produktivität offenkundig auch stets eines Feindbildes bedurfte, mit der Erfahrung des 11. September des Jahres 2001 jenen neuen „Todfeind" (518) benennen, der ihm sein geruhsames Alter verderben wird. Eine „phantastische Vision" überfällt ihn und bringt ihn sofort gegen einen alten Lieblingsfeind, gegen Deutschlands trauerunfähige

---

[1] Im folgenden zitiere ich ausschließlich aus der 2008 im Verlag Kiepenheuer& Witsch erschienenen Taschenbuchausgabe der „Erinnerungen", Köln, S. 505

Linke auf – Giordano zitiert ohne Quellenangabe und Verweis den „Aufruf einer weltweiten Koalition für Leben und Frieden", die den Terror von ground zero, die tausenden hingemordeten Menschen als Reaktion auf nicht gehörte Anliegen des Südens der Welt erklärt – eine auf jeden Fall unmoralische und sozialwissenschaftlich törichte Erklärung. Wie viele Unterzeichner hinter dieser Erklärung stecken, erfährt die Leserschaft nirgends, dafür aber umso mehr über Giordanos eigene Gewaltphantasien:

„Der Kölner Dom durch Allahs bärtige Söhne auf ground zero planiert und mitten in dem blutigen Chaos, rasch hinzugeeilt und rauchgeschwärzt, die Unterzeichner des Aufrufs: die Überlebenden flehentlich auffordernd, ihr Schicksal und das der Verbrannten und Zerquetschten doch bitte zu verstehen als einen Beweis enttäuschter Liebe, als einen Krieg der Schwachen, denen der Dialog verweigert worden ist. Ich hätte den Verkündern dieser niederträchtigen Botschaft allerdings ziemlich exakt voraussagen können, was ihnen in solchem (hoffentlich nie realisiertem) Fall geblüht hätte – nämlich auf der Stelle gelyncht zu werden." (519)

Doch ist auch diese Phantasie nur Ausfluss eines Denkens, das auf seiner Suche nach Feinden einen inneren Feind gerade ebenso konstruiert wie der Historiker Heinrich von Treitschke seinerzeit die Juden als „Deutschlands Unglück" stigmatisiert hatte.

In einer Nebenbemerkung bringt Giordano gönnerhaft zugute, dass es immerhin rein theoretisch einen „Unterschied zwischen Islam und Islamismus" (523) geben könne, um jedoch sofort in Klammern festzuhalten: „(was viele Kenner bezweifeln)". In der für diesen Autor typischen Weise, selbstbewusst unbelegte Behauptungen aufzustellen und ihre nicht bezweifelbare Wahrheit zu suggerieren, wird hier demagogisch eine falsche Annahme ins Spiel gebracht, die die Wahrnehmung der Leserschaft auf ein Feindbild hintreibt. Tatsächlich jedoch handelt es sich um reinen Bluff: Giordano könnte keinen einzigen Autor und keine einzige Autorin benennen, die den Unterschied von Islam (im siebten Jahrhundert entstanden) und Islamismus (eine faschistoide, im Zwanzigsten Jahrhundert entstandene Ideologie) verneinen würde. Henryk Broder und Leon de Winter, an die Giordano hier womöglich als „Kenner" denken mag, sind nämlich genau dies nicht: Kenner! Weder können sie arabisch, noch haben sie Religionswissenschaften oder Theologie studiert – es handelt sich bei ihnen, ebenso wie bei Giordano selbst um meinungsfreudige Journalisten, die indes für nichts anderes bürgen als für ihre eigene Inszenierung. Und genauso, wie Giordano sich ohne jede historische Kenntnis über den Islam auslässt, schwadroniert er – wieder ohne jeden Beleg – über Deutschland und seine „Millionen Muslime" daher:

„Wenn etwas über fünfundzwanzig Jahre besprochen wird, ohne dass sich wirklich etwas geändert hat, dann stehen die Aussichten für eine Lösung schlecht

– ich spreche von der Integration der muslimischen Minderheit in die deutsche Mehrheitsgesellschaft. Nun gibt es aber angesichts der Größenordnung dieser Minorität keine Alternative als das Ziel eines gedeihlichen Miteinanders. Ermutigend sind die Aussichten dafür allerdings nicht. Wofür keineswegs nur die die ‚bösen Deutschen' verantwortlich sind – die stärksten Integrationshemmnisse kommen vielmehr aus dem Integrationsreservoir selbst. Natürlich gibt es auch gelungene Beispiele von Integration, nur sind sie nicht exemplarisch." (524) Woher der Autor das wissen will, verrät er nicht – keine Studie (etwa aus dem Institut für Türkeistudien), kein Bericht der Bundesregierung (etwa aus der Feder der Integrationsbeauftragen, Maria Böhmer), keine bildungspolitische oder kriminologische Studie (seien es die PISA Studien oder die Untersuchungen des Kriminologischen Forschungsinstituts Niedersachsen, die seine Behauptung partiell im Hinblick auf eine gewisse Jugendgewalt sogar hätte stützen können) werden aufgeführt, die Eitelkeit Giordanos wähnt ihn der selbstverständlichen Pflicht entheben zu können, Behauptungen belegen zu müssen. So wird der Aufklärer zum Stammtischpolitiker. Es bleibt die pathetische Berufung auf Europas Bedrohung durch den Islam bis hin zu den Türken vor Wien und die pathetische Solidarisierung mit Autorinnen wie Nekla Kelek oder Ayan Hirsi – doch ob diese Hinweise den ungeheuerlichen und grundgesetzwidrigen Generalverdacht einer ganzen Bevölkerungsgruppe rechtfertigt, mag doch bezweifelt werden: *„Sowenig, wie die hiesige muslimische Minderheit in toto unter Generalverdacht einer Befürwortung des Terrors gestellt werden kann, sowenig kann dieser Gemeinschaft ein Blankoscheck des Wohlverhaltens ausgestellt werden. Wenn ihre Mehrheit ein friedliches Leben will, so wäre sie gut beraten, das unmissverständlich zu bekunden, und zwar sooft der Terror es erforderlich macht...*" (526) Dem Verfasser dieser Zeilen ist offensichtlich entgangen, dass es in einer rechtsstaatlich verfassten, liberalen Demokratie nur zwei Zustände im Hinblick auf mögliche Gefährdungen oder Delikte gibt: Personen stehen unter begründetem Verdacht, weswegen entsprechende Ermittlungen eingeleitet werden können oder haben als unschuldig zu gelten. Der Status „wegen mangelnder Gegenbeweise gleichwohl verdächtig", den Giordano hier einzuführen versucht, war im Gegenteil schon immer Ausdruck einer illiberalen und als solchen auch oft genug antisemitischen Haltung: Juden hatten sich immer wieder von Handlungen und Haltungen einzelner Jüdinnen oder Juden zu distanzieren und setzten sich genau deshalb einer Spirale weiterer Stigmatisierung aus. Der darin zum Ausdruck kommende zutiefst illiberale Duktus bricht sich schließlich in der Verabsolutierung einer eigenen Lebensform durch, die das Grundgesetz so nicht kennt und noch allemal Charakteristikum einer ethnozentrischen, wenn nicht rassistischen Rechten gewesen ist – ein Vorwurf, der sich auch nicht dadurch entkräften lässt, dass der Autor in gewohnt selbstrühmender Rede hervorhebt, ein Leben

lang Anwalt von Minoritäten gewesen zu sein.(526) Umso massiver fällt dafür das Bekenntnis zur eigenen, idiosynkratischen Lebensform aus. Wie das auch für Antisemiten typisch ist, die ja allesamt einen guten Juden kennen, kennt auch Giordano gute Muslime, die er schützen würde: wollte seinem Gemüsehändler *„jemand fremdenfeindlich ans Leder, so kriegte er es mit mir zu tun. Aber ich will keinen Muezzinruf von einem Minarett in der Nähe und weder Burka- Vermummte noch Tschador – Verhüllte auf den Straßen! Ich beharre auf einer Lebensform, die die meine ist und die in vielerlei Hinsicht mit der muslimischen nicht übereinstimmt. Und ich will das sagen dürfen, auch jeder Kopftuchträgerin, dass sie damit heute ein politisches Zeichen setzt und das genau weiß."* (527)

Wie bei jedem nicht weiter begründeten, unangemessen heftigen Ressentiment verweist auch dieses „Beharren" auf tiefere Schichten, die von Enttäuschung und Frustration in ganz anderen Bereichen als jenen der Politik wurzeln, sondern dort zu finden sind, wo Begehren und Phantasie einen Menschen bestimmen. Giordano hat sich in seinen Erinnerungen immer wieder als Liebhaber weiblicher Schönheit bekannt, einer Zuneigung folgend, die auch dem Androgynen nur schwer widerstehen kann. Die Erinnerung an einem vierzig Jahre zuvor gesehenen brasilianischen Knaben („Das volle Haar tief in die braune Stirn, der Schmelz von Mund und Wangen...eine Erscheinung, wissend und unwissend zugleich, an der Schwelle zum Jüngling...zwischen Pubertät und sexueller Reife – flüchtige Phase höchster Vollendung....unbefangen reagierend, voller Mädchenhaftigkeit und männlicher Ahnung zugleich..." (358) leitet unmittelbar über an eine Reminiszenz an eine Szene vierzig Jahre vor der Niederschrift der Biographie, einen Dreh in Haifa – Filmarbeit in einer arabischen Schule:

„Mädchen, über Bücher gebeugt, aber nach unserem Eintritt nur noch halb bei der Sache. Und da, unter all der scheuen Neugierde die scheueste; unter all den feuchten Augen die feuchtesten, all den Samtwimpern die samtigsten. Du versinkst, tauchst unter in die Nacht dieses himmlischen Gesichtsovals, verlierst dich in irrlichternde Orientphantasien: trampelnder Aufbruch aus dem sonnengedörrten Hedschas; Hundegebell, Stallduft, malmende Kamelmäuler, syrische Großkarawanserei; Tuareg – Erinnerungen aus Stummfilmzeiten, schwarze Hengste und spritzende Hufe auf dem Kamm geschwungener Dünen ... Unvergessliches Lockenantlitz, atemverschlagende Gravur, Fatima, oder wie du winzige arabische Lieblichkeit auch immer heißen mochtest – noch nach vierzig Jahren lebt dein Jugendbild in meinem alten Herzen." (359)

Mit diesem Jugendbild kann keine Ayse mit festgebundenem Kopftuch aus Köln-Kalk konkurrieren, die dem Spaziergänger mit dem alten Herzen in den Fußgängerzonen rund um den Dom auffällt. Schon bei diesen Bekenntnissen konnte man wissen, dass Giordanos Meinungen zu Islam und Orient – er gibt es

ja selbst zu – auf letztlich nichts anderem beruhen als auf den lebenslang festge-
haltenen Wünschen eines pubertierenden Knaben. Ernst nehmen muss man das
nicht.

Umso ernster aber muss man die Geschichte des jungen Mannes nehmen,
der mit Mut, Ausdauer und Fürsorglichkeit seine Familie und auch sich selbst
während zwölf langer Jahre der NS Zeit vor Deportation und Mord bewahrt hat,
der berechtigter Wut und gegebener Gelegenheiten nach dem Krieg zum Trotz
nicht in der Lage war, seine Peiniger umzubringen und der nach anfänglichem
Engagement unter westdeutschen Kommunisten in einem schmerzlichen Prozess
die Wahrheit über den Stalinismus akzeptierte und daraus seine Konsequenzen
zog. Als politisch – moralische Kurzformel lautete diese Konsequenz bei Giordano: Unbeirrtes Eintreten für das „ungeteilte Humanum" und tatsächlich wird
keine Formel sooft evoziert wie diese: die Erfahrung der Angst vor einem jeder-
zeit möglichen Gewalttod aufgrund seiner jüdischen Mutter (S. 249) mündet in
einen Appell, einen Imperativ, derlei nicht mehr zuzulassen und zu bekämpfen –
ein Imperativ, der alleine das Überwältigtwerden durch traumatische Erinnerungen verhindern kann. Es war das Beispiel einer Nazigegnerin, die zu Giordanos
„Rehumanisierung" (S.297) beitrug, es war die Erfahrung der KZ Gedenkstätte
Buchenwald in der frühen, schon als stalinistisch erkannten DDR, die die Frage
aufbrechen ließ: „Ist die Humanitas teilbar?" (S. 310), es war der Abschied vom
Kommunismus, der Giordano zu der Überzeugung führte, seine „Glaubwürdig-
keit als Humanist" (S.315) nicht aufgeben zu müssen, wenn er die Verbrechen
des Stalinismus kritisiert, es war die erschütternde Einsicht, zur „Internationale
der Einäugigen" gehört zu haben, der ihn zu der Überzeugung führte: „Ein Anti-
faschismus, der die Humanitas teilt, ist keiner." (S. 320)

Aus dieser Überzeugung heraus wendet sich Giordano bis heute gegen platten Antiamerikanismus, setzte er sich als einer der ersten für die Anerkennung
des jungtürkischen Genozids an den Armeniern ein und war er sogar bereit, die
Verbrechen, die bei der Vertreibung der Deutschen aus den Ostgebieten nach
Kriegsende von der Roten Armee, sowie von polnischen und tschechischen Mili-
zen begangen wurden, anzuerkennen und mit dem Bund der Vertriebenen und
dessen Vorsitzender, Erika Steinbach zusammenzuarbeiten. So bleiben Israel
und sein Besatzungsregime als Wunde. Indes: Ein Freibrief für falsche Bundes-
genossen sei das Eintreten für die unteilbare Humanitas nicht, dennoch: „...*stand
die Entscheidung nie in Zweifel: für die Unteilbarkeit der Menschenrechte, für
die Unteilbarkeit der Humanitas...Ich akzeptiere niemandes Kritik an Israel, der
mir nicht nachgewiesen hat, was ihm und seiner Sache die Menschenrechte wert
sind – und ob auch für ihn die Humanitas unteilbar ist."* (S. 460)

Damit ist jedoch ein Anspruch formuliert, der zwar psychische Stabilität
und persönliche Identität gewährleisten kann, der jedoch in der Sache nicht

durchzuhalten ist. Denn: die „ungeteilte Humanitas" ist heute mehr als nur ein moralischer Anspruch, sie ist ein komplexes Ganzes aus differenzierten, niemals holzschnittartigen Perspektiven auf Menschen und Gruppen von Menschen, sie äußert sich vor allem darin, sich nicht nur auf Werte, sondern auf das internationale Recht und die Menschenrechte zu berufen und damit vor allem darin, Leben und Leiden jedes einzelnen Menschen gleich zu gewichten. Dem kann ein einzelner Mensch, dem es vor dem Hintergrund einer Jugend unter unmenschlicher Verfolgung immerhin gelungen ist, ein der Aufklärung gewidmetes Leben zu führen, kaum entsprechen – Feindbilder müssen diesen Anspruch je und je stützen, im Falle Giordanos ist das eben der kenntnislos mit dem Islamismus zusammengeworfene Islam, während ihm die vielen einzelnen muslimischen Immigranten in auch ihrem nicht einfachen Leben zu einer verächtlichen Totalität zusammenschrumpfen, zum „Integrationsreservoir" (S.524) Aber auch die Leben von Menschen aus jenem Orient, denen seine Jugendträume galten, scheinen nur wenig zu zählen: Noch 2007, als selbst in den USA außer Bush und seiner Entourage niemand mehr vom Sinn des völkerrechtswidrigen Krieges gegen Irak überzeugt war, glaubt Giordano den auch von ihm wider Willen zur Kenntnis genommenen Beweis, dass es im Irak keine Massenvernichtungsmittel gab, mit dem Hinweis konterkarieren zu können, dass Saddam Hussein, der zweihunderttausend Irakis gemordet hatte, ja selbst dieses Massenvernichtungsmittel sei. (S. 520) Zur unteilbaren Humanitas hätte zumindest gehört, dass er die hunderttausenden Opfer des von den USA geführten Krieges und seiner Folgen wenigstens erwähnt hätte.

Die Erfahrungen der NS-Verfolgung lassen sich im Fall Giordanos offenbar nur dadurch ertragen, dass er diesen Feind immer weiter bekämpft, auch wenn er die Gestalt gewechselt hat. Derzeit hat er die Gestalt der Türken in Köln-Ehrenfeld angenommen.

Umgang mit Rechtspopulismus und Anti-Islam-Kampagnen in den Kommunen

Adelheid Schmitz und Alexander Häusler

Aktiv für eine vielfältige, soziale und demokratische Stadt – kommunale Strategien gegen die extreme Rechte

Einführende Überlegungen

Gegenwärtig engagieren sich die verschiedensten Gruppierungen der extremen Rechten gezielt mit populistischen Methoden auf der kommunalen Ebene. Ziel ist dabei die Verankerung in den Rathäusern, um so den Einzug in die Länderparlamente und den Bundestag vorzubereiten. Die NPD z.B. verfolgt schon seit Mitte der 70er Jahre eine Strategie der kommunalpolitischen Aufbauarbeit. (vgl. Beier et al 2006: 17ff), mal mehr oder weniger erfolgreich. Der ehemalige Vorsitzende der 2003 gegründeten kommunalpolitischen Vereinigung der NPD, Ralf Haschke, wies 2004 noch einmal daraufhin, „dass eine politische Führungsrolle in Deutschland nur dann erreicht werden kann, wenn Nationaldemokraten in den Städten und Gemeinden eine feste Größe darstellen. Nach dem Motto: 'Zuerst die Kommunen, dann die Landtage und dann der Bundestag'." (Deutsche Stimme, Februar 2004). Beobachtungen des kommunalen Engagements von Abgeordneten der NPD in den Berliner Bezirksvertretungen bestätigen, dass diese Arbeit vor allem Mittel zum Zweck ist. *„Es geht ihnen nicht wirklich um kommunalpolitische Sachfragen. Stattdessen soll die Präsenz in den Kommunalparlamenten der NPD den Weg in die Landtage und schließlich in den Bundestag ebnen. Somit ist die Tätigkeit in den BVVen Teil einer mehrstufigen Strategie der NPD zur grundsätzlichen Umgestaltung der Gesellschaft im Sinne ihrer rechtsextremen Ideologie"* (Mobiles Beratungsteam Berlin 2007: 1). Die NPD versucht mit dieser Strategie vor allem in den östlichen Bundesländern Erfolge zu verbuchen.

Die insbesondere in NRW agierende PRO-Bewegung versucht ebenfalls auf kommunaler Ebene Fuß zu fassen, vernetzt sich gleichzeitig aber auch überregional, bundesweit und auch international. Gezielt greifen die Aktivisten lokale Themen, berechtigte Fragen aber auch Ängste vor „Überfremdung" und Sorgen vieler Bürger und Bürgerinnen zur Entwicklung in ihren Städten oder Stadtteilen auf, um diese – etwa im Rahmen von Anti-Islam-Kampagnen – für die eigenen Wahlkampfambitionen zu funktionalisieren. Dabei geben sie sich nicht nur „bürgernah", sondern versuchen – im Unterschied zu anderen Gruppierungen der extremen Rechten – ihre politischen Wurzeln und Ziele zu verbergen.[1] Es darf aber auch nicht unterschätzt werden, dass sie mit ihren Angeboten und Kampagnen an vorhandenen rassistischen und islamfeindlichen Einstellungen bei einem nicht unerheblichen Teil der Bevölkerung anknüpfen können. Auf Resonanz treffen sie vor allem dort, wo die offizielle Politik lokale Probleme oder Fragen der Bürgerinnen und Bürger nicht oder nicht angemessen aufgreift und bearbeitet. Die Zunahme von Vorbehalten und Feindseligkeiten gegenüber benachteiligten Minderheiten in der Mitte der Gesellschaft sollte deshalb auch als eine Art Seismograph gesehen werden, der auf die dahinter liegenden Ursachen verweist: tatsächlich existierende Verteilungskonflikte, Ängste vor sozialem Abstieg, Gefühle der Machtlosigkeit und damit einhergehende Politikverdrossenheit bei einem zunehmenden Teil der Bevölkerung sowie Vertrauensverluste gegenüber den politisch Verantwortlichen und deren Lösungskonzepten für aktuelle Probleme (Klein/Hüpping 2008: 75ff.). Die Gefahren liegen demnach nicht nur außerhalb, sondern ebenso innerhalb der demokratischen Mitte der Gesellschaft und zwar dort, wo durch eine fortschreitende „Demokratieentleerung" (vgl. Heitmeyer/Mansel 2003) deren Substanz beschädigt wird.

Übertragen auf die kommunale Ebene heißt das: existentielle Sorgen bei einem wachsenden Teil der Bevölkerung, fehlende Bürgernähe der etablierten Politiker und Politikerinnen, mangelnde Transparenz und Korruption („Kölner Klüngel") sowie unzureichende Beteiligung der Bürgerinnen und Bürger an Entscheidungen bei Entwicklungen und Veränderungen in ihren Stadtteilen und Gemeinden sind folgenreiche Probleme. Die extreme Rechte besetzt hierbei eine politische Leerstelle. Sie bietet sich mit populistischen Methoden als bisher noch nicht „verbrauchte" Alternative an und verknüpft reale soziale Probleme mit rassistischen, nationalistischen oder gar völkischen Handlungsoptionen. Dies scheint vor allem dort zu gelingen, wo demokratisches Engagement im Alltag fehlt und immer mehr Menschen sich von den anderen politischen Parteien nicht mehr beachtet oder vertreten fühlen. Wenn dann auch noch in Wahlkampfzeiten die politisch Verantwortlichen gar selbst zum Stichwortgeber für die extreme Rechte werden – wie etwa im hessischen Landtagswahlkampf 2008, wo integrationspolitische Fragen auf das Thema „Kriminalität und Gewalt bei Jugendlichen mit Migrantionsgeschichte" reduziert und so populistisch zugespitzt wurden – wird das Klima für rassistische Handlungsoptionen geschaffen. Die extreme Rechte zieht ihre Stärke aus der Schwäche der Demokratie: Je weniger aktive demokratische Gestaltungsmöglichkeiten – auch und besonders im kommunalen und alltäglichen Lebensumfeld – wahrnehmbar sind und je mehr sozialer Druck

---

[1] Vgl. den Beitrag von Jürgen Peters, Tomas Sager und Alexander Häusler in diesem Band

und ökonomische Fremdbestimmung den Lebensalltag prägen, desto einfacher sind autoritäre Politikangebote zu vermitteln.

Vor diesem Hintergrund kann sich eine Reaktion auf rechtspopulistische Propaganda nicht darauf beschränken, deren Akteure als rechtsextrem zu brandmarken.

Vielmehr sind handlungsübergreifende Strategien notwendig, die kommunales Engagement gegen Rechts verknüpfen mit dem Ausbau einer offenen, vielfältigen und demokratischen Stadt- bzw. Gemeindekultur. Denn bei der Entwicklung von Gegenstrategien ist entscheidend, ob der eigene Entwurf eines demokratischen, vielfältigen und offenen Gemeinwesens als glaubwürdige und fassbare Alternative zu den rassistischen und rechtsextremistischen Angeboten erlebt wird.

Kommunen – (k)ein Motor zur Stärkung zivilgesellschaftlicher Strukturen?

Als Anfang der Neunzehnhundertneunzigerjahre im Zuge der Wiedervereinigung und infolge der Asyldebatte rassistische und mörderische Brandanschläge sowie Wahlerfolge der extremen Rechten die Öffentlichkeit aufschreckten, wurde insbesondere der Pädagogik und der Sozialarbeit die Aufgabe übertragen, pädagogische Programme und Projekte gegen den zunehmenden Rechtsextremismus zu entwickeln. Das damalige Jugendministerium initiierte ein Sonderprogramm des Bundes und der Länder, das „Aktionsprogramm gegen Aggression und Gewalt" (AgAG 1992 – 1996) als Reaktion auf die rassistische Gewalt. Zielgruppen waren dabei vor allem gewaltbereite Jugendliche, insbesondere in den neuen Bundesländern. Eine tiefer gehende Auseinandersetzung mit dem Problem des Rassismus wurde im Rahmen dieses Ansatzes jedoch noch nicht vollzogen. Vielmehr wurde das Problem zusammenfassend schlicht als Jugendproblem klassifiziert und damit zugleich entpolitisiert.

Inzwischen gibt es Erfahrungen mit mehreren Programmen (Xenos, entimon, civitas etc.) im Rahmen des Aktionsplanes „Jugend für Toleranz und Demokratie – gegen Rechtsextremismus, Fremdenfeindlichkeit und Antisemitismus". Diese Erfahrungen zeigen, dass demokratische Strukturen weniger durch Einzelprojekte, sondern vielmehr durch eine nachhaltige Kooperation in einem lokal agierenden und stabilen Netzwerk mit möglichst vielen zivilgesellschaftlichen Akteuren und der Entwicklung eines flexiblen Maßnahmenplans auf kommunaler Ebene gestärkt und weiter ausgebaut werden können (vgl. Roth u.a. 2003: 17). Basierend auf diesen Erkenntnissen wurde 2007 das Bundesprogramm „VIELFALT TUT GUT. Jugend für Vielfalt, Toleranz und Demokratie –

gegen Rechtsextremismus, Fremdenfeindlichkeit und Antisemitismus" aufgelegt. In einem von drei Förderschwerpunkten wurden gezielt Kommunen, Landkreise und Gebietskörperschaften aufgefordert, integrierte Handlungsstrategien zu entwickeln und dafür finanzielle Unterstützung zu beantragen. Allerdings erweckt schon der Titel des Programms den Anschein, als handele es sich vor allem um ein „Jugendproblem". Eine solche Interpretation wurde bereits vor vielen Jahren hinterfragt (vgl. Scherr 1992; Butterwegge 1997) und ist inzwischen auch durch mehrere Studien widerlegt (Heitmeyer 2002-2008; Brähler et al. 2007). Dennoch durchzieht diese Sichtweise noch immer die offiziellen Handlungskonzepte. In der Arbeitshilfe zum Programmbereich „Entwicklung integrierter lokaler Strategien" wird inzwischen aber auch betont, dass gerade die Kommunen für die Sensibilisierung und Stärkung der Zivilgesellschaft, zur Förderung demokratischer Prozesse und damit auch zur Bekämpfung unterschiedlichster rechtsextremistischer, fremdenfeindlicher und antisemitischer Erscheinungsformen besonders wichtig und wirkungsvoll seien (Bundesministerium für Familien, Senioren, Jugend und Frauen 2007: 4).

Aufgrund der verstärkten Aktivitäten der extremen Rechten sowie des Einzugs von Abgeordneten in zahlreiche kommunale Parlamente sahen sich vor allem betroffene Kommunen schon seit langem zum Handeln gezwungen[2]. Inzwischen haben sich einige Städte und Gemeinden dem Problem auch schon offensiv gestellt und – wie etwa Potsdam – mit konzeptioneller Unterstützung von außen erste integrierte Handlungsstrategien entwickelt (Siebert, 2004). Das Zentrum für Demokratische Kultur in Berlin hat im Rahmen seines Programms „Community Coaching" mittlerweile mehrere Städte und Gemeinden sowie die Berliner Bezirke Lichtenberg, Pankow, Kreuzberg und Friedrichshain bei der Entwicklung eines so genannten lokalen Aktionsplanes begleitet und unterstützt.[3] Auf der Grundlage einer umfassenden Sozialraumanalyse konnten Handlungsstrategien vorgeschlagen und entwickelt werden. Einige der konzeptionellen Ideen und die dabei gemachten Erfahrungen sind auch in den Leitlinien des Bundesprogramms zur Entwicklung lokaler Aktionspläne zu finden.

---

[2] Vgl. Butterwegge u.a. 1997, Beier u.a. 2006, Hafeneger/Schönfelder 2007, Mobile Beratung Berlin 2007).
[3] Das Zentrum Demokratische Kultur hat inzwischen mehrere Studien zum Community Coaching veröffentlicht, u.a. im Jahre 2000 für den Berliner Bezirk Hohenschönhausen, 2001 für den brandenburgischen Kreis Dahme-Spreewald, 2002 für den Kreis Ostvorpommern und für Rostock sowie 2003 eine vergleichende Studie für Berlin Kreuzberg-Friedrichshain (vgl. www.zentrum-demokratische-kultur.de).

Lokale Aktionspläne zwischen Wunsch und Wirklichkeit

Ziel einer auf nachhaltige Wirkung ausgerichteten Handlungsstrategie sollte es sein, ein innerhalb der Kommune abgestimmtes Konzept zu entwickeln, das von allen wichtigen Akteuren (u. a. von Schulen, Jugendhilfe, Sport, lokaler Wirtschaft, Polizei, Medien, Kirchen, Interessenverbänden, Bürgerinitiativen, Vertreterinnen und Vertretern der lokalen kommunalen Politik) getragen wird und das den gesamten lokalen Raum im Blick hat, nicht nur einzelne Phänomene oder einzelne Zielgruppen (Siebert 2004: 170). Ein solcher „Lokaler Aktionsplan" sollte sich an den örtlichen Begebenheiten, den dortigen Rahmenbedingungen und jeweiligen Akteuren ausrichten, langfristig angelegt und demzufolge auch laufend weiter entwickelt werden.

Für die Entwicklung eines solchen kommunalen Aktionsplanes wird im Leitfaden zum Bundesprogramm Folgendes empfohlen:

• eine Situationsanalyse der gegenwärtigen Situation bzgl. Rechtsextremismus, Fremdenfeindlichkeit und Antisemitismus (Strukturen und Erscheinungsformen in der Kommune/im Landkreis)
• eine Ressourcenanalyse (Bestandsaufnahme von Konzepten und Maßnahmen im Umgang mit diesen Problembereichen sowie einer Analyse der bestehenden Angebote und Vernetzungen)
• eine Systematisierung und Auswertung der vorhandenen Aktivitäten
• die Entwicklung von partizipativen, demokratiefördernden Handlungsstrategien und deren Einbettung in einen Lokalen Aktionsplan zur Demokratieentwicklung und Stärkung der Zivilgesellschaft (vgl. Bundesministerium, a.a.O. , 5)

Mit der Ausschreibung dieses Programms 2007 wurden Gemeinden, Städte, Kreise und Zusammenschlüsse von Kommunen dazu angeregt, zusammen mit den zivilgesellschaftlichen Akteuren vor Ort einen „lokalen Aktionsplan" zu entwickeln und dafür Fördermittel zu beantragen. Seit dem Start des Bundesprogramms 2007 haben 216 Kommunen, Landkreise und Zusammenschlüsse von Gebietskörperschaften Anträge eingereicht. Insgesamt werden bundesweit 90 solcher „Lokalen Aktionspläne" gefördert, davon 60 in den neuen Bundesländern (vgl. Deutscher Bundestag: 2007). Für die Erstellung und jährliche Fortschreibung stehen für die Kommunen, die als förderungswürdig befunden wurden, jährlich bis zu 100.000 € zur Verfügung, die Förderung ist auf drei Jahre angelegt.[4]

---

[4] Vgl. hierzu: www.vielfalt-tut-gut.de

Ein stärkeres Engagement von und in den Kommunen ist nicht nur begrüßenswert, sondern dringend geboten. Ob die Entwicklung so genannter Lokaler Aktionspläne zur Unterbindung der unterschiedlichsten extrem rechten Erscheinungsformen geeignet ist und tatsächlich zur Stärkung demokratischer zivilgesellschaftlicher Strukturen beitragen kann, wird sich noch erweisen müssen. Klar ist aber, dass mit diesem Programm nicht nur die besondere Verantwortung der Kommunen betont wird, sondern auch die daran beteiligten Städte, Gemeinden oder Landkreise dazu verpflichtet werden, in enger Zusammenarbeit mit freien Trägern und den zivilgesellschaftlichen Gruppen vor Ort entsprechende Maßnahmen zu entwickeln und umzusetzen. Dieser Ansatz zur Stärkung zivilgesellschaftlicher Strukturen und deren Akteure ist zunächst einmal richtig und sinnvoll. Dennoch stellen sich einige Fragen.

Inzwischen hat sich gezeigt, dass vor allem solche Kommunen Fördermittel für lokale Aktionspläne beantragt haben, die das Problem „Rechtsextremismus" als Herausforderung begreifen und bereits die nötigen Vorarbeiten geleistet haben, um einen solchen Antrag überhaupt stellen zu können. In vielen Kommunen – und dies nicht nur in den ostdeutschen Bundesländern – wird das Problem jedoch noch immer verleugnet oder verharmlost, weil die politischen Entscheidungsträger die öffentliche Problematisierung extrem rechter Erscheinungsformen vor Ort als Imageverlust für die eigene Standortpolitik empfinden. Der Politikwissenschaftler Roland Roth befürchtet, dass mit Blick auf diese Kommunen der „Bock zum Gärtner" gemacht werde. *„Sehr viele Kommunen, ich kenne das aus Sachsen-Anhalt sehr gut, leugnen das Problem Rechtsextremismus so lange wie möglich. Die Bürgermeister denken, sie haben alles gut im Griff, bis dann Anne-Frank-Tagebücher verbrannt werden oder Menschen misshandelt werden, weil sie dunkelhäutig sind. Der Plan ist töricht, da unabhängige Gruppen weit kritischer sind als Kommunen, die sich oft um das Image der Stadt und den Tourismus sorgen und daher sagen, es gebe dieses Problem nicht".*[5] Gerade in solchen Kommunen brauchen demokratische und zivilgesellschaftliche Gruppen mehr Unterstützung. Insbesondere jugendliche Initiativen, die rechten Subkulturen Alternativen entgegensetzen wollen, sind auf finanzielle Förderung und politische Rückendeckung angewiesen (vgl. Reinfrank 2008: 288).

Die bei diesem Programm vorgesehene Finanzhoheit der Städte und Gemeinden birgt die Gefahr in sich, dass die vor Ort aktiven zivilgesellschaftlichen Gruppen, Verbände, Organisationen und (Jugend-)Initiativen und die kommunalen Entscheidungsträger sich nicht auf „Augenhöhe" begegnen können. Gerade für antirassistische Gruppierungen, die auch kritisch gegenüber der vorherrschenden etablierten Politik – etwa in der Ausländerpolitik – eingestellt sind,

---

[5] Roland Roth in einem Interview für www.tagesschau.de v. 14.9.2006, vgl. http://www.tagesschau.de/inland/meldung90822.html).

könnte dies dazu führen, dass sie von ihren Kommunen nicht einbezogen werden oder keine finanzielle Unterstützung bekommen. Vertreter zivilgesellschaftlicher Gruppen und Initiativen kritisieren auch, dass diejenigen, die schon lange aus eigenem Antrieb und nicht zuletzt wegen der Untätigkeit vieler Kommunen eigene Projekte und zivilgesellschaftliche Strukturen gegen Rechts aufgebaut haben, im Rahmen dieses Bundesprogramms nun keine eigenen Anträge zur finanziellen Unterstützung ihrer Arbeit mehr stellen könnten, sondern nur noch über ihre Kommunen Fördermittel erhalten – sofern diese überhaupt selbst Mittel beantragt und bewilligt bekommen hätten (vgl. Wallrodt 2008). Hier ist Handlungsbedarf und solidarische Unterstützung in den Kommunen über den formalen Rahmen von Förderkriterien hinaus zu formulieren und zu entwickeln.

Angesichts der Problematik und der großen Zahl der Kommunen, die Unterstützung bräuchten, sind die bereit gestellten Mittel lediglich ein Tropfen auf den heißen Stein. Vielen Kommunen – und dies nicht nur in Ostdeutschland – fehlt schon seit Jahren das Geld für die Regelangebote etwa in der Jugendhilfe oder für die Sicherstellung der sozialen Infrastruktur. Sonderprogramme werden diesem Problem nicht gerecht, zumal nur engagierte Kommunen Projektmittel in Höhe von 100.000 € jeweils für ein Jahr und für bis zu drei Jahren insgesamt beantragen können.

Trotz vielfältiger Kritik ist der Initiierung „Lokaler Aktionspläne" aus professioneller Sicht aufgrund der bisherigen Erfahrungen dennoch zu befürworten, denn dadurch könnten langfristige Veränderungen auf lokaler Ebene erreicht werden. *„Eine Koalition von Politikern, Verwaltungsstellen, Experteninstitutionen und einer Vielzahl von zivilgesellschaftlichen Initiativen diskutieren nicht nur sachlicher, sie arbeiten auch an der Umsetzung von vereinbarten Maßnahmen"* (Mobile Beratung Berlin 2005)[6]. Das Mobile Beratungsteam Berlin sieht den größten Erfolg der Aktionspläne in ihrem systemischen Anregungseffekt. *„Die Aktionspläne sind politisch gewollt und somit ein wichtiges Signal für alle, die sich bereits seit längerem mit Rechtsextremismus befassen. Die Problembeschreibung sorgt für eine notwendige politische Diskussion zum Thema und zu einer Klärung auf bezirklicher Ebene. Ergebnis war, dass wesentlich sachlicher zum Thema diskutiert wurde und wird. Die Aktionspläne verstärken Kommunikations- und Vernetzungsprozesse in den Bezirken. Es entsteht ein vollständigeres Bild darüber, welche Ansätze und Akteure es in Verwaltung, Zivilgesellschaft und Wirtschaft gibt"* (ebd).

---

[6] Vgl. Mobile Beratung Berlin, Lokale Aktionspläne Lichtenberg und Pankow (http://www.mbr-berlin.de/MBR_vor_Ort/Pankow/Lokaler_Aktionsplan_Pankow)

Kommunale Handlungsansätze und integrierte Strategien gegen PRO & Co.

Für die Entwicklung von Maßnahmen gegen rechtspopulistische und rassistische Aktivitäten sind handlungsübergreifende Strategien und Handlungsansätze im kommunalen Rahmen ratsam. Zur Entwicklung einer offensiven Strategie im Rahmen von Kommunikations- und Vernetzungsprozessen sollten zusammenfassend die folgenden Ansätze entwickelt oder ausgebaut werden.

Präventive Aufklärung

Aufgrund ihrer Tarnung als „Bürgerbewegung" stellt sich das Problem mit der so genannten PRO-Bewegung etwas komplizierter dar, als bei anderen, offen rechtsextrem oder gar gewalttätig auftretenden Gruppierungen. Vor Ort herrscht oftmals die Einschätzung vor, ein offensives Vorgehen verschaffe diesen Gruppierungen erst recht eine Plattform. Entsprechende Strategien lauten dann: „Nicht beachten", „Zurückhaltung", „Totschweigen". Eine solche Reaktion nutzt vor allem den Aktivisten der extremen Rechten für den ungestörten Aufbau kommunaler Strukturen.

Prävention darf allerdings auch nicht zur Einschränkung von Grundrechten oder zum Abbau demokratischer Kultur führen, wie dies etwa in der vorpommerschen Stadt Ueckermünde geplant war. Um rechtsextremistische Demonstrationen in Ueckermünde zu verhindern, hatte der dortige Stadtausschuss „Ordnung und Sicherheit" nämlich empfohlen, den gesamten Innenstadtbereich zur „politikfreien Zone" zu erklären. Es sollten grundsätzlich anmeldepflichtige politische Veranstaltungen, Demonstrationen, Kundgebungen, Infostände und Plakatierungen verboten werden – und zwar für alle politischen Gruppierungen (Borstel 2006: 79ff). Auch beim Umgang mit der PRO-Bewegung gilt, dass die Grundlage der Auseinandersetzung „die Aktivierung des demokratischen Potentials des Ortes zum demokratischen Engagement" sein muss und nicht dessen Abbau (ebd.: 81).

Präventive Aufklärung ist notwendig zur:

▪ Unterbindung lokaler „Verwurzelung" der Rechtspopulisten
▪ Unterbindung rassistischer Kanalisierung lokaler Problemlagen
▪ Entzauberung der angeblich lokalen „Bürgerbewegung", bevor diese sich ausbreiten kann

Fachöffentlichkeit informieren

Bei Vorliegen erster Anzeichen für lokale Neugründungen oder Aktivitäten extrem rechter Gruppierungen vor Ort sollte frühzeitig die Fachöffentlichkeit der Kommune (die Ratsmitglieder, die Vertreter der demokratischen politischen Parteien, Mitglieder wichtiger Ausschüsse wie Sozial- und Schulausschuss, Migrationsräte, Fachbereichsleiter der Verwaltung etc.) informiert werden. Nach bisheriger Erfahrung haben die politisch Verantwortlichen meist ungenügende Kenntnisse über rechtspopulistische Strategien. Es ist daher ratsam, dass die politischen Entscheidungsträger, die demokratisch orientierten Fraktionen, die Sachgebietsleiter der kommunalen Verwaltung sowie VertreterInnen der Fachöffentlichkeit zunächst interne Informationsveranstaltungen durchführen, bevor sie auf breiterer Ebene runde Tische, Bürgergespräche oder öffentliche Informationsveranstaltungen initiieren. Voraussetzung für ein präventives Engagement sind gute Kenntnisse über die aktuellen Entwicklungen vor Ort. „Um eine gezielte Prävention durchführen zu können, sollte in der Kommune eine umfassende Bestandsaufnahme der Situation und der Probleme vor Ort gemacht werden" (Feltes 2004: 67).

Im Fall der Aktivitäten und Kampagnen von PRO NRW und ihren lokalen Ablegern heißt dies, Informationen zusammentragen und aufbereiten über:

- die Aktivisten, ihre Ziele und Methoden vor Ort
- die politische Verortung der Aktivisten im Netzwerk der extremen Rechten
- den instrumentellen Charakter der Unterschriftensammlungen
- die politischen (Wahlkampf-)Ambitionen dieser Gruppierung
- ihre inhaltlichen Argumentationen
- ihre Propagandamittel (Flyer, Internet, Infostände, Unterschriftensammlungen etc.)

Öffentlichkeitsarbeit verstärken und Mitstreiter suchen

Nicht nur der Fachöffentlichkeit, sondern auch vielen Bürgerinnen und Bürgern sind die wahren Ziele und die Hintergründe von PRO NRW meist nicht bekannt. Aus ganz unterschiedlichen Gründen unterschreiben sie an deren Infoständen die Forderungen gegen Moscheebauvorhaben oder andere kommunalpolitischen Themen. Deshalb ist eine breit angelegte Öffentlichkeitsarbeit über diese Gruppierungen und ihre Hintergründe dringend geboten. Bürgerinnen und Bürger, die aufgrund berechtigter Fragen oder auch aus Unwissenheit über die Hintergründe dieser Gruppierungen bereitwillig anti-islamische Petitionen wie die gegen den

Bau von Groß-Moscheen geleistet haben, sollten wissen, dass sie damit auch in den Verteilerkreis für die PRO- Propaganda und deren Partei- und Wahlkampfinfos hineingeraten können.

Die Erfahrungen zeigen, dass dort, wo mit einer offensiven Strategie die politisch Verantwortlichen, die Öffentlichkeit sowie andere zivilgesellschaftliche Gruppen frühzeitig informiert werden, die Gründung einer lokalen PRO-Gruppierung erschwert wurde. In Oberhausen etwa hatte der kommunale Migrationsrat die Gründung eines lokalen PRO-Ablegers öffentlich gemacht. Durch eine frühzeitige Öffentlichkeits- und Pressearbeit sowie die Aktivierung von zivilgesellschaftlichen Netzwerken ist es in Oberhausen gelungen, eine Verankerung von PRO OBERHAUSEN in den Stadtteilen zu unterbinden und durch wirkungsvolle Aufklärung die rechtspopulistischen Kampagnen zum Erliegen zu bringen.[7]

Dies beinhaltet:

- die Bereitstellung von Aufklärungsmaterial gegen Rechts vor Ort
- die Informierung der lokalen Presse
- sachgerechte, klientelorientierte und aufsuchende Informationspolitik

Zivilgesellschaftliche Netzwerke aufbauen und nutzen

Bei der Entwicklung wirkungsvoller Maßnahmen gegen rechtspopulistische und rechtsextremistische Aktivitäten kommt zivilgesellschaftlichen Netzwerken, lokalen Gruppen und Initiativen vor Ort, insbesondere den kommunalen Integrations- und Migrationsräten eine besondere Bedeutung zu. Sie sind wichtig für die Kommunikation in den Stadtteilen, bei der Vorbereitung von Stadtteilkonferenzen oder so genannten Dialog-Veranstaltungen, bei denen über mögliche Vorhaben – wie der Bau einer Moschee – sowie die damit aufkommenden Fragen und Probleme diskutiert werden. Auch hier zeigen die Erfahrungen, dass dort, wo Kommunen Problemfelder wie z.B. im Zusammenhang mit Moscheebauten frühzeitig aufgegriffen haben – etwa in Duisburg-Marxloh – diese rechtspopulistischen Aktivitäten eingeschränkt werden konnten.[8]

Oftmals werden Netzwerke gegen Rechts als Reaktion auf konkrete Vorfälle vor Ort aktiv. Nicht selten initiieren Bürgerinnen und Bürger solche Netzwerke eigenständig, weil die politisch Verantwortlichen in ihren Kommunen nicht tätig werden oder dies nur halbherzig tun. Dort, wo Kommunen sich dem Thema nicht offensiv stellen oder sich auf öffentlichkeitswirksame Lippenbekenntnisse

---

[7] Vgl. den Beitrag von Ercan Telli in diesem Band
[8] Vgl. den Beitrag von Leyla Özmal in diesem Band

zu „Vielfalt und Toleranz" beschränken, finden zivilgesellschaftliche Gruppen viel schwerer Unterstützung durch die Bevölkerung, die Stadtverwaltung und andere öffentliche Einrichtungen. Eine Kommune, die offensiv und aktiv die demokratische Gemeindekultur stärken will, braucht ein breites und vielfältiges demokratisch-zivilgesellschaftliches Engagement und muss dieses auch stärken. Umgekehrt brauchen engagierte zivilgesellschaftliche Gruppen und Initiativen wie Migrantenselbstorganisationen, Flüchtlings- oder Menschenrechtsinitiativen oder Aktionsbündnisse gegen Rechts mehr Unterstützung durch die Kommune sowie Kooperationen mit öffentlichen und kommunalen Einrichtungen wie Bürgerhäusern und Nachbarschaftsheimen, Volkshochschulen, Kirchengemeinden, Schulen oder Jugendclubs. Eine solche Kooperation setzt allerdings voraus, dass diese Einrichtungen sich diesem Thema auch stellen (wollen). Nach wie vor befürchten jedoch z.B. viele Schulleitungen, dass sie den Ruf der Schule gefährden könnten, wenn sie öffentlich machen, dass es auch bei ihnen erste Anzeichen für rechtsextremistische Aktivitäten, Aufkleber oder das Verteilen von Flugblättern gibt. Die politisch Verantwortlichen sowie die Vertreter im Schulausschuss können hier Signale setzen und Unterstützung anbieten für eine gezielte Aufklärung und gemeinsame Projekte. Auch die Kirchengemeinden sind wichtige Bündnispartner, denn sie erreichen ganz unterschiedliche Bevölkerungsgruppen und Generationen.

Offensive Strategien und Kooperationen sind notwendig, um:

- zivilgesellschaftliches demokratisches Engagement zu fördern
- bereits aktive Gruppierungen und Initiativen zu stärken
- Netzwerke in den jeweiligen Stadtteilen aufbauen zu können und so ein abgestimmtes und vielfältiges Vorgehen zu ermöglichen.

Breite politische Bündnisse ermöglichen und für Kontinuität sorgen

Kommunen, die eine offensive Handlungsstrategie gegen Rechts entwickeln wollen, sollten dazu einen Ratsbeschluss herbeizuführen, der von allen demokratischen Parteien mitgetragen wird und der auch eine Signalwirkung für das politische Klima in der Kommune hat. Für die Initiierung und spätere Begleitung eines möglichst vielfältigen politischen Aktionsbündnisses ist es außerdem wichtig und sinnvoll, bereits im Vorfeld eines solches Prozesses nach Moderatoren oder Ansprechpartnern zu suchen, die Kontakte zwischen Politik, Verwaltung und den verschiedensten zivilgesellschaftlichen Gruppierungen eines lokalen Netzwerkes knüpfen können. Gefragt sind hier Personen des öffentlichen Lebens, die zwischen ganz unterschiedlich ausgerichteten Parteien und Gruppie-

251

rungen vermitteln können. Die Unterstützung eines Bündnisses durch Pfarrer, hauptamtliche oder ehrenamtliche Kräfte in lokalen Kirchengemeinden oder auch demokratisch orientierten Moscheevereinen hat dabei nicht nur eine wichtige Signalwirkung in die Mitte der Gesellschaft hinein, sondern ermöglicht darüber hinaus auch die Mitwirkung von religiös orientierten Kreisen für die Arbeit gegen Rechts. Erfahrungen aus anderen lokalen Aktionsbündnissen zeigen, wie wichtig es ist, „dass Bündnisse in der Öffentlichkeit mit einer Stimme sprechen", denn „ein nach außen hin zerstrittenes Bündnis würde große Mühe haben, Menschen für seine Ziele zu mobilisieren" (Schroedter 2006: 35). Ein gemeinsames Auftreten nach außen lässt sich aber nur dann erreichen, wenn auch nach innen eine Diskussions- und Streitkultur praktiziert wird, die es erleichtert, gemeinsame Ziele und Handlungsstrategien zu finden und zu formulieren. Die Einigung auf einen „kleinsten gemeinsamen Nenner" scheint dabei ratsam. Die Entwicklung konkreter Handlungsziele sowie die Vorbereitung von Projekten und Aktionen kann am besten in Arbeitsgruppen erfolgen. Erfahrungen zeigen, dass die Öffentlichkeit am ehesten sensibilisiert werden kann, wenn positive Namen wie etwa „Bündnis für Vielfalt und Demokratie" gewählt werden (ebd.: 34).

Dies beinhaltet:

- die Berücksichtigung gesellschaftlicher Vielfalt
- die Orientierung auf Stärkung demokratischer Willensbildung
- die Entwicklung langfristig wirksamer Handlungsansätze

Zentrale Bedeutung der kommunalen Integrationspolitik

Die kommunale Integrationspolitik ist von zentraler Bedeutung für das friedliche Zusammenleben in einer multiethnischen Kommune und zugleich eine präventive Maßnahme gegen rechtspopulistische Hetzkampagnen. Deshalb müssen sich die Kommunen offensiv den integrationspolitischen Themen und Fragen stellen. Das Neben- und Miteinander von Menschen unterschiedlichster sozialer Hintergründe, vielfältiger Herkunft, Kulturen oder Religionen prägt seit vielen Jahren das alltägliche Zusammenleben in den meisten Kommunen – zumindest in den westlichen Bundesländern. In den Städten und Gemeinden, in Stadtteilen, Kindergärten, Schulen, Jugendclubs, Vereinen, Betrieben etc. kommt es zu Begegnungen, zum Miteinander wie auch zu Abgrenzungen, zu Konflikten oder gar Feindseligkeiten. Dies sind die Orte, an denen die existenziellen Nöte und sozialen Probleme, aber auch die Bedürfnisse und Hoffnungen der Menschen im Alltagsleben offensichtlich werden. Nicht zuletzt mit Blick auf die zunehmend offensiven kommunalen Aktivitäten der extremen Rechten und ihren rassistischen und islamfeindlichen Kampagnen sind innovative integrationspolitische Maßnahmen – und dies nicht nur in den Kommunen – dringend geboten. Integration muss als Querschnittsaufgabe verstanden und praktiziert werden (vgl. Häusler 2007).[9] Integrationspolitische Themen, Probleme und Konfliktfelder müssen dabei offen, sachlich und jenseits von populistischen Zuspitzungen und multikultureller Verklärung angesprochen und bearbeitet werden. Hierzu gehören auch Fragen zum Zusammenleben mit Muslimen, zum Islam und zu Moscheebauvorhaben. Bei der Auseinandersetzung mit diesen integrationspolitischen Fragen ist das politische Klima in einer Kommune von entscheidender Bedeutung. Dies belegt auch eine vergleichende Analyse von Konflikten im Vorfeld von Moscheebauten in hessischen Kommunen (vgl. Leggewie u.a. 2002). Claus Leggewie u.a. haben untersucht, in welchen Fällen sich Konflikte zuspitzten und wann konstruktive und gemeinsame Lösungen ermöglicht wurden. Bei der Suche nach Lösungsstrategien in der jeweiligen städtischen Verwaltung, etwa im Bauausschuss aber auch in den Stadträten war das kommunalpolitische Klima richtungsweisend. Dieses werde, so der Geschäftsführer der Freudenbergstiftung, Christian Petry, maßgeblich von politischen Entscheidungsträgern geprägt bzw. mit geprägt. *„Beeinflusst wird das Klima aber durch den Bürgermeister mehr als durch jeden anderen. Von seinem Handeln hing es letztlich ab, ob das Fremde als bedrohlich empfunden wurde und Unfrieden stiftete oder gelassen akzeptiert werden konnte"* (Petry 2006: 273). Zugleich sind auch die Moscheevereine gefragt, ihre Tätigkeiten und Anliegen im Dialog öffentlich transparent zu machen und sich für die angestammten Bevölkerungsteile wahrnehmbarer für integrationspolitische Belange zu öffnen.

Der Öffentlichkeitsarbeit kommt bei Moscheebauvorhaben eine erhebliche Bedeutung zu: *„Wenn sich ein Moscheeprojekt hinreichend konkretisiert und baurechtlich Aussichten auf Erfolg hat, sollte also offen und offensiv informiert werden, und zwar möglichst durch den Moscheeverein in Verbindung mit lokalen Autoritäten und Fürsprechern"* (Leggewie u.a. 2002: 102).

Zugleich sind lokale Berichterstattungen über alltäglichen interkulturellen Austausch und über die kulturelle und soziale Vielfältigkeit des Lebensalltags mit integrativer Stoßrichtung wichtig. *„Nötig ist ein radikaler Perspektivenwechsel. Statt sich auf den dominanten Ghettodiskurs zu konzentrieren und die Einwanderung zu skandalisieren, sollte man den Blick auf den Alltagsdiskurs richten und die veränderten Alltagsrealitäten adäquat präsentieren"* (Yildiz 2006: 51).

---

[9] Vgl. Stadt Oberhausen (Hrsg.), Kommunales Integrationskonzept Oberhausen (Text: Alexander Häusler), in: Beiträge zur Stadtentwicklung Nr. 86, Oberhausen 2007 unter: http://www.oberhausen.de/downloads/KIKO_mitEinleger_download.pdf

Eine Förderung des friedlichen Klimas im kommunalen Alltag und Schutz vor rechtspopulistischer Einflussnahme beinhaltet:

- Förderung öffentlicher Auseinandersetzung mit Integrationsfragen
- Integrationspolitik offensiv als Querschnittsaufgabe betreiben
- Entfaltung von Dialog und Öffentlichkeitsarbeit bei Moscheebauprojekten
- Förderung des gleichberechtigten und respektvollen multiethnischen Miteinanders

Soziale Stadt – lebenswerte und vielfältige Sozialräume schaffen

Die veränderten Alltagsrealitäten müssen als eine der wichtigsten Herausforderungen für das kommunale Zusammenleben verstanden werden. Bereits in den 90er Jahren wurden infolge des wirtschaftlichen und sozialen Strukturwandels in vielen Städten der Ballungsgebiete und in strukturschwachen Regionen, oft aber auch nur in einzelnen Stadtteilen bzw. Quartieren sozialräumliche Spaltungen sichtbar. Viele problembelastete Stadtteile mit schlechter Wohnqualität, hohem Anteil von Menschen mit Zuwanderungsgeschichte sowie vielen Menschen, die soziale Unterstützung brauchen, wurden schon damals als benachteiligt und besonders zu fördernde Sozialräume ausgewiesen und über das Bundesprogramm „Soziale Stadt" unterstützt (vgl. Bertsch/Piorkowsky 2005: 32). Angesichts der Folgen des weitreichenden Abbaus sozialstaatlicher Leistungen im Zusammenhang mit der Einführung von Hartz IV und der Ausgrenzung von immer mehr Menschen aus sozialen Sicherungssystemen gilt es, die Förderprogramme für diese Sozialräume weiter zu entwickeln und auszubauen. Dies betrifft sowohl die regulären Kinder-, Jugend- und Familienhilfemaßnahmen, die als soziale Dienste auf kommunaler und Stadtbezirksebene flächendeckend immer wichtiger werden, aber auch spezielle Projekte z.B. zur Bewältigung von Kinderarmut, zur Verbesserung der sozialen Infrastruktur und zur Vernetzung sozialer Akteure. Wo Menschen sich durch den Verlust sozialer Bindungen und Verbindlichkeiten, durch existentielle Probleme oder durch Angst vor (weiterem) sozialem Abstieg bedroht fühlen, gilt es – mehr noch als früher – stadtteilbezogene Räume, Begegnungszentren und kulturelle Einrichtungen zu erhalten bzw. zu schaffen. Notwendig sind neue Formen der Kommunikation, des Miteinanders und der Solidarität. Auch die gemeinwesenorientierten Instrumente der Sozialen Arbeit zur Stärkung der Selbsthilfe- und Teilhabepotenziale von Bewohnern im Rahmen des so genannten Quartiersmanagements werden in benachteiligten Stadtteilen zukünftig noch wichtiger. Nicht zuletzt weil die extreme Rechte versucht, in solchen besonders problembelasteten Stadtteilen und ländlichen Gemeinden mit schlechter Infrastruktur Fuß zu fassen, um die Lücken mit eigenen Strukturen wie Bürgerbüros, Beratungsstellen für Hartz IV-Empfänger etc zu füllen. Gerade hier wäre eine „vitale Zivilgesellschaft" wichtig und die braucht unbedingt Mindeststrukturen (Olk 2007). Ludger Klein empfiehlt, dass diese mit der Regelarbeit von Staat, Land und Kommunen verzahnt sein müssten. „Dies gilt besonders für die Bildungs- und Jugendarbeit sowie die familien- und integrationspolitischen Maßnahmen" (Klein 2006: 21). Um auch benachteiligten Menschen und den eher bildungs- und partizipationsarmen Bevölkerungsgruppen mehr Teilhabe zu ermöglichen und ihr bürgergesellschaftliches Engagement zu fördern, bedarf es allerdings innovativer und möglichst niedrigschwelliger Beteiligungsformen. Hier sind die Kommunen gefragt, in enger Zusammenarbeit mit freien Trägern und zivilgesellschaftlichen Gruppen neue Formen der Beteiligung und Vernetzung zu entwickeln und möglichst viele Menschen dabei einzubeziehen.

Literatur

Beier, Katharina/Bogitzky, Jenny/Buchstein, Hubertus/Feike, Katharina/Fischer, Benjamin, Freyber, Pierre/Strüwing, Mathias/Wiedemann, Tim (2006): Die NPD in den kommunalen Parlamenten Mecklenburg-Vorpommerns. Greifswald

Bertsch, Frank/Piorkowsky Michael B. (2005): Impulse für die neue Politik der Sozialen Stadt, in: Aus Politik und Zeitgeschichte (APuZ 03/2005). Beilage zum Parlament

Borstel, Dierk (2005): Rechtsextremismus im kommunalen Nahraum – Situation und Perspektiven für die Gestaltung der Zivilgesellschaft, in: Heinrich, Gudrun (Hrsg.); Beiträge zu Fragen von Zivilgesellschaft und Rechtsextremismus (Rostocker Informationen zu Politik und Verwaltung; 25). Rostock: S. 49-58.

Borstel, Dierk (2005): Community Coaching – ein Ansatz der kommunalen Demokratieentwicklung, in: Migration und Arbeit, Nr. 1/2005: S. 48-53.

Borstel, Dierk (2006): Rechtsextremistische und demokratische Kultur: Ein Lehrstück aus Vorpommern, in: Helas, Horst/Rubisch, Dagmar (Hrsg.): Rechtsextremismus in Deutschland. Analysen, Erfahrungen, Gegenstrategien. Berlin

Bundesministerium für Familien, Soziales, Frauen und Jugend (BFSFJ) (2007): Bundesprogramm „Jugend für Vielfalt, Toleranz und Demokratie – gegen Rechtsextremismus, Fremdenfeindlichkeit und Antisemitismus", Arbeitshilfe zur Entwicklung und Implementierung lokaler Aktionspläne"

Butterwegge, Christoph/Griese, Birgit/Krüger, Coerw/Meier, Lüder/Niermann Gunther (1997): Rechtsextremismus in Parlamenten. Forschungsstand. Fallstudien. Gegenstrategien. Opladen

Decker, Oliver/Brähler, Elmar unter Mitarbeit von Norman Geißler (Hrsg.) (2006): Vom Rand zur Mitte – Rechtsextreme Einstellungen und ihre Einflussfaktoren in Deutschland". Friedrich-Ebert-Stiftung, Berlin

Deutscher Bundestag (2007): Drucksache 16/4366 vom 22.2.2007, Antwort der Bundesregierung zur Umsetzung des neuen Bundesprogramms „Jugend für Vielfalt, Toleranz und Demokratie – gegen Rechtsextremismus, Fremdenfeindlichkeit und Anti-semitismus"

Deutscher Bundestag (2006): öffentliche Anhörung des Ausschusses für Familie, Senioren, Frauen und Jugend, Wortprotokoll vom 20.11.2006, Nr. 16/23

DGB-Bundesvorstand (2007), Trittbrettfahrer der sozialen Frage, Berlin

Feltes, Thomas (2004): Kommunale Kriminalprävention. Vernetzte Initiativen gegen Rechtsextremismus und Fremdenfeindlichkeit, in: Stefan Braun/Daniel Hörsch (Hrsg.), Rechte Netzwerke – eine Gefahr, Wiesbaden: S. 259-268

Häusler, Alexander (2007): Kommunales Integrationskonzept Oberhausen. In: Beiträge zur Stadtentwicklung Nr. 86/2007. Stadt Oberhausen (Hrsg.). Oberhausen. Unter: http://www.oberhausen.de/downloads/KIKO_mitEinleger_download.pdf

Hafeneger, Benno/Schönfelder, Sven (2007): Politische Strategien gegen die extreme Rechte in Parlamenten. Folgen für kommunale Politik und lokale Demokratie. Friedrich-Ebert-Stiftung Forum Berlin (Hrsg.)

Heitmeyer, Wilhelm (2008): Deutsche Zustände. Folge 6. Frankfurt am Main

Heitmeyer, Wilhelm/Jürgen Mansel (2003): Die Entleerung der Demokratie. Die unübersichtlichen Folgen sind weitreichend, in: Heitmeyer, Wilhelm (Hrsg.) (2003), Deutsche Zustände, Folge 2. Frankfurt am Main: S. 35-60

Klein, Anna/Hüpping, Sandra (2008): Politische Machtlosigkeit als Katalysator der Ethnisierung von Verteilungskonflikten, in Heitmeyer, Wilhelm (2008): Deutsche Zustände, Folge 6. Frankfurt am Main: S. 73-94

Klein Ludger (2007): Die Demokratie braucht die Zivilgesellschaft. Plädoyer für eine integrierte Strategie gegen Rechtsradikalismus und Fremdenfeindlichkeit, erstellt für den Arbeitskreis „Bürgergesellschaft und Aktivierender Staat" der Friedrich-Ebert-Stiftung

Krupa, Matthias (2008): Noch ein Schuß frei. Von der Politikverdrossenheit zur Krise der Demokratie, in: Heitmeyer, Wilhelm (Hrsg.) (2008): Deutsche Zustände, Folge 6. Frankfurt am Main: S. 237-248

Leggewie, Claus/Joost, Angela/Rech, Stefan (2002): Der Weg zur Moschee – eine Handreichung. Herbert-Quandt-Stiftung (Hrsg.). Bad Homburg

Mobile Beratung gegen Rechtsextremismus in Berlin (MBR) (2007): „Kampf um die Rathäuser". Berliner Kommunalpolitik zwischen Rechtsextremer Normalisierungsstrategie und demokratischem Handeln. Berlin (download unter: www.mbr-berlin.de)

Olk, Thomas (2007): Integrationspotenziale bürgerschaftlichen Engagements im lokalen Raum. In: Stiftung Demokratische Jugend in Kooperation mit dem Bundesnetzwerk Bürgerschaftliches Engagement (Hrsg.): Demokratiepotenziale im Gemeinwesen. Fach- und Praxisbuch. Berlin: S. 10-18.

Petry, Christian (2006): Offener Brief an einen Oberbürgermeister. Ein Schnellkurs über Zivilgesellschaft für Lokalpolitiker, in: Heitmeyer, Wilhelm (Hrsg.) (2006): Deutsche Zustände, Folge 4. Frankfurt am Main: S. 273-291

Reinfrank, Timo (2008): Das ABC gegen Rechtsextremismus. Der Pößnecker Aufstand der Anständigen, in: Heitmeyer, Wilhelm (Hrsg.) (2008): Deutsche Zustände, Folge 6. Frankfurt am Main: S. 288-294

Schroedter, Elisabeth (Hg) (2006): Kommunale Handlungsmöglichkeiten gegen Rechtsextremismus, Dokumentation, Fraktion Die Grünen im Europa-Parlament. (download unter: http://www.elisabeth-schroedter.de/downloads/Gegen%20 Rechts_down load.pdf)

Siebert, Ingo (2004): Der lokale Aktionsplan Potsdam als Beispiel, in: Gerd Meyer, Ulrich Dovermann, Siegfried Frech, Günter Gugel (Hrsg.) (2004): Zivilcourage lernen. Analysen – Modelle –Arbeitshilfen. Tübingen: S. 168-173 (download unter: http://www.bpb.de/files/569GSL.pdf)

Scherr, Albert(1992): Anforderungen an professionelle Jugendarbeit mit ausländerfeindlichen und gewaltbereiten Jugendszenen. In: Neue Praxis, Heft 5/1992: S. 387-395

Wallrodt, Ines (2008): Kochen gegen Rechts. Fachleute ziehen kritische Zwischenbilanz über Programme gegen Rechtsextremismus. In: Neues Deutschland v. 16.02.2008

Yildiz, Erol (2006): Stigmatisierende Mediendiskurse in der kosmopolitanen Einwanderungsgesellschaft, in: Butterwegge, Christoph/Hentges, Gudrun (Hrsg.), Massenmedien, Migration und Integration (2006). Wiesbaden: S. 51

Zentrum für demokratische Kultur (Hrsg.) (2004): Aspekte der Demokratiegefährdung im Berliner Bezirk Mitte und Möglichkeiten der demokratischen Intervention. März 2004 (download unter: http://www.zentrum-demokratische-kultur.de/pdf/studie_ mitte.pdf)

Susana dos Santos Herrmann

Umgang mit PRO KÖLN im Stadtrat

Ein Erfahrungsbericht von Susana dos Santos Herrmann, Mitglied des Rates der Stadt Köln (SPD)

Wirklich überrascht waren kommunalpolitisch interessierte Menschen in Köln wohl kaum, als am 26. September 2004 die selbsternannte rechtsextreme „Bürgerbewegung Pro Köln" (PRO KÖLN) mit gleich vier Mandaten – und damit in Fraktionsstärke – in den Stadtrat einzog und darüber hinaus in allen neun Bezirksvertretungen mit mindestens einem Mandat. Acht Jahre nach der Gründung dieser Gruppierung konnte sie einen deutlichen politischen Erfolg verzeichnen. 1996 aus der „Deutschen Liga für Volk und Heimat" hervorgegangen hatten sich Manfred Rouhs, Markus Beisicht und andere Funktionäre mit PRO KÖLN eine neue politische Heimat geschaffen. Bei der Kommunalwahl 1999 wie auch bei der OB-Wahl 2000 blieb PRO KÖLN allerdings in der Bedeutungslosigkeit. Was also waren die Ursachen für den Erfolg, der vielen Kölnerinnen und Kölnern dennoch überraschend erschien?

Aufwerten durch Ignorieren?

In der ganzen Zeit des Vorwahlkampfs wie auch in der heißen Wahlkampfphase fand PRO KÖLN in der öffentlichen Wahrnehmung nicht statt. Die Kölner Medien – allen voran der Kölner Stadt-Anzeiger – hatten sich für eine Strategie des Ignorierens entschieden. Man wollte die vom Verfassungsschutz beobachtete rechtsextremistische Gruppierung nicht unnötig aufwerten. Dieses Verhalten der meisten Journalisten in Köln entsprach im Wesentlichen der Haltung der demokratischen Parteien. Von CDU über SPD zu Grünen und FDP thematisierte keine, die teils populistischen, teils diffamierenden, teils offen rassistischen Thesen von PRO KÖLN. So warnte der Verfassungsschutz NRW schon 2004 vor einer „unguten Mixtur", die es „schaffe, nahezu sämtliche Probleme der bundesrepublikanischen Gesellschaft wie Arbeitslosigkeit, Finanzdefizite, Probleme der Sozialversicherung, Kriminalität und Defizite im Bildungsbereich in engen Zusammenhang mit Ausländern und Zuwanderung zu stellen und Ausländer pauschal als mehr oder weniger ursächlich für sämtliche Probleme darzustellen." Anders als in früheren Zeiten bedienten sich die Rechtsextremisten auch in Köln einer geschmeidigeren Sprache. Statt des platten „Ausländer raus" plädierte man nun für ein „Rückführungsgesetz".

Gezielt suchten sich die Funktionäre um Rouhs und Beisicht Kölner Stadtteile aus, in denen soziale Probleme mit einer hohen Migrantenquote einhergehen, um dort in der wahlberechtigten Bevölkerung zu mobilisieren. Dies gelang unter anderem im rechtsrheinischen Stadtteil Poll, wo zu dem Zeitpunkt mehrere Übergangswohnheime für Flüchtlinge existierten. Hier kam alles zusammen, was PRO KÖLN brauchte, um mit einfachen Parolen Stimmung zu machen: Eine hohe Anzahl von Flüchtlingen, schlechte Wohnbedingungen, die auch das Umfeld in Mitleidenschaft zu ziehen drohten, eine damals hohe Quote an Taschendiebstählen und anderen Raubdelikten. Die Stimmung war emotionalisiert, weil die Poller Bevölkerung immer stärker den Eindruck gewann, von der Stadtverwaltung und der Kommunalpolitik im Stich gelassen worden zu sein. Die Forderung, Flüchtlinge anders und nicht in der hohen Konzentration unterzubringen, war schnell erhoben und durchaus berechtigt. Leider thematisierten nicht alle demokratischen Parteien, das Thema mit der notwendigen Sachlichkeit. So konnte PRO KÖLN die Stimmung für sich nutzen, Flüchtlinge generell diffamieren und die handelnden Personen in Stadtpolitik – und -verwaltung als unfähig und von anderen als den Interessen der Mehrheitsbevölkerung geleitete Politclique darstellen. Ergebnis im Stadtteil: Über 9 Prozent bei der Kommunalwahl und in der Bezirksvertretung Porz gleich zwei Sitze.

Die Strategie des Ignorierens war gescheitert. In einem Interview für das Web-Portal „Info-Rechtsextremismus" erklärte der Leiter der Lokalredaktion des Kölner Stadt-Anzeigers, Peter Berger, später: „Wir haben somit aus zwei Gründen nachlässig gearbeitet. Zum einen haben wir nicht erkannt, dass es Themen in dieser Stadt gibt, die wir nicht aufgegriffen haben. Und zum anderen haben wir vollkommen unterschätzt, dass es rechtsgerichtete Gruppierungen gibt, die sich dann mit diesen Themen auseinandersetzen und dadurch bei der Wahl entsprechende Erfolge erzielen."

Für die Politik lässt sich ähnliches sagen – das Fazit für die Zeit vor der Kommunalwahl 2004 ist aber noch ernüchternder. Zu Beginn des Jahres 2003, als es in Köln zu einer schwarz-grünen Koalition kam, wurde auf Initiative der Grünen ein einstimmiger Beschluss im Rat getroffen, der die Schaffung eines Runden Tisches für Flüchtlingsfragen zur Folge hatte. Die Politik hat sich also durchaus der Thematik gestellt. Noch vor der Wahl 2004 wurde wiederum einstimmig im Rat ein Handlungskonzept verabschiedet, das eine völlig neue Form der Unterbringung von Flüchtlingen, das die Beschulung der Kinder sicherstellen, eine enge Kooperation von Stadt und Polizei zur Bekämpfung von Kinder-

und Jugendkriminalität etc. vorsah. Dennoch gelang es nicht mehr, eine sachliche Auseinandersetzung um ein vorhandenes Problem zu organisieren – unter anderem weil CDU und SPD dieses im Wahlkampf nicht in den Mittelpunkt rücken wollten, die Grünen dies bei einer ohnehin dem Thema aufgeschlossenen Wählerschaft gegenüber tat und die FDP im Gegensatz dazu versuchte, durch Law-and-Order-Parolen einen Teil des rechtsextremistischen Wählerpotenzials an sich zu binden.

Dennoch hat das Handlungskonzept des Runden Tisches und der Beschluss des Rates eine positive Langzeitwirkung gehabt: Die Stadt Köln konnte ein Problem unter Berücksichtigung der Anwohner- wie der Flüchtlingsinteressen weitgehend lösen. Sie bewies damit Handlungsfähigkeit und konnte im Stadtteil Merkenich eine ähnliche aufgeheizte Stimmung schnell wieder beruhigen. Im Norden Kölns zeigten sich 2005 ähnliche Probleme wie zuvor in Poll. PRO KÖLN agitierte vor Ort. Die große Selbstinszenierung als die „Wahrerin deutscher Interessen" blieb der so genannten Bürgerbewegung aber letztlich versagt, weil die Verwaltung rasche Abhilfe schaffen konnte. Das von allen demokratischen Parteien getragene Programm zeigte bereits Wirkung.

Aus diesen Erfahrungen haben die Parteien gelernt. Im Herbst 2006 spitzte sich das Problem einer mehr oder weniger offenen Drogenszene in Köln-Humboldt/Gremberg zu. Der dortige Bürgerverein griff – leider nicht sehr geschickt – ein tatsächliches Problem auf und erwartete von der Politik die sofortige Schließung des Junkiebundes. Die Hilfsorganisation für Suchtkranke wurde dafür verantwortlich gemacht, dass auf einem Spielplatz Spritzen gefunden würden. Als eine Demonstration des Bürgervereins angekündigt wurde, versuchte PRO KÖLN sich draufzusetzen; kündigte die Demo auf der eigenen Homepage an, stellte einen Antrag zur Schließung des Junkiebundes. Am Tag vor der Demonstration verteilte die örtliche SPD in Gremberg Flugblätter, in denen vor einer Vereinnahmung durch die Rechtsextremen gewarnt wurde. Dazu wurden Buttons mit dem Aufdruck „Gegen rechts" ohne weitere Hinweise auf eine Partei vergeben. Ebenso warb die SPD wie auch die Fraktion „Die Linke" für einen sachlichen Umgang mit dem Thema. Trotz einer hitzigen Diskussion zwischen der Vorsitzenden des Bürgervereins und der örtlichen SPD-Ratsfrau, gelang es – quasi in letzter Minute – das Thema nicht den rechten Kräften zu überlassen. Inzwischen ist ein neuer – besserer – Standort für den Junkiebund gefunden worden. Und wenn einmal eine Spritze gefunden wird, dann reden die Vertreter des Bürgervereins mit dem Geschäftsführer des Junkiebundes.

Non-Umgang im Stadtrat

Gemeinsamkeit der demokratischen Kräfte im Umgang mit PRO KÖLN ist überhaupt ein probates Mittel. Seit dem Einzug der rechtsextremistischen Gruppe in den Kölner Stadtrat gibt es einen Konsens: Anträge von PRO KÖLN werden nicht diskutiert. Entweder nimmt die Verwaltung Stellung und der Rat lehnt dann in seiner Mehrheit das Anliegen ab, oder man versucht durch Feststellung des Anliegens als erledigt, den Tagesordnungspunkt zu beenden. Dieses Vorgehen ist in den vergangenen vier Jahren fast durchgängig praktiziert worden. So könnte man von einem „Non-Umgang" mit den Vertretern der rechtsextremen Bürgerbewegung sprechen.

Was als Fortsetzung der Strategie des Ignorierens aussieht, hat aber gute politische Gründe:

Die demokratischen Parteien sind sich einig, dass PRO KÖLN nicht die Agenda des Rates bestimmen soll. Schon gar nicht mit latent oder offen fremdenfeindlichen Themen. Was die scheinbar sachlichen Themen betrifft, so will man sich von demokratischer Seite nicht benutzen lassen für die letztlich undemokratischen Ziele von PRO KÖLN. Wie sehr ein solches Vorgehen auch dem Selbstschutz der ehrenamtlich tätigen Ratsmitglieder dient, haben die ersten Ratssitzungen in der laufenden Amtsperiode gezeigt. PRO KÖLN hat es immer wieder durch Anträge zu geheimen Abstimmungen über zum Teil völlig unbedeutende Personalentscheidungen geschafft, die Sitzungen unnötig in die Länge zu ziehen. Hinzu kamen zahlreiche Anträge und Anfragen. Gipfel der Unverschämtheit war ein Antrag der rechtsextremen Bürgerbewegung zur Länge von Ratssitzungen. Sie verlangte nach einer Änderung der Geschäftsordnung, um eine Sitzung nicht länger als bis 24 Uhr gehen zu lassen. Damit sollte wohl der Eindruck erweckt werden, dass es sich bei dem demokratisch gewählten Rat um eine „Schwatzbude" handelt. Zum anderen haben die Damen und Herren wahrscheinlich auf ein weiteres Sitzungsgeld spekuliert, wenn der Rat dann öfter einberufen werden müsste. Klar, dass auch dieser Antrag mit breiter Mehrheit abgelehnt wurde.

Im Verhältnis von PRO KÖLN zur demokratischen Mehrheit im Rat und umgekehrt lassen sich aber deutlich zwei Phasen voneinander unterscheiden.

Rouhs im Schafspelz

In den ersten zweieinhalb Jahren der laufenden Periode fiel PRO KÖLN im wesentlichen dadurch auf, dass sie scheinbar ernsthafte Themen auf die Tagesordnung setzt, die von den „etablierten Parteien" (PRO KÖLN-Fachjargon für de-

261

mokratische Fraktionen!) ignoriert werden. So sollte die Stadtverwaltung beispielsweise mit der Darstellung der Lebenssituation muslimischer Frauen in Köln beauftragt werden. Man darf getrost davon ausgehen, dass damit wohl kaum beabsichtigt war, eine Basis zur Verbesserung der Lebenssituation dieser Frauen zu bekommen. Auch die Hoffnung, Material zur Untermauerung bereits feststehender (Vor-)urteile über muslimische Frauen in Köln zu erhalten, dürfte weniger die Motivation gewesen sein. PRO KÖLN versuchte sich in der Öffentlichkeit als seriöse Ratsfraktion zu geben, die sich um die Belange aller Kölnerinnen und Kölner kümmert – und eben nicht dem Image einer rechtsextremen Partei entspricht. In der Begründung zu solchen Anträgen betonten die Redner von PRO KÖLN, dass man ihnen das wohl nicht zugetraut habe, sich mit den Problemen der Migranten auseinander zu setzen. Da das parlamentarische Anliegen in deutlichem Gegensatz zu den von PRO KÖLN verteilten Schriften steht, (s. Zitat oben) gibt es gute Gründe weiterhin misstrauisch zu sein.

Establishment und „Bewegung"

Ein weiteres Thema, das PRO KÖLN in der ersten Hälfte der Periode aufgriff, war die Frage der Rechtmäßigkeit beim Neubau der Messehallen in Köln. Untersuchungen der Staatsanwaltschaft Köln sowie die Äußerung der EU-Kommission, es habe wohlmöglich wettbewerbswidrige Entscheidungen gegeben, nahm PRO KÖLN zum Anlass, das Verhalten von OB Fritz Schramma und die „Parteien des politischen Establishments", wie die demokratischen Parteien auch gerne genannt werden, ins Visier zu nehmen. Mal sollten Ämter niedergelegt, angebliche Geheimnisse offengelegt werden etc. Hauptziel hierbei: die demokratischen Kräfte als verbraucht und von Korruption durchsetzt erscheinen zu lassen. Presseberichterstattung wird gerne aufgegriffen. Verdachtsmomente werden zuerst zu Vermutungen, dann zu dreisten Behauptungen und schließlich zu scheinbaren Wahrheiten. Dabei erinnert das Vokabular der heutigen Rechtsextremisten sehr an die Diffamierungsstrategie der Nazi-Propagandisten während der Weimarer Republik. Zur Erinnerung: Hitler und Goebbels sprachen gerne von den „Systemparteien". Und als Bewegung begriffen sich auch die Nationalsozialisten. Ein Schelm also wer Böses dabei denkt?

In den Ausschüssen zeigt sich PRO KÖLN weniger rege. Stimmberechtigt sind sie dort nicht, können aber Anfragen und auch Anträge stellen, was jedoch vergleichsweise selten geschieht.

Offen fremdenfeindlich

Eine Änderung in der Strategie der selbsternannten „Bürgerbewegung" ist seit Beginn des Jahres 2007 zu beobachten. Sie trat ein mit Anstrengung eines Bürgerbegehrens gegen den Bau einer repräsentativen Moschee in Köln-Ehrenfeld. Im Mai 2006 stellte DITIB (Türkisch-islamische Union der Anstalt für Religion) den Sieger eines Architektenwettbewerbs zum Bau einer repräsentativen Moschee auf dem DITIB-Gelände in Köln-Ehrenfeld vor. Im Juni 2006 folgten die ersten vorbereitenden Entscheidungen im Stadtentwicklungsausschuss des Rates. Moscheebauten sind für rechtsextreme Parteien und Bewegungen schon immer ein guter Anknüpfungspunkt für ihre fremdenfeindliche und diffamierende Propaganda gewesen. Während die demokratischen Parteien sich einig hinter das Vorhaben stellten, startete PRO KÖLN ein Bürgerbegehren. Im April 2007 vermeldeten Rouhs und Co., man habe an die 23.000 Unterschriften gesammelt und der Stadtverwaltung übergeben. Einen Monat später stellte OB Fritz Schramma in der Ratssitzung die Unrechtmäßigkeit des Begehrens fest: *„Das Unterschriftenquorum ist nicht erreicht. Das heißt: Erforderlich wären 22915 gültige Unterschriften. Es waren aber nur 15940 gültige Unterschriften dabei (...) Das Bürgerbegehren ist noch aus einem vierten Grund, einem sehr entscheidenden Grund, nicht zulässig; denn es richtet sich gegen die Änderung des Bebauungsplans im Bereich der Moschee. Das Bürgerbegehren über die Änderung von Bauleitplänen gemäß § 26 Abs 5. Nr. 6 der Go ist deswegen unzulässig, weil die Öffentlichkeit ja im Rahmen des B-Plan-Verfahrens beteiligt wird."*

Inzwischen gibt es Hinweise darauf, dass es PRO KÖLN auch bei dem Bürgerbegehren weniger um eine demokratische Auseinandersetzung mit dem Thema als vielmehr um das Sammeln von Adressen und die Mobilisierung des eigenen Potenzials für die 2009 anstehende Kommunalwahl gegangen sein dürfte. Die öffentliche Bürgerbeteiligung zu dem geplanten Bau versuchten Mitglieder von PRO KÖLN übrigens durch undemokratisches Verhalten wie lauten Zwischenrufen etc. zu stören.

Die Ratsfraktionen sind sich im Wesentlichen einig darüber, dass die Moschee gebaut werden soll. Einerseits geht es um die Religionsfreiheit, die auch Muslimen in Deutschland nicht verwehrt werden darf. Zum anderen gelten für alle Bauherren das Baugesetz sowie die Lösung von Verkehrs- und Parkproblemen. Genau das muss und soll klar sein, bevor der Bau – wahrscheinlich – im Herbst 2008 begonnen wird.

Das Thema Islam und die damit in der Mehrheitsbevölkerung oft verbundenen Sorgen und Ängste versucht PRO KÖLN auch weiterhin für seine propagandistischen Zwecke zu benutzen. Für die Sitzung am 4. März 2008 wurde dem Rat ein Antrag vorgelegt, wonach Köln sich dem Städtebündnis gegen Islamisierung anschließen sollte. Im Antragstext wurde suggeriert, dass ähnliche Beschlüsse in Antwerpen und Wien anstünden, Köln also maßgeblich für den Start dieses Bündnisses sei. Natürlich hat es weder in Antwerpen trotz eines starken „Vlaams Belang" im Stadtrat noch erst recht in Wien je solche Beschlüsse gegeben. „Sie stehen auch nicht an." wie die Beigeordnete Marlis Bredehorst dem Stadtrat mitteilte. Mit „dreisten Behauptungen" (Susana dos Santos im Stadtrat) wurde einerseits wieder einmal unterstellt, die „etablierten" Parteien ignorierten eine Gefahr. Außerdem las sich die Begründung des Antrags wie ein Sammelsurium sämtlicher – latent und offen – rassistischen Vorurteile, die man gegen Muslime hegen kann. In diffamierender Rhetorik wird der Islam mit dem radikalen Islamismus gleichgesetzt.

Bei einem solchen Antrag wollten Teile des Rates nicht mehr schweigend ablehnen. PRO KÖLN musste als das benannt werden, was diese „Bürgerbewegung" ist, eine rechtsextreme Partei mit rassistischen verfassungsfeindlichen Tendenzen. SPD, Grüne und Linkspartei äußerten sich im Rat. CDU und FDP blieben bei der – durchaus auch nachvollziehbaren – Haltung, PRO KÖLN keinen unnötigen Raum im Rat zu geben.

Informieren und aufklären

Im Frühjahr 2007 ergriffen SPD, Grüne und Linke eine Initiative in der Auseinandersetzung um PRO KÖLN. Eine Info- und Bildungsstelle, die an das NS-Dokumentationszentrum der Stadt angebunden sein sollte wurde im Stadtrat beantragt. Ziel sollte die Aufklärung über Inhalte und Methoden der rechtsextremen Bewegungen und Parteien in der heutigen Bundesrepublik sein; insbesondere natürlich die Aktivitäten dieser Gruppierungen in Köln. Lehrerfortbildungen, Workshops für Jugendliche etc sollen konzipiert und durchgeführt werden. Finanziert wird die Stelle von der Stadt Köln und Zuschüssen des Bundes. Der besondere pädagogische wie politische Nutzen: Erkenntnisse aus der historischen Forschung sollen in der aktuellen politischen Auseinandersetzung ihren Niederschlag finden.

Über die Bildungsarbeit hinaus soll außerdem ein Netzwerk aufgebaut werden, das dem besseren Informationsaustausch und der engeren Zusammenarbeit dienen soll. Diskussionspartner für Schulen, Jugend- und Kultureinrichtungen sollen zur Verfügung stehen. Eine differenzierte Themenpalette mit entsprechender Argumentation wird aufgebaut.

Angesichts massiver Propaganda von PRO KÖLN vor Schulen, bestand im Prinzip ein demokratischer Konsens, dass eine solche Stelle unbedingt eingerichtet werden sollte.

Dennoch droht gerade hieran der politische Konsens verloren zu gehen. Sowohl in der Debatte um den Antrag als solchen wie jüngst bei der Verabschiedung der Verwaltungsvorlage, in der das konkrete Konzept der Stelle beschrieben und die Einrichtung eines Beirates vorgeschlagen wurde, setzten CDU und FDP einen unguten Akzent: Von der Annahme ausgehend, dass Rechts- und Linksextremismus gleichzusetzen seien, wollten sie eigentlich eine Info- und Bildungsstelle beim NS-Dokumentationszentrum anbinden, die sich mit beidem befasst. Unabhängig davon, ob und wie Linksextremismus zu bekämpfen ist, war die Mehrheit des Rates aus SPD, Grünen und Linke der Auffassung, dass dies keinesfalls beim NS-Dokumentationszentrum angesiedelt werden kann. Dies gleiche einem Hohn der linken Opfer des Nationalsozialismus.

Angesichts des langsam aber sicher nahenden Wahlkampfs verließen CDU und FDP in der Ratssitzung vom April 2008 ein weiteres Mal den politischen Konsens. Laut Verwaltungsvorlage soll bei der Info- und Bildungsstelle ein fünfköpfiger Beirat eingerichtet werden. In einer aufgeheizten Debatte kündigten die Vorsitzenden der Fraktionen von CDU und FDP, Winrich Granitzka und Ralph Sterck an, dem Beirat nicht angehören zu wollen, sofern durch die Beiratsgröße von fünf Personen auch ein Mitglied der Fraktion „Die Linke" diesem angehören sollte. In der Debatte kündigte Manfred Rouhs dann auch freudestrahlend an, dass seine Fraktion, sich nicht verweigern werde, sondern bei der Besetzung eigene Kandidaten aufstellen und geheime Abstimmung beantragen werde.

Wie auch immer diese Sache ausgeht, der politische Konsens der demokratischen Parteien droht verloren zu gehen, wenn man sich nicht darauf besinnt, dass es in diesem Fall, um die Bekämpfung einer im Biedermannanzug auftretenden rechtsextremen Bewegung geht, die von sich selber gerne behauptet, sie könne 2009 ein zweistelliges Ergebnis in Köln holen.

Das Verhalten von CDU und FDP im Stadtrat wurde in der Kölner Presse übrigens nicht gut angenommen. In einem Kommentar des Kölner Stadt-Anzeigers vom 28. April 2008 heißt es: „*Man kann darüber streiten, ob auch ein Vertreter der kleinen Fraktion der Linken dort (im Beirat, die Red.) sitzen muss. Daraus aber eine große Debatte zu machen, ist durch nichts gerechtfertigt. Wenn CDU und FDP nicht mitmachen, schaden sie nicht nur ihrem eigenen Image. Sie beschädigen auch die Arbeit des NS-Dokumentationszentrum.*" Das wäre allerdings fatal. Denn angesichts der kommenden Wahlauseinandersetzung 2009 sollte klar sein: Keine Chance dem Rechtsextremismus!

Fazit

Es gibt nicht die eine Strategie im Umgang mit einer rechtsextremistischen Kraft in einem Parlament, die immer und überall richtig ist. Es bleiben aber einige klare Lehren für die demokratischen Parteien.

Die Themen der Rechtsextremen können nicht ignoriert werden. Antworten auf Fragen, Sorgen oder sogar Ängsten aus der Bevölkerung müssen ernst genommen werden. Eine demokratische Auseinandersetzung muss aber sachlich sein. Sie muss das Ringen um die richtige Lösung sein und darf nicht wiederum von den demokratischen Parteien benutzt werden. Dies gilt insbesondere für so sensible Themen wie dem Bau einer Moschee. Solche Debatten müssen möglicherweise auch mit Unterstützung von Kirchen, Gewerkschaften und anderen gesellschaftlichen Gruppen organisiert werden.

In einem demokratisch gewählten Gremium sollte man versuchen, den Rechtsextremisten durch gemeinsames Vorgehen so wenig Raum in der politischen Debatte wie möglich zu geben. Dabei lohnt es sich, die Themen, die Gruppierungen wie PRO KÖLN als latent oder offen rassistisch und undemokratisch offenbaren, aufzugreifen und der Öffentlichkeit klar zu machen, mit wem sie es hier zu tun hat.

Information und Aufklärung insbesondere an Schulen und Jugendeinrichtungen ist dringend notwendig und sollte auch von den Kommunen geleistet werden, um auf die örtlichen Gegebenheiten, Personen und Parteien eingehen zu können.

Hans Peter Killguss, Jan Schedler und Alexander Häusler

Umgang mit der Jugendarbeit der extremen Rechten

Auch wenn Jugendliche im Fokus extrem rechter Propaganda stehen, sind Rassismus, Antisemitismus und völkisches Denken kein genuines Jugendproblem: Konzepte gegen rechte Indoktrination können daher nur dann erfolgreich sein, wenn sie integriert sind in eine gesellschaftspolitische Gesamtstrategie, an der viele unterschiedliche gesellschaftliche Gruppen und Institutionen auf unterschiedlichen Ebenen beteiligt sind.

Anforderungen an die Arbeit gegen Rechts mit Jugendlichen

Ansätzen, die vornehmlich auf Verbote abzielen, liegt oftmals ein Verständnis von Rechtsextremismus als Verstoß gegen Sitte und Recht zu Grunde, der mit rechtsstaatlicher Repression zu verfolgen sei. Verbote können die Freiräume für politische Agitation kurzfristig verengen. Nachhaltige Wirkung entfalten jedoch nur Konzepte, die Rechtsextremismus als eine Ansammlung antiegalitärer und inhumaner politischer Standpunkte begreifen, denen vor allem auf der Ebene kritisch-argumentativer Auseinandersetzung begegnet werden muss (vgl. Gloel, Gützlaff 2005: 10). Pädagogische Bemühungen können im Falle rechtsextremer Jugendlicher, die fest in Strukturen – ganz gleich ob neonazistischer oder rechtspopulistischer Ausprägung – eingebunden sind, nur in sehr begrenztem Maße wirksam werden. Hier handelt es sich um „Bereiche in denen bestenfalls die Sozialarbeit im Sinne langfristig angelegter Begleitung von potentiellem Aussteigern erfolgreich werden kann" (Bölting 2003: 196). Der Alltag im schulischen und außerschulischen Kontext ist jedoch geprägt von so genannten „Normaljugendlichen", die zum Teil zwar fremdenfeindliche oder nationalistische Tendenzen zeigen, welche sich aber noch keineswegs zu einer rechtsextremen Einstellung verfestigt haben" (ebd.). Hier besteht eine Herausforderung, der weiten Verbreitung rassistischer und muslimfeindlicher Ideologeme (vgl. Bundesministerium des Inneren 2007, vgl. dazu auch den Beitrag von Killguss, Schedler in diesem Band) durch Menschenrechtsbildung, interkulturelle und demokratiefördernde Bildungsarbeit vorzubeugen. *„Diese Arbeitsformen, die der* *primären Prävention entsprechen, bilden eindeutig den Schwerpunkt schulischer und außerschulischer Arbeit gegen Rechtsextremismus"* (Schubarth 2000). Inzwischen liegt eine Vielzahl an Konzepten vor (vgl. beispielhaft: Glaser, Schuster 2007), die sich jeweils an unterschiedliche Adressaten richten. Nicht erfüllbare Hoffnungen werden von Praxis schon lange zurückgewiesen[1], dennoch sind pädagogische Maßnahmen weiterhin dem Erwartungsdruck ausgesetzt, rechtsextreme und rassistische Einstellungen unter Jugendlichen nachhaltig, aber auch möglichst schnell zu verändern. *"Dabei wird übersehen, dass Pädagogik keine Sozialtechnologie ist, durch die angestrebte Veränderung kausal herbeigeführt werden können, sondern darin besteht, Lernprozesse anzuregen, zu ermöglichen und zu unterstützen"*. (Scherr 2007: 322)

Auseinandersetzung mit Problemlagen

Zur schulischen und außerschulischen Präventionsarbeit gehört sowohl eine kompetente und kenntnisreiche Auseinandersetzung mit den Argumentationsmustern der extremen Rechten und der Rechtspopulisten als auch mit den aktuellen Problemlagen, die sie aufgreifen und propagandistisch besetzen. Dies gilt beispielsweise für soziale Fragen oder den Bereich der Integration. Eine Tabuisierung dieser Themen aufgrund der Tatsache, dass diese Inhalte auch durch extrem rechte oder rechtspopulistische Akteure besetzt werden, wäre die falsche Konsequenz. Gewalterfahrungen Jugendlicher beispielsweise, die von sexueller Anmache bis hin zu körperlicher Gewalt reichen, sind keine Fiktion, sondern reale Erlebnisse. Jedoch müssen diese im Zusammenhang mit ihren politischen und vor allem sozialen Ursachen thematisiert werden, um pauschalisierenden, ethnisierenden und kulturalisierenden Zuschreibungen zu begegnen. So gilt es, verständliche, für Heranwachsende nachvollziehbare Antworten auf gegenwärtige gesellschaftlichen Prozesse und lokale Konflikte zu finden. Es geht darum, diese so zu bearbeiten, dass die extreme Rechte sich nicht als Agenda-Setter auf der politischen Bühne inszenieren kann oder sie sich gar als gleichberechtigter „Diskussionspartner" aufgewertet fühlt. Eine Prävention, die diesen Namen verdient, darf nicht erst an den rechtspopulistischen Zuspitzungen fremdenfeindlicher Orientierungen ansetzen, sondern ist bereits im Vorfeld auf „eine umfassendere Auseinandersetzung" mit Strukturen, Praktiken und Vorurteilen angewiesen, „die Ausgrenzung und Ungleichheit begründen und legitimieren" (Scherr 2007: 325).

---

[1] Beispielhaft für viele andere Bereiche mussten sich vor allem in den 1990er-Jahren die NS-Gedenkstätten dagegen verwehren, als „antifaschistische Schnellkochtopf" zu fungieren (vgl. Kiderlen 1993: 103).

Dies hat sich auch in der Flüchtlingsarbeit in Köln konkret gezeigt: Die Bemühungen des Rom e.V. sowie von Kirchengemeinden und Flüchtlingsinitiativen, den Konflikt um ein Flüchtlingswohnheim in Köln-Poll (vgl. dazu den Beitrag von Häusler, Killguss, Peters in diesem Band) zu entschärfen, setzten darauf, Probleme wie die Straftaten im Viertel nicht wie Pro Köln ethnisierend zuzuspitzen („Roma-Kriminalität", „Scheinasylanten", „nicht integrierbar" etc.), sondern auf ihre gesellschaftspolitische Ursachendimension zurückzuführen. Dazu gehört die Diskussion um eine dezentrale Unterbringung von Flüchtlingen, die Frage nach medizinischer Versorgung, nach Schulbesuchen der Kinder, individueller Förderung, Möglichkeiten der Sozialarbeit etc.

Allerdings verweisen die genannten Punkte auf eine grundsätzliche Paradoxie pädagogischer Interventionsstrategien: Sie stehen vor der Schwierigkeit „gegen kollektive Ängste, Vorurteile und Feindbilder anzugehen, die auch im demokratischen politischen Diskurs immer wieder Rückhalt finden." (Scherr 2003: 254). Dies gilt für die Thematisierung vom vermeintlichen Missbrauch des Asylrechts oder von „Leitkultur" ebenso wie für einen populistischen Wahlkampf mit Phrasen zur Kriminalität jugendlicher Migranten wie zuletzt in Hessen:

„Pädagogische Maßnahmen und Programme waren und sind bislang nicht Elemente einer konsistenten und konsensualen politischen Strategie, die auf die offensive Gestaltung einer liberalen und kulturell pluralisierten Einwanderungsgesellschaft zielt. Sie finden sich vielmehr in einer Situation vor, in der sie beauftragt sind, unerwünschte Zuspitzungen und Radikalisierung von Varianten des Wohlstands- und Standortnationalismu sowie von Ängsten, Vorurteilen und Feindbildern zu verhindern, die durchaus als akzeptable Elemente demokratischer Positionen gelten." (Ebd.).

Umso dringlicher erscheint es, eine auf Langfristigkeit abzielende Bildungspraxis zu etablieren, die auf eine Befähigung zur offensiven, an demokratischen und menschenrechtlichen Prinzipien ausgerichteten Gestaltung einer kulturell pluralisierten (Einwanderungs-)Gesellschaft abzielt, die – wie der „Baustein zur nicht-rassistischen Bildungsarbeit" als ein beispielhaftes Modell – Antirassismus als Querschnittsaufgabe jenseits nutzenorientierter und instrumenteller Erwägungen versteht (DGB Bildungswerk Thüringen 2005: 5 ff.), und die schließlich nicht dabei stehen bleibt, Zuschreibungen zu dekonstruieren, sondern dazu anregt, Handlungsmöglichkeiten im eigenen Umfeld zu entwickeln.

Öffentlichkeit herstellen – rechte Strategien entlarven

Für die Entwicklung geeigneter Gegenstrategien wie lokale Handlungspläne, Netzwerkarbeit und die konkrete Jugendarbeit ist es notwendig, über fundierte

Informationen in Form lokaler Problemdiagnosen und Kontextanalysen zu verfügen (Hafeneger, Becker 2007: 97f.). Vorraussetzung für eine direkte Auseinandersetzung und Thematisierung rechter Strategien ist, dass Lehrer und Mitarbeiter von Jugendeinrichtungen über eine gesicherte Informationslage hinsichtlich aktueller Erscheinungsformen der extremen Rechten verfügen. Neben Wissen über die vor Ort aktiven Organisationen und deren Auftreten ist in Zeiten, wo neonazistische Gruppierungen wie beispielsweise „Autonome Nationalisten" immer weniger den klassischen Klischees jugendlicher Skinheads entsprechen, gerade in der Arbeit mit jungen Menschen eine umfassende Aufklärung über jugendkulturelle Codes und jugendspezifische Strategien der extremen Rechten notwendig.[2]

Von besonderer Bedeutung ist die Aufklärung über Hintergründe, Ziele und Methoden dort, wo Rechtsextremisten und Rechtspopulisten versuchen, sich unter dem Deckmantel einer demokratischen Bürgerbewegung kommunal zu verankern, wie dies bei PRO KÖLN und PRO NRW der Fall ist: „Die Inanspruchnahme der Bezeichnung der Bezeichnung Pro suggeriert der Öffentlichkeit, dass sich dort eine Gruppierung ‚für etwas', für die Interessen der Bürgerschaft in der Kommune einsetzen will." (Häusler 2007: 51). Auch wenn die jugendbezogenen Aktivitäten wie die Produktion und Distribution der Schülerzeitung „Objektiv" zwischenzeitlich in Medien und auch einigen nordrhein-westfälischen Schulen behandelt wurden, ist vielen Jugendlichen nicht bewusst, dass es sich dabei um rechtspopulistische Wahlpartei handelt, die „ein im Höchstmaß instrumentelles Verhältnis zu demokratischen Mitbestimmungsmöglichkeiten aufweist" (ebd.).

Die Inhalte von PRO KÖLN und ähnlichen Vereinigungen haben mit einer ausgleichenden politischen Regelung jugendlicher Belange nichts gemein. Ihre Strategien wie die (Wahlkampf-)Ambitionen der Akteure und deren politische Verortung im Netzwerk der extremen Rechten gilt es herauszuarbeiten und in der Öffentlichkeit zu verdeutlichen, dass – plakativ ausgedrückt – dort, wo ein Pro draufsteht, lediglich ein Contra drinsteckt (vgl. Schmalenberg: 2007). Die Info- und Bildungsstelle gegen Rechtsextremismus im NS-Dokumentationszentrum beispielsweise hat hierzu ein umfangreiches Bildungsangebot für unterschiedliche Zielgruppen entwickelt.

---

[2] Vgl. hierzu die Broschüre: Agentur für soziale Perspektiven (2006): „Versteckspiel – Lifestyle, Symbole und Codes von neonazistischen und extrem rechten Gruppen".

Akt der Grenzziehung

Gegen Rassismus, Antisemitismus und völkischen Nationalismus zu argumentieren, stellt einen „Akt der öffentlichen Grenzziehung" (Reif-Spirek 2008: 285) dar. Rechte Parolen sind als politische Stellungnahmen ernst zu nehmen und nicht pauschal als einen auf reine Provokation angelegten Ausdruck jugendlichen Geltungsbedürfnisses zu verharmlosen. Sie müssen eine entschiedene Reaktion der demokratischen Akteure nach sich ziehen. *„Da gerade die Diskriminierung kultureller Minderheiten zu den beliebtesten argumentativen Strategien rechtsextrem orientierter Schüler gehört, sollten Lehrer/innen gerade in dieser Frage klar Stellung beziehen."* (Kirschnick 2001: 137). Dabei besteht die Herausforderung darin, zum einen intolerante und menschenrechtsfeindliche Äußerungen zurückzuweisen und zum anderen, die politische Initiative zu gewinnen. Dabei ist es wichtig – gerade bei der Thematisierung von Inhalten wie zum Beispiel Einwanderung oder Islam – Vorurteile fördernde Beiträge und die Ethnisierung sozialer Konflikte zu vermeiden, um der extremen Rechten keine Anknüpfungsmöglichkeiten an öffentliche Diskurse zu bieten. In der politischen und pädagogischen Auseinandersetzung sollte davon Abstand genommen werden, „nationalistische Positionen dadurch zu affirmieren, dass es um deren glaubwürdigere ‚Besetzung' konkurriert wird" (Gloel, Gützlaff 2005: 10-11).Andererseits gilt es, der Tendenz entgegenzuwirken, dass ein Bekenntnis zur extremen Rechten und die Beteiligung an deren jugendkulturellen Angeboten unter Jugendlichen in manchen Regionen keinen Tabubruch mehr darstellt. Eine inhaltliche Auseinandersetzung mit Ideologie und Strategie der extremen Rechten sollte von einer deutlichen Abgrenzung gegenüber deren Akteuren begleitet sein.

Offensive Auseinandersetzung einfordern

Wie gezeigt werden konnte, versucht die extreme Rechte gezielt, Jugendliche insbesondere an den Schulen mit niedrigschwelligen Angeboten wie CDs oder auch eigenen Schülerzeitungen anzusprechen. Parteien wie NPD oder auch die „Freien Kameradschaften" sind sich ihrer häufigen gesellschaftlichen Stigmatisierung bewusst, nutzen diese jedoch zunehmend, um mit Parolen wie „Verbotene Früchte schmecken gut" oder „Der Schrecken aller linken Spießer und Pauker" (NPD Schulhof-CD) oder Begriffen wie „Alt-68er-Lehrer" (PRO KÖLN) gerade über die abwehrende Haltung von Lehrern die Schüler auf sich aufmerksam zu machen. Die Verbannung extrem rechter Materialien aus Schulen oder Jugendzentren ist ein richtiges Signal nach innen (Schüler und Schülerinnen, Besucher entsprechender Einrichtungen), das jedoch von der offensive Auseinandersetzung mit den politischen Inhalten der extremen Rechten begleitet werden muss. Im Unterricht oder in der Projektarbeit gegen Rechtsextremismus und Rechtspopulismus sollte dabei die Selbststilisierung politischer Akteure wie der NPD oder auch PRO NRW als vermeintlich ausgegrenzte und einzig wahre Vertreter der Interessen des „kleine Mannes" als Täter-Opfer-Umkehr verdeutlicht werden.

In der Schule wird das Themenfeld des Rechtsextremismus von Schülern oft als bloßer Unterrichtsstoff unter vielen empfunden, weil die Vermittlung sich häufig nicht von denen anderer Inhalte unterscheidet. Fachleute wie Eberhard Seidel weisen darauf hin, dass Schulen in der Regel „auf den Rechtsextremismus mit den klassischen Instrumentarien der politischen Bildung" regieren (Seidel 2008: 136). Um die Jugendlichen jedoch in ihrer alltäglichen Lebenswelt zu erreichen, ist es jedoch notwendig, auch neue Wege zu beschreiten und „neue Erscheinungsformen des Rechtsextremismus auf(zu)greifen und über rechtsextreme Musik, rechtsextreme Symbole und über Inhalte sowie Auftreten rechtsextremer Gruppen (zu) informieren" (ebd.: 137). Hier sind in den letzten Jahren etliche pädagogischen Konzepte und Projekte entwickelt worden, die geprägt sind von Lebensweltbezug, Erfahrungsorientierung und Methodenvielfalt. Sie informieren nicht allein über Strukturen und Ziele der extremen Rechten, sondern motivieren ebenso zu zivilcouragiertem Engagement. Handlungsmöglichkeiten gegen Rechts müssen dabei von ihrer abstrakten Ebene gelöst und konkretisiert werden, damit sich die Präventivwirkung einer zivilgesellschaftlichen demokratischen (Schul-)Kultur entfaltet (vgl. Schellenberg 2008).

Ein Beispiel ist die Initiative „Schüler gegen Rechts", die sich als ein „ Zusammenschluss von interessierten und engagierten Schülerinnen und Schülern unter der Schirmherrschaft der BezirksschülerInnenvertretung Köln" gegründet hat, um der Jugendoffensive von PRO KÖLN entgegen zu wirken. Ziel ist es, einerseits durch Infostände oder anderen Methoden Aufklärungsarbeit zu leisten, andererseits aber auch „deutliche Signale und Zeichen" in der Öffentlichkeit zu setzen.[3] Neben der Organisation von Demonstrationen und Kundgebungen werden weitere öffentlichkeitswirksame Aktionen im Rahmen des „Lokalen Aktionplans"[4] initiiert. Die Initiative sammelt Gegenstimmen und macht diese" sichtbar", indem sich Kölner Schülerinnen und Schüler fotografiert werden, „um auf diese Weise gegen „Pro Köln" Gesicht zu zeigen". Die Fotografien werden zu einer Collage zusammengestellt und an einem öffentlichen Platz ausgestellt.[5]

---

[3]http://www.sgr-demo.de/index.php?option=com_content&task=view&id=10&Itemid=12
[4] Über das Bundesförderprogramm „Vielfalt tut gut" werden im Rahmen von Lokalen Aktionsplänen Organisationen und Vereine, die sich gegen Rechts engagieren, gefördert.
[5] Vgl. dazu http://www.museenkoeln.de/ns%2Ddok/default.asp?s=1078&tid=378&kontrast=& schrift=

Von Bedeutung ist dabei vor allem die Eigenaktivität von Jugendlichen außerhalb einer schulischen Belehrungskultur und die Ermöglichung der kollektiven Erfahrung gemeinsamen demokratischen Engagements.

Demokratische Lernprozesse fördern

Über die konkreten Arbeit gegen Rechts hinaus sollten im Schulalltag „die Grundlagen eines menschenrechtlich-demokratischen Gesellschaftsverständnis vermittelt und eine Kultur der Anerkennung und des Respekts etabliert werden, stellt eine solche Verbesserung des Schulklimas doch die effektivste Strategie dar, rechtsextremistischen Tendenzen entgegenzuwirken" (Kirschnick 2001: 146). Bildungseinrichtungen können einen Beitrag zur Herausbildung von Kompetenzen wie Empathie- und Konfliktfähigkeit leisten. Durch die Einbeziehung in die Gestaltung von Schule und Unterricht können Schülerinnen und Schüler lernen, dass es nicht nur um die Anpassung an bestehende Reglementierungen geht, sondern darum, Verantwortung zu übernehmen, eigene Interessen zu artikulieren und andere Meinungen zu respektieren, sich an Entscheidungsprozessen zu beteiligen und Kompromisse zu schließen. Die pädagogische Arbeit gegen Rechts darf sich nicht in moralischen Appellen oder in Belehrungen erschöpfen; sie muss zur demokratischen politischen Beteiligung anregen, politische und ethische Urteilskompetenz fördern und Handlungskompetenzen vermitteln (vgl. Bölting 2003: 202). Zu den Aufgaben der Pädagogik gehört weiterhin „die Befähigung zum kritischen Umgang mit veröffentlichter Meinung (z. B. ‚Bedrohungsszenarien‘)" (Schubarth 2000).

Doch Bildungsprozesse Jugendlicher vollziehen sich nicht schematisch in dafür geschaffenen pädagogischen Kontexten: „Die gesellschaftliche Einflussnahme auf Jugendliche – einschließlich der der politischen Sozialisation erfolgt in einer pädagogisch nicht kontrollierbaren und politisch nicht steuerbaren Weise" (Scherr 2004: 239). Strategien gegen Rechts können sich jedoch auch aus einem anderen Grund nicht allein auf die schulische Demokratieförderung verlassen. Denn ob „Jugendliche ‚die demokratische Gesellschaft‘ als eine gute, gerechte und faire, ihren Bedürfnissen und Interessen angemessene Ordnung erleben, hängt auch davon ab, in welcher sozialen Lebenssituation sie sich befinden und wie sie die gesellschaftliche Wirklichkeit alltäglich – etwa in Schulen, Betrieben und Hochschulen sowie im öffentlichen Raum – erfahren" (ebd.: 227). Auch Kurt Möller und Nils Schuhmacher betonen, dass „eine integrierte kommunale Infrastruktur- und Ordnungspolitik, lebendige Vereinslandschaften, sozialräumliche und gemeinwesenorientierte Ansätze in Schulen, Kindereinrichtungen, Jugendhäusern und Erwachsenenbildung und zivilgesellschaftliche Gruppen die Integrationschancen von BewohnerInnen" erhöhen (Möller/Schuhmacher 2007: 496).

Umso mehr sollten diese alltäglichen Gesellschaftserfahrungen daher als „Ausgangspunkt für Lernprozesse aufgegriffen werden, die darauf ausgerichtet sind, „Zusammenhänge zwischen der je eigenen Lebenssituation und den gesellschaftlichen Bedingungen verständlich zu machen sowie Möglichkeiten der politischen Artikulation und Beteiligung zu verdeutlichen" (ebd.).

Berücksichtigung geschlechtspezifischer Einstellungsmuster

Die 15. Shell-Jugendstudie weist im Hinblick auf die geschlechtsspezifische Unterteilung von xenophoben Ressentiments Unterschiede zu zurückliegenden Auswertungen auf. So wurde noch 2002 ein leichter Überhang männlich-jugendlicher Xenophobie aufgewiesen. Dieser Überhang ist einer geschlechtsparitätischen prozentualen Ablehnung von weiterem Zuzug von Migrant/inn/en gewichen.

Bislang existieren in Bezug auf geschlechtsspezifische Entwicklungen in der extremen Rechten allerdings bisher noch zuwenig spezifische Untersuchungen. Dabei wären für zielgerichtete Präventionsansätze gerade gruppenspezifische und raumorientierte Erhebungen hilfreich. Aufgrund dieses Mangels an aktuellem empirischem Material wird in der wissenschaftlichen Diskussion wiederkehrend auf schon länger zurückliegende repräsentative Erhebungen wie etwa die polis-Studie für das Land NRW zurückgegriffen. Hierbei wurden in den Jahren 1993 und 2000 wiederholt repräsentative Befragungen zu „Affinitäten und Resistenzen von Mädchen und jungen Frauen" zu Rechtsextremismus und Gewalt durchgeführt. Die Ergebnisse weisen auf, dass „ausländerfeindliche" Einstellungen bei jungen Frauen und Männern nahe zu paritätisch nachweisbar sind (Vgl. Ministerium NRW 1994 und 2001). Zu vielen rassistischen Zustimmungen sind bei den weiblichen Befragten gar rapide Steigerungen zu verzeichnen. So stimmten im Jahr 2000 43% gegenüber 36% 1993 der weiblichen Jugendlichen der Aussage zu, dass „Ausländer mit ihrem Verhalten selbst die Ausländerfeindlichkeit provozieren." Die unmissverständlich extrem rechts besetzte Parole „Ausländer raus – Deutschland den Deutschen" findet im selben Erhebungszeitraum bei 13% der jungen Frauen Zustimmung gegenüber 7% im Jahr 1993.

Derartige Untersuchungsergebnisse zeigen auf, dass die gängige Fokussierung auf Rechtsextremismus als bloßes Phänomen von männlich-rassistischer (Jugend-)Gewalt zu kurz greift: Vielmehr „muss politische Bildung, die dem rechtsextremen fremdenfeindlichen Terror wirklich an die Wurzeln gehen will, den alltäglichen Rassismus in der Mitte der Gesellschaft thematisieren und problematisieren" (Ahlheim 2008: 355).

Positive Beispiele gelungener Integrationspolitik zeigen

Nachhaltige Strategien gegen Rechtsextremismus und Rassismus führen nicht zwangsläufig zu einer Zusammenführung der getrennt geführten Diskurse über Benachteiligung und Integration von Migranten einerseits und der Bekämpfung eines latenten oder manifesten Rassismus andererseits. Weder fördert die Begegnung mit einer „anderen Kultur" automatisch Toleranz, noch sind „gut integrierte Ausländer" weniger Gefahr, Opfer rechtsextremer (Verbal-)Attacken zu werden.

Dennoch kommt einer Politik, die Integration von Migranten und Migrantinnen als Querschnittsaufgabe versteht, eine herausragende Bedeutung zu. Denn auf diesem Feld greift die extreme Rechte reale Problemlagen auf und versucht mit ihrer Absage an die als „Multikulti-Träumerei" diffamierte Einwanderungsgesellschaft mehrheitsfähig zu werden.

Die Vielfältigkeit der gemeinsamen Anstrengungen sowie die zahlreichen positiven Beispiele im kommunalen Alltag sollten herausgestellt werden, um das öffentliche Bewusstsein für kulturelle Vielfalt zu schärfen. Schulische und außerschulische Einrichtungen können dazu beitragen, dass Kinder und Jugendliche unterschiedlicher kultureller Prägungen gemeinsam und voneinander lernen. Das darf sich jedoch nicht allein auf gemeinsame Feste oder ähnliches beschränken, die Kultur als das homogene „Andere" konstruieren und verklären. Interkulturelles Lernen muss vielmehr Kultur als „Landkarte von Bedeutungen" (vgl. Hall 1986) bzw. als ein vielfältiges, wandlungs- und anpassungsfähiges Orientierungsgerüst begreifen, mit dem Gemeinsamkeiten und Differenzen flexibel begründet werden. Darüber hinaus sollte verdeutlicht werden, dass oftmals Konflikte, die als kulturell begründet wahrgenommen werden, real soziale Konflikte sind. „Die multikulturell orientierte Bildungspraxis, die Schüler/innen primär als Angehörige ethnischer oder religiöser Gruppen in den Blick nimmt, trägt zur Verfestigung von Gruppenkonstruktionen und -identifikationen bei und damit der Möglichkeit nach auch zur Verstärkung von Kommunikationsbarrieren und sozialen Abgrenzungen zwischen Einheimischen und Migrant/inn/en bzw. Mehrheiten und Minderheiten. (Hormel, Scherr 2008) Deshalb sollten in der jugendlichen Bildungs- und Beratungsarbeit die gemeinsamen sozialen (Alltags-) Belange von Jugendlichen unterschiedlicher kultureller Prägung Ausgangspunkt für Präventionsansätze gegen rechtsextreme Indoktrination sein.

„Soziale und interkulturelle Kompetenzen können am besten in der Schule als Ort der direkten Begegnung und Auseinandersetzung gesellschaftlicher

Gruppierungen vermittelt, gefördert und eingeübt werden" (Gültekin 2005: 384).
Dazu bedarf es einer Abkehr von einer althergebrachten „Ausländer-Pädagogik"
mit deren Differenzierungen zwischen „unseren deutschen und ausländischen
Mitschülern" und die Hinwendung zu Ansätzen einer Pädagogik, die den Realitäten der Einwanderungsgesellschaft Rechnung trägt und das Verbindende kultureller Vielfalt in den Mittelpunkt alltagspädagogischer Arbeit setzt: *„Die Pädagogik der Vielfalt sollte zu einem Unterrichtsprinzip werden, das jedes einzelne
Team des Unterrichts daraufhin überprüft, welche unterschiedlichen Handlungsmöglichkeiten von Menschen aus verschiedenen sie umgebenden Umwelten
zu einem vertieften Einblick in menschenmögliches Verhalten und zu mehr Verständnis für zunächst fremd erscheinende Verhaltensweisen beitragen"*
(Schmidtke 2005: 159).

Wenngleich in vielen Regionen inzwischen ein Umdenken stattgefunden
hat, so muss abschließend festgehalten werden, was Hafeneger bereits 2003
konstatierte: häufig mangelt es erfolgreicher Jugendarbeit gegen rechts an einer
Grundvoraussetzung, nämlich einer dem Problem angemessenen Wahrnehmung
der zunehmenden Verbreitung extrem rechter Einstellungsmuster und auch entsprechender Verhaltensweisen unter Jugendlichen, aber auch in der Erwachse-
nengesellschaft, durch die lokalen gesellschaftlichen und politischen Eliten (Hafeneger 2003: 241).

Literatur

Ahlheim, Klaus (2008): Rechtsextremismus und politische Bildung. In: Schoeps, Julius
  H.; Botsch, Gideon; Kopke, Christoph; Rensmann, Lars (Hrsg.) (2007): Rechtsextremismus in Brandenburg. Handbuch für Analyse, Prävention und Intervention.
  Berlin: Verlag für Berlin-Brandenburg: S. 355-358.
Bölting, Franz-Josef (2003): Jugendliche und die Attraktivität rechter Parolen - drei Hand-
  lungsalternativen für die Schule, in: Ahlheim, Klaus (Hrsg.) (2003): Intervenieren,
  nicht resignieren. Rechtsextremismus als Herausforderung für Bildung und Erziehung. Schwalbach/Ts.: S. 195-208.
Bundesministerium des Inneren (2007): Muslime in Deutschland. Integration, Integrationsbarrieren, Religion und Einstellungen zu Demokratie, Rechtsstaat und politisch-
  religiös motivierter Gewalt, http://www.bmi.bund.de/cln_028/nn_122688/Inter-
  net/Content/Nachrichten/Pressemitteilungen/2007/12/Studie_Muslime_in_
  Deutschland_erschienen.html.
DGB Bildungswerk Thüringen (Hrsg.) (2005): Baustein zur nicht rassistischen Bildungs-
  arbeit, 2., durchgesehene Auflage. Erfurt
Glaser, Michaela; Schuster, Silke (2007) (Hrsg.): Evaluation pädagogischer Praxis gegen
  Rechtsextremismus. Positionen, Konzepte und Erfahrungen. Halle
Gloel, Ralf; Gützlaff, Karthrin (2005): Gegen Rechts argumentieren lernen. Hamburg

Gültekin, Neval (2005): Interkulturelle Kompetenz: Kompetenter professioneller Umgang mit sozialer und kultureller Vielfalt. In: Leiprecht, Rudolf; Kerber, Anne (Hrsg.) (2005): Schule in der Einwanderungsgesellschaft. Ein Handbuch. Schwalbach a.t.: S. 367-386.

Hafeneger, Benno (2003): Konsequenzen für nachhaltige Jugendprogramme und Praxisansätze gegen Rechts, In: Lynen von Berg, Heinz; Roth, Roland (Hrsg.) (2003): Maßnahmen und Programme gegen Rechtsextremismus wissenschaftlich begleitet. Aufgaben, Konzepte und Erfahrungen. Opladen: S. 241-248.

Hafeneger, Benno; Becker, Reiner (2007): Rechte Jugendcliquen. Zwischen Unauffälligkeit und Provokation. Eine empirische Studie, Schwalbach/Ts.

Hall, Stuart (1986): Cultural Studies: Two Paradigms. In: Collins, Richard u.a. (Hg.) (1986): Media, Culture and Society. A Critical Reader. London: S 33-48.

Häusler, Alexander (unter Mitarbeit von Jürgen Peters) (2007): Rechtspopulismus in Gestalt einer Bürgerbewegung. Struktur und politische Methodik von PRO NRW und PRO DEUTSCHLAND. Düsseldorf: LAGA NRW.

Hormel, Ulrike; Scherr, Albert: Strategien gegen Rechtsextremismus - Policy Paper Bildung, http://www.bertelsmann-stiftung.de/cps/rde/xbcr/SID-0A000F14-69CCD68C/bst/xcms_bst_dms_14399__2.pdf, v. 06.02.2008

Hössli, Nina; NCBI Schweiz (Hrsg.) (2006): Muslimische Kinder in der Schule. As-salamu-alaikum. Informationen, Praxistipps und Ideen für den Unterricht. Schaffhausen

Kiderlen, Elisabeth (1993): Es fehlt der Horror. In: Die Zeit 12/1993, S. 103, http://www.zeit.de/1993/12/Es-fehlt-der-Horror.

Kirschnick, Silke (2001): Rechtsextremismus an Schulen: Was tun? Anregungen und Argumente für Lehrer/innen. In: Butterwegge, Christoph; Lohmann, Georg (Hrsg.) (2001): Jugend, Rechtsextremismus und Gewalt. Analyse und Argumente. 2. Aufl. Opladen: S. 131-148.

Ministerium für Frauen, Jugend, Familie und Gesundheit des Landes Nordrhein-Westfalen (Hrsg.) (2001): Rechtsextremismus und Gewalt. Ergebnisse einer Repräsentativumfrage bei Jugendlichen. Düsseldorf.

Ministerium für Gleichstellung von Frau und Mann des Landes Nordrhein-Westfalen (Hrsg.) (1994): Rechtsextremismus und Gewalt: Affinitäten und Resistenzen von Mädchen und jungen Frauen. Ergebnisse einer Studie, Dokumente und Berichte 27. Düsseldorf.

Möller, Kurt; Schuhmacher, Nils (2007): Rechte Glatzen. Rechtsextreme Orientierungs- und Szenezusammenhänge. Einstiegs-, Verbleibs- und Ausstiegsprozesse von Skinheads, Wiesbaden

Reif-Spirek, Peter (2008): Was heißt eigentlich die „argumentative Auseinandersetzung in der Öffentlichkeit suchen"? In: Dornbusch, Christian, Virchow, Fabian (Hrsg.) (2008): 88 Fragen und Antworten zur NPD. Weltanschauung, Strategie und Auftreten einer Rechtspartei - und was Demokraten dagegen tun können. Schwalbach/Ts.: S. 285-287.

Schellenberg, Britta (2008): Ansätze und Strategien gegen Rechtsextremismus, http://www.bpb.de/themen/16FUOI,0,AnsE4tze_und_Strategien_gegen_Rechtsextremismus.html, v. 17.01.2008.

Scherr, Albert (2003): Pädagogische Konzepte gegen Rechts- was hat sich bewährt, was ist umstritten, was sollte vermieden werden?, In: Lynen von Berg, Heinz; Roth, Roland (Hrsg.) (2003): Maßnahmen und Programme gegen Rechtsextremismus wissenschaftlich begleitet. Aufgaben, Konzepte und Erfahrungen, Opladen. S. 249-264.

Scherr, Albert (2004): Außerschulische Jugendbildung für eine demokratische Einwanderungsgesellschaft. Rahmenbedingungen, Herausforderungen und programmatische Orientierungen. In: Breit, Gottfried; Schiele, Siegfried (Hrsg.) (2004): Demokratie braucht politische Bildung, 2004. Schwalbach Ts.: S. 226-242.

Scherr, Albert(2007): Pädagogische Antworten auf Rechtsextremismus. In: Schoeps, Julius H.; Botsch, Gideon; Kopke, Christoph; Rensmann, Lars (Hrsg.) (2007): Rechtsextremismus in Brandenburg. Handbuch für Analyse, Prävention und Intervention. Berlin: Verlag für Berlin-Brandenburg: S. 321-329.

Schmalenberg, Detlef (2007): Ein „Pro", das nur ein „Contra" ist. In: Kölner Stadt-Anzeiger vom 28.11.2007

Schmidtke, Hans-Peter: Entwicklung der pädagogischen Betrachtungsweise – Ausländerpolitik, interkulturelle Pädagogik, Pädagogik der Vielfalt. In: Leiprecht, Rudolf; Kerber, Anne (Hrsg.) (2005): Schule in der Einwanderungsgesellschaft. Ein Handbuch. Schwalbach a.T.: S. 142-161.

Schubarth, Wilfried (2000): Pädagogische Konzepte als Teil der Strategien gegen Rechtsextremismus, in: Aus Politik und Zeitgeschichte 39/2000 http://www.bpb.de/publi kationen/IX7WOR,0,0,P%E4dagogische_Konzepte_als_Teil_der_Strategien_gegen _Rechtsextremismus.html, v. 19.04.2008

Seidel, Eberhard (2008): Dimensionen des schulischen Umgangs mit Rechtsextremismus. In: Molthagen, Dietmar; Klärner, Andreas; Korgel, Lorenz; Pauli, Bettina; Ziegenhagen, Martin (Hrsg.) (2008): Gegen Rechtsextremismus. Handeln für die Demokratie. Bonn (Lizenzausgabe für die Friedrich-Ebert-Stiftung: S. 136-146

Tayfun Keltek

Aktivitäten der kommunalen Migrantenvertretungen in den Städten Nordrhein-Westfalens

In rund 100 Städten Nordrhein-Westfalens existieren Integrationsräte, Migrationsräte, Ausländerbeiräte sowie Ausschüsse für Migration und Integration. All diese unterschiedlich zusammengesetzten Gremienhaben eines gemeinsam: In ihnen sind gewählte Vertreterinnen und Vertreter der Migrantinnen und Migranten tätig, die sich für das friedliche und gleichberechtigte Zusammenleben von Mehrheitsgesellschaft und Zugewanderten einsetzen.

Eine Kommunalpolitik, die sich für konkrete Integration einsetzt und die Chancengleichheit zum Ziel hat, ist das beste Mittel, um rechtspopulistischen Bestrebungen die Basis zu entziehen. Denn wenn alle Menschen in einer Stadt merken, dass der Wille zur Verständigung und zu einem Umgang auf Augenhöhe vorhanden ist, werden rechte Demagogen auf Dauer keine Chance haben.

Die Landesarbeitsgemeinschaft der Migrantenvertretungen NRW (LAGA NRW) hat deshalb schon vor den letzten Wahlen 2005 einen Themenkatalog erarbeitet, welcher für viele Gremien die Grundlage ihrer Arbeit vor Ort bildet.

Diesen Katalog möchte ich im Folgenden darstellen:

Politische Partizipation

Das kommunale Wahlrecht für alle auf Dauer in der Bundesrepublik lebenden Migrantinnen und Migranten bleibt weiterhin das anzustrebende Ziel. Die LAGA NRW hat deshalb im Herbst 2007 gemeinsam mit dem DGB, der Liga der Wohlfahrtsverbände und dem Landesjugendring eine breit angelegte Kampagne für das kommunale Wahlrecht gestartet. Diese Kampagne steht auf zwei Säulen: Zum einen werden in den Kommunen durch die Migrantenvertretungen und durch Migrantenselbstorganisationen Unterschriften zur Unterstützung dieser Forderung gesammelt. Diese Unterschriften werden zu gegebener Zeit an die politisch Verantwortlichen in NRW weitergegeben. Mindestens genau so wichtig ist zum anderen aber die Initiative der Migrantenvertretungen Ratsbeschlüsse herbei zu führen, mit denen der Stadtrat die Forderung unterstützt. Bereits heute (Stand 14.02.2008) liegen in 18 Städten entsprechende Ratsbeschlüsse vor. Diese

Beschlüsse erhöhen von der Basis her den Druck auf Land und Bund, da in den Kommunen zuerst erkannt wird, dass wir es uns als Gesellschaft nicht mehr erlauben können, einen großen Teil unserer Bürgerinnen und Bürger von der politischen Teilhabe auszuschließen.

Bis dahin sollte in Nordrhein-Westfalen der Rahmen der politischen Partizipation von Migrantinnen und Migranten weitestgehend ausgeschöpft werden. Die kommunalen Migrantenvertretungen fordern deshalb aktuell, die in NRW durchgeführten „Experimente" der Gemeindeordnung dadurch zu beenden, dass Integrationsräte, in denen gewählte Migrantenvertreter und Ratsmitglieder Politik machen, flächendeckend eingeführt werden.

Förderung der Antidiskriminierungsarbeit

In unseren multiethnisch zusammengesetzten Städten wächst der Bedarf für eine kommunale Antidiskriminierungsarbeit. Die Ergebnisse regelmäßiger Untersuchungen und die Erfahrungen bestehender Antidiskriminierungsbüros zeigen, dass Rassismus und Diskriminierung für viele Angehörige ethnischer Minderheiten Alltag ist. Diskriminierung aufgrund der ethnischen Herkunft tritt in allen Bereichen auf, besonders häufig aber auf dem Arbeits- und Wohnungsmarkt, bei Behörden sowie oft auch im privaten Alltag, etwa beim Zugang zu Freizeiteinrichtungen wie Diskotheken oder Fitnessstudios. In jeder Stadt müssen Menschen, die von Diskriminierung betroffen sind, wissen, an wen sie sich wenden können, wo sie eine Anlaufstelle finden, in der sie ernst genommen und bei der Durchsetzung ihrer Rechte kompetent unterstützt werden. Vor allem aber müssen sich kommunale Einrichtungen dazu verpflichten, Diskriminierung durch die eigene Politik und durch das Verhalten eigener Mitarbeiter zu unterbinden.

Das Allgemeine Gleichbehandlungsgesetz (AGG) ist auf diesem Weg eine große Hilfe. In zahlreichen Städten haben darüber hinaus die Migrantenvertretungen die Verabschiedung von kommunalen Antidiskriminierungsrichtlinien gefordert, die dazu geeignet sind, diesen Anspruch in der alltäglichen Praxis einzulösen.

Interkulturelle Öffnung der Verwaltung

Entscheidender Bestandteil der kommunalen Integrationspolitik ist die verstärkte Einstellung von Mitarbeiter/innen mit Migrationshintergrund. Die kommunalen Migrantenvertretungen in vielen Städten haben deshalb die Verwaltung aufgefordert, bei allen Neueinstellungen und besonders bei der Besetzung von Ausbil-

280

dungsplätzen Bewerberinnen und Bewerber mit Migrationshintergrund verstärkt zu berücksichtigen. Dazu sollen Maßnahmen entwickelt werden, die eine Erhöhung der Zahl der Beschäftigten mit Migrationshintergrund bewirken, so dass ihr Anteil an den Beschäftigten in der Verwaltung mittelfristig in etwa dem Anteil der Migrantinnen und Migranten an der Stadtbevölkerung entspricht. Für alle Beschäftigten der Verwaltung, besonders auch für die Führungskräfte, sind geeignete Fortbildungen und Fachtage anzubieten, die für die veränderten Anforderungen an Verwaltungsarbeit in der Einwanderungsgesellschaft sensibilisieren und interkulturelle Kompetenz vermitteln.

Förderung von Migrantenselbstorganisationen

Kommunale Migrantenvertretung und Migrantenselbstorganisationen sind vor Ort Partner beim Einsatz für die Interessen der Migrantinnen und Migranten und für ein friedliches, gleichberechtigtes Zusammenleben von Mehrheitsgesellschaft und Zugewanderten. Gerade vor dem Hintergrund stärker werdender Einflüsse rechtspopulistischer Kräfte in den Städten ist es wichtig, die demokratischen Kräfte in den Migrantenselbstorganisationen zu stärken. Eine enge Zusammenarbeit ist auch deshalb erforderlich, weil hierdurch die Migrantenselbstorganisationen ihre kommunal relevanten Forderungen in die Politik einbringen und andererseits das Gremium von den Erfahrungen und Kenntnissen der Migrantenselbstorganisationen profitieren kann. Vielfach sind die Migrantenselbstorganisationen durch Mittelkürzungen der Kommunen in ihrer Existenz bedroht. Die Gremien setzen sich deshalb für eine angemessene Förderung der Arbeit der Migrantenselbstorganisationen ein.

Dialog der Religionen

Integrationsräte sind Gremien, die sich mit den in der jeweiligen Stadt relevanten Themen auseinandersetzen. Ihre Mitglieder sind ebenso Christen wie Moslems, Menschen mit einer anderen Religionszugehörigkeit oder ohne eine solche. Vor diesem Hintergrund setzen die Mitglieder sich für einen Dialog der Religionen ein, der eine gleichberechtigte Religionsausübung bei gegenseitiger Akzeptanz ermöglicht. Auch damit wird ein deutliches Zeichen gegen die Islamfeindlichkeit der so genannten „PRO"-Bewegung gesetzt.

Förderung von Migrantenkindern im Elementarbereich

Für die spätere schulische und berufliche Karriere der Kinder mit Migrationshintergrund spielt die Frühförderung im Erziehungs- und Bildungssystem eine besondere Rolle. Die Integrationsräte setzen sich dafür ein, dass alle Kinder mit Migrationshintergrund volle drei Jahre eine Kindertageseinrichtung besuchen, in der sie auf eine erfolgreiche schulische Laufbahn vorbereitet werden und in der sie soziokulturell bedingte Nachteile aufarbeiten können. In den Kommunen, in denen Projekte und Maßnahmen der frühen Förderung (0 – 4 Jahre) eingerichtet werden, sollen auch Kinder mit Migrationshintergrund angemessen berücksichtigt werden. Die Förderung der bei Migrantenkindern natürlich entwickelten Mehrsprachigkeit z. B. durch bilinguales Personal in den Kindertageseinrichtungen ist hierbei besonders förderungswürdig.

Verbesserung der Schulerfolge von Migrantenkindern

Ein besonderes Augenmerk legen die Integrationsräte auf die Verbesserung der Schulerfolge von Migrantenkindern. Die Gremien befassen sich deshalb intensiv mit den hier aufgezählten Bereichen und fordern die auf kommunaler Ebene möglichen Maßnahmen:

- Koordinierte Alphabetisierung und mehrsprachiges Lernen in der Grundschule
- Deutschlernen und Mehrsprachigkeit in der Sekundarstufe
- Interkulturelles Lernen als Regelaufgabe

Ein besonderes Gewicht kommt dabei der Frage der Elternaufklärung und Elternmitwirkung zu. Viele der Gremien sind sehr aktiv in der Entwicklung einer systematischen Elternarbeit in der Kommune und der Schulung von Elternvertretern für ihre qualifizierte Mitarbeit in schulischen Gremien.

Maßnahmenprogramm Übergang Schule/Beruf

Die Gremien fordern für einen erfolgreichen Übergang von der Schule in Ausbildung und Beruf die Bildung von örtlichen Netzwerken mit einem gemeinsamen Übergangsmanagement, das die vorhandenen Kräfte bündelt, unnötige Parallelarbeit verhindert und Transparenz und Zielgenauigkeit garantiert.

Wohnen und Stadtentwicklung

Prognosen der Bevölkerungswissenschaft zufolge werden sich vor allem die Ballungsgebiete unserer Städte in Zukunft noch mehr als heute durch die hohe Zahl von Migranten hervorheben. In einigen Städten werden Menschen mit Migrationshintergrund bis Mitte dieses Jahrhunderts die Mehrheit bilden. Vor diesem Hintergrund wollen die Gremien frühzeitig an der Planung von Projekten und Maßnahmen beteiligt werden und sich für deren Verwirklichung im Rahmen der Stadtentwicklung und/oder Stadtsanierung einsetzen.

Sport

Der Sport bietet eine wichtige Basis für das interkulturelle Zusammenleben. Die Integrationsräte setzen sich für ein möglichst konfliktfreies Miteinander sowohl von multiethnischen Sportvereinen als auch von ethnisch homogenen Vereinen ein. Dazu gehört auch der Einsatz für gleiche Zugangsmöglichkeiten für alle Vereine zu Sportstätten und Übungsstunden.

Gesundheitsfragen

Migrantinnen und Migranten benötigen vielfach aus sprachlichen und kulturellen Gründen für den Umgang mit Krankheit und dem Verständnis für Gesundheit ein angemessenes Beratungs- und Aufklärungsangebot. Frauen, Senioren und Flüchtlinge sind einige Personengruppen, die besondere Angebote brauchen. Die Gremien setzen sich für den Aufbau bzw. Erhalt und Ausbau von Gesundheitszentren für Migrantinnen und Migranten ein. Sie fordern die Erstellung und die Fortschreibung eines Gesundheitsberichts sowie eines Gesundheitswegweisers für Migrantinnen und Migranten in den Kommunen.

Seniorenarbeit

Zunehmend erreichen die „Gastarbeiter der ersten Stunde" das Rentenalter und nehmen zum Beispiel verstärkt Leistungen aus der Pflegeversicherung in Anspruch. Die Gremien fordern die Verwaltungen daher auf, für diese neue Klientel adäquate Angebote im offenen, ambulanten und stationären Bereich bereit zu halten. Bedarfe müssen festgestellt werden, interkulturell qualifiziertes Personal muss ausgebildet werden und passende Angebote müssen entwickelt werden. Es wird empfohlen, junge Senioren mit Migrationshintergrund bei allen Kampagnen und Maßnahmen der gesellschaftlichen Verpflichtung der älteren Generation einzubeziehen. Die sozialen Zentren der Migranten sollen auch als Anbieter von Geselligkeit, Beratung und Betreuung der älteren Migranten unterstützt und gefördert werden.

Verbesserung der Lebenssituation von Asylbewerbern und Flüchtlingen

Eine menschenwürdige Behandlung der Flüchtlinge und Asylbewerber ist ein besonderes Anliegen der Integrationsräte. In ständigem Kontakt mit den Flüchtlingsorganisationen setzen die Gremien sich unter anderem für die Einrichtung von „kommunalen Härtefallkommissionen", für eine angemessene gesundheitliche und psychologische Betreuung und Unterbringung, für Dolmetscherdienste und das Angebot von integrativen Maßnahmen ein, da ein Großteil der Flüchtlinge und Asylbewerber auf Dauer in Deutschland leben wird.

Aus all diesen Themenfeldern ist ersichtlich, wie vielfältig die Arbeit der Gremien ist. Es ist unmöglich, in jeder Stadt alle diese Bereiche abzudecken, doch die Schwerpunkte der Arbeit sind hiermit beschrieben. Im Hinblick auf die Kommunalwahlen in Nordrhein-Westfalen 2009 will die LAGA NRW versuchen, sich in zweierlei Hinsicht einzumischen:

Einmal möchten wir erreichen, dass in viel mehr Städten und Gemeinden unseres Landes als bisher die demokratischen Parteien Menschen mit Migrationshintergrund für Mandate in den Stadt- und Gemeinderäten aufstellen, damit es in der kommenden Amtszeit mehr als nur 60-70 Mandatsträger und Mandatsträgerinnen mit einem Migrationshintergrund landesweit gibt. Und wenn es sich dabei dann noch, wie von uns gefordert, um Menschen handelt, die bereits über kommunalpolitische Erfahrung aus der Arbeit in Integrationsräten verfügen und in der Migrantenbevölkerung verankert sind, würde dies sicher zur Wahlbeteiligung der eingebürgerten Menschen beitragen und somit rechten Kräften entgegenwirken.

Außerdem möchten wir durch Aufklärung und konkrete Hilfestellungen überall dort tätig werden, wo Rechtspopulisten mit dumpfem Antiislamismus auf Stimmenfang gehen. Mit der Veröffentlichung unter dem Titel „Rechtspopulismus in Gestalt einer ‚Bürgerbewegung'. Struktur und politische Methodik von PRO NRW und PRO DEUTSCHLAND" die von der Arbeitsstelle Neonazismus/Fachbereich Sozial- und Kulturwissenschaften der Fachhochschule Düsseldorf erarbeitet wurde, ist hierfür eine gute Grundlage geschaffen worden.

Ercan Telli

Integrationspolitik und Aktivitäten gegen Rechtspopulismus und Rechtsextremismus in Oberhausen: Beispiele aus der Praxis

Rechtsextreme Präsenz und demokratische Gegenwehr

Seit geraumer Zeit zeigen die Rechten verstärkt vor Ort Präsenz. Hierbei ist es neben den zeitweiligen Propagandaaktivitäten der rechtspopulistischen „Bürgerbewegung pro Oberhausen" besonders die NPD, die zunehmend bestrebt ist, sich auf unterschiedlichen Ebenen öffentlich zu inszenieren. Das vermehrte Auftreten der NPD in Form von Infoständen ist offensichtlich der Versuch sich im Vorfeld der Kommunal- bzw. Landtagswahlen zu positionieren und den Führungsanspruch innerhalb des rechten Spektrums zu reklamieren. Erschwert wird die Auseinandersetzung durch das teilweise neue Auftreten mit einem an den heutigen Mainstream angepassten Lifestyle, was einen erhöhten Aufklärungsbedarf mit sich bringt. Zudem greift die extreme Rechte auf unterschiedliche Methoden zurück, um über das bekannte Ritual rechter Demonstrationspolitik hinaus öffentlichen Raum propagandistisch zu besetzen. So versuchte etwa die örtliche NPD am 27. Januar 2008 durch Präsenz auf einer öffentlichen Gedenkveranstaltung zur Befreiung des Konzentrationslagers Auschwitz die Feierlichkeiten zur Selbstinszenierung zu nutzen. Dieser provokative Versuch rechtsextremer Selbstinszenierung wurde durch einen umgehenden Rauswurf der Provokateure unterbunden. Derartige Inszenierungsversuche von Rechtsaußen sind Teil einer Strategie zur Besetzung öffentlichen Raums. So kursieren etwa Schulungstexte der NPD zur Strategie der „Wortergreifung", um möglichst effektiv demokratische Rechte und Mitbestimmungsmöglichkeiten für die eigene antidemokratischen und rassistischen zu instrumentalisieren. Deshalb gilt es, in der kommunalen Auseinandersetzung die mündige Stadtgesellschaft vor den rechtspopulistischen und rechtsextremen Störenfrieden zu verteidigen. Hierzu müssen die Kenntnisse um die soziale Situation dazu genutzt werden, um die Rechten zu stellen und sie öffentlich zu bekämpfen.

Da es letztlich bei der Auseinandersetzung mit Rechtspopulisten und Rechtsextremisten immer auf die Kernfrage „Diktatur oder Demokratie" hinausläuft, muss sich den rechten Kräften die gebündelte Einheit der kompletten demokratischen örtlichen Phalanx entgegenstellen. Der kleinste gemeinsame Nenner: Schutz jeder Mitgliedsgruppe der demokratischen Stadtgesellschaft sollte dabei im zentralen Fokus stehen, um sich nicht durch Zersplitterung selbst zu schwächen.

Die Ruhrgebietsstadt Oberhausen verweist hierbei auf eine lange Tradition des antifaschistischen Kampfes. So hat auch aus trauriger persönlicher Erfahrung durch die Ermordung ihres Vaters Hermann Albertz im Konzentrationslager durch die Nationalsozialisten die legendäre Oberbürgermeisterin Luise Albertz die erste rein kommunal finanzierte „Gedenkhalle für die Opfer des Nationalsozialismus" – heute gleichzeitig „Infostelle gegen Rechtsextremismus" Westdeutschland – gegründet. Daher handelt es sich bei den aktuellen kommunalen Aktivitäten gegen Rechts nicht um politisch frei schwebende und traditionslose Aktionen. Vielmehr erhalten die antifaschistisch orientierten Aktivitäten für Vielfalt und Toleranz vor Ort ihre Wirkungskraft nicht zuletzt auch aus der historisch gewachsenen und politisch tradierten Kampfkraft der Arbeiterbewegung und deren Infrastruktur. Die Aktivitäten gegen Rechts sind deshalb strukturell eingebunden in die soziale und politische Infrastruktur des Gemeinwesens.

Da auch die politische Tradition nicht von den demokratischen Institutionen wie auch der Ratsvertretung zu trennen sind, erfolgt notwendigerweise zunächst ein knapper Abriss der entsprechenden örtlichen Gegebenheiten.

Da die Rechten verstärkt MigrantInnen und deren demokratische Vertretungen angreifen, ist ein wirkungsvolles und auf nachhaltige Wirkung ausgerichtetes kommunales Engagement gegen Rechts nicht zu trennen von der Entwicklung und dem Ausbau kommunaler Integrationspolitik. Als kommunikative Schnittstelle zwischen Stadtverwaltung und ethnischer Community, als öffentlicher Ansprechpartner für interkulturelle Fragen und Belange sowie als Interessensvertretung von Migranten übernimmt der Migrationsrat eine nicht zu unterschätzende Funktion.

Migrationsrat der Stadt Oberhausen

Am 08. März 2005 hat sich erstmals anstelle eines vormals als Ausländerbeirat bezeichneten Gremiums der Migrationsrat der Stadt Oberhausen konstituiert. Der Migrationsrat wird repräsentiert durch den Vorsitzenden sowie durch seine beiden Stellvertreter. Im Migrationsrat sind 17 MigrantenvertreterInnen sowie acht Ratsmitglieder vertreten.

Die Migrantenvertretung tagt fünf- bis sechsmal im Jahr, die Sitzungen sind öffentlich. Der Migrationsrat vertritt die Belange der Oberhausener Migrantinnen und Migranten gegenüber Politik, Verwaltung und Öffentlichkeit und arbeitet parlamentarisch und versucht auf diesem Wege, Verbesserungsvorschläge insbesondere zur Kindergarten-, Schul-, Ausbildungs-, Wohnungs-, Aufenthalts- und Flüchtlingssituation zu erarbeiten. Er setzt sich für ein gleichberechtigtes Zusammenleben von Deutschen und Migranten sowie für Toleranz und Akzeptanz auf allen Ebenen des politischen, gesellschaftlichen und wirtschaftlichen Lebens ein und berät die Oberhausener Bürgerinnen und Bürger. Der Migrationsrat kann sich ohne Einschränkung mit allen Angelegenheiten der Stadt Oberhausen befassen. Er ist berechtigt, dem Rat, einer Bezirksvertretung oder einem Ausschuss Anregungen oder Stellungnahmen vorzulegen. Der Vorsitzende des Migrationsrates oder ein anderes vom Migrationsrat benanntes Mitglied darf bei der Beratung dieser Angelegenheit an der jeweiligen Sitzung teilnehmen; sie können sich hierzu auch in der Sitzung äußern. Er soll zu Fragen, die ihm vom Rat, einem Ausschuss, einer Bezirksvertretung oder vom Oberbürgermeister vorgelegt werden, Stellung nehmen. Der Migrationsrat erhält Haushaltsmittel zur Erledigung seiner Aufgaben und ist Gründungsmitglied der Landesarbeitsgemeinschaft der kommunalen Migrantenvertretungen NRW (LAGA NRW).

Kommunale Integrationspolitik

Die Oberhausener Stadtgesellschaft ist und wird in Zukunft aufgrund der demographischen Entwicklung noch stärker von den nachwachsenden Generationen zugewanderter Bürgerinnen und Bürgern geprägt. Zuwanderung und kulturelle Vielfalt bringen Chancen und positive Potenziale für Oberhausen mit sich.

Wir gestalten gemeinsam das selbstverständliche und respektvolle Zusammenleben der Menschen in Oberhausen auf der Grundlage gleichwertiger Akzeptanz und Wertschätzung verschiedener Kulturen und Sprachen. Unser Ziel ist die Realisierung von Chancengleichheit aller Gesellschaftsmitglieder. Integration lässt sich jedoch nicht verordnen. Vielmehr ist Integrationspolitik eine Aufgabe, die alle Politikbereiche wesentlich berührt. Sie ist Gesellschaftspolitik im umfassenden Sinne und daher Querschnittsaufgabe.

Für eine kommunale Integrations-, Familien- und Sozialpolitik, die aus sozialen wie aus wirtschaftlichen Gründen daran orientiert ist, Bürger dabei zu unterstützen, ihnen den größtmöglichen Grad an selbstständiger Lebensführung zu ermöglichen, ist die systematische Verzahnung der Dienste, Angebote und Leistungen von entscheidender Bedeutung. Anbieter und Leistungen müssen sich daran messen lassen, ob sie den betroffenen BürgerInnen eine möglichst weitgehende, seinen Wünschen und Fähigkeiten entsprechende Integration und Teilhabe zu ermöglichen. Hier liegen für Oberhausen noch erhebliche Potentiale, die ausgehend von einem nachhaltig wirksamen Projektmanagement und unterstützt durch externe Beratung, weiter zu entwickeln sind.

Politik, Verwaltung, Migrantenselbstorganisationen und freie Träger müssen gemeinsam Strategien entwickeln und diese auch gemeinsam umsetzten. Dabei ist der Ausbau des bürgerschaftlichen Engagements von zentraler Bedeutung, denn Integration vollzieht sich in den Vereinen, in den Aktivitäten im Stadtteil und in der Nachbarschaft. Dies setzt einen breit angelegten Beteiligungsprozess innerhalb der Stadtgesellschaft voraus.

Die kontinuierliche und umfassende Beteiligung aller relevanten Gruppen an der Entwicklung, Umsetzung und Gestaltung eines Kommunalen Integrationskonzeptes ist für den Erfolg des Integrationsprozesses „vor Ort" von zentraler Bedeutung. Diesen Sachverhalt unterstreichen die folgenden vier Zielsetzungen eines solchen Beteiligungsverfahrens:

▪ Optimierung der Wissensbasis aller Beteiligten hinsichtlich Problemlagen, Bedarfe und Lösungsansätzen.
▪ Motivierung zum Engagement für ein friedliches Zusammenleben in der eigenen Stadt.
▪ Erhöhung der Durchsetzungschancen für integrationspolitische Anliegen in Politik, Verwaltung und Stadtgesellschaft in Form von Foren unter partnerschaftlicher Zusammenarbeit von BürgerInnen und Fachleuten aller im Stadtteil tätigen Akteure.
▪ Steigerung der Wirksamkeit der integrationspolitischen Aktivitäten mit Zielrichtung auf nachhaltige und messbare Erfolge.

Zudem sind – insbesondere in Hinblick auf rechtsextreme Propaganda – Aktivitäten zur Stärkung der lokalen Demokratie weiter zu entwickeln. Die Verbesserung von Rechten und Möglichkeiten zu politischer Teilhabe ist eine entscheidende Voraussetzung für die Zukunftsfähigkeit des Gemeinwesens und zur gleich ein wirksames Mittel gegen die weit verbreitete Politikverdrossenheit. Die Qualität des demokratischen Fundamentes der Stadtgesellschaft definiert in starkem Maße die Effektivität selbst der besten Einzelmaßnahmen.

Umgang mit Rechtspopulismus und Moscheebauprojekten

Auch in Oberhausen versuchte die so genannte PRO-Bewegung, sich lokal zu verankern – allerdings bislang ohne Erfolg. Das Scheitern dieses Versuchs ist maßgeblich das Resultat eines präventiven und offensiven demokratischen Engagements in der Kommune.

Im Frühjahr 2006 trat eine Gruppierung unter dem Namen „Kreisverband Oberhausen der Bürgerbewegung pro Deutschland" an die Öffentlichkeit, verteilte fragwürdige Flugblätter und sammelte Unterschriften gegen den Bau von Moscheen, gegen Islamismus und gegen den EU-Beitritt der Türkei. Da die Flugblätter das Logo der Stadt Oberhausen imitierten, waren BürgerInnen irritiert. Im Unterschied zu der rassistischen Hetze von offen auftretenden Rechtsextremisten wie der NPD ist der politische Hintergrund der so genannten „Bürgerbewegung pro Oberhausen" allerdings in der Bürgerschaft und auch in den kommunalpolitischen Gremien weitestgehend unbekannt gewesen. Nachdem gehäuft aus der Bürgerschaft Anfragen über den Kontext dieser Flugblätter an den Migrationsrat herangetragen wurden, entschlossen wir uns zum Handeln. So beauftragte der Migrationsrat die „Arbeitsstelle Neonazismus" der Fachhochschule Düsseldorf zur Erstellung einer Untersuchung zu den Machenschaften dieser Gruppierung. In der Expertise, die als Handreichung der kommunalen Öffentlichkeit zur Verfügung gestellt wurde, sind die Methodik und der politische Hintergrund dieser Rechtsaußen-Formation beschrieben.

Zugleich wurden die kommunalen zivilgesellschaftlichen Netzwerke gegen Rechts aktiv, um gegen diese neue Form rechtspopulistischer Agitation zu mobilisieren. In Oberhausen wird diese Aufgabe im besonderen Maße vom „Kommunalen Bündnis für Demokratie und Toleranz" erfüllt. In diesem Bündnis arbeiten alle gesellschaftlich relevante Institutionen, Verbände, Parteien, Kirchen, Vereine und engagierte BürgerInnen zusammen, um das friedliche Zusammenleben in unserer Stadt zu erhalten und zu fördern. Diese Zusammenarbeit manifestiert sich im gemeinsamen Ratsbeschluss gegen Rassismus und Rechtsextremismus.

Um die Machenschaften dieser rechtspopulistischen Gruppierung im Stadtteil offen zu legen und dabei gleichzeitig Hilfestellung für Aufklärung anzubieten, wurden über das „Kommunale Bündnis für Demokratie und Toleranz" Aufklärungsveranstaltungen durchgeführt. Hierbei ist von elementarer Bedeutung, dass die politische Aufklärungsarbeit zugleich einhergeht mit dem Aufgreifen von Ängsten und Vorurteilen in der Bürgerschaft. Dies betrifft auch – und im Kontext der „PRO"-Propaganda besonders – Fragen, Ängste und Vorurteilen zu den Themen Islam und Moscheebau. Hierbei muss unterschieden werden zwischen öffentlicher Auseinandersetzung um Integrationsfragen und auch Integrationsproblemen und der entschiedenen Abwehr von rechtspopulistischer Instrumentalisierung. „Pro Oberhausen" hat anlässlich eines Moscheebauvorhabens gezielt Flugblätter mit diskriminierender und aufhetzerischer Propaganda verteilt. Der seit langem gepflegte offene Umgang im Kontext des interreligiösen Dialoges unter Einbeziehung der Nachbarschaft hat den rechtpopulistischen Machenschaften im Ansatz entgegen gewirkt. Insbesondere der freundschaftliche Kontakt zwischen der Apostelkirchengemeinde und der DITIB Mevlana-Moschee haben ein öffentliches Gegengewicht zu den Propagandaaktivitäten von „Pro Oberhausen" aufgebaut und den Rechtpopulisten Wind aus den Segeln genommen. Als wirksam erwies sich dabei die Verankerung von interkultureller Begegnung im Alltag. So finden beispielsweise gegenseitige Besuche der Gemeindemitglieder anlässlich religiöser Feiertage statt, was wiederum in eine konkrete Zusammenarbeit und gegenseitige Hilfestellung mündet. Dies zeigt: Präventionsarbeit gegen Rechts muss zugleich quartiersnah und alltagsorientiert ansetzen und auf nachhaltige Wirkung ausgerichtet sein.

Ein weiterer Grund für die erfolgreiche Unterbindung von lokalen Verwurzelungsbestrebungen der „PRO"-Bewegung lag in der aktiven Pressearbeit. Die Sensibilisierung der Lokalpresse und der kontinuierliche Austausch mit Pressevertretern über integrationspolitische Belange und eine sachgerechte Informationspolitik über Aktivitäten von Rechtsaußen tragen maßgeblich zu einem erfolgreichen Engagement gegen Rechts bei.

Im Hinblick auf rechte Propaganda fokussieren sich die Sorgen bei vielen politischen Entscheidungsträgern in den Kommunen meist auf die Frage, ob nicht durch eine offensive Vorgehensweise den Rechtspopulisten eine unverhältnismäßig große Aufmerksamkeit und Plattform geboten wird.

Unsere Erfahrung zeigt, dass nur präventives und offensives Handeln das Ansinnen der Rechtspopulisten im Keim ersticken kann und die nicht abzusehenden Folgen einer schleichenden Ausbreitung verhindert. Die Kommunen sind aufgerufen, ihre Infrastruktur und Potenziale zu nutzen, um breite Bündnisse sowie geschlossenes Handeln zu initiieren.

Das geschlossene Auftreten gegen Rechts im kommunalpolitischen Geschehen ist jedoch nur die eine Seite der Medaille: Denn die Erfolgsaussicht zur Abwehr rechtspopulistischer Stimmungsmache hängt zugleich ab von den Gestaltungsmöglichkeiten einer aktiv betriebenen Integrationspolitik und deren Verankerung im kommunalen Lebensalltag.

Autorinnen und Autoren

- **Robert Andreasch** ist freier Journalist mit Arbeitsschwerpunkt Extreme Rechte in Bayern und Baden-Württemberg
- Dr. **Kemal Bozay** ist Politikwissenschaftler, Migrationsforscher und Fachreferent über die interkulturellen Aspekte des Rechtsextremismus
- Prof. Dr. **Micha Brumlik** lehrt an der Wolfgang Goethe-Universität Frankfurt Erziehungswissenschaft
- Dr. **Rauf Ceylan** ist Sozialwissenschaftler und Leiter des „Zentrums für interkulturelle Kompetenz"
- **Susana dos Santos Herrmann** ist Historikerin und Journalistin
- **Alexander Häusler** ist Sozialwissenschaftler und wissenschaftlicher Mitarbeiter der Arbeitsstelle Neonazismus der FH Düsseldorf
- **Ulli Jentsch** ist freier Journalist und Projektleiter des „Antifaschistischen Pressearchiv und Bildungszentrum Berlin" (apabiz)
- **Tayfun Keltek** ist Vorsitzender der „Landesarbeitsgemeinschaft der Migrantenvertretungen NRW" (LAGA NRW)
- Dr. **Michael Kiefer** ist Islamwissenschaftler und arbeitet am Lehrstuhl für Islamwissenschaft in Erfurt
- **Hans Peter Killguss** ist Politikwissenschaftler und Leiter der Informations- und Beratungsstelle Rechtsextremismus beim NS-Dokumentationszentrum der Stadt Köln
- **Andreas Linder** ist Kultur- und Politikwissenschaftler und promoviert am Institut für Bildungsforschung und Sozialwissenschaften der Universität zu Köln
- **Leyla Özmal** ist Sozialwissenschaftlerin und Leiterin des Referats für Integration in Duisburg
- **Jürgen Peters** ist Journalist, Bildungsreferent des Antirassistischen Bildungsforums Rheinland und freier Mitarbeiter der Arbeitsstelle Neonazismus der FH Düsseldorf
- Prof. Dr. **Karin Priester** ist tätig am Institut für Soziologie der Universität Münster
- **Tomas Sager** ist Journalist und schreibt für die Zeitschrift „blick nach rechts"
- **Jan Schedler** ist Sozialwissenschaftler und wissenschaftlicher Mitarbeiter an der Fakultät für Sozialwissenschaft der Ruhr-Universität Bochum

- **Adelheid Schmitz** ist Sozialpädagogin und wissenschaftliche Mitarbeiterin der Arbeitsstelle Neonazismus der FH Düsseldorf
- **Ercan Telli** ist Geschäftsführer des Migrationsrates der Stadt Oberhausen

GPSR Compliance

The European Union's (EU) General Product Safety Regulation (GPSR) is a set of rules that requires consumer products to be safe and our obligations to ensure this.

If you have any concerns about our products, you can contact us on ProductSafety@springernature.com

In case Publisher is established outside the EU, the EU authorized representative is:

Springer Nature Customer Service Center GmbH
Europaplatz 3
69115 Heidelberg, Germany

The manufacturer's authorised representative in the EU is Springer
Nature Customer Service Centre GmbH, Europaplatz 3, 69115 Heidelberg,
Germany. If you have any concerns regarding our products, please
contact ProductSafety@springernature.com

Printed and bound by CPI Group (UK) Ltd, Croydon, CR0 4YY
27/04/2026
02097639-0005